全国高等院校营销学专业主干课程规划教材

国际市场营销学

秦　波　编著

对外经济贸易大学出版社
中国·北京

图书在版编目（CIP）数据

国际市场营销学／秦波编著．—北京：对外经济贸易大学出版社，2012

全国高等院校营销学专业主干课程规划教材

ISBN 978-7-5663-0303-5

Ⅰ．①国…　Ⅱ．①秦…　Ⅲ．①国际营销－高等学校－教材　Ⅳ．①F740.2

中国版本图书馆 CIP 数据核字（2012）第 056147 号

国际市场营销学

秦　波　**编著**

责任编辑：庄　蕊　汪　洋

对 外 经 济 贸 易 大 学 出 版 社

北京市朝阳区惠新东街 10 号　　邮政编码：100029

邮购电话：010－64492338　　发行部电话：010－64492342

网址：http://www.uibep.com　　E-mail：uibep@126.com

山东省沂南县汇丰印刷有限公司印装　　新华书店北京发行所发行

成品尺寸：185mm×260mm　　23.75 印张　　548 千字

2012 年 4 月北京第 1 版　　2012 年 4 月第 1 次印刷

ISBN 978-7-5663-0303-5

印数：0 001－3 000 册　　定价：43.00 元

全国高等院校营销学专业主干课程规划教材

编委会成员名单

（排名不分先后）

出版说明

营销学是20世纪初起源于美国的一门学科，至今已有百年左右的历史。由于这门学科所涉及的原理、方法和技巧关系到企业经营的成败，因而引起了全球企业界和学术界的普遍关注。

自从20世纪80年代我国引入营销学以来，这门学科得到迅速普及，各财经院校、综合性大学等纷纷设置营销学专业，同时出现了不少优秀的营销学教科书和专著。在21世纪的新经济时代，网络营销、绿色营销、客户关系管理、数据库营销等新的做法与实践进一步丰富了营销学的内容。作为一门实践性极强的学科，营销学只有不断反映这些营销做法与实践，才能使理论的发展具有更加坚实的基础。在这样的背景之下，中国的学术界开始涌现出一大批营销学专家和学者，他们通过著书立说来宣传自己的观点，这种“百花齐放、百家争鸣”的局面固然有利于学术自由与发展，但也会由于学术标准和规范的原因，在很长时间内难以达成共识。

为了对营销学专业相关理论和实践的发展作一个里程碑式的总结，并将这些研究成果以教材的形式普及到中国的高等院校，对外经济贸易大学出版社组织国内高校中营销学专业师资较强的院校编写了“全国高等院校营销学专业主干课程规划教材”。本次组织编写的规划教材参考了国际上通行的营销学专业课程设置和我国企业的营销实践，按照由浅入深、从一般到特殊的原则，涵盖了营销学专业的全部必修课程。

本套教材的开发始终坚持高水平和高标准的原则。教材的使用面较广，既可适应高等院校营销学专业及不同层次的教学需要，又可供各类营销人员培训及个人自学使用。

我们希望本套教材的推出能够为中国营销学教育的发展作出积极的贡献。如果您在教材使用过程中发现任何问题或需改进之处，欢迎您与我们联系，以便我们在后期不断完善。

对外经济贸易大学出版社

2008年3月

内容简介

本教材将国际市场营销学的所有理论分为环境、方法、战略、策略、管理 5 大类，分别加以系统论述。论述的所有理论、观点、案例都反映了该学科当代最新的发展。

国际市场营销学是一门应用科学，其生命力在于理论联系实际。为此，本教材将丰富的典型小例子和完整的大案例以及大量权威的统计资料和图表插入每一章节中，让读者最大程度地接触实际，并且以思考题的形式进一步让读者思考和设法解决国际市场营销活动中存在的现实具体问题，从而锻炼读者的实践能力和创新能力。

当代国际企业特别是跨国公司通过营销实践活动，日益认识到适应世界各国不同的客观环境和企业制定正确的营销战略这两大因素，对企业实现预定营销目标的重要性。为此，本教材将此两大因素作为重点进行了全面而详细的论述。

本教材既可作为高等学校的教材，也可作为各类有关培训班的教材，也是各种层次和各类经营管理人员的必备读物。

序

国际市场营销学是一门年轻的科学，它伴随着经济全球化的发展，特别是跨国公司的大发展，于20世纪60年代诞生于美国。它是由经济学、政治学、法律学、社会学、文化学、企业管理学、公共关系学、信息学、统计学、心理学等十余门科学交叉而形成的一门应用科学。它为国际企业特别是跨国公司的生产营销活动以及发展与成长提供全面的理论指导。因此，它是当代经济领域中的重要理论。随着经济全球化的不断发展深化以及参与交叉诸门科学的不断发展，国际市场营销学这门科学的内容也随之充实和加深。

20世纪90年代，中国高校从国外引进了“国际市场营销学”这门刚诞生不久的新课程。笔者在青岛海洋大学（现中国海洋大学）讲授这门课程时，深感当时国内自编的教材相对于该学科的国外最新发展，其内容既贫乏又落后，于是以国外该学科的新理论、新观点、新案例为重点编写了“国际营销学”教材，于2000年出版后受到大学生喜爱，不久后又出版了第二版。

2001年中国获准加入世界贸易组织（WTO）后，客观环境要求中国经济与世界经济接轨。笔者为此将当时在国外已应用于实践的一些新理论，如网络营销、国际战略联盟战略等4种成熟新理论引入“国际市场营销学教程”教材中，作为换代教材于2007年出版，同样受到大学生喜爱而重印。

2010年中国已成为世界第二经济大国，也是名列世界前茅的出口大国，其产品已经成功打入包括发达国家在内的世界各国市场。与此同时，中国的跨国公司也在迅速发展，在全球500家最大公司中不但有了零的突破，而且入围的公司数量呈跳跃式的增加，至2010年入围的中国公司已达69家，超过日本位于美国（133家）之后居世界第二位。与此同时，中国的跨国公司也在世界各国积极进行对外投资，大力收购国外企业，比如某大型子公司在2010年全资收购了美国著名的福特汽车公司。上述这一切都说明中国已成为世界经济和经济全球化的重要参与者，其参与的质和量都有了重大突破。对此，中国的经济界、贸易界、企业界和教育界也对“国际市场营销学”这门学科提出了新的要求。在此大背景下，笔者将近几年该学科的最新发展和参与交叉诸学科最新发展的有关内容收集整理后编入了此新教材。

本教材继续保持了前几版教材被读者认可的所有特点：内容丰富，观点新颖；理论联系实际，小的典型例子和大的完整案例十分丰富，穿插编入每一章节中；系统性强，创造性地将该学科所有理论分类为环境、方法、战略、策略、管理5大类，分别加以系统论述；对该学科一些重要理论的发展趋势进行了深入介绍和预测；论述深入浅出，文笔简洁流畅。

本书在编写过程中参考了大量相关著作和文章，在此谨向这些著述的作者致以诚挚的谢意。

另外，由于笔者受水平所限，书中难免有缺点和不足之处，敬请读者指正。

秦 波

二〇一一年十月于青岛

目　录

CONTENTS

第2篇 国际营销方法

第3篇 国际营销战略

第 4 篇 国际营销策略

第 5 篇 国际营销管理

绪　论

当今世界经济大趋势之一就是跨越不同国家、不同政治制度、不同意识形态，各个国家和地区之间的经济联系愈来愈紧密，愈来愈互相依赖，即出现了世界经济一体化趋势或经济全球化趋势。这可从以下4组不同的统计数字中加以证明：其一，第二次世界大战后从1948年到1997年的50年间，世界生产总值增长了5.5倍，而同一时期的世界商品贸易总额则增长了14倍，即世界商品贸易总额的增长速度大大快于世界生产总值的增长速度，前者约为后者的2.5倍；其二，1950年世界贸易总额占世界国内生产总值的比例仅为7%，1997年这一比例已上升到23%，另有资料显示，2000年这一比例已上升到29%，即全世界各国国内产值中用于出口的部分在50年中增长了三倍多，或者说现在全世界各国国内生产的产品中，平均每7件产品中就有2件产品是为出口而生产的；其三，世界各国经济对外依赖程度的平均水平①在20世纪50年代时不足10%，60年代和70年代上升到10%左右，80年代则上升到20%左右，亦呈快速增长趋势；其四，世界上涉足国际营销的企业愈来愈多②，20世纪80年代末西欧的企业中有66.7%的企业涉足国际营销活动，美国和加拿大为46.8%，日本则为90%。

上述世界经济一体化大趋势可用两个典型例子加以证明。

第一个例子是日本经济的异军突起。人所共知，日本是一个国土狭小、自然资源十分贫乏的经济小国，但在第二次世界大战后日本企业积极引进外国技术专利，从世界各地购买原料，包括从澳大利亚购买铁矿石、从美国购买棉花、从中东购买石油、从东南亚购买橡胶、从南美购买木材，运回日本加工成各种各样的产品，又重新运出日本销往世界各地，做到了高度的经济全球化，从而使日本不但摆脱了自然资源严重缺乏的生存危机，而且使日本从战败国一跃成为世界第二经济大国。

第二个例子是美国波音公司③。该公司制造一架波音747型民航客机约需要450万个零部件，而这些零部件则是依靠分布于世界各地6个国家中的16 500家企业供应的。其中包括中国成都的一家企业为其生产飞机垂直尾翼，然后横跨中国内地和太平洋运到美国西海岸，装配到波音飞机机身上。

上述的世界贸易和跨国营销活动都属于国际营销的范畴，即国际营销已成为世界上一种十分普遍而重要的经济活动。因此，研究其规律的国际营销学也就成为一门十分重

---

① 卢东斌. 国际企业比较经营学［M］. 北京：中国经济出版社，1995.

② 卢东斌. 国际企业比较经营学［M］. 北京：中国经济出版社，1995.

③ 波音公司在2010年全球500家最大公司中排名第114位，年产值643.1亿美元。

要的学科。

国际营销活动的最终目的十分单纯，即获取利润，而且是获取高于国内营销的利润。正因为如此，当今世界上大型企业都从事国际营销，比如美国通用电气公司、美国通用汽车公司、英荷壳牌石油公司、美国埃克森美孚石油公司、美国花旗银行、日本伊藤忠商社等。另外，世界上的大富翁也大多通过国际营销活动积累财富，比如美国比尔·盖茨的财富就是通过国际营销活动积累起来的。那么企业或个人如何正确认识和对待这些财富呢？世界上因为社会制度、意识形态不同，所以对上述财富的看法和处理方式也各不相同。近代比较进步的观点和做法以美国亿万富翁、钢铁大王卡内基的观点和做法为代表。

约一百年前，美国钢铁大王、当时的世界首富安德鲁·卡内基（Andrew Carnegie，1835—1919），作为将美国从农业国转变为工业国的首要人物被公认为人类有史以来最有影响力的20位大企业家之一。他的个人财富若是保留到现在价值约为一千亿美元，是现在的世界首富。这位当时的世界首富在拥有了世界首屈一指的巨大个人财富后，到了老年对其财富进行了深刻的思考，然后提出了一种观点：任何人特别是富翁的个人财富都来源于人类社会，个人无权拥有这些财富，最终应将这些财富归还给人类社会。他不但提出了这一观点，而且身体力行。他在老年时将主要精力不是用在个人财富的增长上，而是用在用自己的财富兴办社会慈善事业上，他毅然将其所拥有的当时美国最大的钢铁企业——卡内基钢铁公司卖掉，将所得巨款用来兴办社会慈善事业，重点是兴建图书馆、提高教育和倡导和平三大方面。死后更是根据其遗嘱将遗产卖掉，除留下少部分作为其遗属的生活费外，其余全部捐献给了社会慈善事业，也就是最终将其全部个人财富归还给了人类社会。

卡内基不但热心于社会慈善事业，并为此捐出了自己的全部财富，而且还为世界和平而奔走。第一次世界大战爆发之前，为了阻止战争的爆发，他利用其个人的声望和影响力对有关国家的领导人进行了善意的劝阻，虽未成功，但受人称许。

卡内基的上述进步观点及其身体力行所树立的高大形象，对后人特别是对西方大企业家具有深远的影响，成为他们正确认识和处理个人财富的准则和榜样。

人们对卡内基的观点应作如下的理解。

自古以来，人类依靠了各种各样的物质支持才得以生存与发展，这是不争的事实。这些无人能够统计出准确数字的千千万万的物质，小的如一根针，大的如一座摩天大楼；价值低的如一杯白开水，价值高的如黄金和钻石；近的如一日三餐所吃的各种食物，远的如飞向月球的“阿波罗”宇宙飞船和降落在火星上的“勇气”号火星探测器；简单的如打火机，复杂的如巨型电子计算机。人们对这些五花八门的物质产品进行认真深入的思考后就会发现，人类社会中所有物质产品无一例外，都是人类将地球上大自然赐给人类的天然物质经简单加工或复杂加工后形成的。前者如从地下抽取的石油与天然气，从煤矿中挖掘的煤炭，从江河湖海中捕捞的水产品，从草原上牧养的动物以及人们利用日光、空气、水、土壤种植的粮食、蔬菜、水果、树木等；后者如计算机芯片、航天飞机，等等。

人类社会中另一个基本事实就是天然物质无论是经过了简单加工或者复杂加工，一旦成为物质产品，由其创造的财富就属于该加工企业或法人所拥有。但现在问题出现了，即最初用来加工产品的天然物质的所有权属于谁呢？若属于上述加工产品的企业或法人，那么由此所创造的财富属他所拥有当然无可非议，但若所有权不属于上述加工企业或法人所拥有，而由此所创造的财富最终归他所拥有，这个理就讲不通了。

事实上，大自然中所有的天然物质，如石油、矿石、水、土地、森林、动物、日光、空气等，早在几十亿年之前就存在于地球上了，而人类出现在地球上的时间有文字记载的只不过几千年，考古学家所认为的人类出现的时间也不过若干万年，这远远晚于大自然中天然物质的出现时间。最古老的国家，如中国和埃及也不过五千年的历史，美国只有二百余年的历史，最老的企业也不过几百年的历史，年龄最大的人也不过一百多岁。若一个国家、民族、企业、团体、个人宣称在自己未诞生之前就已经拥有在地球上存在了几十亿年的某一部分天然物质的所有权，岂不是荒唐可笑吗！地球上所有天然物质的所有权应属于全人类，因此，利用全人类共同拥有所有权的天然物质生产加工出来的所有物质产品所创造的财富，当然也应属于全人类。这也就是说世界上任何人都无特权，都不能例外，每个人仅能分享一份人类共同拥有的财富，若某个人拥有超出平均数的财富，就是侵占了别人的财富，特别是侵占了孤儿、孤寡老人、残疾人、贫困无经济收入的人等弱势群体的财富。当年世界首富卡内基之所以将其巨额财富全部归还给了人类社会，就是因为他深刻思索后认识到他的财富来源于钢铁产品，而生产钢铁所使用的巨量铁矿石原料和巨量煤炭燃料都来自于全世界各地，都属于全人类所共同拥有，不属于他个人所有，因此，由全人类共同拥有的铁矿石和煤炭最终产生的财富当然应归还给人类社会。当然付出了代价将天然物质生产加工成物质产品的这一行为是应该称赞的，并应得到必要的报酬，就如同一家服装店将顾客的衣料剪裁缝制成合身的时装后，应收取顾客必要的费用的道理一样。企业或富人在将财富归还给人类社会时，也应获得为创造此财富而应得的报酬。这也是当代西方企业为什么经常不断地将企业的一部分利润而不是全部利润捐献给社会慈善事业的道理。

再看一看不需要利用大自然的天然物质，仅靠个人的技能而获得巨大财富的歌星球星们，他们的财富是从哪里来的呢？这可从下述简单的设想中得到答案。设想他们在孤岛上面对大海十分投入地激情歌唱和踢球，或者在沙漠中顶着烈日十分卖力地歌唱和踢球，这时他们从大海或沙漠那里是不会赚到一文钱的，甚至连自己的温饱问题也解决不了，只有他们进入人类社会，向社会歌唱和踢球时才能获得巨大财富，可见他们的财富及其他所有生产无形产品的企业或个人的财富，如银行、证券交易所、教师、律师、医生等的财富同样也来源于人类社会，最终也应归还给人类社会。为此，香港著名影星成龙于 2000 年 6 月向社会公开了其遗嘱的部分内容，即死后其财富的一半将捐赠给社会慈善事业。

由于卡内基站在更高的高度揭示出了人类财富来源的本质，因此这一进步观点已被世界上愈来愈多的人，特别是西方发达国家的富翁所接受并付诸行动。近代发达国家成功的企业家几乎全部拥有企业家和社会慈善家两个头衔，两者不但没有矛盾而且相得益彰。其中最著名的有与卡内基同时代的瑞典科学发明家兼企业家诺贝尔，他将其巨额财富以设立诺贝尔科学奖金的形式归还给了人类社会。另一著名富翁就是连续 12 年蝉联世界首富的美国微软公司[①]董事长比尔·盖茨，据2005年的统计，他个人财富达500亿美元，至今为止他已捐献了283亿美元成立了当代全球最大的慈善机构——比尔及梅琳达·盖茨基金会，他本人也获得了全球最大慈善家的头衔。该基金会主要是向全世界各国捐资兴办医疗卫生慈善事业，其中重点是为全世界的贫困儿童做善事，如2003年儿童节前夕，该基金会一次向中国的贫困儿童捐赠了4 000万美元。另外，比尔·盖茨还通过媒体一再重申他的财富观，2003年4月他在单独接受中国记者专访时再次明确表示："我对财富的态度是：我只是这笔财富的看管人，最终我会把我所有的财富都投入到基金会里。"而且他还仿效卡内基老年时的做法，于2006年6月向社会宣布，他将在今后两年内把工作重点从微软公司转移到社会慈善事业上。此后他兑现了承诺，于2008年6月底正式退休后将580亿美元财富全部捐给了其基金会，并将慈善事业作为其主要工作，开始工作后他做的第一件善事就是向中国捐赠5 000万美元用于中国的艾滋病防治。连续数年蝉联当代世界第二富翁的是美国伯克希尔·哈撒韦公司[②]董事长巴菲特。据2005年的统计，他与夫人苏茜共拥有420亿美元的财富，他在接受记者访问时表示："如果我愿意，我可以在余生中挥霍我的资产，但这样做没有任何意义，我不会挥霍这些钱，我也不需要多少享受的东西，在我的妻子和我离开这个世界之后，我们将把所有财富捐给慈善机构。"2005年他的妻子去世后，巴菲特开始提前兑现其诺言。2006年6月底他正式发表声明，声称他将在今后几年内将其财富的85%，约370亿美元捐赠给社会慈善机构。亨利·保尔森是美国华尔街著名投资公司高盛集团[③]董事局主席，是一位著名的大企业家和富翁。2006年他出任美国政府财政部长后不久就毅然将其财富的99%捐赠给了一家慈善机构，并在回答媒体记者访问时说："我非常爱自己的孩子，正因为我非常爱他们，所以不能把钱留给他们。"著名麦当劳快餐公司[④]创始人克罗克的遗孀于2003年10月去世，按其夫妇共同遗嘱，他们将15亿美元的个人财富全部捐献给了慈善机构，慈善机构用这笔钱在全美国开办以克罗克夫妇名字命名的社区服务中心。

据调查研究，美国的大富翁们在其生前或死后，将其大部分财富以各种形式捐献给了社会慈善事业。在比尔·盖茨和巴菲特于2006年发表上述声明和承诺后，受其高尚精神和伟大实际行动的感染，美国的企业家在实践卡内基的观点上又进入了一个新的精神境界，即目前在美国企业家中正在形成一种新的时尚，这种新时尚不是攀比谁的财富多、谁在富豪榜上排名第几位，而是比谁成立了自己的慈善基金会、谁回馈给社会的财富多，因而在上述两大富翁发表声明的2006年当年，在其带动下，全美国的慈善捐款总额达2 950.2亿美元，创出了美国有史以来的历史新记录和世界第一。更令人赞叹的是2010年8月，比尔·盖茨和巴菲特共同向福布斯杂志公布的2010年美国富豪榜上榜的所有400位美国大富翁发出倡议，希望他们将一半个人财

① 微软公司在2010年全球500家最大公司中排名第120位，年营业额624.8亿美元。
② 伯克希尔·哈撒韦公司在2010年全球500家最大公司中排名第19位，年营业额为1 361.9亿美元。
③ 高盛集团在2010年全球500家最大公司中排名第181位，年营业额为459.7亿美元。
④ 麦当劳快餐公司在2010年全球500家最大公司中排名第402位，年营业额240.7亿美元。

富无偿捐献给社会，得到了富翁们的积极响应，当月就有40位亿万富翁向社会承诺欲将其个人财富的一半捐献给社会，这一慈善行动的意义将对美国和全世界产生巨大而深远的影响。

中国的海外华人大富翁也有很多人接受了卡内基的观点。其中最著名的是20世纪30年代南洋华侨大实业家陈嘉庚，他以捐资兴办厦门大学的形式将其财富归还给了社会。著名香港大企业家香港长江实业集团董事局主席李嘉诚，既是全球华人首富，也是全球华人慈善捐款最多的慈善家。至2008年他在几十年中向中国内地、香港等世界各地的慈善捐款累计约为120亿美元，在全世界慈善捐款榜上名列第六位，在全球华人慈善捐款榜上名列第一，他在2006年8月公开向社会承诺，在今后若干年内将把其个人财富的三分之一（约480亿港元）捐献给社会慈善事业。著名台湾大企业家、全球500家最大公司之一的台湾鸿海集团①董事长郭台铭，既是台湾第三大富翁，也是大慈善家，他于2008年7月底公开向社会签字承诺：将把其个人财富的90%（约55亿美元）捐献给社会慈善事业，从而在全球华人慈善捐款榜上位于李嘉诚之后名列第二位。此外香港的一些大企业家，如船运企业家包玉刚、房地产企业家霍英东、影视企业家邵逸夫等都同时拥有企业家和慈善家两个头衔，他们长期向中国内地和香港等地的社会慈善事业大量捐款。

进入21世纪后，中国大陆的大企业家受世界大潮流的影响也开始向社会慈善事业捐款，据统计，2003—2006年，全国捐款最多的100位大企业家共累计捐款95亿元，占其个人财富总量的4.8%，其中前三名为深圳彭年大酒店董事长余彭年（捐20亿元）、广东合生创展公司董事长朱孟依（捐10亿元）、内蒙古蒙牛集团董事长牛根生（捐6.5亿元）。其实这3人在中国富豪榜中排名并非名列前茅，但他们在慈善事业的行动上却居前三名。因此，国人有理由希望在富豪榜中名列前茅的大富翁们能与时俱进，在慈善事业方面后来居上。令人可喜的是卡内基的上述观点已开始为中国企业家所接受，其表现之一就是仿效美国盖茨慈善基金模式的巨型个人出资慈善基金已在中国大陆出现，这就是有“中国巴菲特”之称的新华都实业集团董事长、贫民出身的福建人陈发树将他持有的市值约为80亿元人民币（约合12亿美元）的股票捐献出来创立的“新华都慈善基金”。该慈善基金已于2009年10月正式创立，是目前中国最大的个人出资创立的慈善基金，其捐赠重点是教育领域和社会上的弱势群体。此外，中国政府为了表彰在社会慈善和公益事业上作出突出贡献的个人或企业，从2005年起由国家民政部设立了“中华慈善奖”，这是中国在该领域中最高级别的政府奖。2006年度该奖奖给了大连万达集团。

如上所述，卡内基的观点已为西方发达国家许多人所接受，最初是大富翁，后来是中小富翁，现在则连普通百姓也受到了这一时代潮流的影响，他们已认识到自己的财产虽然有限，但也是来源于人类社会，最终也应归还给人类社会，特别是超出平均数的那

① 注：鸿海集团在2010年全球500家最大公司中排名第60位，年营业额951.9亿美元。其排名和营业额明显超过大陆著名的大企业中国工商银行（第77位，805.0亿美元）和中国移动通讯公司（第87位，766.7亿美元）。

部分财产。这些平民百姓普遍采取的慈善形式包括经常不断地向慈善机构捐款以及经常以各种形式无偿为社会服务。从事义工工作的人不但有少年、青年、中年、老年等各种年龄段的人，而且还有小学生、中学生、大学生、白领、蓝领、家庭主妇、退休者、政府官员和社会名流等各种社会阶层的人。20 世纪 70 年代末任美国总统的吉米·卡特在退休后就热衷于义工工作，他经常为所在城市的贫困家庭义务干木工活，为他们制作和修理家具。美国最大城市——纽约市的市长布鲁伯格是一位大富翁，他在 21 世纪初任市长伊始就宣布：在其任期内自己的年薪为象征性的 1 美元，即义务为市民服务，而且工作成绩斐然，为市民所称赞。因此，他已被纽约市民连续 3 届选为市长，至今仍在任上作义工。德国政府公布的资料显示，2006 年该国 14 岁以上的人口中超过三分之一（36%）的德国人作过义工，每人作义工的时间平均为 100 小时，同时几乎 100% 的德国成年人都有慈善捐款记录，另外，德国地方政府官员中有 17 万人是分文不取的义工，如德国前首都波恩市政府领导人中一半是义工。2007 年，加拿大 84% 的成年人有慈善捐款记录。据 2009 年的统计，每 4 个法国人中就有一人经常而不是偶尔为慈善事业捐善款。包括哈佛大学、普林斯顿大学等著名大学在内的所有美国大学，在评价在校大学生和录取新生时都把学生是否具有突出的义工经历（如有的大学生利用假期甚至休学到非洲国家的难民营中作义工，或在国内的孤儿院中作义工）作为评价学生社会责任心大小的重要表现加以考虑，因此，美国有相当一部分应届高中毕业生的考试成绩虽然达到了上述两所名牌大学的录取标准，但由于在社会责任心、创新能力、道德修养、诚信表现等其他素质方面达不到标准，而未被录取，这也是美国的素质教育与中国的应试教育重要差别之一。据统计，美国的企业和普通市民在 1980 年 1 年中向国内外捐助的善款几乎达 350 亿美元，平均每人 140 美元，几乎相当于中国当年人均国内生产总值（306 美元）的一半。另外，该年全美国 1/5 的人口参加了各种形式的社会义工[①]活动。美国平民百姓的乐善好施已成为美国人的一种传统美德和重要的价值观，尽管美国的大企业和大富翁每年都向慈善机构大量捐款，但在全国慈善捐款总额中占主流地位的是普通人的个人捐款。据统计，他们的捐款约占全国捐款总额的 75%，2005 年全美国慈善捐款总额为 2850 亿美元，超过了人口达 2.2 亿的印度尼西亚当年全国国内生产总值（2813 亿美元）。该年美国人均慈善捐款为 950 美元，约为当年中国人均国内生产总值（1709 美元）的 56%。此外，全美国还有六万多家慈善基金会，基金总额高达 5 000 亿美元。

不要报酬自愿为社会和公众服务，特别是为弱势群体服务，这一世界性的义工潮流在改革开放后进入了中国。2008 年四川汶川大地震和北京奥林匹克运动会期间中国义工（志愿者）活动的规模和参与人数达到了高潮，从而在这方面开始与世界接轨。

企业和个人将其所拥有的财富最终以适当形式归还给人类社会这一善举已成为当代人类社会一股强大的时代潮流。因此，从事国际营销活动的国际企业和个人赚取了利润后，应积极主动地顺时代潮流而动，将财富归还给人类社会，而不要逆时代潮流而动，将全人类的财富据为己有。这是因为一个企业在市场中能否生存下去、一个人的事业能

---

① 段连城. 美国人与中国人［M］. 北京：新世界出版社，1993：56－57.

否成功取决于许多因素，但企业或个人的社会形象好坏是其决定性因素之一，这一点将在后面的公共关系策略一章中加以专门论述。在此总结成简单的一句话，即凡是按照卡内基的观点处理自己个人财富的企业或个人，其社会形象就好。其中诺贝尔和比尔·盖茨的良好社会形象就是最好的证明。

0

总　论

经济全球化是第二次世界大战后世界经济的重要大趋势，而实现全球化的重要手段就是进行国际营销活动。目前，经济发达国家的国际营销活动已达相当规模且进入成熟阶段，但包括中国在内的大多数发展中国家的国际营销活动尚处于初始阶段，规模十分有限，在世界经济中所处地位相当落后。因此，研究和运用国际营销的基本理论、方法和技巧进而开展国际营销活动，就成为今后相当长时期内中国企业，特别是大中型企业的一项重要任务。本章介绍国际营销学产生与发展的基本知识。

0.1 国际营销学的产生与发展

1. 国际营销学的产生

国际市场营销学（International Marketing）简称国际营销学，于20世纪60年代诞生于美国。第二次世界大战中，绝大多数西方工业国的经济遭到战争的严重破坏，美国则是惟一未受到战争破坏的国家，其经济不但未遭到战争破坏，而且因大量生产军用物资而得以快速发展和成熟。第二次世界大战结束后，美国趁世界各国经济都需要恢复的时机，开始面向欧洲、亚洲、拉丁美洲等地区的国家大量销售其战争剩余物资，从而以强劲的势头开始了国际贸易和国际营销活动。20世纪50年代开始，亚洲的日本和西欧的英、法、德、意、荷等主要资本主义国家很快恢复了被战争破坏的经济，而且随着世界新技术革命的深入，经济水平大大超过了战前的水平，这些国家也加入到以美国为首的国际营销活动大军中。与此同时，世界各大洲和各地区也成立了诸如欧洲共同体、经互会、安第斯共同体等不同形式的区域经济集团组织，导致地区组织内部各国之间的国际贸易和国际营销活动频繁。

上述一切说明，从20世纪50年代开始，以美国为带头人的西方工业化国家以及世界各大洲的一些国家进入了工业化进程，这些国家的一些大中型企业开展了波及全世界的国际营销活动。但国际营销毕竟与国内营销不同，特别是营销环境，诸如文化、政治制度、经济体制与国内存在着巨大差异，其竞争也较国内更为激烈。为此，企业在国际营销中进行了大量实践和探索，同时广大学者也进行了研究和创新，终于在跨国公司大发展的20世纪60年代，在美国创建了一门新的学科——国际市场营销学。

2. 国际营销学的发展

第二次世界大战后的20世纪五六十年代，在世界新技术革命的推动下，西方资本主义经济高速发展，特别是工业生产“三化”（电气化、连续化、自动化）的普及使生产力达到了空前的水平。相对于世界大市场，任何一个国家的国内市场终究是一个小市场。这时西方资本主义工业化国家的国内市场全面饱和，国内市场全面出现买方市场，企业便自觉地到国外去发展，比如输入国外的原料在国内加工成产品后出口到国外，或直接在国外的原料产地就地生产出产品，然后或在当地销售或再出口到别的国家。但是，20 世纪 70 年代出现石油危机后，西方资本主义工业化国家的经济发展速度普遍放慢，进入低速增长阶段，西方资本主义工业化国家及世界大部分中小国家为了限制外国产品进入本国市场，普遍采取了各种形式的贸易保护主义保护本国市场，同时这些国家的政府还双管齐下，从政策上鼓励本国企业到国外生产，避开外国的贸易壁垒，合法地进入外国的市场。各国企业既有内部的动力又有政府的推力的情况下，加快了进行国际营销速度，同时也加大了力度。从 20 世纪 70 年代起，世界各国企业的国际营销活动处于高速发展阶段，其标志之一就是作为国际营销活动主力的跨国公司不仅数量多，而且实力雄厚（详见第 3 章“国际营销的经济环境”关于“跨国公司”）。

3. 国际营销观念的演变

观念是长期指导人们行动的指导思想。同样，国际营销观念也是长期指导国际企业进行国际营销活动的指导思想，其发展史演变如下：

① 推销观念：国际市场营销是在世界市场，特别是发达国家的市场出现了供大于求的形势下诞生的。因此，那时的国际市场营销活动同国内市场营销活动一样，都是采用推销观念，即企业引导和劝导消费者购买本企业的产品。这是国际市场营销初期的一种老观念。

② 市场营销观念：上述老观念是以企业为中心进行营销活动，即企业生产什么产品，就引导、劝导消费者购买什么产品。后来随着市场供大于求矛盾的加剧以及市场竞争的日益激烈，企业在进行国内市场营销时创立了市场营销观念。即企业放弃了以自我为中心，改变为以消费者（市场）为中心，消费者（市场）需要什么产品，企业就生产什么产品。那时从事国际市场营销活动的国际企业也从国内营销企业那里移植了此观念以指导营销活动。显然，此观念是一种新观念，是一种质的变化与进步。

③ 社会市场营销观念：这是 20 世纪末社会利益凸现、公众维护社会整体利益的意识加强后产生的一种新观念，即企业在进行营销活动中，不但要维护消费者的利益，还要兼顾社会的整体利益，如保护环境、节约社会资源、回报社会等，这也是国际企业从国内营销企业那里移植过来的新观念。这一新观念使企业的肩上又增加了“企业社会责任”这一新的责任。

自从 20 世纪 90 年代首先在发达国家出现了社会市场营销观念后，从 21 世纪初开始，中国也逐步接受和提倡这一新观念。从 2006 年起，中国政府有关部门和名牌大学（北京大学）以及权威媒体（中央电视台）3 方组成的专门委员会，每年评选一次全国“最具企业社会责任”的企业若干家，同时也评选全国“最缺乏企业社会责任”事件若干起，在公布事件的同时将发生该事件的企业曝光。然后通过中央电视台向全国公布上述两组名单，以促进全国企业社会责任心的建立和付诸行动。

④ 全球营销观念：这是当代国际营销活动最新的观念。即国际企业要在坚持社会

市场营销观念的前提下，站在全球的高度、在全球范围内合理配置企业的资源，如原材料、劳动力、资金、技术等，以最优化的综合资源配置、最高的综合效率、最低的综合成本、最大的综合经济效益和社会效益进行国际营销活动。这既是国际企业最新的营销观念，也是国际企业独有的营销观念。

自从国际市场营销学诞生以来，世界上在国际营销活动中最重视营销新观念，即市场营销观念的企业是日本企业。他们严格按照营销新观念向国际顾客提供市场需求的产品并以此观念进行国际营销活动，因而节节胜利，在国际市场上不但稳稳站住了脚跟，而且占据了国际市场的显赫地位。其他国家的大多数国际企业对营销新观念的接受和重视程度落后于日本的国际企业，在较长时期内美国、英国、德国等国的企业，特别是美国的企业多半以国内市场为主，就是到国际市场上进行国际营销活动也是沿袭国内营销的推销老观念，因此不但过去占领的大片国际市场领地不自觉地让给了日本，就是在美国国内市场上，美国企业也失去了大片领地。表 0－1① 显示了从 1960 年到 1979 年 20 年间美国主要行业的产品在本国市场上所占份额的下降情况。

表 0－1　　美国本国产品占本国市场的份额　　单位：%

行　业	1960 年	1979 年
汽　车	95.9	77.3
钢　铁	95.8	86.0
电　子	99.5	79.9
家　电	94.4	49.4
计算器	95.0	56.9
机　床	96.7	73.6
农　机	92.8	84.7
纺织品	93.4	54.5
鞋　类	97.7	62.7

市场份额下降的主要原因是由于外国企业在进行国际营销活动中，特别是在国际营销观念上比美国企业更胜一筹。例如日本本田汽车公司②为了生产一种适合美国消费者需求的汽车新产品，除了派专业人员专程到美国洛杉矶地区对高速公路进行详细考察和测量外，回国后还在日本专门铺设了一条 15 公里长的高速公路，该公路的宽度、弯度、坡度、路面质量，甚至交通标志、路旁加油站等服务设施都与美国的高速公路完全一样，然后据此设计生产出了“雅图”牌汽车，投放美国市场后一举成功，受到了美国消费者的欢迎。

4. 国际市场营销的定义

国际营销学是一门只有四十多年历史的应用科学，目前仍处于发展和完善阶段，因

① 蒋彬. 企业经营管理经典案例分析［M］. 北京：时事出版社，1997：98.

② 本田公司在 2010 年全球 500 家最大公司中排名第 45 位，年产值 1 043.4 亿美元。

此，不断有新的观点、新的理论补充进来，同时也有一些不同的观点和理论同时并存，互相争鸣。最能证明这一点的就是至今还没有一个公认的关于国际市场营销的定义，目前比较有代表性的几种定义如下：

著名美国学者菲利浦·R·凯特奥拉（Philip R. Cateora）教授在其所著的《国际市场营销》一书中的定义是："国际市场营销是指对商品和劳务流入一个以上国家的消费者或用户手中的过程进行计划、定价、促销和引导，以便获取利润的活动。"

著名英国学者沃尔什（L. S. Walsh）在其所著的《国际市场经营学》一书中，对国际市场营销的定义包括下述两点：一是对商品和劳务所进行的跨越国界的市场经营；二是从事销售或生产的组织（国际企业）在某国家的市场经营活动。

张景智编的中国教科书《国际营销学教程》中的定义则为"国际市场营销是指企业超越本国国境进行的市场营销活动"。

本教材对国际市场上普遍存在的国际营销活动进行归纳总结后，提出如下定义：所谓国际市场营销，即企业生产、销售让国外消费者满意的产品，从而最终获得利润的经济活动。

上述定义包括：两大领域——生产领域和流通领域，一种手段——提供产品，一个原则——让国外消费者满意，一个目的——企业获得利润，一种性质——经济活动。

因此，国际市场营销的实质就是：企业利用为国外消费者提供满意产品这一对人类社会有益的手段获得合法利润的经济活动。

上述表述既是学术上的定义，也是国际企业成功进行国际市场营销活动的规范，更是国际企业制定企业宗旨和理念的依据。如著名的美国摩托罗拉公司原是一家生产汽车收音机的小企业，却在较短时间内迅速发展壮大成为全球500家最大公司之一，拥有十万名员工并成为世界电子产品生产和服务领域的领先者。其国际市场营销成功的秘诀就是该公司制定并严格执行了符合上述定义的正确企业理念，即"为用户提供品质超群、价格公道的产品和服务，满足社会需要；企业也在这个过程中获得收益，不断发展壮大"。

0.2 国际营销的意义及其与国际贸易的区别

1. 国际营销的意义

从世界经济一体化的大趋势看，世界绝大多数国家的国内市场必然要融进国际大市场中。因此，对于世界各国的企业特别是大中型企业来说，如何在将来的国际市场上求得生存和发展，是需要关注的问题。

企业进入国际市场进行国际营销活动的主要益处有如下几个方面：

（1）国际市场远远大于国内市场，市场容量和购买力也远远大于国内市场

比如美国市场是当前全世界最大的国内市场，但其人口不足世界人口的5%，其购买力也仅占世界购买力的25%；至于其他国家的国内市场就更小了。因此，虽然企业进入国际市场后的利润率不一定比国内市场高，但利润总额却远远大于国内市场。

（2）可以实现规模经济效益

企业进入国际市场后，为企业销售量的增加提供了一种可能性，企业就可能实现规模经济效益，从而降低产品成本，增加利润。世界著名的可口可乐公司和曾称雄业界的柯达胶片公司就是采用此办法实现规模经济效益的。

（3）可以采取市场多样化策略

企业采取市场多样化策略远远比采取产品多样化策略要有利得多。例如美国威格利（Wrigley）公司生产范围非常窄，仅生产口香糖一种产品，但由于采取了市场多样化策略，企业获得了成功，被列为美国最成功的500家企业之一。

（4）国际市场的竞争激烈程度低

在有些情况下，有的产品在国外市场的竞争远没有在国内市场竞争激烈。例如日本轿车在中国市场上的竞争激烈程度远低于在日本国内市场的竞争。

（5）延长产品的生命周期

某些产品在国内已处于产品生命周期的衰退期，但在某些国家可能尚处于产品生命周期的介绍期或成长期。产品进入这些国家的市场后，就相当于延长了产品的生命周期。例如20世纪70年代末，黑白电视机在日本已处于即将退出市场的衰退期，而在中国市场该产品却处于成长期，借此时间差，日本企业在中国市场上销售了大量黑白电视机，获得了大量利润。

（6）取得外汇

对于大多数发展中国家来说，企业进入国际市场进行国际营销活动可为国家换回紧缺的外汇，从而用于国家的经济建设。

（7）与出口贸易比较，国际营销有更明显的优点

① 国际营销可以在国外投资设厂生产，因此可以避开关税、配额等贸易壁垒。

② 可以享受外国政府制定的优惠政策，这一点更是与出口贸易形成鲜明的对比。

③ 充分利用国外的低廉劳动力和廉价原材料，降低产品成本，提高利润率，这些好处一般可在资源丰富的发展中国家获得。

④ 充分利用国外的资金、技术和管理经验，这些好处一般可在发达国家获得。

⑤ 接近市场，就地销售，并可更直接地获取当地市场信息，即可以使企业始终处于目明耳聪的状态，而这种状态对于企业来说是至关重要的。

2. 国际营销与国际贸易的区别

首先，从隶属学科来看，国际营销学属于国际企业管理学的一个分支学科；而国际贸易学属于经济学的一个分支学科。其次，国际营销学是微观科学，进行国际营销活动的主体是企业；而国际贸易学是宏观科学，进行国际贸易的主体是国家。另外，国际营销的含义比国际贸易含义更广。一般来讲，国际贸易仅是产品和劳务的进口与出口；而国际营销除了包括低级形式的进口与出口外，更包括高级形式的国外生产。因此，两者的差别在于国际贸易仅仅是货物或劳务的跨越国境活动，而国际营销除了货物和劳务跨越国境外，更重要的是决策和管理的跨越国境活动。即一家企业可以完全在外国进行生产和销售，但营销决策却是从国内发出，跨越国境后在外国发挥作用的。

另外，美国经济学家弗恩·特普斯特拉（Vern Terpstra）对国际营销与国际贸易进

行了更为详细的比较，如表 0－2 所示。

表 0－2　　国际营销与国际贸易的比较

从事领域＼比较项目	国际贸易	国际营销
1. 行为者	国家	企业
2. 产品是否跨越国境	是	不一定
3. 动机	比较利益	利润动机
4. 信息来源	国际收支表	企业记录
5. 营销活动：		
① 买与卖	是	是
② 实体分销	进行	进行
③ 定价	进行	进行
④ 市场调研	一般不进行	进行
⑤ 产品开发	一般不进行	进行
⑥ 促销	一般不进行	进行
⑦ 分销渠道管理	不进行	进行

0.3　国际营销与国内营销的异同

1. 国际营销与国内营销的相同之处

其一，国际营销与国内营销最大的相同点就是两者的理论基础和营销技巧都是相同的，如两者采用的产品策略、价格策略、分销渠道策略、促销策略 4 大策略的基本理论相同。其二，两者使用的营销调研方法、市场预测方法等营销技巧也相同。其三，两者的最终目的和使用手段也基本相同；两者的最终目的都是为了获得最大利润，使用的手段也都是采用为消费者提供满意产品。

2. 国际营销与国内营销的不同之处

（1）所面临的营销环境不同

国际企业在进行国际营销时，面对的外国营销环境远远复杂于企业母国国内的营销环境。也就是说，企业面对的是与母国国内营销环境有着巨大差别甚至是质的差别的文化环境、经济环境、政治环境和法律环境。比如，中国企业在美国营销就面临此种质的不同的环境。因此，适用于国内营销环境的策略和战略原样不变地拿到国外市场上就行不通。或者说，在某外国市场上适用的策略、战略原样不变地拿到另一个外国市场上也行不通。也就是说，国际营销要参考企业母国国内营销的策略和战略，然后针对某一个国家的具体营销环境，特别是社会文化环境制定适合于该营销环境的策略、战略。

（2）国际营销要作出独特的战略决策

国际企业在进行国际营销过程中要对国内营销中不存在的独特战略问题作出决策。

这些战略决策如下：

① 决定是否进入国际市场

企业要就企业留在国内市场进行营销活动，还是冲出国内市场到国外市场上进行营销活动作出战略性决策。当企业面对的国内市场狭小或饱和时，或国外市场出现了比国内市场更大的机会时，企业必须面对国内市场现实作出这方面的战略决策。比如，“亚洲四小龙”的大多数企业当初都面临着国（地区）内市场狭小、企业难于发展的局面，其中很多企业对此作出进入国际市场寻求发展的战略决策，并获得了成功。其中最典型的例子就是韩国的造船业面对狭小的国内市场，在20世纪70年代作出进入国际市场进行国际营销的战略决策，从而获得了世界第二造船大国的辉煌成就。第二次世界大战后美国的大多数大企业面对国内市场已经饱和这一现实状况，作出进入国际市场的战略决策，也获得了巨大成就。到目前为止，世界最大的跨国公司中，美国公司最多。美国制作耐克牌运动鞋的公司作出在中国建立合资企业进行国际营销的战略决策则是出于另一种原因，即中国的劳动力低廉，借此可降低耐克牌运动鞋的成本，从而获得更大的利润。

但也并非所有企业只要作出进入国际市场的战略决策就必然正确。著名的日本八佰伴百货集团在1998年因严重亏损而破产，原因之一就是当初错误地作出了进入国际市场进行国际营销的战略决策。如何正确作出进入国际市场的决策是国际营销面对的第一个战略决策。

② 决定进入的国际市场范围

国际市场是一个包括全世界210多个国家和地区的巨大市场。任何一个企业都没有能力同时进入这么多的市场进行国际营销活动，企业只能进入某一个或某一些国家或地区的市场进行国际营销活动。因此，如何选择适于本企业进入的国际市场就成了国际企业随之而来的另一重要战略决策。这里正反两方面的例子都有。当初名不见经传的日本本田公司正确地作出了进入美国市场这一战略决策，从而占领了美国摩托车市场，并使企业发展成为一家大型公司。相反，法国著名的标致（PEUGEOT）汽车公司[①]，当看到其生产的技术先进、性能优良的标致505型轿车受到用户欢迎，已在欧洲各国畅销100余万辆时，便于20世纪90年代作出了在中国广州投资设厂生产该型轿车以便进入中国市场的战略决策，但该厂投产后由于当时中国工业落后，消化不了该产品的先进技术，因而产品质量下降，严重损害了该公司的声誉，导致该公司在中国市场的失败。该公司不得不重新作出战略决策关闭了广州的工厂，并退出了中国市场。如何正确选择国际市场范围是国际营销面对的第二个战略决策。

③ 决定如何进入国际市场

进入国际市场的方式有多种，如出口贸易、许可证贸易、合同制造、合资经营、直接投资等。进入方式选择得是否正确，也是关系到国际营销能否成功的战略决策之一。这方面正反两类例子不胜枚举。如德国大众汽车公司[②]选择与中国合资成立上海大众汽

---

① 标致汽车公司在2010年全球500家最大公司中排名第90位，年产值达742.5亿美元。

② 德国大众汽车公司在2010年全球500家最大公司中排名第13位，年产值为1 680.4亿美元。

车公司的进入方式就很成功，该合资企业生产的桑塔纳牌小轿车在中国市场上已稳稳地站住了脚跟。荷兰菲利浦电器公司①、日本松下电器公司②、美国宝洁洗涤用品公司③选择在中国进行来料加工、合同制造的方式进行国际营销也十分成功。相反，财大气粗的美国通用汽车公司和福特汽车公司打算采用独资建厂的方式在日本市场进行国际营销活动却没有成功。因此，如何选择进入国际市场的方式是国际营销的另一独特问题。

④ 决定国际营销组织结构形式

国际企业特别是大型跨国公司的组织结构形式，如何才能达到合理而高效的目的是国际企业进行国际营销运作效率的决定性因素。跨国公司因机构臃肿、效率低而造成国际营销失败的例子有很多。其中最典型的就是美国福特汽车公司在第二次世界大战之前，曾因机构僵化、效率低而两次濒临破产。相反，日本松下电器公司和丰田汽车公司由于组织内部机构之间关系协调，组织结构的效率特别高，因此这两家公司取得了成功。国际企业的组织结构如何达到合理而高效，这是国际营销要解决的重大战略决策问题之一。

思考题

1. 进一步考察世界市场现实，分析国际市场营销学发展的内部动力与外部推力。
2. 进一步考察世界市场现实，分析国际市场营销观念最新发展的必然性。
3. 举例说明国际市场营销的好处。
4. 举例说明国际营销与国际贸易的异同。
5. 举例说明国际营销与国内营销的异同。

案例借鉴一

两家中国企业的反差

同样是两家中国企业，一家是名不见经传实力微薄的民营小公司，该公司站在市场劣势位置上努力开拓，最终成为该产业国内市场老大。另一家则是实力雄厚的巨型国营公司，该公司站在市场优势位置上，稳坐钓鱼台等鱼上钩，最终却走向了衰败和濒临破产，两家企业反差之大令人吃惊，其原因值得企业界深思。

信息产业是当代最重要的产业之一，利润丰厚，竞争十分激烈，发达国家的著名大企业在国际市场上占据了支配地位，中国的国内市场也被这些国外著名大厂商、大品牌所占领。中国市场上的本土企业就如同小学生一样尚处于学习的地位。在此大背景下，1984 年中国新成立了一家民营小公司——联想电脑公司。

① 菲利浦电器公司在 2010 年全球 500 家最大公司中排名第 276 位，年营业额 336.7 亿美元。
② 松下电器公司在 2010 年全球 500 家最大公司中排名第 50 位，年营业额 1 014.9 亿美元。
③ 宝洁公司在 2010 年全球 500 家最大公司中排名第 80 位，年营业额 796.9 亿美元。

联想公司从成立之初面临的最大危机就是如何才能生存下去，在此严峻形势下，当时国营企业喜欢采用等（等待深化改革出现的好时机）、靠（依靠政府的扶持政策）、要（向政府要钱要生产任务）3种办法，因为这3种办法既省力也没有什么风险。对联想公司这家民营小企业来说这3种办法都不适用。该公司领头人深入研究后认为，惟一可行的办法就是开拓市场、依靠市场、向市场要生产任务要利润，只有这样才能生存下去，才能成长壮大。公司带头人经深思熟虑作出的上述决策得到了全体员工的支持，全公司的所有员工形成了一个没有血缘关系的大家族，齐心协力共同拼博开拓市场。功夫不负有心人，多年之后公司不但开拓了国内市场，还开拓了遍及世界各国的国际市场，公司从一个幼小的民营小企业成长壮大为拥有一万余名员工的上市大公司，从而成为国际市场上令同行刮目相看的后来者。该公司目前不但牢牢占领了国内市场，其电脑销售量连续6年位居国内市场第一名，而且在亚洲市场上也居显赫地位，其电脑销售量除日本外在亚洲市场上连续两年销量第一，而且在亚洲之外的其他国际市场上也游刃有余，如已于21世纪初成功地收购了全球最大电脑公司——著名的美国IBM公司的一家子公司。目前该公司在国内同行业中为最大公司，2002年在中国上市公司100强中排名第6位，在国内的北京、上海、深圳、沈阳、武汉、西安、成都等城市设有区域分公司，在哈尔滨、济南、南京、郑州、广州、重庆等11个城市设有办事处，在北京、上海、广东设有3个现代化的生产基地，生产台式电脑、笔记本电脑、掌上电脑、服务器、打印机、主机板等产品，年生产电脑500万台，另外还在欧洲、美洲两大地区设有地区分公司以及在美国、英国、法国、德国、荷兰、西班牙、奥地利设有7家子公司。也就是说该公司已成为一家地道的大型跨国公司了。2011年，该公司更超过世界著名的美国戴尔电脑公司，成为个人电脑领域世界第二大生产商。

深入分析后不难发现该公司取得这一切辉煌成就的最根本原因就是以营销观念和社会营销观念开拓了国内市场后，又以全球市场营销观念毫不犹豫地进入国际市场进行了国际营销活动。

当然，企业仅有进入国际市场进行国际营销的决心还不够，还要制定一整套正确的战略和策略以保证国际营销活动的正常顺利进行。而该企业这一整套正确的战略和策略来源于该企业确定的企业崇高的使命，即基于社会营销观念的“四为”使命中，该使命为：

为客户：即让先进的信息科学产品走近大众、走近每一个人的生活和工作中。

为社会：该企业没有忘记在企业成长壮大的二十余年中，是社会大众给与了关爱、支持，企业才得以生存与发展，因此联想公司对社会有责任感，要积极参与各种科技、教育、环保、赈灾、体育等社会公益事业回报社会。

为股东：联想公司是股东出资成立的，因此保证股东的长期利益同样是联想公司的使命。

为员工：联想公司的宗旨是与员工共同发展，亦即企业的未来就是员工的未来。

再看一看中国昔日的工业骄子和钢铁巨人鞍山钢铁公司。该公司曾经长期占据中国钢铁产业的霸主地位，当年的市场占有率很高，财大气粗显赫一时，但从二十多年前的改革开放开始逐渐走下坡路，至20世纪90年代出现了巨额亏损，并长期拖欠数万名员工的工资。造成该公司前后如此反差的根本原因，就是该企业长期在计划经济下运作，国际市场营销甚至连国内市场营销的意识和观念都十分淡薄，对市场需求不予重视，反应麻木迟钝，而且长期守在国内市场这个窄小的圈子中，不愿冲出国门进入国际市场，以致到了20世纪90年代企业出现了上述生存危机后，才被迫开始考虑如何适应市场的需求，以及考虑低水平地进入国际市场问题，并为此进行了有关的准备工作。2005年，该企业终于推出了市场需要的钢铁新产品，除了向国内市场供应这些新产品外，还开始向国外市场出口这些新产品。企业又有了生机，前面开始出现了曙光，鞍山钢铁公司目前已经从危机中挣脱出来。但鞍山钢铁公司仅仅看见了曙光，目前该企业所取得的成就与联想公司在国际市场上大力进行国际营销所取得的成就不可同日而语。

这两家企业的反差也说明了推销观念与市场营销观念、国际市场营销与国内市场营销、对外贸易与国际市场营销的区别以及在绩效方面的差异。

案例借鉴二

中国企业开始重视社会责任

受老的市场营销观念影响，中国相当多的一部分国内企业和国际企业进行营销活动的目的是单纯追求经济效益，或单纯追求利润，而不考虑企业的社会责任，甚至损害社会利益，唯利是图、不择手段地追求利润最大化。这样做的最终结果往往是得不偿失，甚至断送了企业的生命，例如2008年轰动全国、引起社会公愤的毒奶粉事件就是如此。

2008年，河北省三鹿奶业集团为了获取利润，竟向其生产的三鹿牌婴幼儿专用奶粉中人为掺入了严重损害人体健康的三聚氰胺有毒化学品，以造成奶粉蛋白质含量高的假象，从而使全国食用该奶粉的大量婴幼儿患上了严重影响身体健康的肾结石症，甚至导致多名婴幼儿死亡。事实真相大白后生产该产品的三鹿奶业集团成为过街老鼠，激起了社会公愤，这家颇具规模、市场份额也颇高的三鹿集团最终因付不出巨额病儿赔偿金而破产，其董事长被判无期徒行，数名直接责任人被判死刑。

新的社会市场营销观念认为，企业进行营销活动时在获取合法利润的同时还要履行社会责任，这样做不但对社会有益也对企业本身有益。这一新的市场营销观念在国外发达国家已为多数企业所接受，并用于市场营销实践活动中，而且取得了良好的效果。尽管中国的国内企业和国际企业接受和实践这一新观念尚处于初始阶段，但效果却是明显的，特别是中国的国际企业比国内企业已经先行了一步，效果更为明显。以下就是两个典型的例子：

青岛啤酒公司是改革开放后中国第一批发行股票的上市公司，也是目前中国最大的啤酒生产企业，其产品“青岛牌啤酒”是国产饮料中惟一由国家命名的“中国驰名商标”，该产品不但在中国市场上占有最大的市场份额，在世界市场上也占有一席之地。

青岛啤酒公司近些年来一直在高速发展，由改革开放之初的一家中型工厂迅速发展成为在全国各地设有十几处生产基地的大型集团。其原因除得益于其高品质的产品外，还得益于该企业在营销活动中履行了企业的社会责任，即该公司从成立之初就把企业的社会责任放在了营销活动的第一位。如为了帮助中国经济落后地区，特别是西部地区的经济发展，该公司一直不停地在这些地区投资建厂、建立生产基地，吸纳当地劳动力就业，与此同时由当地配套建立了原料生产、包装材料生产、销售服务、运输服务等企业，从而吸纳了大批劳动力就业，帮助解决了这些地区数万人的就业问题，同时也发展了当地经济。另外，该公司还积极参与全国的慈善活动，诸如洪涝、冰雪、地震等自然灾害以及抗击非典、安居工程、残疾人救济等慈善活动。从公司成立之初到2009年上半年止，该企业参与的慈善活动共计180余次，捐献的慈善捐款累计达4 390万元。

高品质的产品和较高的社会责任感使企业在社会公众中树立了良好的社会形象，顾客必然喜欢购买该企业的产品，从而使该企业迅速发展壮大，成为全国最大啤酒企业，而且经济效益也十分好。

青岛港集团是一家拥有万名员工、面向全世界服务的大型国际企业，这些年来呈跳跃式的快速发展，目前青岛港已发展成为年吞吐量超过3.5亿吨的世界第七大港，每天吞吐量相当于100艘万吨轮船所装载的货物，该港能够停靠世界上最大吨位的30万吨巨轮，青岛港的快速发展既得益于其优质的服务，也得益于该企业较好地履行了企业的社会责任。

该企业将履行社会责任放在了市场营销活动的第一位。如为帮助全国贫困落后地区解决劳动力就业压力，该企业从上述地区招聘了大量劳动力到本企业就业，而且对这些员工一视同仁，同样重用。更令人敬佩的是，当2008年受世界金融危机影响，全国企业刮起一股大量裁减雇员之风时，该企业向万名员工和社会承诺，为了不把困难推给社会，不裁减一名员工，而是企业自己克服困难与员工共渡难关，使全体员工对企业进一步有了企业就是自己的家的认同感，从而为企业的优质服务打下了坚实的人心基础。另外，近十几年来，企业也把参与社会慈善活动作为自己的社会责任。四川汶川大地震后，该企业先后12次向地震灾区捐款共1 985万元，加上向其他方面的慈善事业捐款，至2009年上半年止捐款数额累计已达4 564万元。

该企业的优质服务和履行社会责任树立起来的良好社会形象吸引了国内外众多客户选择青岛港作为其货物的进出口港，最终使该企业快速发展壮大。

上述典型例子说明，企业追求的经济效益和企业应履行的社会责任是支撑企业站得住（生存）的两条腿，企业若只靠经济效益这一条腿支撑就会站不稳，可能跌倒（倒闭）。当然，企业应通过长期的市场营销实践，锻炼出像举重健将那样两条粗壮的腿，而不是瘸子那样的两条病腿。

第1篇

国际营销环境

国际营销活动是在国际环境（政治、经济、法律、文化、社会、市场、科学技术、自然等环境）中进行的。其实质就是国际企业事先制定一整套营销战略和策略并加以实施，以适应上述国际环境，并以此实现企业的长远目标，获取合法利润。而且绝对不能相反，让国际环境去适应国际企业的计划，因此，有的学者根据国际企业与国际环境两者关系的单向性，将国际市场营销学通俗地称为国际环境适应学。

可见国际环境处于国际营销活动中的主宰地位。为此，本教材将国际环境作为重要内容加以论述，以求国际企业尽可能多、尽可能充分地了解、熟悉、掌握国际环境。

第 1 章

国际营销的文化与社会环境

国际营销中经常会遇到如下让人费解的现象：属于不同国家的两个人虽然经济收入相同，但消费动机和消费行为却大不相同；又如，两个国家的国民收入水平相差不多，但两国的消费格局却迥然不同。上述现象若从国际营销学的角度看很容易解释，即由两国的文化差异所造成，也就是说不同的文化环境对国际营销活动有不同的影响。

关于文化的概念，人类学权威泰勒（Adward B. Tyler）认为文化是一个复合的整体，它包括知识、信仰、艺术、伦理道德、法律、风俗以及作为社会成员而获得的其他方面的能力与习惯。因此，文化具有如下特征：

1. 文化是通过后天学习而获得的，即不是先天就有的；
2. 文化是社会成员共同享有的，但不同社会的文化具有差异性；
3. 文化是不断演进的，而不是静止不变的。

1.1 国际营销的文化环境

1.1.1 国际企业对东道国进行文化分析的必要性

国际企业对东道国进行文化分析的必要性有以下 3 个方面：

（1）世界上任何两个国家的文化环境都不会完全相同

对任何一个国际企业来说，在世界任何一个国家进行国际营销活动面临的是陌生的异国文化环境。世界上任何一个国家的消费行为和消费习惯归根到底是由该国的文化背景或文化环境所决定的。比如，埃及人不吃猪肉，印度人不吃牛肉，美国人吃饭要有肉，日本人吃饭要有鱼，法国人吃饭要有葡萄酒；中国人的民族服饰是瓜皮帽、唐装、布鞋，日本人的民族服饰是布条扎头、和服、木屐，欧洲人的民族服饰是扎帽、西装、皮鞋，阿拉伯人的民族服饰是头上顶着披肩的长头巾、身穿阿拉伯长袍；美国人喜欢分期付款提前消费，中国人喜欢省吃俭用少消费、多储蓄。这些迥然不同的消费行为或消费习惯，从根本上说都不是购买力造成的，而是由该国的文化环境决定的。因此，国际企业研究、分析、熟悉、适应世界各国的文化环境就成为国际营销中必不可少的内容。

（2）国际企业进行国际营销获得成功的普遍经验是满足国际用户或东道国消费者的不同需求

不同文化背景的国际用户或东道国的消费者有不同的需求。因此，国际企业要想满足国际用户或东道国消费者的不同需求，当然就要从分析其不同文化环境或文化背景入手，也就是从各国文化的差异性寻求各国消费者需求的差异性。

(3) 国际企业对东道国的文化环境不表示任何反感而宽容以待是进行国际营销的起码态度

积极主动地适应东道国的文化环境是国际企业最明智、最有利的态度。国际企业按照母国的文化在东道国我行我素，是最愚蠢、最有害的态度。大量国际营销活动已显示了一条真理，即重视文化分析并适应东道国文化环境的国际企业会获得成功，而忽视文化分析且不适应东道国文化环境的国际企业会招致失败。比如，过去美国向日本出口的汽车，汽车司机的驾驶座方位与美国一样原封不动，而日本的交通规则与美国刚好相反，车辆是靠马路左边行驶的，因此，美国汽车显然不适合日本的交通规则，因而美国汽车没有打开日本市场；而日本向美国出口的汽车则按照美国的交通规则，将司机驾驶座位设置于与国内内销汽车相反的方位，因而成功地打入了美国市场。当然其中还另有原因，但这是成功的原因之一。不只美国企业有了此认识，近些年来大多数国际企业都愈来愈重视文化环境的重要性，愈来愈把东道国的文化环境作为重要的营销环境去分析与适应。一般来说，东道国的文明程度愈高，国际企业愈容易适应其文化，在该国进行国际营销活动也愈顺利，反之亦然，特别是文化落后国家往往伴随着经济落后和政治落后，使国际企业在这样的国家进行国际营销活动十分困难，因而国际企业不愿意进入这些国家。

1.1.2 物质文化

一个社会拥有或消费哪些物质，往往能从一个侧面说明该社会的科技水平和经济水平。例如，欧美社会大量拥有轿车，而中国社会曾经大量拥有自行车，中东社会则大量拥有毛驴；欧美社会食物消费以肉类为主，中国社会食物消费以粮食为主；发达国家社会消费打火机，而发展中国家社会消费火柴。上述这一切都说明了社会拥有或消费的物质反映了该社会的科技水平、经济水平和生活水平，也就是说不同的科技水平和经济水平形成了不同的物质文化。因此，进行国际营销的国际企业在对东道国的文化环境进行分析时，首先要分析东道国的物质文化水平。这是因为在一定的物质文化环境下，伴随着相应产品的消费；或者说，物质文化决定了需求水平、需求产品的质量与数量。

1.1.3 语言

语言是人类所特有的。语言是社会文化的载体，它既体现了文化的特点，也标志着社会文化的差异。对于国际企业来讲，它是国际营销活动中最基本的信息沟通工具，如广告、推销、通信、协议、谈判、合同等都涉及语言问题。因此，要想使国际营销活动顺利而高效地进行，最好的办法就是国际企业使用东道国的当地语言，但世界上有各种语言 6 000 余种，其中使用人数较多的语言约有一百种，因此，做到这一点谈何容易。对此，比较实际可行的办法就是使用外国顾客熟悉的语言，如英语、法语、西班牙语等。但不论前种办法还是后种办法，翻译问题是企业母国语言与东道国语言或第三国语言之间相互变换的重要问题，最好是请当地人担任翻译工作，将企业母国语言准确恰当地翻译成当地语言，否则有可能将给国际营销带来重大失误，甚至导致最后失败。这方面的教训不胜枚举。例如 20 世纪 30 年代可口可乐饮料刚进入中国市场时，将该饮料的品牌翻译成“口渴口蜡”，使中国消费者望而生厌，因此销量很低；美国通用汽车公司推出的“NOVA”牌汽车，英语原意为新星，在美国很畅销，但在出口拉丁美洲时，西班牙语的“NOVA”含义为“走不动”，当地消费者对该车性能大加怀疑，因而影响了该车在当地的销售量；“芳芳”牌爽身粉是获国家银奖的中国名牌产品，当该产品出口美国时，其商标直译为“FangFang”，而此字在英语中的含义却是“毒牙”，给美国消费者的印象可想而知。

避免翻译失误的另一个可行办法，就是请东道国当地人员将企业母国语言翻译成东道国语言后，再请母国人员将翻译后的当地的语言还原为母国语言。如果还原后的语言能够体现原来的含义就属正确，否则就属错误。在翻译产品商标或企业名称时更要持慎重的态度。目前世界上最成功的办法，就是让商标或企业名称在各国语言中都无具体含义，但又很容易发音，比如美国“柯达”（Kodak）、日本“索尼”（Sony）就是成功的典型。

1.1.4　教育

国际上通常使用成人识字率这一指标来衡量东道国的教育水平。联合国公布的资料显示，2002 年全世界平均成人识字率为 79.1%。该年所有发达国家的成人识字率都在 99% 以上，发展中国家的成人识字率相对较低，如泰国为 92.7%，中国为 88.4%，缅甸为 85.3%，印度为 61.3%。一般来讲，经济愈发达，识字率愈高。教育对国际营销的影响一般表现在两个方面：一方面，教育程度直接影响消费者的消费行为；另一方面，教育程度制约着国际营销活动的进行。前一方面的例子如教育水平愈高，对书籍、高档文具、艺术品、乐器、个人计算机、高性能家用电器等的需求量就愈大，反之需求量就愈小；另外教育水平愈高，消费者的购买决策就越趋向复杂，对产品说明书、安装调试指南等文件要求就愈高，教育水平低者则相反。后一方面的例子如教育水平高的国家，广告、促销、市场调研等可以比较多地使用文字形式，教育水平低的国家则最好使用电视、广播、现场示范表演等形式。

1.1.5　宗教

宗教信仰是人类重要的精神生活，自古就存在，宗教信仰也是文化的重要组成部分，通过分析可看出文化环境的主要因素是价值观，进一步分析就会发现影响人们价值观的主要因素是宗教信仰，它决定了一个人、一个群体、一个民族、一个国家的主流价值观，由此而派生出主流人生观和主流消费观。因此，国际企业对东道国的宗教信仰要予以充分的重视与了解，否则对东道国的国际营销活动便是盲目的，所制定的战略和策略就难以奏效。

20 世纪 70 年代，世界上掀起了宗教复兴热潮，信仰宗教的人数迅速增加，教徒在世界总人口中所占的比例也迅速增大，据统计，从 1970 年至 2000 年短短 30 年间，世界三大宗教教徒的人数变化如下：基督教教徒由 12.3 亿人增加为 20 亿人；伊斯兰教教徒由 5.5 亿人增加为 11.8 亿人；佛教教徒由 2.3 亿人增加为 3.6 亿人，而且进入 21 世纪后此热潮仍在持续进行着。2000 年上述三大宗教教徒的总人数为 35.4 亿人，加上第四大宗教印度教教徒的人数 8.5 亿人以及第五大宗教犹太教教徒人数 0.2 亿人，共为 44 亿人，约占当年全世界总人口（60 亿人）的 73%，再加上世界上其他宗教的教徒人数，教徒的总人数约占世界总人口的 80% 以上，这就意味着国际企业在世界各国进行国际营销活动时，所接触或面对的消费者中绝大部分为具有某种宗教信仰的教徒，或每 5 位消费者中就有 4 位是具有某种宗教信仰的教徒。他们因宗教信仰不同而具有不同的价值观，具有不同的文化特征，即具有不同的需求和迥然不同的消费行为与消费习惯。因此，国际企业为了能够顺利地在各国开展营销活动和在各国的营销活动能够正常进行下去，就要对世界各国的文化特征即文化环境给予足够的重视和适应。这就要求国际企业对世界上的一些主要宗教进行必要的了解和熟悉。以下介绍的就是世界主要宗教的基本知识。通过这些基本知识，国际企业可以了解掌握各种不同宗教教徒的基本世界观、人生观、价值观和消费观，从而对不同宗教教徒消费者进行营销活动时做到有的放矢，企业的产品和服务做到适销对路。

1. 基督教

基督教是当代世界的第一大宗教，其教徒人数大大超过世界三大宗教中其余两大宗教教徒人数之和，而且已有近两千年的悠久历史。教徒分布最广，几乎分布在世界五大洲的各国各地，而其他几个大宗教如佛教仅集中于亚洲的半个大洲，伊斯兰教仅集中于亚洲、非洲各半个大洲。基督教的天主教主要集中于西欧、中欧及南欧地区的法国、西班牙、意大利、葡萄牙、比利时、捷克、波兰、奥地利等国和南美洲诸国以及亚洲的菲律宾；东正教主要集中于南欧的希腊、土耳其和东欧的俄罗斯、白俄罗斯、罗马尼亚、保加利亚等国；新教主要集中在西欧的英国和北欧的瑞典、丹麦、德国、挪威、芬兰以及北美洲的美国、加拿大和大洋洲的澳大利亚、新西兰、亚洲的新加坡等国。在上述国家中，基督教教徒人数占到全国人口总数的三分之二以上，如在西班牙，基督教教徒人数占全国人口的 94%，在挪威占 90%，在美国占 85%。

由于近代和当代的世界文明主要产生于基督教国家，如工业革命、民主制度、市场经济、先进科学技术、先进教育制度、完善的社会福利制度、人道主义、人权运动、慈善事业的普及、义工运动的普及、丰富的物质产品和精神产品等，因此，当代发达国家绝大多数为基督教国家，所以从世界的角度衡量，基督教教徒的总购买力大大高于其他几个大宗教教徒的总购买力，其所消费的消费品档次也大大高于其他几个大宗教教徒的档次，再加上世界上基督教教徒的总人数大大超过其他任何一个大宗教教徒的总人数，这三者叠加的结果就是基督教教徒是世界上人数最多、购买力最强、在全世界分布最广的消费者群体。

基督教的价值观如下：

世界上最宝贵的是人，而不是其他；人最宝贵的是生命（灵魂），而不是其他。人生最大的追求就是得到上帝的救赎，从上帝那里得到永远不死的生命（灵魂），即永生。

基督教的圣书是《圣经》，《圣经》是世界上翻译文字种类最多（1 800 余种文字）、发行量最大、对人类社会具有深远影响的书。

基督教的主要节日有：

圣诞节：在12月25日，是为纪念耶稣的诞生。

复活节：在3月份，是为纪念耶稣被钉十字架3天后复活。

基督教的圣礼为：

洗礼和圣餐：前者为入教仪式，后者为纪念耶稣被钉十字架。

基督教的圣地为：

位于今以色列境内的耶路撒冷古城。

基督教对世界文明的影响：

近代和当代学者一致公认基督教对世界文明，特别是对西方文明的影响巨大。如其教义中的六条诫命已成为西方所有国家的法律基石和伦理道德的准绳；再如当代世界的主流思想，如和平、对话、和解、合作互利、双赢、以人为本思想、公仆思想、服务型政府思想、福利型社会思想、慈善事业的建立、义工的兴起等都源自基督教的教义。

2. 伊斯兰教

古代的阿拉伯民族崇拜许多神，认为日、月、星三辰都是神，都要当作偶像加以崇拜，其中最大的神名为安拉。当时阿拉伯民族崇拜众多偶像并为此纷争不断，另外，当时的社会道德低下，人们行为放荡，这引起阿拉伯半岛麦加地的青年穆罕默德的忧虑。就在此时他在梦中多次由天使将安拉的话启示给他，他便将这些启示复诵传扬给众人，并用文字记录下来成为可兰经。从而在六世纪创立了伊斯兰教。此后他与他的追随者用军事征服和规劝相结合的方式将该教东传至南亚，北传至中亚和西亚，西传至北非的许多国家和地区，从而成为世界第二大宗教。

伊斯兰教的基本信仰为以下六种相信和五种必须遵守的义务：

六种相信：

相信安拉是惟一的真主；

相信天使日夜监护每一教徒的一言一行是善是恶，并加以记录；

相信可兰经是最重要的经典；

相信穆罕默德是最大的先知；

相信前定，即教徒的一生由安拉早已予先安排，并予以控制；

相信末日，即死后要复活，由安拉审判后或上天堂或下地狱；

五种义务：

每天不断地念诵真主安拉和先知穆罕默德的名字；

每天五次向圣地麦加方向跪拜；

每年斋月的一个月内从日出到日落禁食，日落后方可进食；

教徒要向寺庙捐财物，以备困济孤寡和遭不幸的人；

一生中尽可能去圣地麦加朝拜一次。

另外，伊斯兰教在饮食和生活上也有一些禁忌，如禁食猪肉、禁酒；女性在公共场合除眼部外，身体的其他部位不能外露；没有家人的陪同女性也不能与陌生男性见面，等等。

伊斯兰教分布地区广大，但阿拉伯地区为宗教的中心，这是因为《可兰经》是用阿拉伯文字写成的，圣地麦加和麦地那也都在阿拉伯地区。

穆罕默德逝世后，其追随者因产生了谁是其接班人的分歧而分裂为三个派别。其中逊尼派人数最多（占 87%），分布于多数伊斯兰教国家。什叶派人数较少（占 12%）主要分布于伊朗、伊拉克和叙利亚。阿瓦利吉派人数最少（占 1%）主要分布于阿曼和阿尔及利亚两个国家。

3. 佛教

佛教于2500年前，由印度东北部小诸侯国迦毗罗亚国（现在尼泊尔境内）的王子释迦牟尼所创。他因不满当时的社会动乱和同情百姓的疾苦而出家修行，悟出了一整套清心寡欲修心养性可以进入另一种精神境界的方法，从而形成佛教。因此，他被众人尊称为释迦族的贤人（印地语为释迦牟尼），又称其为悟者。据学者的研究其悟出的一套方法和结论，颇有心理学和哲学的特征。

佛教的基本世界观为万事万物皆是暂时由某些因素在某种特定条件下的结合。特定条件消失，该事物也消失。如高楼大厦是砖瓦、木料、钢材、水泥在特定条件下结合而成。是暂时的存在，待特定条件消失该大厦也消失。因此，佛教教义的核心即万事万物皆为虚空，皆为暂时的存在。另一核心教义即欲望是人生烦恼和痛苦的根源，因此人生应清心寡欲。其结论为无欲才能进入清静高尚的另一精神境界，且死后进入自由无碍的境界，称为涅槃（一般教徒称圆寂）。

佛教的上述世界观和人生观传入东南亚的缅甸、泰国、柬埔寨后仍持守这一世界观和人生观，称为南传佛教。传入中国、朝鲜、日本、蒙古后，该教有了质的变化和发展，将释迦牟尼奉为能够保佑教徒一生平安的神，并且能够拯救人类，称为北传佛教。

4. 印度教

在世界大宗教中以印度教最古老，已有 3 500 年的历史，该教实际是多神教的综合体。该教将宇宙中的所有物质和自然现象都奉为神明，即日、月、星辰、大海、高山、森林、河流、湖泊、闪电、风吹、雨、雪、动物、植物等等都是神明。该教认为宇宙中共有 3 300 万个神。

该教的信仰核心，认为每一种神即每一种事物都有自已的秩序（规律），人类只能信奉其秩序而不能改变其秩序。否则就要受到惩罚，招致人生的灾祸和痛苦。这便是该教的世界观，由此引伸出来的人生观即人类要信奉诸神的秩序，顺服其秩序，人类的行为只能是对诸神秩序的接受和忍耐。该教的另一教义即人生有来世，来世的人生好坏由前世即今世的行为决定，因此，教徒对社会中的不公平、不义、丑恶等现象，采取不问不闻的态度，以争取来世有一个好的人生。

5. 犹太教

犹太人所信奉的宗教，其教义教规是由雅赫维通过摩西传授而来，因而相信雅赫维为“独一尊神”，并称犹太人是雅赫维的“特选子民”。

主要经典称《圣经》，包括《律法书》、《先知书》、《圣录》三部分（后由基督教承继而称为《圣经·旧约全书》）以及口传律法集《塔木德》。

该教原以祭司掌管的耶路撒冷圣殿为宗教和政治活动中心，公元70年，该城及圣殿被罗马人拆毁后，宗教活动扩散到由拉比主持的各地会堂中。现有正统犹太教、改革（或自由）犹太教、保守犹太教等派别。

从国际营销学的角度看，宗教不仅仅是一种信仰，更重要的是它反映了教徒的生活理想、追求目的和消费愿望；另外，每种宗教都有自己的清规戒律、生活方式、行为准则和价值观。而这一切衍生出来的事物对企业的国际营销来说具有如下的意义：

1. 宗教节日

每种宗教都有自己的节日，而这些节日，特别是重大节日，对国际营销来说意味着难得的营销机会。如伊斯兰教的重要节日和活动为斋月和朝圣，基督教的重要节日为圣诞节和复活节。在西方基督教国家，圣诞节前一段时间的社会零售总额往往为其他月份相同时间段的数倍。

2. 宗教禁忌

每种宗教都有自己的禁忌，而这些禁忌明显影响着教徒的消费行为。比如，印度教视牛为圣明，教徒不但不吃牛肉，就连与牛相关的产品如牛皮皮鞋也不使用；伊斯兰教和犹太教教徒忌食猪肉及其制品，就连世界各国人民都很喜欢的中国大熊猫图案和商标，他们也忌讳，因为大熊猫的形象类似他们忌讳的猪；佛教提倡素食，其教徒就禁忌荤腥。因此，国际企业要十分熟悉东道国的宗教禁忌，而且要严格把这些禁忌列为企业营销的禁区。否则，不仅产品没有销路，而且可能引发宗教事件，最后导致国际企业完全退出该东道国。

3. 替代消费品

一个成熟的国际企业，在面对东道国宗教禁忌不能营销某种产品时，积极的态度和明智的做法是进行反向思维，找出禁忌产品的替代产品进行营销。比如，伊斯兰教徒禁忌含酒精的饮料，但可口可乐饮料和水果饮料就成了他们十分乐意消费的替代消费品。又如，伊斯兰教徒忌食猪肉，因此，牛、羊肉就成了他们十分喜欢的替代消费品。

4. 东道国的宗教分裂和教派斗争

东道国的宗教分裂和教派斗争往往给企业的国际营销活动带来严重困难，甚至无法进行营销。比如，北爱尔兰和荷兰的国内一直存在着天主教与新教的社会矛盾与分歧；黎巴嫩国内则长期存在着伊斯兰教与基督教的社会矛盾与分歧。企业若在这些国家进行国际营销活动便会遇到很大困难。

1.1.6　价值观与审美观

1. 价值观

价值观是指人们对于事物的评价标准。它决定了人们的善恶观、是非观、主次观、时间观、财富观等。不同国家、不同社会、不同社会阶层有不同的价值观。国际企业应根据东道国的不同价值观进行不同的营销活动。比如，对财富的观念，美国人重视财富，并积极争取财富；在佛教和印度教盛行的印度则鄙视财富，认为无欲才是最高尚的。因此，在美国推销产品，要把产品与财富联系起来，而在印度营销高档、奢侈的产品就不适合，而应营销低价而实惠的产品。又如美国人好奇，认为新产品价值高；而德国人对古老的东西十分珍重；英国人则十分怀旧。因此，企业在美国进行国际营销就应最大限度地推出新产品，在德国进行国际营销则应推出在老产品基础上改进的产品，而在英国进行国际营销则应推出仿古产品。另外，西方人认为“时间就是金钱”，因此，十分讲求效率；而阿拉伯人的时间观念很差，因此，对效率要求不高。在上述不同的时间观下，企业对西方国家就应提供节省时间的产品，如快餐、速溶咖啡、电动剃须刀、全自动照相机等；而在时间观念淡薄的阿拉伯世界或发展中国家则不宜大量提供上述省时产品。再如，多数西方人追求及时行乐，追求感官享受，花钱痛快；而多数东方人则讲求节俭、朴素和储蓄。因此，企业对西方国家的营销应多提供一些物质享受的产品，而对东方国家的营销则应多提供一些低廉、耐用、实惠的产品。总之，国际企业在对东道国进行国际营销活动时，要根据东道国价值观的不同提供不同的产品。

2. 审美观

审美观包括人们对艺术、戏剧、舞蹈、音乐及色彩的评价。不同的国家、民族、性别、种族、宗教、阶层等往往有不同的审美标准。国际企业在进行国际营销活动时，对待东道国审美观的惟一正确态度，就是采用东道国的审美标准。比如，美国人喜欢以小号为主的爵士音乐，法国人喜欢以钢琴、小提琴为主的欧洲古典音乐，蒙古人喜欢以马头琴为主的蒙古音乐，中国人喜欢以胡琴为主的中国音乐。企业在法国做广告时若伴以胡琴为主的中国音乐，在蒙古做广告时若伴以小号为主的爵士音乐，在美国做广告时若伴以马头琴为主的蒙古音乐，广告效果就不一定好。任何产品本身及其包装都具有一定的颜色，而这一点对任何国际企业来说都包含有重大的学问。这是因为任何国家、民族、阶层的消费者都有自己喜欢和厌恶的颜色。国际企业在进行国际营销时，一定要使自己的产品及其包装的颜色适应东道国消费者的喜好，否则将给国际营销带来不利甚至是严重的后果。比如，美国高露洁（Colgate）牙膏在美国国内的市场占有率高达 80%，十分畅销。但 20 世纪 70 年代，生产该牙膏的美国企业花了很大气力在日本推销，想打入日本市场，虽然采用了多种促销方式，也耗费了很大财力，但在日本的市场占有率不足 1%。究其原因，十分简单，不在于产品本身的质量或价格，而仅仅在于牙膏外包装的红颜色。美国人性格开朗热情，喜欢红色，而日本人性格安静含蓄，喜欢淡雅的白颜色而不喜欢红色。另外，在日本，产品或其包装若是红色，表示该产品是女性用品，日本是一个大男子主义十分严重的民族，因此，红色包装的美国高露洁牙膏当然就占领不了日本市场。在国际营销活动中，因为产品或包装的颜色不适合东道国的喜好而导致营销失败的例子比比皆是，因产品或包装的颜色适合东道国的喜好而导致营销成功的例子也比比皆是，总之，国际企业要慎重对待。一般来讲，西方国家喜欢红色和白色，视黑色为悼念之色；中国人视红色为吉利和喜庆之色，而视白色为丧色；埃及人喜欢绿色，而马来西亚人厌恶绿色，因为马来西亚人认为绿色意味着疾病；泰国人喜欢黄色，用黄色表示庄重、高贵，而英国人厌恶黄色；埃塞俄比亚人用黄色表示丧事；拉丁美洲人则用紫色表示死亡。一般来讲，消费者对东道国国旗颜色的接受程度较高，因此，又称保险色。

但是，东道国的审美观并不是一成不变的，它随着时间的推移、社会价值观的变化，特别是外来文化的影响也在变化。因此，国际企业要以动态的眼光经常适应东道国已经变化了的审美观。美国人长期以来以黑色表示对死者的悼念，但从 20 世纪 80 年代开始黑色则成了时髦的颜色，被人们视为庄重、雅致。因此，在美国包括时装在内的很多产品近些年来都采用黑色。同样，白色在中国表示死亡，但开放后中国城市的新娘受西方文化的影响开始穿白色婚纱。

1.1.7 风俗习惯

世界各国都有自己的风俗习惯，而且千差万别。几乎不同国家、不同民族、不同地域都各有自己独特的风俗习惯。信奉基督教国家的人认为 13 是个不吉祥的数字，忌用之；日本人认为 4 与“死”同音，也忌用之。西方国家的老年妇女喜欢浓妆艳抹；而中国老年妇女则相反，不喜欢打扮。西方女性在交际场合往往穿着袒胸露背的服装；而东方女性相反，越是在隆重场合女性的服装越是封闭式的。欧美人习惯按时赴约会，否则，他们会感到受到了侮辱；非洲人则相反，若是严格限定约会时间他们就会对此进行猜疑；而拉美人则认为约会时让对方久候并不失礼；阿拉伯人是否按时赴约会，则决定于双方的关系如何。中国人招待客人的方式是设宴款待；而巴西人招待客人的方式则是请客人洗澡，而且设法让客人在浴盆里待的时间尽量长一些，以表示尊敬。挪威商人很好客，当应邀到其家中做客时，带一束鲜花送给女主人是有礼貌的表现；相反，到同样是好客的沙特阿拉伯人家中做客时，切记不要向女主人送礼物，更不要给女主人拍照。

中国人喜欢龙，美国人喜欢鹰，法国人喜欢狗，澳大利亚人喜欢袋鼠。东南亚国家人民把大象看作是吉祥物；欧洲人则把大象等同于呆头呆脑。泰国人视猫头鹰为吉祥之鸟；而瑞士人则把猫头鹰看作是死亡的象征。阿拉伯国家人民忌讳猪，北非人忌讳狗，法国人则把孔雀看成是祸鸟。

1.1.8 图腾文化

图腾文化始于原始社会。那时某一民族或某一部落将某种动物、植物或事物视为本民族的祖先，或与本民族有某种特殊关系，因而将其偶像化加以崇拜，并在长期崇拜的历史过程中，逐渐以此为中心内容形成了独特的文化，即图腾文化。日本大和民族视自己为太阳神的子民，因而形成了以太阳神为中心内容的图腾文化；印度人视牛为神明，因而在漫长的历史中形成了以牛为中心内容的图腾文化；中国汉族则视自己为龙的传人，因而形成了以龙为中心内容的图腾文化，其内容包括汉族社会中无处不见的龙的标记、龙的图案、龙的造型、龙的艺术作品、长期流传于社会上的龙的神话故事以及龙舟比赛等群众活动；非洲几乎所有的民族和土著部落都有自己独特的图腾文化，而且其内容的复杂程度及社会对该图腾文化的重视程度是世界上其他民族和部落所不及的。

图腾文化虽然是十足的原始社会文化，但对国际企业来说却是一种不可忽视的文化，它在当代国际营销活动中仍有用武之地。它是某些产品如玩具、旅游景点、动漫产品、电影情节等等和商品商标以及促销广告等创意的重要灵感来源。

1.1.9 世界各国民族、语言、宗教概况

民族、语言、宗教是文化环境的重要组成因素，一般来说三者存在着紧密的有机联系，即每一个民族都与一定的语言和一定的宗教信仰紧密联系在一起，并由此衍生出其

他的文化，如社会结构、风俗习惯、民族艺术、民族音乐、饮食文化、穿戴文化、居住文化、民族节日、宗教节日等。

据统计，全世界有大小民族2 070个，其中百万人口以上的民族有270个；全世界共有语言6 000余种，其中约有1/3的语言（主要为非洲的土著部落语言）正在消失中；全世界有世界性的宗教3种，即基督教、伊斯兰教和佛教；有区域性宗教几十种，如印度的印度教、以色列的犹太教、中国的道教、日本的神道教等，一些发展中国家的少数民族，特别是非洲中部一些国家土著部落的原始拜物教则不可计数。

世界上的每一个民族在历史长河中伴随着民族的形成与发展逐渐形成了自己的民族语言和民族宗教信仰。因此，一般来说同一个民族有着相同的语言和相同的宗教信仰，其中有的民族集中居住在同一国家，如大和民族集中居住在日本一个国家，有的民族分散居住在不同的国家，如阿拉伯民族分散居住在中东和北非十余个国家中，傣族分散居住在泰国、缅甸、中国等国家，但这些同一民族使用的语言和宗教信仰基本上是相同的。因此，民族、语言、宗教信仰这三者是有机联系在一起的，是一种文化特征。

1.2 国际营销的社会环境

所谓社会环境主要指社会组织，又称社会结构，分为亲属关系、社会阶层和社会群体3大类。所谓社会结构即社会中人与人发生关系的方式，它确定了人们在社会中所扮演的角色及权利与责任的模式。

1. 亲属关系

亲属关系的基本单位是家庭，发达国家的家庭比较小，而且简单，一般由父母和未婚子女组成，人数在四五人之内，又称核心家庭；发展中国家的家庭比较大而且复杂，一般由父母、子女、祖父母，甚至叔姑、堂兄妹、表兄妹组成，人数在四五人以上，又称扩展家庭。

亲属关系对国际营销的第一个意义在于对以家庭为单位购买的产品（如家具、洗衣机等）的影响。家庭规模愈小，家庭数目就会愈多，市场购买量就愈大，市场潜力就愈大；反之，市场潜力就愈小。第二个意义在于不同的家庭类型，购买决策人也不同。比如，核心家庭的购买决策人是夫妻两人，相当多的产品如食物、洗涤用品、子女服装等由妻子一人作决策，而扩展家庭的购买决策人往往是家长一人。

2. 社会阶层

社会阶层是指按照一定的标准，将社会成员划分成若干等级。不同的社会往往有不同的划分标准，但主要是用收入、财富、职业、社会名望等作为划分标准。尽管各个社会有不同的社会阶层，其组成成员也不同，但社会中的每一个人都属于某一阶层，每个社会阶层内部通常具有相同的价值观和生活方式，购买行为也相似。也就是说，经济收入相同但阶层不同的人，其购买动机与行为有明显的差异。比如，一名政府官员，一名公司经理，一名电影演员，尽管3人经济收入相同或差别不大，但购买动机和购买行为却相差显著。又如，有人对委内瑞拉上、中、下社会阶层的3组家庭妇女作过购买家具的专门调查，发现上层社会的家庭妇女喜欢形式和图案严谨的家具，中层社会的家庭妇女喜欢自然轻快和朴素大方的家具，而下层社会的家庭妇女喜欢富于情感和色彩斑斓的家具。美国的调查则显示上层社会的人士喜欢喝进口高级酒，中层社会的人士喜欢喝啤酒，下层社会的人士则喜欢喝烈性酒。

尽管世界上不同国家使用不同的标准划分本国的社会阶层，但各国的社会阶层大体上具有两个经济上的特点：一是北欧的一些国家，如瑞典、丹麦挪威等，国内各阶层之间经济收入差别小；二是美国和一些经济非常落后的国家，国内各阶层之间经济收入相差悬殊。

3. 社会群体

目前有如下两种分类方法：

（1）紧密型分类

① 年龄群体

按年龄将消费者分为不同的群体。最简单的方法就是以代沟为界限将消费者分为青年人和老年人两个群体。这两个群体在购买动机和购买行为上显然存在着很大的差异，甚至是质的差异。

② 性别群体

按照性别将消费者分为男性和女性两个群体，两个群体的购买动机和购买行为显然也有大的差别。比如，女性群体喜欢消费化妆品和时装，而男性群体喜欢消费体育用品和酒类等。

③ 共同利益群体

这些群体既可以是政治性的，如政党，也可以是宗教性的，如教派；既可以是职业性的，如司机工会，也可以是娱乐性的，如足球协会等。这些群体在消费过程中往往代表其成员的利益进行活动或作出反应。

（2）松散型分类

① 初级群体

主要指家庭、朋友、邻居等，他们互相之间对购买动机和购买行为具有直接影响。这个群体内往往存在消费上的示范作用，因而引起消费上的从众行为。比如，某家庭成员喜欢辣味食品，其他家庭成员受其影响也喜欢辣味食品，某女士买了一套法国时装，其女性朋友也去购买该款时装。

② 次级群体

即上述的共同利益群体。尽管这些群体往往代表其成员的利益，但对其成员购买动机和购买行为的影响较小，明显小于初级群体。

③ 渴望群体

即在消费上被模仿者与模仿者组成的群体，如电影明星、体育明星、社会名流等与其崇拜者组成的群体。如美国著名影星英格丽·褒曼有一段时间不使用化妆品，其崇拜者也模仿不使用化妆品，从而一度使美国的化妆品销量下降；英国前王妃戴安娜有段时间不穿高跟鞋而穿低跟鞋，于是低跟鞋又成为英国女士们争相模仿的时髦品。

社会群体对消费的影响作用有以下 3 种：为其成员提供了某种消费模式和生活模

式，使其成员改变购买行为；影响其成员对某种事物的态度，从而导致其成员价值观和审美观的变化；极易引起其成员对某种产品的一致购买行为。

1.3 文化适应与变迁

1.3.1 文化适应

各国的文化千差万别，这就意味着国际企业在进行国际营销活动时，所面临的文化环境也是千差万别的。企业正确对待这种千差万别的办法很简单，就是接受并适应各国不同的文化环境。这一原则虽然既简单又明确，但实践中却不容易做到。企业往往向目标国家灌输自己的文化，即让目标国家适应自己国家的文化。如中国人在国外进行营销活动时，对陌生的客户往往先递上一支香烟以表示友好，但对方对此却十分反感；中国人在国外宴请顾客或用户时，往往不停地敬酒以表热情，这也使对方反感；中国的金鸡牌饼干、鸡牌味精出口美国时仍用原来的商标名称和雄鸡图案，结果美国消费者强烈抵制，原因是在美国俚语中公鸡代表放荡。

美国学者詹姆斯·A·李在 1966 年针对上述类似现象，首次提出了“自我参照准则”（SRC）的概念，并为学术界和企业界所接受。他对“自我参照准则”的解释是“无意识地参照自己的文化价值观”。也就是说在国际营销活动中，经营人员只要一遇到具体情况，就无意识地用母国的价值观作为理解和解决这种具体情况的标准，不问或不知道目标国家消费者是否接受这一价值观标准。

詹姆斯·A·李在提出自我参照准则概念的同时，也提出了一套消除自我参照准则的方法，具体分为 4 个步骤：

1. 按照本国的文化特点或习俗来确定业务问题或营销目标；
2. 按照目标国家的文化特点或习俗来确定业务问题或营销目标；
3. 将上述两步骤的结果进行比较，找出 SRC 存在或表现在何处；
4. 剔除 SRC 的影响，重新确定业务问题或营销目标。

现以销往美国的方便面为例，说明消除 SRC 的“四步骤法”。

第一，方便面是当今中国城市上班族的主要食品之一，对方便面的要求是要符合中国饮食的传统要求，即色、形、味俱佳。因此，中国生产的方便面既要有能引起食欲的颜色，又要有好看的形状，更要有香喷喷的香味。

第二，美国人对食品的要求是营养全面充足，方便食用。

第三，将上述两步骤的结果比较后发现，两国消费者对食品的要求有本质上的不同。若把中国消费者喜欢的色、形、味俱佳的方便面销往美国，肯定得不到美国消费者的青睐。

第四，按照美国消费者的体重、食量、营养习惯生产营养成分全面而且营养量充足的方便面，而不强调方便面的色、形、味。

1.3.2　文化变迁

任何国家的文化在一定时期内具有相对的稳定性，但从长期看，任何国家的文化又处在动态的变动中，文化的这一特点已在前面阐述过。现在要说明的是文化还有第二个特点，即文化在大多数情况下不以人们的意志为转移，而是自然形成的，但在某些情况下，文化是可以按照人们的意志人为形成某种新文化。比如，中国人千百年来喜欢喝白酒，并形成了自己的酒文化，但近代特别是 20 世纪 80 年代后，中国人也开始喜欢外来的啤酒，而且开始将外国的啤酒文化引入中国；日本人千百年来喜欢吃大米和鱼，但第二次世界大战后，在美国食品公司的大力推销下，麦当劳汉堡包和肯德基炸鸡也已为日本消费者所接受。

以上例子说明东道国文化的某一部分是可以人为改变的，即消费者的某种需求是可以人为改变的。但若从整体上说，这种人为改变只能是局部的，若从数量上说，这种人为改变只能是少数的，即人为改变文化是有限度的。

1.4　世界各国的文化习俗

如同世界上任何两个国家的文化环境都不会完全相同一样，文化环境重要组成部分的文化习俗在世界各国中也是千差万别的。国际企业面对东道国的文化习俗可采取如下 3 种不同的态度：

1. 必须遵守的文化习俗。指那些必须适应的习惯或行为，如不能询问西方人的个人收入和年龄就属于此。

2. 不必遵守的文化习俗。指那些可以同当地人一致，但并不是必须遵守的行为或习惯。国际企业对东道国的多数文化习俗都可持此种态度。如在非洲进行营销活动的国际企业人员，大可不必也穿当地人穿的那种非洲大袍。

3. 应回避的文化习俗。指那些不让外人参加的行为和习惯，如伊斯兰教徒在进行宗教活动时，非伊斯兰教徒的国际企业人员不要参与或模仿该活动，否则会引起不必要的麻烦或事端。

研究世界各国的文化习俗是一门专门的学问，本书仅简要介绍一些主要国家的文化习俗，而且是与国际营销有关的文化习俗。

1.4.1　欧洲、北美洲国家的文化习俗

欧洲居民中 99% 为白色人种，北美洲大多数居民为欧洲移民，因此大多数居民也是白色人种，只有少数居民为黑色人种。欧美国家居民多信奉新教或天主教。欧洲人和北美人在文化习俗上有许多相似甚至相同之处，因此有以下共同的文化习俗：女士优先是欧美礼仪中的重要原则；对别人的称呼多用“先生”、“太太”、“小姐”；比较熟悉的人见面时常拥抱、亲吻；圣诞节是欧美各国最重要的节日，除此之外，比较重要的节日还有复活节、母亲节、父亲节、情人节、愚人节；白色象征纯洁，黑色象征肃穆，蓝色、红色象征吉祥；个人经历、个人年龄、个人婚姻、个人收入都属于个人隐私，别人

不能询问，否则会被认为不礼貌并遭对方拒答；在公共场合大声讲话、喊叫、争吵、吹口哨、唱歌的人，被认为是缺乏修养的人；在欧美国家，特别是发达国家，除非是挚友，否则未经预先约定就贸然拜访别人的家庭是不受欢迎的；被邀到欧美人家中做客时，带上鲜花或其他精美小礼物，如巧克力、葡萄酒送给主人是一种有礼貌的表现，次日专门用信函或电话表示感谢，则更有礼貌；欧美人认为“13”这个数字是非常不吉利的，因此十分忌讳，另外，欧美人认为星期五也是不吉利的，因此在该日谨言慎行。

1. 美国的文化习俗

美国人乐观、热情、向上，非常讲究实际，崇尚个人主义，把“个人自我实现”看作是人生的重要目标。

美国人生活节奏快，办事急迫。与人打交道不拘礼节，比较随便，喜欢别人直呼其名。喜欢体育运动和娱乐，特别喜欢橄榄球、篮球、游泳、旅游和流行音乐。

美国人时间观念强，守时。

美国人三餐都很简单，但强调营养，快餐是典型的美国饮食。

美国人法律意识强，遇有纠纷，喜欢诉诸法律解决。

2. 英国的文化习俗

英国人素有绅士风度，与人交往中，即使处于不利处境仍高度诚实。

英国人孤芳自赏，保守、冷漠、感情不外露，对新事物十分审慎。

英国人十分讲文明、重礼貌，就是在家人之间，也经常使用“请”、“谢谢”等词；请客人饮茶则表示尊敬。

英国人看重自己的私生活，因此人与人之间的相互应酬活动很少。英国人酷爱足球。

英国人一日四餐，不大讲究吃。

英国人在商业活动中不按时交货几乎成了平常事。

与英国人闲谈最好的话题是天气和皇室成员；最敏感的话题是皇室丑闻和大英帝国的衰败。

在英国一般不提及厕所，一定要提及时要用“洗手间”、“别的地方”等说法。

3. 法国的文化习俗

法国人民族自尊心很强，因此与外国人打交道时坚持使用法语。

法国人为人冷漠，因此要与法国人建立友谊需要较长时间的努力。

在法国还有一种不成文的习俗，即客人身份愈高，迟到的时间愈长。

法国人不论男女都穿戴讲究。因此，外国人拜访法国人时最好也如此。

法国人处理商业事务多从自己的利益出发，自行其是。比如，合同对自己有利时，会要求对方严格遵守合同；对自己不利时，则会单方撕毁合同。

4. 德国的文化习俗

德国人对工作认真负责，一丝不苟，讲求效率，遵守时间和交货期。处理人与人之间的关系刻板。十分看重对方是否信守诺言，是否准时赴约是德国人判断对方是否守信的简单判断标准。

德国人不喜欢直呼其名。拜访德国人时，要穿正规的西服，而且切记不要把手放在口袋里。德国人视浪费为罪恶，与德国人相处的外国人若有此习惯，则会遭到德国人的讨厌和反感。

5. 意大利的文化习俗

意大利人狂热，情绪多变，组织性不强，效率不高，喜欢争论。对产品要求价廉而不太关注品质、交货期等。

意大利企业领导人在企业内部独断专行，与企业外部的人打交道也不够民主。

意大利人崇尚时髦、潇洒，因此生活追求豪华，讲究穿着。

意大利是个内向社会，与外国企业做生意的热情不高。

6. 荷兰的文化习俗

荷兰人文化素养高，讲求清洁卫生，遵守秩序。性格坦率，开诚布公。他们善于做生意，也善于与外国人相处。

7. 比利时的文化习俗

比利时人喜欢社会交际，因此常将生意和娱乐活动结合在一起进行。

比利时的南方人和北方人历史上结怨颇深，因此，与比利时人谈话时应避开这一敏感话题。

8. 瑞士的文化习俗

瑞士是欧洲中部不足800万人口的小国，自然资源贫乏，但瑞士人却十分优秀，文化素质很高，有着许多优良品质和好的风俗习惯，而且经济竞争力2010年在全世界位列第一，为世界各国所推重。

瑞士的人均收入2010年高达六万余美元，列世界第四位，超过发达国家七国集团中任何一个国家，瑞士人生活水平普遍很高，但瑞士人却从不大手大脚而以节俭闻名于世界。他们的消费意识为注重实用不讲求奢华。如按瑞士的人均收入，瑞士人购买“奔驰”牌豪华轿车和“劳力士”牌名牌手表不足为奇，但瑞士公路上行驶的大多数却是“丰田”牌和“大众”牌以及各种小型廉价甲壳虫车辆，戴的大多数是普通手表，不少年轻人甚至戴的是塑料电子表。

在瑞士，没有人为显示富有而斗富摆阔，身着普通服装在超市里挑选廉价商品的人，很可能就是一位百万富翁甚至亿万富翁。

精打细算和节约是瑞士人的另一优良品质，瑞士的餐馆有一条不成文的规定，即吃多少买多少，浪费者要处以罚款，此举常令外国食客感到尴尬。节约虽然已成为瑞士人的一种传统，但政府还在不断地通过各种方式提倡瑞士人节约。如政府常通过媒体向国民介绍烧开水、煮鸡蛋如何节约能源等窍门；在瑞士参加政府或民间举办的国际会议，与会者若能获得一支铅笔或一个笔记本作纪念品已算不错了。

9. 北欧国家的文化习俗

北欧国家又称斯堪的纳维亚国家，指挪威、瑞典、丹麦3国。这3个国家的人民普遍讲究文明礼貌。他们工作态度严肃认真，人民的购买力水平普遍偏高。因此，消费水平很高，喜欢高质量的产品，不喜欢讨价还价。

1.4.2 亚洲国家的文化习俗

亚洲民族构成复杂，主要人种为黄色人种，其次为白色人种，还有少数棕色人种。

亚洲是世界3大宗教（佛教、伊斯兰教、基督教）的发源地。这3大宗教对亚洲的政治、经济、文化都有深刻的影响。

1. 日本的文化习俗

日本人内向、勤奋，富有进取心，崇尚集体主义，忠于某一集体并为之工作，因此日本人把工作视为生活的重要组成部分。

日本人多信奉神道教（占人口的80%），少数人信奉佛教（占人口的20%）。

日本人十分礼貌，比如，接受或递给别人名片时，一定要站立，而且要用双手。日本人十分讲究清洁卫生。

日本人慢条斯理、善于忍耐。对待别人，特别是对待外国人多奉行“逢人只说三分话”的准则。

日本人传统的问候方式是深鞠躬。

日本社会等级观念颇强，因此，对年长的人和社会地位高的人十分尊重和有礼貌。

日本人酷爱棒球。

日本的中元节（在仲夏）和年节是两大节日。人们有互相祝贺和送礼的习惯，但不论是节日送礼，还是平时拜访友人送礼，礼物不可太贵重，主人要再三推辞后再接受礼物。另外，主人不可当着送礼人的面打开礼物。

到日本人家中做客，男客人要盘腿而坐，妇女则跪坐在双腿上。就餐后上绿茶是主人辞客的表示。

与日本人闲谈，最好的话题是日本文化、食品、旅行等；家庭、第二次世界大战、个人财产等是敏感问题，不宜谈。谈话中过多地赞美对方反而使对方感到不快；谈话中也不要对别人的外貌评头论足；日本人对残疾人很尊重，谈话时忌谈对方的生理缺陷。

日本男子在家中休息时多穿民族服装——和服；而妇女多半在隆重的社交场合，如婚礼等才穿和服。

日本人十分忌讳与“死”发音相同的“4”字。因此，日常生活中避免接触“4”，如送礼不能是4件，商品不能将4件包装在一起，住旅馆不住4号房间等。

2.“亚洲四小龙”的文化习俗

“亚洲四小龙”中的中国台湾、中国香港和新加坡基本上是由华人或华人为主组成的社会，韩国是受中国儒家文化影响颇深的国家。因此，儒家的忠孝、仁爱、礼仪、勤俭、吃苦耐劳、家长制等特点在这些国家或地区根深蒂固。但第二次世界大战后，这些国家或地区采取了对外开放政策，因此也接受了一些西方文化，如重视科学、提倡民主、时间观念强、进取心强、追求金钱、崇拜财富等。这些国家或地区成了东西文化交汇的地方，居民受教育程度普遍偏高，多信奉佛教或新教、天主教。

韩国在文化背景上接近日本，因此集体主义较强，家长作风严重，等级观念较深。如家长凌晨出外散步离家前，全家人也要跟着起床给他行礼送行。韩国人往往视工作单位为自己的家庭，视上级为父兄。另外，韩国重男轻女，西方女士优先的原则在韩国行不通。韩国人见面时也行鞠躬礼，而且此礼持续时间的长短根据对方的态度冷热而定。韩国人称呼时一般称其头衔，而不直呼其名。韩国人也忌讳“4”这个数字。

新加坡人口中以华人为主，也是一个集体主义很强的国家。国内大大小小的事务都有一套严密的法律进行制约。因此，人们遵纪守法，社会风气良好，犯罪率很低。

中国香港属华人地区，受儒家文化影响很深，但由于曾经长期受英国统治，西方文化对香港的影响也很大，人们具有浓厚的个人主义倾向，重视金钱财富。消费方面崇尚名牌，人们常以穿着打扮来确定对方的身份高低。

中国台湾地区民众进取心很强，追求财富的欲望也很强，较保守，喜欢在朋友熟人之间交往，不太关心社会。

3. 东南亚地区的文化习俗

菲律宾人在社交活动中迟到是经常的事，他们认为准时赴约是一种迫不及待的表现。

菲律宾人在交往中喜欢面谈而不喜欢书信往来。初次与菲律宾人交谈不宜谈得太多太深。菲律宾人多数信奉天主教，少数信奉伊斯兰教。

印尼人上下级之间的关系俨然像父子。

印尼人喜欢谈自己的家庭，但不爱谈政治和宗教。印尼人多数信仰伊斯兰教。

印尼人认为摸别人的头是不礼貌的。

印尼人忌讳用左手接触别人的身体或收赠物品，这是因为他们认为左手是不干净的。

马来西亚人的问候方式是两人的两手接触后，把手收回放到胸前。马来西亚人视黄色为王公贵族的专用颜色，因此正式场合普通人不能穿黄色衣服。

与印尼人一样，马来西亚人在社交礼仪中不能使用左手。另外，也不能将酒、小刀、猪肉作为礼物送给别人。

泰国是全世界最大的佛教国家，佛教对泰国社会的经济、文化有极大的影响。

泰国人与人言谈常带微笑，对外国人坦率而友好，双方建立友谊比较容易。

与印尼人一样，在泰国摸别人的头是不礼貌的，礼仪中也不使用左手。

泰国人十分讲究清洁卫生，客人进屋要脱鞋、席地而坐。泰国人见面时要行双手合十礼，而且双手的高度要根据对方的年龄和地位而不同。

4. 印度的文化习俗

印度是一个多民族、多宗教国家，而且存在种姓制度，这三者常引发纠纷，所以也是人们不宜谈论的敏感话题。

印度历史上形成的种姓制度规定，每一个印度人从出生第一天起就因种姓而具有不可改变的、或高贵或卑贱的社会地位，彼此界限分明互不往来，这对印度社会至今仍具有较大的负面影响。

因宗教的影响，大多数印度人不崇尚物质享受和奢侈的生活，而崇尚朴素和节俭。这是在该国进行营销活动的国际企业必须认真对待的文化习俗。另外，印度人的家庭观念较强，家庭中家长和丈夫颇有权威。

牛在印度被看作是神圣的，因此印度人不杀牛、不吃牛肉、不穿戴牛皮革制品，否则会惹出大麻烦。

印度人见面时行双手合十礼问安。男人不论在正式场合还是非正式场合都不能接触女性。印度妇女在公开场合可以露出肚脐，但不能露出脚。

印度人庆祝新年的方式颇具特色。按照印度历法，新年在公历十一月月初，共庆祝五天，最初几天人们提着小灯、拿着红粉包，见到亲朋好友拜年道喜后，即将红粉涂于对方额头上，以表示“抬头见喜”，在新年最后一天的早上，整个居民区哭声一片，家家户户的家人相拥而泣，泪流满面，以对已逝去的一年表示痛惜，并对过去一年中所渡过的人生之苦表示感慨。

1.4.3 大洋洲国家的文化习俗

大洋洲主要包括澳大利亚和新西兰。这两个国家都是由英国移民形成的年轻国家，因此其文化习俗与西方特别是英国相似。

1. 澳大利亚的文化习俗

澳大利亚人讲求平等和准时，因此人与人之间交往与办事要用协商的口气。

澳大利亚人非常喜欢体育运动和娱乐，最喜欢的是橄榄球和赛马。

澳大利亚男性见面时习惯握手，女性见面时往往亲吻。澳大利亚男女在正式场合都穿正式服装，即男性穿西装打领带，女性穿长裙。出席澳大利亚人举行的家庭晚宴时，最好带上鲜花或巧克力之类的礼物。拜访澳大利亚家庭前要先用电话联系。

澳大利亚人不喜欢第一次见面就送礼物，也不喜欢第一次见面就谈生意。

澳大利亚的公共场所、商店、家庭庭院夜间必须灯火通明，这是必须遵守的规定。

2. 新西兰的文化习俗

新西兰人比较拘谨、含蓄，但友好而有礼貌。新西兰人也讲求平等和准时。

新西兰人吃饭一般分餐，而且吃饭时不谈话。饭后一边饮咖啡一边谈话，谈话时间一般以 1 小时为宜。

新西兰人与澳大利亚人一样，男女在正式场合都要穿正式服装。

新西兰与澳大利亚一样，行人和车辆在道路上要靠左边行进。

1.4.4 拉丁美洲国家的文化习俗

拉丁美洲文化是当地文化与地中海文化相结合的产物，大多数国家使用西班牙语或葡萄牙语。大多数国家的居民信仰天主教。拉丁美洲人对自己的国籍非常自豪，在拉丁美洲，人们认为财富比人的肤色更重要。

在拉丁美洲国家从事国际营销活动，总的来说要放慢节奏，而且交易量不宜过大。因为在拉丁美洲国家进行国际营销活动主要依靠友谊，而建立友谊不能急于求成，必须慢慢建立。营销业务也要慢慢进行，切忌催逼。

拉丁美洲国家中，无论个人、家庭，还是社会都与教堂有着密切联系。因此，人们对某些食品、服装和行为是否接受往往受宗教的影响。这是国际企业确定产品策略时不能忽视的一点。

1.4.5　非洲国家的文化习俗

非洲是一个多民族、多种族的大洲。相对于其他大洲，非洲文化更多一些土著气息。大多数非洲国家的居民热情豪放，集体主义较强。女性社会地位低下，不能与男性交往，特别是陌生的男人。因此，在不少非洲国家，男性不宜向女性问路或打听事情。另外，非洲国家早婚现象较严重。如在尼日利亚和喀麦隆两国，有 26% 的妇女结婚时不足 15 岁。

非洲各国的礼仪五花八门，有的甚至让人费解。如坦桑尼亚人见面时，先拍拍自己的肚子再鼓掌，最后相互握手；喀麦隆的撒可尼拉人，在客人进门入座后，主人将一条活蛇套在客人的脖子上，以表敬意；在埃塞俄比亚，贵宾到达后，女主人将生牛肉片在热水中烫熟后，一片片地喂进客人嘴中，而客人对这种礼仪只能接受不能拒绝，否则就是不礼貌；在毛里塔尼亚，贵宾到达后，主人就牵来骆驼，当场挤奶煮给客人喝，以表示尊敬。

非洲北部诸国，如埃及、突尼斯、摩洛哥、阿尔及利亚、利比亚、毛里塔尼亚等国的居民多信奉伊斯兰教，因此教徒每天要进行 5 次正式祈祷，祈祷时一切其他活动都要停下来。在这些国家根据宗教规定，妇女要严格回避陌生的男人，甚至对被邀请到家中做客的陌生男人也要回避。因此，男客人不能沿用西方国家的习俗对女主人问候、祝愿，更不能送礼物给女主人或给女主人拍照。由于宗教的原因，这些国家的居民不吃猪肉，也不使用或食用猪身上的东西，如猪皮、猪鬃、猪内脏制成的用品，如皮鞋、皮包、皮箱、刷子或食物。另外，也不吃奇形怪状的动物，如虾、蟹、海参、鳝鱼、甲鱼等。

非洲中部的一些国家，如坦桑尼亚、卢旺达、多哥、贝宁等的居民多信奉原始的拜物教。中非共和国居民至今每个家庭都崇拜某一种自己选定的动物，对该种动物倍加爱护。南部非洲地域最大、人口最多的国家是南非共和国，该国 2/3 的居民为当地黑人，1/3 的居民为白种人、黄种人、混血种人。该国的文化习俗，特别是与国际营销有关的文化习俗基本上与西方国家相似，特别是与西欧国家相近。

埃及人正式用餐时忌讳交谈，否则被认为是对神的亵渎行为。下午 3 时以后埃及人忌讳针，既不卖针，也不买针，也不用针缝制衣物。埃及人经常对别人说“请等 5 分钟”，实际含义是让别人耐心等待，等待的时间超过半小时也是常有的事；若对别人说“请等 1 小时”，实际含义是这次约见到此结束，下次何时再见面另行约定。

苏丹人自古有纹身和纹面的习俗，认为这样可增加美观并可避邪，因此男孩在四五岁、女孩在十岁左右就要在身上或面上纹上各种图案。苏丹人热情好客，友人相遇进行问候时，要从个人开始问，然后问家属，然后再问亲戚和朋友，历时达数分钟。邀请别人喝咖啡是苏丹人尊敬别人的一种表示。因此，拒绝这种邀请就是一种失礼、不尊敬对方的行为。

埃塞俄比亚人见面时要按照本人、家庭成员、家畜、农作物收成的程序逐项问候。埃塞俄比亚人普遍早婚，农村尤甚。一般十岁多一点就结婚，而且采取抢婚这一形式。届时新郎用布将新娘从头到脚蒙起来，然后背上新娘就向家里跑，一路上新娘脚不能沾地，头不能露面。

毛里塔尼亚人见面问候时，除了问候对方外，还要问候羊、骆驼、牛牲畜。毛里塔尼亚除少数城市人外，大多数人一生中仅在出生、婚嫁、死亡等人生重大转折时洗澡。

1.4.6 中东地区的文化习俗

中东是欧、亚、非三大洲的交汇地区。大多数居民为信奉伊斯兰教的阿拉伯民族，大部分地区讲统一的阿拉伯语。伊斯兰教对这一地区的社会生活有着巨大而深刻的影响。

阿拉伯人十分殷勤好客。社交中以茶或咖啡招待客人，但不宜超过 3 杯。阿拉伯人在进行商业谈判时，若有客人来访，主人会中断谈判去招待客人，直到客人离去后才恢复谈判。因此，阿拉伯人时间意识淡薄，一笔生意要花很长时间才能作出决定。

阿拉伯人认为一见面就谈生意是十分不礼貌的。他们认为双方在谈生意之前必须先建立友谊。因此，不止一次的闲聊和造访是外国企业人员与当地人建立友谊必须遵守的习俗。而且，双方初步建立了友谊之后，仍要耐心等待，以便让对方进一步了解自己。阿拉伯人谈生意时讨厌限定最后期限的做法，认为这是不礼貌的。

上述习俗反映了阿拉伯人的一种根深蒂固的商业习惯，即阿拉伯人做生意时，特别是大生意时，愿与熟人打交道而不愿意与陌生人打交道。为此，近些年来在中东地区出现了“联系人”这一特殊中介职业。

伊斯兰教教徒每天要做 5 次祈祷。一到这个时间，行驶的汽车也要突然停下。因此，在此时间进行拜访或与他们谈生意是违犯教规的，应绝对避免。

伊斯兰教历的 9 月是斋月，教徒在这个月的白天要绝对禁食。因此，在此期间不能邀请教徒吃饭或喝茶，也不能送食品给教徒。

阿拉伯人严禁崇拜偶像。因此，就连送洋娃娃这样的偶像给阿拉伯人，也会引起他们的反感。

伊斯兰教允许男子有多个妻子，在中东地区不能询问当地人有几个妻子。

在中东地区，妇女出门要用大袍将身体全部包裹起来，只露出两只眼睛，这是伊斯兰教教规的规定，不容违反也不容外人讥笑。

另外，阿拉伯人对左和右的看法大不相同。他们认为左是不洁净的、不吉利的，右是洁净的、吉利的。因此，不能用左手与人握手，也不能用左手递东西给别人，在进家门或进寺庙的大门时不能先迈左脚，而都应用右手或迈右脚。

思考题

1. 初步分析中国的文化环境。
2. 初步分析中国的社会环境。
3. 举例说明中国的文化变迁。
4. 初步总结世界各大洲文化习俗的特点。
5. 对某邻国与国际营销有关的文化环境作初步分析。

6. 分析佛教的基本世界观、人生观、价值观和消费观。

案例借鉴一

美国坎贝勒罐头汤公司的两次教训

美国坎贝勒罐头汤公司是美国罐头汤市场上的霸主，其销售额占美国国内市场的80%。20 世纪 60 年代，该公司拿出 3 000 万美元在英国市场上大做广告，以图占领英国市场，但惨遭失败，英国消费者很少购买该公司生产的罐头汤。后经调查发现原因很简单，即该公司生产的罐头汤略带苦味，这适合于美国消费者的口味却不适合英国消费者的口味。20 世纪 70 年代末，该公司又在巴西投资建立合资企业生产罐头汤，但合资企业投产后，其产品无人问津，后经调查发现，原因在于该公司没有考虑巴西消费者的消费特点和心理，即巴西的家庭主妇喜欢以亲手自制的汤显示自己的手艺，而不愿吃买来的现成的罐头汤。这说明国际企业不能适应文化环境会导致国际营销失败。

案例借鉴二

欧洲某食品企业的失败教训

欧洲某食品企业生产了一批质量颇高的冻鸡，装船运到了某阿拉伯国家，但很快就被原封退了回来。企业便派人到该国进行调查，调查后发现该批冻鸡质量没有问题，但却严重违背了阿拉伯民族的宗教习俗。该宗教习俗是杀鸡只能用人工，不能用机器，只许男人杀鸡，不许妇女杀鸡。后来巴西某企业吸取了欧洲企业的教训，不用机器、妇女杀鸡，严格按阿拉伯习俗由男人人工杀鸡，并邀请阿拉伯国家买主的代表到生产现场参观，获得了买主的信任，因而巴西冻鸡出口阿拉伯国家获得成功。这个例子再次证明国际企业适应东道国文化环境的重要性。

案例借鉴三

家乐氏公司在中国的成功经验

美国家乐氏公司是全球 500 家最大公司之一，2007 年营业额达 120 亿美元，是世界最大谷物方便食品生产商，其产品畅销 180 个国家，其主导产品早餐——速溶麦片更在世界市场上占据霸主地位。为了占领中国这个大市场，1993 年该公司投资 5 000 万美元在中国广东建设了一家速溶麦片工厂，但建成后不几年便因销量没有达到预期要求而关闭，并退出了中国市场。其原因既不是产品质量问题，也不是管理问题，而是非常简单的文化原因，即中国人没有在早餐牛奶中加入速溶麦片的饮食习惯。

但该公司并不打算放弃中国这个大市场，此后，该公司经过长达十余年对中国文化环境的调查、研究、反思，最终选择了中国人饮食习惯中最熟悉、最习惯的谷物方便食品——普通饼干为进入中国市场的产品。该公司经多年调查研究还发现，中国某最大内资饼干生产商生产的饼干畅销北方的广大中小城市，其产品的市场形象颇好，颇受消费者喜爱，于是在2008年7月收购了该企业，使其成为自己在中国的子公司，并且保留了原中国品牌，从而牢固地占领了中国市场。

第 2 章

国际营销的政治和法律环境

国际市场营销活动是企业在其外部环境中开展的一种经济活动，而企业的外部环境即国际市场环境绝对脱离不了各国的政治和法律。不同的国家或同一国家的不同时期，其政治和法律对国际营销活动的态度和作用是不同的。比如，中国在开放前的大部分时期，其政治与法律对外国企业在中国境内的国际营销活动是敌视和限制的，因此在中国基本没有外国企业。而在开放之后，态度则刚好相反，采取的是欢迎与鼓励的政策，对外国企业到中国投资建厂给予种种优惠政策，提供种种方便。任何一个从事国际营销的企业都应该接受一个基本事实，这就是每一个独立国家都有权允许或者禁止外国企业在其国家开展国际营销活动。因此，外国企业对东道国的政治法律环境只能入乡随俗地适应，而不能无视或改变其环境，国际企业若是对东道国的政治法律环境有充分的了解和精辟的分析研究，就可以运用国际营销的艺术，审时度势地利用东道国的政治形势，为自己的企业创造良好的营销环境。比如，前苏联在建国后较长的时期内，对外国资本和外国企业在其国境内的国际营销活动基本上持敌视态度，但年轻的美国企业家哈默审时度势，运用个人的国际营销艺术与年轻的苏维埃政权做成了几笔大的国际生意，成为国际营销界利用东道国政治形势的典范。一般来说，西方国家对外国企业在该国的国际营销活动持允许和欢迎的积极态度，反之，自给自足的国家对外国企业在该国的国际营销活动持反对和限制的消极态度。因此，世界上大多数的国际营销活动是在西方国家进行的，而在自给自足的国家中进行的国际营销活动占少数。

2.1 国际营销的政治环境

2.1.1 政府的目标与行为

世界上各国政府因为政治制度、政治体制、政党体系不同，可分为社会主义制度和资本主义制度，代议制政体和集权制政体，多党制、两党制和一党制等。可见各国政府的性质、在本国所扮演的角色和在本国所处的地位是大不相同的，但这些不同的政府所追求的目标大体上是一致的。

1. 政府所追求的目标

(1) 自我保护

这是任何政府都不例外的基本目标之一，即保护本国主权、本国政治制度和本届政府的权威不受到挑战。但由于世界各国对国家主权的定义（一般由宪法规定）不同和掌握的分寸（一般由法律规定）不同，所以世界各国维护国家主权的行为大不相同。有的国家的政府特别是刚独立国家的政府，认为外国企业在本国的国际营销活动是对本国主权的威胁，因此采取禁止的态度。比如，几乎所有革命成功后的社会主义国家的政府和大多数第三世界刚独立国家的政府在革命成功初期和独立初期都采取了上述态度。相反，发达国家和一些新兴工业化国家的政府认为这样的经济活动并没有威胁本国的主权，而且还可以促进本国经济的发展，因此采取欢迎鼓励的态度和政策。

(2) 安全

这也是任何政府都要追求的目标之一。为了达到这一目标，世界各国政府除了参加一些政治联盟，如北大西洋公约组织，以及建立自己的军事力量外，还在经济领域采取一些措施，如包括中国在内的大多数国家都把国防工业、铁路运输业、矿产开采业牢牢掌握在政府手中，不准外国企业染指，认为这样做可保证国家的安全。

(3) 繁荣

提高本国国民的生活水平也是任何一个政府追求的基本目标。为了达到这一目标，各国政府都在努力发展本国的经济。因此，当外国企业的国际营销活动能够促进这一目标实现时，该国就对外国企业的国际营销活动给予支持与鼓励；反之，则予以禁止或限制。中国开放后大力鼓励和欢迎外国企业到中国投资就是出于这个目标的考虑。

(4) 声誉

提高本国或本届政府在国际社会和本国人民中的声誉也是各国政府所追求的目标之一。这一目标的表现就是包括中国在内的很多国家的政府积极援助友好国家和落后国家的经济建设。比如，中国政府提供资金、技术、设备和人力帮助非洲国家建设坦赞铁路等。

(5) 意识形态

世界上任何一个国家或任何一届政府都具有某种意识形态，并且为维护这一意识形态而努力。比如，中国、美国、埃及、瑞士的意识形态就大不相同，并且都在努力维护本国的意识形态。

2. 政府的行为

世界上多数政府在经济行为方面基本上扮演双重角色，即政府既是各种经济方针政策、法规的制定者或宏观调控者，又是经济活动包括国际营销活动的参与者。世界上任何国家的税收法、关税法、商标法、专利法、产品质量法等所有经济方面的法规都是由政府制定的，即政府通过这些方针政策、法规宏观调控国民经济。同时，有些政府还亲自垄断某些产业的经营（如铁路运输业、邮电通信业、军事工业）或与外国企业合资经营（如石油开采、矿产开采等）。而更重要的一种行为是参与，即政府还是各种商品的最大购买者，其购买额十分巨大。以政府购买额占该国国内生产总值（GDP）的比例来反映政府购买额的巨大，1987 年这一比例在日本为 17%，美国为 32%，英法等国为 45% ~50%，瑞典则高达 62%。

2.1.2　政治稳定性

东道国的政治形势是否稳定对进行国际营销的企业来说是至关重要的，因为政治形势不稳定，特别是政治形势的突然变化往往使国际企业措手不及，难以应付，其损失是巨大的。比如，1965 年印度尼西亚的军事政变、1979 年伊朗的伊斯兰革命使在这两国进行国际营销活动的外国企业遭受了包括没收石油油田全部财产在内的巨大损失。一般来说，西方国家特别是两党制国家的政治稳定程度高，即便政权更迭也是和平的形式，而且也较平稳，政府的政策不会有突然的变化，十分有利于国际企业在该国的国际营销活动。反之，独裁国家、封建国家和刚独立的小国的政治稳定程度低，政权更迭频繁，而且往往是暴力的形式，政府的政策往往有突然的变化，法律也失效，这对外国企业在该国的国际营销活动十分不利，甚至造成巨大的经济损失，因而，国际企业不愿意进入这些国家。

东道国的政治形势是否稳定，一般从下述两个方面加以判断：

1. 政策的连续性

东道国的政策是否具有连续性往往取决于其政权是否更替和更替的频繁程度。世界上各国政权的更替一般有和平和暴力两种方式。以和平方式实现的政权更替，政府的政策变化较少，就是有也不太大。国际企业完全可以通过调整营销策略和营销计划加以适应。如美国政府两党政权的更替就属此情况。美国建国二百余年中，更替了四十余届政府，政权更替全部以和平方式实现，这在近代世界史中十分罕见。而以暴力方式实现的政权更替往往伴随着政府政策的大变化，甚至是巨大变化，使外国企业措手不及无法适应，从而造成巨大损失。

2. 政治冲突

政治冲突指东道国国内发生了诸如暴动、罢工、骚乱、内战、游行示威等事件。造成上述冲突的原因一般为政治集团之间的严重对立、民族矛盾、宗教矛盾、劳资矛盾、社会不同利益集团的矛盾等。在冲突过程中，在该国进行国际营销活动的外国企业经常被当作替罪羊，遭受不应有的损失。因此，外国企业遇到东道国国内的政治冲突时明智的做法是暂缓进入该国市场，或暂时退出该国市场。较长时期以来，中南美洲的秘鲁、东南亚的菲律宾、中东的黎巴嫩、非洲的利比利亚、巴尔干的前南斯拉夫就是因为国内政治冲突不断而使外国企业望而却步，极少有外国企业到这些国家进行投资。

2.1.3　政治干预

政治干预指东道国政府采用行政强制手段迫使外国企业改变原来的国际营销活动，从而给该企业造成不应有的损失。东道国政府常用的干预手段如下：

1. 没收、征用、国有化

没收是指政府强迫外国企业交出其财产所有权，而不给外国企业任何经济补偿。征用是指政府不经外国企业同意，强迫其交出企业的财产所有权，但给外国企业某种经济补偿。国有化指政府采取逐步扩大本国股份在外国企业中所占比例和逐步提升本国管理人员在该外国企业管理机构中职位的手段，逐步将该外国企业的财产转移到政府手中成为国有企业。

东道国对外国企业的没收、征用、国有化是外国企业被迫接受的最大损失。近代历史上比较严重的事例有：20 世纪 30 年代墨西哥政府接管了所有外国人经营的铁路系统和石油工业；20 世纪 50 年代危地马拉政府接管了所有外国人经营的香蕉种植园；20 世纪 60 年代古巴政府接管了所有外国人经营的工业；20 世纪 60 年代埃及政府接管了外国人拥有的苏伊士运河所有权；20 世纪 70 年代利比亚政府接管了外国的石油开采业等。

据统计，从 1960 年到 1980 年 20 年间所发生的接管事件中，发生在拉丁美洲国家的占 49%，发生在中东阿拉伯国家的占 30%，发生在非洲国家的占 13%，其余 11% 发生在东南亚国家。但近些年来上述事件明显减少，其原因如下：

（1）包括中国政府在内的愈来愈多国家的政府逐渐认识到，外来投资可以促进本国经济的发展，而不是侵犯国家的主权。因此，当代中国放弃了从建国之始直到改革开放之前所实行的经济政策，即对外国投资的敌视政策和没收政策，并在改革开放后欢迎外国人到中国投资办企业，在政策上作出了不没收、不收归国有并给予保护的承诺。改革开放后的三十余年中，外国人投资数千亿美元在中国开办了数万家企业，事实证明这些投资所开办的企业不但没有侵犯中国的主权，而且还大大促进了中国经济的高速发展。有鉴于此，中国政府不但继续欢迎外国人到中国投资开办企业，而且还鼓励中国国民主动到外国如非洲投资开办企业，而且已获初步成功，这既发展了当地经济，又解决了中国国内一部分原料和能源的供应问题。

（2）由受损失的外国企业的母国政府出面对东道国进行报复，东道国对这些报复措施感到愈来愈难以承受，认为代价太高得不偿失。如 20 世纪 60 年代古巴革命成功后，将美国人在古巴所拥有的企业全部没收改为国有，激起了美国企业主的强烈不满，最后导致美国政府出面双管齐下对古巴进行了报复：即政治上支持流亡美国的古巴人回国推翻其政府；经济上则对古巴实行封锁，致使古巴半个世纪以来经济发展十分缓慢，经济上困难重重，不得不向联合国和国际社会发出呼吁，要求国际社会制止美国对其经济的封锁，但效果不明显。

（3）国际企业从实践中摸索出了一些保护自己的办法。如与东道国政府合资办企业，向东道国银行或第三国银行贷款，聘用当地人在企业中担任重要职务等。以中国为例，尽管中国已成功吸收了大量外资在中国建立企业，但外国人独资建立的大型企业却十分罕见，绝大多数外资企业是合资、合作或其他形式的企业，其重要原因（不是惟一原因）就是外资为了躲避政治风险保护自己，在建立企业之初就设法采取预防措施，以便一旦发生政治风险时将损失减少到最小，这些措施将在下一节中加以介绍。

2. 外汇管制

外汇管制主要发生在发展中国家，特别是外汇短缺的国家。外国企业将在东道国获取的利润或资本汇出东道国时，或外国企业用外汇进口原材料或零部件时，要经过东道国政府的批准或受到某些限制，从而影响外国企业在东道国进行国际营销的积极性。

3. 进口限制

进口限制指东道国政府采取法律或行政手段对进口产品的类别和数量进行限制，主要有进口许可证、进口配额等形式。这些限制又称贸易壁垒或非关税壁垒，是目前世界各国政府普遍采用的手段。目前全世界各国有此类条款九百多种，而且还在增加中。此限制也是进行国际营销的外国企业普遍遇到而且感到头痛的问题。目前国际企业避开此限制最积极有效的办法就是到东道国投资建厂，在当地生产当地销售，从而从根本上避开此限制。

4. 税收控制

税收控制分两种情况：一种是提高关税以减少进口，称关税壁垒；另一种是对在东道国建立的外国企业征收特别税，以加大外国企业的成本，从而导致外国企业缩小规模甚至退出东道国市场。

5. 价格管制

这是东道国发生通货膨胀时常用的一种手段，分两种情况：一种是局部措施，仅用于进口产品，限制其最高价；另一种是全部措施，即全国所有产品在某段时期内不许超过最高限价。不论哪种情况，这一措施都给外国企业在东道国的营销活动造成损失。

6. 市场管制

即东道国政府规定某些行业只允许本国企业进行营销活动，而不允许外国企业进行营销活动。

7. 劳动力的限制

有些东道国政府迫于工会的压力而制定法规，限制外国企业对本国劳动力的使用，如禁止解雇工人、不许关闭工厂等。这给外国企业带来了十分棘手的问题。

2.1.4　东道国的国际关系

东道国的国际关系中最重要的是东道国与外国企业母国的关系，比如，美国与加拿大和墨西哥都有良好的关系，因此，美国企业在这两国的国际营销活动都受到两国政府和国民的友好相待，营销活动顺利，没有人为的障碍。

东道国与世界上所有国家特别是周围邻国的国际关系也影响到外国企业的国际营销活动。比如，法国与世界上大多数国家特别是同其周围的欧洲邻国都有良好的国际关系，因此当泰国的企业在法国投资设厂后，可以顺利地从世界各国特别是法国的邻国进口原材料，企业生产的产品也可以顺利地进入这些国家销售，而不会受到人为的阻碍。相反，当泰国的企业在朝鲜投资设厂后，由于朝鲜与主要的发达国家没有外交关系，因此，该企业从外国进口原材料、零部件以及企业的产品销往外国，特别是销往发达国家就很困难，会受到很大的人为阻碍。

鉴于上述情况，一个成熟的国际企业在决定进入东道国市场之前，要反复考虑和权衡东道国与母国及世界各个国家的国际关系如何。除此之外，东道国是否参加了某些国际组织，或者参加了哪些国际组织也是国际企业进入东道国之前要考虑的问题。一般来讲，东道国每参加一个国际组织，就要多承担一份义务，或者说东道国的行为就要受到国际组织的一份限制。比如，东道国若是参加了世界贸易组织，它在制定关税和非关税壁垒时就不能随意行事，就要按照世界贸易组织的有关规定去做，这当然对外国企业的国际营销活动是有利的。相反，东道国若是没有参加世界贸易组织，它在制定关税和非关税壁垒时就自己说了算，怎样对本国有利就怎样决定，而不考虑外国企业的利益，这当然对外国企业是不利的。

2.1.5 政治风险的评估

国际企业在进行国际营销活动时，除了要面临经济风险外，还要面临政治风险。政治风险的核心是政治环境的不连续性和不可预见性。国际企业进行的任何国际营销活动都存在或大或小的政治风险。企业为了避开大的政治风险或减小政治风险，在进入东道国市场进行国际营销活动之前最好进行一次严肃的政治风险评估，而且进入之后还要定期进行评估，当意外情况出现时，还要随时进行评估。这种评估的必要性可从下述事实中加以证明：美国的跨国公司从1975年到1980年5年间，有60%的公司受到了东道国某种程度的出于政治动机的损害。

政治风险评估是一项很强的政治性工作，一般中小型国际企业没有这方面的人才和能力进行这项工作，可从一些专业性评估组织那里获取评估结果，如定期公布的“富兰德指数（Forlend Index）”、“企业环境风险指数（BERI）”、“国家风险等级表”等。但从别人那里获得的不针对任何国际企业的通用评估结果只能作为参考，最后的评估结果还是要靠企业自己分析得出。政治风险评估的相关知识如下：

1. 政治风险评估的内容

（1）企业外部因素

① 企业母国与东道国的关系

两国的关系愈密切友好，企业在该国进行国际营销活动就愈顺利。

② 产品或行业

外国企业在东道国从事某种产品或某种行业（如军事工业）的国际营销活动时，政治风险可能较大，而从事另外一些产品或行业（如服装产品）的国际营销活动时，政治风险可能就较小。

③ 经营规模和地址

外国企业在东道国营销的规模愈大、地址愈接近东道国的权力中心地区，该企业的风险就愈大，反之就愈小。这是因为前一种情况可能被东道国政府看成是对本国经济的一种威胁。

④ 东道国的政治情况

企业可以根据自己制定的标准对东道国的政治情况进行评估。美国一家调查研究公司根据世界各国的政治不稳定性程度和政府对外国企业国际营销活动的限制程度这两项标准，对世界上60个国家和地区进行政治风险评估后所得出的结果如表2-1所示（表内为部分国家和地区）。

表 2－1　政治风险评估表

政治不稳定程度	对企业的限制程度		
	高	中	低
高	萨尔瓦多、伊朗、扎伊尔	菲律宾	玻利维亚
中	—	阿根廷、多米尼加、加拿大、厄瓜多尔、埃及、印度尼西亚、摩洛哥、巴基斯坦、巴拿马、秘鲁、匈牙利、突尼斯、土耳其	巴西、哥伦比亚、印度、意大利、以色列、南非、西班牙、泰国、乌拉圭、津巴布韦
低	中国	阿尔及利亚、希腊、沙特阿拉伯、委内瑞拉	澳大利亚、新西兰、奥地利、挪威、智利、新加坡、丹麦、韩国、芬兰、瑞典、法国、爱尔兰、英国、日本、美国、科威特、德国、马来西亚、荷兰

(2) 企业内部因素

① 企业的形象

外国企业在世界上特别是在东道国的形象好坏与政治风险程度成负相关关系。比如著名的荷兰菲利浦公司、瑞士雀巢饮料公司、美国可口可乐公司在世界上都有较好的形象，这些公司在世界各国所面临的政治风险就较小；相反在第二次世界大战中形象不好的德国克虏伯公司、日本三菱公司，战后在世界各国开展国际营销活动时政治风险就大些，所以这两家公司在世界上开展的国际营销活动十分有限。

② 企业对东道国的贡献

贡献包括两方面：一是外国企业是否给东道国带来了急需的资金、技术、设备；二是外国企业给东道国创造了多少就业机会、税金、出口额。一般来说，贡献愈大，政治风险愈小，反之亦然。

③ 经营当地化

经营当地化包括使用当地的资金、管理人员、原材料、零部件等，上述方面愈当地化，政治风险愈小，反之亦然。

2. 国际企业减少政治风险的措施

国际企业减少政治风险的最根本办法是使本企业的营销活动与东道国政府的目标特别是经济目标相一致。除此以外还可采取下述具体措施：

(1) 寻求当地合作者

利用当地合作者在东道国的关系网和影响力来减少外国企业的政治风险。著名的美国电话电报公司（AT&T）实力强大，完全有能力在中国建立独资企业，但它并没有这样做，而是在中国与官方建立合资企业，就是出于此种考虑；在全球500家最大公司中名列前茅的德国大众汽车公司，完全有实力在中国建立独资企业以便利润独享，但却与中国第一汽车制造厂和上海汽车制造厂分别建立了两家合资公司，生产著名的大众牌轿车，将一部份利润分给这两家公司，其原因就是该公司看好这两家公司在各级政府和政府各部门中的影响力。

(2) 突出技术上的不可替代性

生产最先进军用战斗机的美国麦道公司只允许东道国企业装配自己的战斗机，而不提供关键部件的制造技术，就属此种情况。

(3) 保持国外企业对母国企业的依赖

美国 IBM 公司把新产品研究开发机构留在国内，有的国际企业将对分销渠道的控制置于东道国之外的母公司手中，就是出于这方面的考虑。更多外国生产商在东道国建立了分装企业，将在母国生产的高级药品、高级化妆品、高级名酒运入东道国后在分装企业分装成零售的小包装，然后在东道国销售，比如，可口可乐公司在包括中国在内的世界各国建立的装瓶厂，将在美国生产的浓缩原液运入东道国，在装瓶厂经稀释装瓶然后在东道国销售。另外，众多外国生产商在东道国建立组装企业，将在母国生产的高级电子产品（如手机、电话机、笔记本电脑）和高级精密产品（如照像机、复印机等）的主要零部件运入东道国，在组装企业组装成完整的产品，然后在东道国销售。

(4) 在东道国筹资

即在东道国的当地银行贷款，然后就地投资建厂。这是减小资金政治风险最有效的办法。这些年来到中国投资的外国企业，其中不少企业就采用了此措施。

(5) 联合投资

指国际企业联合东道国之外的外国投资者，特别是联合向东道国提供贷款的外国银行进行共同投资。这样做可增加国际企业与东道国讨价还价的力量。特别是共同投资的外国银行可利用自己的贷款制约东道国政府的政治干预，以降低政治风险。

(6) 使固定资产投资保持在最低水平

如外国企业不在东道国建厂房，而是在东道国租用厂房；有的外国企业并不投资购买大型贵重机器设备，而是少量投资购买相对低价的装配线运到东道国就地对产品进行装配

(7) 搞好公共关系

上面已经提到外国企业在东道国的形象好坏与政治风险成负相关关系，因此，外国企业还可采用改变企业形象的办法主动减小政治风险。近代几乎所有的大型国际企业都是花费大量财力努力在东道国树立良好的企业形象，比如日本丰田汽车公司举办“丰田杯世界足球赛”，美国柯达公司对奥林匹克运动会提供大笔赞助费。

2.1.6 社会稳定性的判断

一般将一个国家的社会稳定性纳入政治层面加以考虑。这是因为社会的稳定与否关系到一个国家是否安定，国民能否安居乐业，经济能否正常运行，特别是企业的市场营销活动能否正常进行，因此，社会是否稳定是国际企业需要加以关注的大问题。

一个国家其社会的不稳定是由不同的原因或矛盾引发的，如政治矛盾、民族和种族矛盾、阶级矛盾、宗教矛盾、经济矛盾、不同利益集团之间的矛盾等，其中经济矛盾即

社会财富分配的不公平是引发社会不稳定的最主要矛盾，上述诸矛盾都直接或间接由此原因产生。因此，一个国家社会财富的分配是否公平合理或公平程度的高低是判断或预测一个国家其社会是否稳定或是否将出现不稳定的主要方法。

当代国际社会中通常用基尼系数的大小反映某国的社会处在哪种稳定状态。该系数由一个国家其社会中一定数量的贫穷人口拥有社会财富的平均值与该社会财富的绝对平均值之间的差距经专门计算而得出。国际上公认该系数的正常范围为 0 ~ 0. 399，此范围称社会稳定区，又称绿灯区，表明该社会处于正常的稳定状态中；该系数若处于 0. 400 ~ 0. 499 范围，则为警告区，又称黄灯区，表明该社会已处于正常稳定状态和不稳定状态的中间状态，该系数已对该社会的稳定状态发出了警告；该系数若大于或等于 0. 500，则表明该社会已进入不稳定社会状态或动荡状态，称社会不稳区，又称红灯区。因此，当代发达国家的政府十分关注本国基尼系数的大小，并及时采取各种有效措施使该系数处于正常合理范围内，即处于绿灯区内，以使社会始终处于稳定状态中，为此，联合国定期公布各国的基尼系数调查结果，以供各国政府作参考。表 2 – 2 是联合国下属机构——世界银行于 2008 年公布的最新权威调查数据。

表 2 – 2　　世界人口大国和地区基尼系数一览表

国家和地区	基尼系数		不同人群占有的社会财富比例（%）		
	调查年份	系数	最贫穷的 10% 人口	最富有的 10% 人口	后项为前项的倍数
	A	B	C	D	E
欧洲					
白俄罗斯	2005	0. 280	3. 6	22. 0	6. 1
比利时	2000	0. 260	3. 4	28. 1	8. 3
捷克	1996	0. 254	4. 3	22. 4	5. 2
法国	1995	0. 327	2. 8	25. 1	9. 0
德国	2000	0. 283	3. 2	22. 1	6. 9
希腊	2000	0. 343	2. 5	26. 0	10. 4
匈牙利	2004	0. 301	3. 5	24. 2	6. 9
意大利	2000	0. 360	2. 3	26. 8	11. 7
荷兰	1999	0. 309	2. 5	22. 9	9. 2
波兰	2005	0. 349	3. 0	27. 2	9. 1
葡萄牙	1997	0. 385	2. 0	29. 8	14. 9
罗马尼亚	2005	0. 315	3. 3	25. 4	7. 7
俄罗斯	2002	0. 399	2. 4	30. 8	12. 8
西班牙	2000	0. 347	2. 6	26. 6	10. 2
乌克兰	2005	0. 282	3. 8	22. 6	6. 0
英国	1999	0. 360	2. 1	28. 5	13. 6
摩尔多瓦	2003	0. 332	3. 2	26. 4	8. 3

续表

国家和地区	基尼系数		不同人群占有的社会财富比例（%）		
	调查年份	系数	最贫穷的10%人口	最富有的10%人口	后项为前项的倍数
	A	B	C	D	E
亚洲					
日本	1993	0.249	4.8	21.7	4.5
中国	2004	0.469	1.6	34.9	21.8
中国台湾	2000	0.24	—	—	—
越南	2004	0.370	2.9	28.9	10.0
马来西亚	1997	0.492	1.7	38.4	22.6
泰国	2002	0.420	2.7	33.4	12.4
菲律宾	2003	0.445	2.2	34.2	15.6
韩国	1998	0.316	2.9	22.5	7.8
尼泊尔	2003	0.472	2.6	40.5	15.6
巴基斯坦	2005	0.312	3.9	26.5	6.8
斯里兰卡	2002	0.402	3.0	32.7	10.9
乌兹别克斯坦	2003	0.368	2.8	29.6	10.6
土耳其	2003	0.436	2.0	34.1	17.1
哈萨克斯坦	2003	0.339	2.7	30.6	11.3
柬埔寨	2004	0.417	2.9	34.8	12.0
伊朗	2005	0.384	2.5	29.6	11.8
印度	2004	0.368	3.6	31.1	8.6
印度尼西亚	2005	0.394	3.0	32.3	10.8
孟加拉	2005	0.332	3.8	28.0	7.4
也门	2005	0.377	2.9	30.9	10.7
美洲					
加拿大	2000	0.326	2.6	24.8	9.5
美国	2000	0.380	1.9	29.9	15.7
墨西哥	2004	0.461	1.6	39.4	24.6
特立尼达多巴哥	1992	0.389	2.2	28.8	13.1
厄瓜多尔	1998	0.536	0.9	41.6	46.2
哥伦比亚	2004	0.562	0.8	45.0	56.3

续表

国家和地区	基尼系数		不同人群占有的社会财富比例（%）		
	调查年份	系数	最贫穷的 10% 人口	最富有的 10% 人口	后项为前项的倍数
	A	B	C	D	E
秘鲁	2003	0.52	3.0	40.9	13.6
委内瑞拉	2003	0.482	0.7	35.2	50.3
阿根廷	2004	0.513	0.9	38.2	42.4
巴西	2005	0.566	0.9	44.9	49.9
智利	2003	0.549	1.4	45.0	32.1
危地马拉	2004	0.494	1.3	38.0	29.2
哥斯达黎加	2004	0.482	1.4	36.7	26.2
非洲					
阿尔及利亚	2005	0.353	2.8	26.8	9.6
埃及	2004	0.344	3.8	27.6	7.3
肯尼亚	1997	0.425	2.5	33.9	13.6
埃塞俄比亚	1999	0.300	3.9	25.5	6.5
加纳	1998	0.408	2.1	30.0	14.3
科特迪瓦	2002	0.446	2.0	34.0	17.0
喀麦隆	2001	0.446	3.2	35.2	11.0
布基纳法索	2003	0.395	2.8	32.2	11.5
马达加斯加	2001	0.475	1.9	36.6	19.3
马拉维	2004	0.39	2.9	31.8	11.0
马里	2001	0.401	2.4	30.2	12.6
摩洛哥	1998	0.395	2.6	30.9	11.9
莫桑比克	1997	0.396	2.1	39.4	18.8
尼日尔	1995	0.505	1.8	35.4	19.7
尼日利亚	2003	0.437	1.9	33.2	17.5
南非	2004	0.578	1.4	44.7	31.9
坦桑尼亚	2000	0.346	2.9	26.9	9.3
突尼斯	2000	0.398	2.3	31.5	13.7
乌干达	2002	0.457	2.3	37.7	16.4
赞比亚	2004	0.508	1.2	38.8	32.3
津巴布韦	1995	0.501	1.8	40.3	22.4
大洋洲					
澳大利亚	1994	0.352	2.0	25.4	12.7

注：人口大国和地区是指 1000 万人口及以上的国家和地区。

一般来说，一个国家社会财富分配的公平程度愈高社会就愈稳定，基尼系数就愈小，反之亦然。当代世界上社会财富分配公平程度最高的是北欧的发达国家，如瑞典、丹麦、芬兰、挪威等国，其基尼系数都在0.250左右，这几个国家是国际上公认的均富国家，长期以来社会十分稳定。另外，所有发达国家的基尼系数都处在绿灯区内。社会财富分配公平程度低的国家多是发展中国家中的贫穷国家，如经常出现社会动荡事件的菲律宾，其基尼系数为0.445，中美洲的海地基尼系数高达0.592，该国自21世纪初以来因饥饿问题社会处于严重动荡中，要靠联合国派去的维和部队维持社会秩序。

2.2 国际营销的法律环境

企业作为法人在进行国际营销活动时，当然要在东道国法律允许的范围内进行。东道国的法律不但规定了营销活动的范围，即允许做什么、不允许做什么，而且还规定了企业法人的权利与义务。因此，国际企业要对东道国的法律和国际上的有关法律作一番了解，以便充分利用自己的权利且不漏掉每一项义务。

一般来说，东道国的法律愈健全以及签署承认的国际条约和协议愈多，国际企业在该国进行国际营销活动就愈容易愈顺利，反之亦然。

2.2.1 国际营销所面临的不同法律环境

1. 本国法律（母国法律）

对于国际企业的母国来讲，国际营销活动多半包括出口产品和调出资金两大内容。出口产品又包括有形产品（自然资源、产品、设备等）和无形产品（劳务、技术、专利、商标等）。出于国家利益的考虑，各国政府都对上述产品或资金的出口与调出制定了明确的法规；因此，国际企业在进行国际营销活动之前，首先要弄清楚母国的法律规定，然后在法律规定的允许范围内进行营销活动。比如，发达国家和发展中国家几乎都严格禁止本国的稀有资源出口，也严禁本国所掌握的独特先进技术出口，最典型的例子是美国法律规定严格禁止尖端电子计算机出口。另外，大多数国家对本国资金调出国境也有数量和去向的限制。

2. 国际法律

由于世界上没有任何一项强制世界所有国家必须执行的法律，因此从严格意义上讲没有国际法律。但世界上却存在签约国自愿遵守的某些法律，人们就习惯地将这样的法律称为国际法。国际法的特点是一旦政府代表国家在该项条约或协定上签了字，那么该国的所有自然人和法人就有义务遵守该条约或协定中的规定，就要把该条约或协定看作是对该国自然人和法人具有约束力的国际法律。

国际企业在进行国际营销活动时要严格遵守母国政府已签字的国际法，否则不但本企业的国际营销活动要受到国际法的制裁，而且本国政府可能也要受到制裁。因此，国际企业遵守国际法是一个十分严肃的问题。

3. 东道国法律

世界上每一个国家都有一套独立的法律，互相之间千差万别，互不相同，但世界上所有国家的法律都属于 3 大体系之一。3 大法律体系如下：

（1）英美法

又称普通法或习惯法，特点是对某一案件的判决主要以过去相同或类似的案件为依据。目前英国、美国、加拿大、澳大利亚等二十几个国家和地区的法律属此体系。

（2）大陆法

又称罗马法或成文法，特点是对某一案件的判决主要依照有关正式法律条文。目前德国、法国、意大利、中国等二十多个国家和地区的法律属此体系。

（3）宗教法

特点是以神权、教旨为判案依据，如伊斯兰教国家以《古兰经》为执法依据。

东道国法律是国际企业要重点研究的法律，否则要吃大亏或带来麻烦，甚至使国际营销活动无法进行下去。如美国法律规定香烟上要印有“吸烟危害健康”的警示；输往美国的纺织品的燃点不得低于某数值；输往美国的食品、饮料、药品、化妆品必须符合美国的《联邦食品、饮料、药品及化妆品法》的规定，否则不准进口；中国法律规定进口产品必须附有中文产品说明书等。

2.2.2　与国际营销活动有关的法律的分类

无论是母国法律、东道国法律还是国际法，根据其内容，对国际企业来讲大体上可分为如下几类：

1. 保护消费者利益的法律

该法又称国际产品责任法，其目的在于明确生产制造商对产品所应承担的责任。上面提到的进口到美国的纺织品燃点的规定和进口到美国的食品、饮料、药品、化妆品的规定等都属此类立法。

2. 保护生产制造商的法律

该法又称工业产权法，其目的是保护生产制造商的工业产权，具体地讲就是保护其专利权和商标权。这方面最重要的两项法律是由九十多个国家参加的《保护工业产权的巴黎公约》和由三十多个国家参加的《专利合作条约》以及世界各国制定的有关这方面内容的国内法律。

3. 保护公平竞争的法律

该法又称反托拉斯法或反垄断法，其目的是为了防止垄断。这方面以美国 1950 年制定的国内法《塞拉条例》最为严格。

4. 协调国际间贸易行为的法律

这方面的法律以世贸组织关于世界贸易行为的法律为准，这些法律法规几乎为国际贸易规定了全面的贸易规则，为世界贸易的健康顺利发展做出了重大贡献。2006 年年底，世界上已有一百五十多个国家和地区加入了该组织。世界贸易总额的 90% 是按照世贸组织规定的“贸易规则”进行的。

2.2.3　国际企业对法律应持的态度

各种法律是国际企业在进行国际营销活动时必须时时处处面对的严肃客观环境，它关系到国际企业的国际营销活动能否正常进行，甚至关系到国际企业能否生存和成长，因此，必须给以正视和严肃对待，为此国际企业对各种有关法律应持下述态度：

1. 尊重

这是因为东道国和母国的法律代表着国家的主权，不容侵犯、藐视，否则将导致国际企业遭到大至勒令退出市场、小至罚款等不应有的、完全可以避免的损失。

同样国际法代表着国际社会的尊严和权力，同样不容藐视，违反后要受到国际社会的惩罚，甚至母国政府也要受到牵连。如20世纪80年代，日本著名的大型跨国公司东芝公司偷偷向当时的苏联出口了一种敏感产品，但这种产品是一项国际协定中禁止向苏联出口的产品，日本也是该项协定的签字国，这就意味着东芝公司的上述营销活动违反了国际法，从而导致签字国对其进行了严厉的惩罚，致使该公司得不偿失。

2. 理解和自觉接受

即国际企业对有关的各种国际法律法规、东道国和母国的各种国内法律法规，应站在国际社会的立场、站在东道国和母国的立场、站在消费者的立场给以充分理解并自觉接受。这样才能帮助国际企业更好更自觉地遵守有关法律，从而得到有关国际组织、东道国和母国以及消费者的认可，更有利于国际企业所进行的国际营销活动，起到效果放大和得到额外收获的作用。中国政府就对获得模范守法企业称号的外资企业给予一定优惠政策。如全球500家最大公司之一的美国著名沃尔玛超市连锁公司和摩托罗拉电子公司在中国的企业申请建立新的分店、分公司时，由于其良好的守法记录，中国政府总是开绿灯批准其申请。为此，明智的国际企业对下述法律规定应给以理解和完全接受，而不应看作是小题大作：当代有的发达国家为降低香烟的诱惑力，法律中明确规定香烟不准使用高级包装；香烟包装上应印有“吸烟有害健康”的文字；香烟包装上应绘有病人的痛苦表情。

3. 认真遵守

国际社会中与国际营销有关的法律法规有很多，其中主要为专利法、商标法、各种产品标准、国际贸易法规等。东道国和母国中与国际营销有关的法律法规主要为投资法、专利法、商标法、外汇管制法、税法、对外贸易法、产品质量法、广告法等。

国际企业对国际社会、东道国及母国所有法律法规都应严格遵守，否则将招致国际社会、东道国或母国行使主权，强令国际企业遵守。如20世纪80年代中国某企业没有遵守东道国法律中“不起眼”的防疫法，在出口美国的一批货物中使用了藏有某种森林有害昆虫的木材作货物的包装箱，在美国港口检疫时被检出，结果按美国的防疫法不准入境，整批货物被强制就地销毁，这家中国企业因此受到很大损失。

2.2.4 解决国际商业争端的法律途径

由于不存在真正意义上的国际法，对于同一事物各国的国内法可能有不同甚至相反的法律法规，即便各国的国内法对同一事物的法律法规相同或相近，有关各方也有各自的利害考虑。所以国际营销活动中属于不同国家的双方或多方很难避免国际商业争端的发生。当发生此种争端时，国际企业的正确态度是通过正常的途径妥善解决。

当国际企业与不同国籍的有关各方发生争端时，可采用下述方式解决：

1. 合同方式

即按各方事先签定的合同中有关争端解决条款解决。

优点：这是各方最愿意接受的解决方式，因此，一旦发生争端可以很快进入正题，免除了事后选择解决方式的时间和精力，即解决争端的效率高。

缺点：若客观环境有了较大变化，合同中规定的解决方式不再适用时，要重新由各方协商选择解决方式以及解决地点和时间。

2. 和解方式

即各方在比较融洽的气氛中，通过友好协商和彼此让步最终解决争端。

优点：这是一种最好的解决方式，效果好，简单易行，费用少，时间短，不伤和气，各方都满意，并且有利于继续合作，各方企业的社会形象一般不会受到损害，另外，当初的让步今后可能会得到对方的回报。

缺点：和解的结果不具有法律效力，只能靠各方自觉遵守和执行，不能强制各方遵守和执行，因此容易受骗。此种解决方式特别适合于解决小的、不严重的争端。

3. 调解方式

即争端的一方或各方共同请求第三者（如政府行政部门、司法机构、国际组织、国内组织、个人）作为调解者对争端各方加以合情合理的调解，尽可能让各方都作出让步，最终用折衷的方法解决争端。

优点：费用少，时间短，保持了各方的尊严，各方的社会形象一般不受损害，有利于各方当前的合作继续正常进行。

缺点：若某方缺乏诚意或没有让步的意愿，则争端很难得到真正的解决，同和解方式一样，其调解结果不具法律效力，只能靠各方自觉遵守和执行，不能强制各方遵守和执行，但由于有调解者的监督，因此，各方遵守和执行的自觉性要高一些。

此种解决方式适合于解决不太大、不太严重的争端。

4. 仲裁方式

这是国际贸易和国际营销领域中特有的一种解决争端的方式。它是独立于政府行政部门和司法机构之外，由民间组织独立进行的一种争端解决方式，该民间组织由具有丰富国际贸易和国际营销知识、熟悉各种法律、公正而有名望的人士组成，在中国称“仲裁委员会”，在发达国家称“仲裁院”。

该组织持中立立场，以国际法、各国国内法和普世价值为准绳，以和解、尊严为前提，对争端提出合情合理又合法的解决办法最终解决争端。当代大部分国家都设有此种仲裁组织，其中世界著名的仲裁组织为：世界商会仲裁院（法国巴黎）、伦敦仲裁院（英国）、美国仲裁协会（纽约）、斯德哥尔摩商事仲裁院（瑞典）、苏黎士商会仲裁院（瑞士）。

为了避嫌和得到更加公正的仲裁结果，有的争端各方不愿意找东道国或母国的仲裁组织仲裁，而喜欢找第三国特别是瑞典和瑞士的仲裁组织仲裁，但只有一些大的、严重的争端才有必要作上述的选择。

优点：仲裁的解决结果比较客观公正，合情、合理、合法；费用和时间比诉讼方式少；不损害各方的社会形象；不会泄漏各方的商业秘密；仲裁结果具有法律效力（有的国家，如南美的国家例外），若任何一方不遵守不执行仲裁结果，对方可向有关司法机构提出诉讼，要求强制遵守和执行。

缺点：必须争端各方一致同意，并共同向仲裁组织提出申请，仲裁组织才会受理，任何一方不同意采用仲裁方式，仲裁组织就不接受申请；相对于和解方式和调解方式，此种方式费用大，时间长。

此种解决方式适合解决比较大、比较严重的争端。

由于仲裁方式的上述种种优点和较少的缺点，当代国际企业发生商业争端时，多喜欢选用仲裁的方式解决，而且成功率很高，据统计成功率超过90%。

5. 诉讼方式

即争端一方向国际司法机构（如WTO）或母国或东道国的司法机构提出法律诉讼，以解决争端。诉讼方式分为两种：依据合同签字地点的适用法律解决；依据合同履行地点的适用法律解决。

优点：可严格按照法律规定解决，因此判决结果公正；判决结果具有法律效力，若某方不遵守不执行，法院可强制该方遵守和执行判决结果。不需要各方同意，任何一方都可单独向司法机构提出诉讼。

缺点：费用大，时间长；易损害各方特别是违法方的社会形象；易泄漏各方的商业秘密；易伤害各方的和气，严重影响各方今后的合作，为今后的继续合作设置了障碍。

由于上述各种较严重的缺点，当代国际企业很少采用此种解决方式，不得已时才采用这种解决方式。

此种解决方式适合解决大的、严重的商业争端。

思考题

1. 初步分析日本的政治环境。
2. 初步分析中国的法律环境。
3. 从政治角度初步分析中国企业进入某邻国进行国际营销的利与弊。

案例借鉴

香港商人在伊朗的失败

伊朗人喜欢观看赛马运动，伊朗国王巴列维对观看赛马更是热衷。中国香港商人认为这是很好的国际营销机会，于是便在伊朗首都德黑兰投资建了一座大型赛马场。但当赛马场即将竣工时，伊朗发生了伊斯兰革命，巴列维政权被推翻，巴列维本人流亡国外，而新的政府禁止赛马运动，因此中国香港商人的投资化为乌有，这说明政治环境对国际营销的严重负面影响。

第 3 章

国际营销的经济环境

国际营销活动本身是一种十分复杂的经济活动，而且是在外部环境中进行的。为了使国际营销活动能够顺利进行下去，并使营销的最终目标能够实现，国际营销学首先要研究分析国际营销的外部环境，而外部环境中第一重要的则是外部经济环境。外部经济环境包括两个层次：世界经济环境，主要指国际贸易环境和国际金融环境；国别经济环境，即东道国的经济环境，主要指市场规模和经济特性两大因素。一般来说，世界经济环境，愈来愈有利于国际企业的国际营销活动，而国别经济环境各个国家差别很大，总的来说，经济发达国家的经济环境十分适合外国企业在该国开展国际营销活动，而经济落后国家的经济环境对外国企业在该国开展国际营销活动有诸多障碍和不利，因而，国际企业不愿意进入这些国家开展国际营销活动。

3.1 与国际营销有关的世界经济

3.1.1 世界经济的现状与发展趋势

第二次世界大战后，交战各国都把恢复经济作为最大的国家目标，为此各国政府都实行了鼓励经济增长的政策。20 世纪 50 年代和 60 年代是世界经济高速发展的时期，这期间世界经济年平均增长率为 5%，而世界贸易总额的增长率则达 8.3%。21 世纪 70 年代发生了两次世界性的石油危机，世界经济和世界贸易都受到重大打击，两者的增长率都降到了 3% 左右。20 世纪 80 年代虽然石油危机已经过去，但西方工业化国家特别是美国出现了较严重的贸易赤字和财政赤字，因此世界经济增长率没有上升，继续保持在 3% 左右，而世界贸易总额增长率则上升为 6% 左右。即世界经济从 20 世纪 70 年代开始进入了低速增长时期，至 21 世纪初仍然保持着这一低速增长势头。但从 21 世纪初开始这一低速增长的势头被高速增长所代替，世界经济年增长率连续 5 年超过 4%，2006 年和 2007 年增长率更达 5.4%，究其主要原因，一是经济全球化发展的必然结果，二是美国新经济对世界经济深远影响的初步呈现。

纵观第二次世界大战结束以来半个多世纪的世界经济发展可以发现，推动当代世界经济发展的最大动力是科学技术的进步；其次，是经济管理思想的创新。前者如原子能技术、电子技术、信息技术对世界经济的推动作用是有目共睹的；后者如市场经济、自由贸易等经济管理思想的出现对世界经济的推动作用也是大家所公认的。相反，阻碍当代世界经济发展的最大阻力是战争；其次是政治对立。前者如第二次世界大战导致世界经济全面衰退；后者如阿拉伯国家与西方国家的政治对立导致两次世界性的石油危机等。所以，维持世界和平和实现敌对各国之间的和解已成为全世界各国人民的共同愿望。当代世界经济的主题，也是当代人类社会的主题：一是和平，二是发展。

当代世界经济出现了以下几个明显趋势：世界经济一体化，世界各国的经济联系愈来愈密切，向着分工协作、形成有机的一体方向发展；区域经济一体化，世界某一地区的有关国家共同组成某种形式的经济联盟，加强互相之间的经济联系；跨国公司正在以巨大的规模和雄厚的经济实力左右着世界经济的运行和发展方向；一批高新技术产业正在形成，而且规模愈来愈大，如信息产业、电子计算机产业、微电子产业、新材料产业、生物技术产业等；高技术含量产品在市场上所占比重愈来愈大；随着科技的进步，原材料等初级产品的需求增长率下降，相对价格也相应下降。

3.1.2 战后世界经济奇迹

从第二次世界大战结束到21世纪初的半个多世纪中，世界经济是以中速或低速平稳发展的，但世界各国的发展速度并不相同，有的国家经济高速发展，创造了令世界各国刮目相看的经济奇迹。

3.1.3 世界经济一体化及经济发展的可持续性

如上所述，当代世界经济的大趋势是世界经济一体化或者称经济全球化。它优于任何一国或一地区单独进行发展的经济，是经济上的大进步，也是世界经济资源的合理配置，它是世界各国经济优势和劣势的互补，是经济资源的互通有无。其最终的效果是使世界整体资源的消耗量最小，而效益却最大。现在世界上愈来愈多的国家和经济学家愈来愈认识到它的优点和重要性。人们已看到主动接受和积极参与这一趋势的发达国家从世界经济一体化中得到的好处，即国家经济兴旺繁荣，站在了世界经济的前列。人们同时也看到了没有主动接受也没有积极参与这一大趋势的一些发展中国家所受的害处和经济的落后。人们更看到了中国在改革开放前后，因对这一大趋势所持截然不同态度和行动所带来的截然不同的结果。也就是说任何一国若主动接受并积极参与这一大趋势，就能够改变该国的经济落后状态，或使该国的经济更加繁荣，对上述看法世界各国已有了共识。

既然世界各国的经济已经联成一体，再也不能闭关锁国单独发展经济了，因此，当代世界各国都在自觉不自觉地参加世界经济马拉松赛跑，在赛跑中又出现了新的问题，即让本国经济高速发展还是稳妥发展的问题。

现在多数发达国家已从实践中认识到，要想比其他国家更早到达马拉松的终点，就不能在马拉松漫长的赛程中追求一时的高速、一时地超越其他国家或对手，而要以稳妥的速度，即以可持续发展的速度发展经济，才是最可行的发展速度，才是能够最快到达终点的速度。如美国长期以来所掌握的可持续速度为经济的年增长率控制在5%范围之内，若某年某季度超出了此范围，就采取措施人为将速度降至该范围之内。但另一些国家特别是一些发展中国家则一味追求经济的高速度发展，其年增长率达到8%，甚至超过 10%。20 世纪六七十年代日本的经济长达 20 年的高速发展以及 20 世纪下半世纪巴西、阿根廷等南美洲国家的经济发展速度就是如此，近二十多年中国的经济发展速度也是如此。任何国家若在经济起跑阶段短时期内让其经济高速发展，然后人为主动降下来是可以的，但人为倾其全力长期保持高速发展就会事与愿违，反而欲速则不达。日本经济辉煌 20 年后，接踵而来的是已达二十余年直到现在还持续低速发展的经济，在这二十余年中，日本过去取得的桂冠一个又一个地丧失掉，如外汇储备世界第一、钢产量世界第一、造船吨位世界第一等桂冠均已摘下，2010 年又摘下了世界第二经济大国这一最辉煌的桂冠。巴西等南美洲国家的经济在高速发展取得了颇为引人注目的成就后，出现了因经济过快发展而造成的通货膨胀、社会两极分化严重、各种资源短缺等严重经济问题、社会问题和生态环境问题，只好被迫放下经济发展回过头来解决上述各种严重问题，而且十多年直到现在仍在继续解决。上述巴西等国的严重问题，进入 21 世纪后也开始在中国出现，为了避免重蹈巴西等国的复辙，中国几年前制定了“平稳、较快”发展经济的新方针，并已开始主动降低经济的年增长率。

上述几个国家经济发展的过程可形象地比喻为超长距离马拉松赛跑，例如：

日本经济 20 世纪高速发展的 20 年，可比喻为日本在马拉松比赛中用短跑的速度在赛程的某一小段大大领先于其他国家，但短跑的速度却使日本经济的体力消耗太大，以致不得不大大放慢速度以恢复体力，导致此后二十余年的日本经济低迷不振。20 世纪巴西等南美洲国家经济的短时期高速发展和接踵而来的停滞整顿，可比喻为这几个国家用短跑的速度跑了很短一段赛程后就肌肉痉挛，只好停下来进行按摩。同样，中国经济这些年从高速发展转变为平稳发展，可比喻为中国经济经二十余年高速发展后已出现了身体不适的感觉，因此主动慢下来，由高速发展转变为“平衡、较快”发展。相反，美国经济的发展速度与上述一些国家相比，算不上高速发展，但却是适合于超长距离马拉松赛跑的速度，是可以持续保持的速度，即具有后劲的速度，因此，美国在长达半个多世纪的马拉松赛跑中始终保持世界第一经济强国的地位。

上述国家之所以出现问题原因有很多，但最根本的原因是，人类赖以生存的资源是大自然所提供的物质资源，这些物质资源不是无限的而是有限的，每年所提供的增加量也不是无限的而是有限的，每年提供的增加量不能长期持久的大幅度递增，只能小幅度缓慢增加，如土地提供的粮食产量的增加、地下提供的石油产量的增加、森林提供的木材产量的增加、海洋湖泊提供的捕鱼量的增加等。当然不排除某一地区某一种资源短时期内大幅增加的可能性。所以经济发展只能采取稳定而缓慢的发展速度，正因为如此，联合国早在 20 世纪就向世界各国发出呼吁：各国经济的发展要从长期着眼，要具有“可持续性”。现在这一呼吁已逐渐被包括中国在内的许多国家所响应。

3.1.4　经济周期

当代经济学家对世界各国的经济活动实践进行了大量长期研究后得出结论：在商品经济社会中，任何一个国家在其经济发展过程中，经济活动总量的扩张与收缩交替出现或周期波动是不以人的意志为转移的必然现象，是社会主义社会也必然存在的一种超越社会制度的客观普遍经济规律，而不是仅仅发生在资本主义社会的经济现象。经济学家过去将此现象称为经济危机，现在称为经济周期，并将经济周期分为衰退、萧条、复苏、繁荣（或衰退、谷底、扩张、顶峰）4个阶段。在4个阶段中复苏、繁荣两个阶段总称为扩张阶段，对国际市场营销最有利，就如同顺水行舟，可促使国际企业成长发展；而衰退、萧条两个阶段总称为衰退阶段，对国际营销最不利，就如同逆水行舟，迫使国际企业收缩在处于该阶段的东道国的国际营销活动，甚至被迫退出该国际市场。据研究统计，西方工业发达国家当代经济平均50个月为一个经济周期，其中扩张阶段延续的时间长度平均为衰退阶段的4倍。

2005年，由中国社会科学院经济研究所主持，由国务院有关部门、全国有关科研机构、有关大学共22个单位50名经济学家组成的课题组，完成了全国重大科研项目——社会主义市场经济中经济周期基本理论和实践研究，其结论如下：[①] 建国以来至2004年的55年中，中国经济经历了10个周期，平均周期长度约为5.5年；改革开放（1978年）之前，中国经济周期的特点为大起大落，其中以第二个周期（1958—1962年）最严重，该周期中最高峰值与最低峰值之差高达48.6%，经济出现了负增长；改革开放（1978年）后，中国经济周期的特点为波幅减缓，波幅缩小。

3.1.5 一个国家所创造的整体经济价值净值

以下是本教材提出的一种观点。

一个国家经济上的得与失相抵后，所创造的总价值净值才能真正表明该国经济是否增长以及增长幅度的大或小。比如：1985年至2000年的15年是中国经济高速发展的时期，其GDP年增长率平均高达8.3%，但据学者的研究结果，减去经济高速发展对环境的破坏和污染所造成的经济损失后，该时期中国GDP的年增长率仅为6.5%，若再减去中国每年因地震、森林大火、流行性传染病等自然灾害，铁路中断、化工厂毒气泄漏、煤矿爆炸、工伤事故、交通事故等人为灾害（该损失约占全国GDP总值的1%～3%），以及宏观决策失误所造成的经济损失后，中国的GDP增长率净值会更小。因此，所谓一个国家所创造的整体经济价值净值，是一个国家对所处整个环境把握程度的综合结果。它取决于该国所处环境因素的强度和该国对环境因素的反应灵敏程度。比如非洲许多国家地下虽然蕴藏着宝贵的资源，如石油、煤矿、稀有金属矿藏，但这些国家对这些有利环境因素根本不知道，或虽然知道也没有作出诸如开采、加工、利用等灵敏反应，所以这些国家的经济就不会因此而创造价值；相反，这些国家若对这些资源积极开采、加工甚至深加工，即反应灵敏程度高，就会因此而创造出很高的经济价值。西方发达国家如美国、英国、加拿大、澳大利亚将地下的石油开采后深加工成塑料制品、合成化肥、合成纤维、合成药品，将地下的铁矿开采后深加工成数控机床、汽车、飞机、航天飞机等产品，不是一般地创造了经济价值，而是创造了巨大的经济价值。中国虽然造出了原子弹和氢弹，但长期以来对这一环境因素的利用仅限于武器，而在和平利用核能如核发电、辐射育种、辐射医疗产品等方面的反应就不那么灵敏了，所以这一方面就没有为中国的经济创造价值。日本对国际贸易这个有利环境因素的反应十分灵敏，为此制

① 刘树成. 中国经济周期研究报告［M］. 北京：社会文献出版社，2006.

定了“贸易立国”的国策，大力进行国际贸易活动，因而很快就成为发达国家；相反，改革开放之前的中国，对国际贸易这个因素反应十分迟钝，闭关自守，从而使中国经济长期处于落后状态。

同理，一个国家所处的不利环境因素的强度及对这一环境因素的反应灵敏程度，对创造经济价值同样具有重大影响。如水灾旱灾对任何国家的经济都是负作用，但荷兰对这一不利环境因素的反应十分灵敏，在全国建立了完整的水利灌溉系统，使这一负作用降到了最低，甚至变弊为利。以色列是一个水资源十分贫乏的国家，但该国对这一不利环境因素作出了灵敏反应，在农业地区建立了庞大的滴水灌溉系统，对农作物进行滴水灌溉，从而将此环境因素的负作用降到了最低；相反，中国虽有长江、黄河等大江大河水利资源，但水灾旱灾却连年不断交替发生，给中国经济造成了很大的负作用，这与中国对这一环境因素的反应不灵敏直接有关。又如内战或内乱对任何国家的经济都是十分不利的环境因素，但北欧国家如瑞典、丹麦等国对国内出现的任何社会矛盾都及时作出了灵敏反应，即运用政治智慧将社会矛盾解决在萌芽状态，从而使这些国家数百年以来从未出现过内战或内乱，因而其经济水平早已进入发达国家行列；但非洲许多国家没有运用政治智慧对国内的社会矛盾作出灵敏反应，致使这些国家连年内战不断，经济受到严重破坏，至今仍未解决温饱问题。

国家统计局公布的统计数据显示：2010 年中国仅洪水一种灾害就造成了 2.1 亿人受灾，直接经济损失高达 3 713 亿元，这意味着全体国民辛苦创造的 GDP 就这样被白白抵消掉了近 1% （0.93%）。近二十余年，中国经济快速增长，但平均增长率也仅为个位数，因此，上述被抵消掉的 1% 就令人婉惜。也就是说与先进国家相比，洪水这一环境因素对中国来说基本上是水害而不是水利，对中国经济有颇大的破坏作用。由此，中国政府认识到只追求 GDP 的实现值，而忽视抵消 GDP 的有害环境因素，GDP 的净值将大受影响。有鉴于此，中国政府已作出决策，从 2011 年起 10 年内共投资 4 万亿元用于大兴水利工程，以求将洪灾这一有害环境因素对 GDP 的负面影响减少到最小，即要努力使 GDP 实现值少缩水，以提高经济总价值净值，这说明中国已开始认识到不但要追求 GDP 实现值的增长，而且还要重视经济总价值净值的大小，这是因为后者的可支配性即实用价值比前者更大。

因此，现代任何国家创造的经济总价值净值可用下列公式加以表达：

$$T = \sum K \cdot E$$

式中，T：某国一年中所创造的经济总价值净值；

E：影响该国经济的环境因素的强度并以经济价值表示，其中有利环境因素为正值，不利环境因素为负值；

K：灵敏度系数，表明该国对某环境因素作出反应的灵敏程度（$0 \leqslant K \leqslant 1$），对有利环境因素反应愈灵敏该系数就愈大，对不利环境因素反应愈灵敏该系数就愈小。

3.1.6　世界经济的火车头

从第二次世界大战结束后一直到现在，按经济类型来看，世界经济的火车头是美国经济；按企业来看，世界经济的火车头是跨国公司；按产业来看，世界经济的火车头是高科技产业。

美国从第二次世界大战结束到21世纪初止的半个多世纪中，其国内生产总值（GDP）始终遥遥领先于任何一个国家。2010年美国的GDP为146 242亿美元，约占全世界GDP（617 810亿美元）的四分之一（23.7%），是已成为世界第二经济大国中国GDP（58 786亿美元）的2.5倍。迄今为止的半个多世纪中，美国跨国公司的企业数量和总产值在全球一直遥遥领先于其他任何一个国家；有一百多位美国人获得了全球科学界最高奖诺贝尔奖，这还不包括在美国工作的非美国国籍的诺贝尔奖获得者，而日本获得该奖的人数不超过十人，中国则一人也没有。另外，当代高科技产业的支柱是信息产业，据某国际权威机构的评估，2005年全球信息产业中竞争力最强的20家公司中，美国占15家，包括美国电话电报公司、IBM公司、惠普公司、戴尔公司、摩托罗拉公司、朗讯公司、苹果公司等。因此，美国的高科技产业不但最先进，而且产值一直遥遥领先。

综上所述，半个多世纪以来，美国始终处于世界经济火车头的地位，而且在可以预见的将来，这一地位不会改变。因此国际企业就可以通过美国经济的发展势头或增长率间接判断和预测世界经济的发展势头或增长率。

2001年5日，当时的联合国秘书长安南在美国的一次演讲中肯定了美国经济是最成功的经济。因此，世界上包括中国在内的许多国家在发展经济时都把美国经济作为主要的仿效对象。

3.1.7 当代最严重的金融危机

近代世界经济领域发生过两次严重的世界性危机。一次是在第一次世界大战之前，20世纪30年代那次波及全世界的经济大肃条，给世界各国和各国平民百姓造成的严重危难使人们至今谈虎色变。另一次便是2008年发生的世界性金融危机，这次金融危机之严重让世界各国联想到80年之前那场危机，同样让人心有余悸。

人们习惯把本次全球金融危机叫做“金融海啸”，它形象地把全球金融危机描述为滔天巨浪，整个演变过程波澜起伏，一波未平，一波又起，日益剧烈。2006年年底，美国次贷危机就已经初见端倪。以新世纪金融公司申请破产保护为标志，2007年3月次贷危机正式爆发。此后，大型金融机构频爆巨亏、贝尔斯登黯然破产、“两房”（即房利美、房地美）被美国政府接管、雷曼兄弟公司破产、美林证券被收购、AIG（美国国际集团）被国有化，以及各国政府联合救市，次贷危机最终演变为全球金融危机，并逐步蔓延到实体经济，引发了全球经济危机。

人们普遍认为这场危机是继20世纪30年代那场经济大萧条之后，世界经济领域出现过的最严重危机，该危机造成了第二次世界大战结束之后的半个多世纪中世界经济首次出现了负增长，2009年世界经济增长率为－0.6%，而且对世界各国都有程度不同的负面影响。目前这场严重的金融危机虽然已基本结束，世界经济从2010年起已开始复苏，该年全球经济增长率为4.2%，但人们应从中总结出如下的教训和启示：

1. 人类对经济的认识和驾驭能力还十分有限，这次危机出乎众多国家和经济学家的意料而且迅速漫延至全球就是最好的证明。

2. 尽管当代主要发达国家青睐“自由市场经济”模式，但不能允许市场绝对“自由”，在必要时政府应对市场进行某种干预。这次金融危机中各国政府采取的紧急救市措施就是最好的证明。

3. 世界经济一体化或经济全球化是一把双刃剑，它既使世界各国在经济上“有福同享”，也使世界各国“有难同当”。如中国的整体国民经济通过外向性经济模式取得了巨大成就，其主要原因之一就是中国经济融入了世界经济一体化，同样 2008 年中国股市跌幅创世界之最，中国整体经济明显下滑，企业倒闭成风，主要原因之一也是经济全球化的结果。

4. 这次世界金融危机的出现说明当代世界金融体系存在某种缺陷，需要对其加以改革或完善，而这项工作需要世界各国共同探讨，然后形成一致意见共同实施。

5. 过度消费和高消费对消费者、企业界以及整个社会的长远利益都是有害的。这是消费者、企业界和整个社会为自己的将来设置的陷阱。2008 年的金融危机便是最好的证明。

6. 企业追逐眼前暴利的贪得无厌以及消费者享受欲望的极度膨胀是造成 2008 年金融危机的根本原因。因此，人类社会需要从根本入手、从道德观入手进行价值观和人生观的根本改变，只有这样世界才能避免再次出现金融危机和经济危机甚至社会危机。

7. 美国政府已从这次严重金融危机产生的根本原因中认识到美国人贷款消费的危害性，为此，2009 年年底美国政府宣布：今后美国的经济增长模式将由债务带动（贷款消费）型转变为产品出口带动型。

3.1.8　从战略高度评价中国经济

要对中国经济进行客观的评价，最好同时从纵向和横向两个视角进行评价。

从纵向看，从建国之初到现在的60年中，前 30 年为计划经济时期，中国经济发展缓慢，该时期中国经济受到计划经济的束缚以及政治运动的冲击（“人民公社”运动、“大跃进”运动、“文化大革命”运动等），因此，中国经济在较长时期内停滞不前甚至倒退，致使中国的经济总量 GDP 和国民的生活水平都很不理想，因此，贫穷就成为前 30 年的特点。后 30 年为市场经济时期，中国经济快速发展，中国经济总量 GDP 和经济实力都快速增长并居世界前列，国民的生活水平也大有提高，对外出口额居世界前三名之列，产品出口到世界各地，并因此获得了“世界工厂”的称号，更令人振奋的是 2010 年中国的 GDP 超过了日本成为世界第二经济大国。从纵向看，中国的经济发展成绩突出令人称赞，其中后 30 年的快速发展为其特点。

从横向看，建国之初，中国同包括刚从战争废墟中爬起来的日本在内的许多国家，特别是发展中的“亚洲四小龙”处在同一起跑线上甚至站在稍前一些（战败国日本的经济遭战争严重破坏，“亚洲四小龙”那时有的刚摘掉殖民地帽子，有的尚未摘掉殖民地帽子），但前 30 年，中国经济因计划经济的缘故大大落后于这些国家和地区，人均 GDP 在全球长期排在第 140 位之后，几乎静止不动，也就是说无论是经济总量 GDP 还是国民的生活水平都大大落后于当初处于同一起跑线上的国家或地区。但后 30 年开始实行市场经济后，中国经济开始快速发展急起直追，与当初日本、“亚洲四小龙”等国家和地区的差距不断缩小，并创造了许多世界第一，如钢产量、水泥产量、化肥产量等。但若从整体看，中国经济仅是与上述国家和地区的差距在不断缩小而已，并没有赶上它们，如后30年中的前20年中国人均GDP在全球仍排在第140位之后，后10年才爬升到第100位之后，但也仅为日本的十分之一、全世界平均值的一半。中国仍然是发展中国家，发达国家行列中仍然没有中国的位置。因此，中国政府和经济界对2010年中国成为世界第二经济大国的这一经济成就采取了颇为低调的态度，没有竭力张扬。

也就是说，从纵向看中国经济总量GDP的绝对值增长很快，也很大；但若从横向看，中国经济与世界发达国家，特别是与当初处在同一起跑线上的国家和地区相比，仍然是大大落后的，仍然与它们分别属于发展中国家（地区）和发达国家两个不同的世界中，没有突破。

中国经济的落后综合反映在人均GDP上，即中国经济总量GDP的绝对值虽然增长快速，但人均GDP在世界上的排名却提升得十分缓慢，而且排名令人十分尴尬。联合国公布的2009年度人均GDP排名为卢森堡第1位，挪威第2位，美国第8位，日本第17位，“亚洲四小龙”排名在20~43位之间，马来西亚第66位，中国第98位。

从战略高度对中国经济进行分析后，就会发现当代中国经济存在下述几个重大问题：

首先，中国的经济属劳动密集型经济，其产品属低附加值的中低档产品。世界上属于此种经济类型的国家至今还没有成为发达国家的先例。也就是说中国的这种经济类型严重限制了中国经济的前景。

其次，低附加值的中低档产品需要原料和大量能源。但中国却是一个原料和能源相当贫乏的国家，需要从国外大量进口，例如，中国需要的石油，其中一半以上靠进口(2010年进口所占比重为55%)；中国早已大量进口铁矿石；中国也已开始进口煤炭等。因此，中国经济对世界各地的风吹草动十分敏感，从而造成中国经济的脆弱性和不稳定性。

再次，由于生产低附加值产品要对原料进行加工，耗用大量能源，因此，对中国生态环境造成严重污染，透支了后代几代人的环境财富，对当代中国经济的持续发展造成严重威胁。

中国政府目前已认识到当代中国经济存在的上述问题及其对中国经济的危害性。在此基础上，中国政府已决定转变中国经济的发展方式，要发展技术含量高附加值高的产业，如信息产业、飞机制造业和基本上不需物质原料的金融服务业等。并决心对中国的经济结构进行较彻底的大调整，淘汰污染严重和耗能高的产业，如钢铁冶炼业、水泥生产业、火力发电业等。但这不是一朝一夕能够完成的，需要突破许多瓶颈的制约。因此，需要相当长的时间，甚至几代人的时间才能完成。

3.1.9 贸易保护主义

20世纪70年代起西方工业化国家的经济进入低速增长时期，20世纪80年代又出现了较严重的贸易赤字，因此，这些国家及世界上大多数国家的贸易保护主义开始抬头，并且在进入20世纪80年代后愈演愈烈。比如，20世纪70年代，美国制定的针对全球的贸易保护措施达61项，欧共体也达70项，而到了20世纪80年代，美国增加到152项，欧共体增加到97项。目前世界上大多数国家所采取的贸易保护措施主要有关税和非关税壁垒两大类：前者主要指高关税，如中国从新中国成立后直到21世纪初的半个多世纪中一直实行高关税，进口货物的平均关税率大大高于世界平均关税率，21世纪初中国加入WTO后虽然关税率大幅度降低，降到了WTO规定的关税率以内，但平均关税率仍然高于发达国家的平均关税率（2006年中国的平均关税率为9.9%，发达国家平均关税率则小于4%）：后者主要指进口限额、自动出口限额、进口许可证、外汇管制和诸如技术标准、卫生标准等其他间接措施，比如，1989年欧共体对中国纺织品的限额为13万吨，仅为中国过去对其出口量的1/4；再如，由于欧共体限制从外部进口冻猪肉，1983年中国冻猪肉被迫全部退出欧共体市场；又如，2006年中国某著名品牌牙膏出口美国时，因牙膏中含有美国有关卫生标准中禁止使用的某种化学成份而不准在美国上市销售，同年中国出口美国的一批货物，因包装木箱所使用的木材出口前未经检疫，致使整批货物被美国海关退回中国。

3.1.10　区域经济一体化组织

第二次世界大战后，由于贸易保护主义抬头，世界各大洲出现了一批区域经济一体化组织，进入20世纪90年代又出现了新的组建高潮，而且目前该趋势还在不断加强。

目前，全世界五大洲共有各种形式的区域经济一体化组织24个，参与成员共计140多个，其中规模最大、最著名的是欧洲联盟和北美自由贸易区，其他较大或较著名的区域经济一体化组织为安第斯集团（1969年）、东南亚国家联盟（1967年）、海湾合作委员会（1981年）、西非国家经济共同体（1975年）、中非国家经济共同体（1983年）、加勒比共同体（1973年）、阿拉伯马格里布联盟（1989年）、南方共同市场（1991年）、独联体经济联盟（1993年）。

区域经济一体化组织按其结合程度可分为以下3大类型：

1. 自由贸易区

该区域经济一体化组织内部成员国之间取消了商品流通及劳务移动的一切限制，即成员国之间取消了相互间的关税壁垒，但成员国对非成员国的贸易壁垒各不相同，不采取共同一致的措施。这是一种较低级形式的区域经济一体化组织。世界上著名的自由贸易区是由中欧和北欧七国组成的欧洲自由贸易联盟，其成员国有奥地利、瑞士、瑞典、挪威、芬兰、冰岛和列支敦士登。

2. 关税同盟

这种区域经济一体化组织成员国之间不但取消了所有贸易壁垒，而且一致对外，对非成员国设置了共同的贸易壁垒，这是较高形式的区域经济一体化组织。20世纪90年代前由西欧英、法、德、意、西、葡等12国组成的欧洲共同体就是这一类型。

3. 共同市场

这种区域经济一体化组织的成员国之间不但取消了所有贸易壁垒，对外实行统一关税制度，而且所有成员国开放各自市场，从而在区域内部形成了一个统一的大市场。此大市场内所包括的资金、劳动力、技术、货物、服务等生产要素可在大市场内各成员国之间自由流动，这是一种最高形式的区域经济一体化组织。1993 年由欧洲共同体演变而成的欧洲联盟是世界上最著名的、也是最大的共同市场，至 2007 年其成员已达 27 个。

区域经济一体化有利于各成员国之间进行国际营销活动，但对非成员国的企业来说，则不利于对该区域的国家进行国际营销活动。从总体上看，由于其带有贸易保护主义色彩，因此区域经济一体化组织对国际营销是不利的。

3.1.11 世界贸易组织

世界贸易组织（WTO）成立于 1995 年，它是由产生于 1947 年的关贸总协定（GATT）演变而成的。关贸总协定成立以来，对第二次世界大战后国际贸易的发展起到了一定的促进作用，在关贸总协定和世界贸易组织的努力下，缔约国的关税率有较大幅度的下降。比如，从关贸总协定成立到 20 世纪末的 50 余年间，缔约国的平均关税率降低了 90% 左右，其中发达国家的平均关税从 36% 降到了 4% 以下，发展中成员的平均关税也降到了 10% 左右，从而大大促进了世界贸易的发展，从关贸总协定成立到 20 世纪 80 年代末的 40 年间，世界贸易总额增长了 10 倍多。关贸总协定成立以后制定了一整套国际贸易政策和规则章程，世界贸易组织成立后，在继承关贸总协定制定的国际贸易基本原则的基础上，经进一步修订与补充，形成了如下的国际贸易新的基本原则：

1. 最惠国待遇原则

指缔约一方现在和将来给予任何第三方的优惠也给予所有缔约方。

2. 国民待遇原则

指在贸易条约或协议中，缔约方之间相互保证给予对方的公民、企业和商船在本国境内享有与本国公民、企业和商船同等的待遇。

3. 无歧视待遇原则

又称无差别待遇原则。该原则要求每个缔约方在任何贸易活动中都要给予其他缔约方以平等待遇，使所有缔约方都能在同样条件下进行贸易。

4. 互惠原则

指缔约两方或多方之间在贸易利益或特权方面的相应让与。

5. 关锐减让原则

即所有缔约方要不断地降低关税。中国参加该组织时承诺逐步降低关税至规定水平，至 2010 年年中，中国已全部实现了对该组织的承诺，关税税率平均下降了约 30%。

6. 取消数量限制原则

即 WTO 主张取消任何非关税壁垒。

7. 透明度原则

即各缔约方国内有关贸易的法律、规章、政策、决策和裁决规定等必须公开透明，不能暗箱操作。

总的看来，世界贸易组织的基本原则对开展国际营销活动是有利的。至 2011 年年底，世界上已有 156 个国家和地区参加了世界贸易组织，约占世界国家总数的 80%，该组织内部成员之间的贸易总额已占到世界贸易总额的 90% 左右。中国经过 15 年马拉松式的漫长谈判，直到 2001 年年底终于获准加入该组织。这意味着中国的经济已与国际市场接轨，也意味着今后中国经济将有一个大的发展和质的变化。

3.1.12　国际金融环境

国际营销活动的重要内容就是出口产品和在国外投资建厂进行生产。因此，国际营销必然涉及外汇和资金融通问题。

国际企业能否在国际市场上获得资金用于投资或将货币交换为某种外国货币以进行交易，以及获得这些国外资金或外汇的条件是否对国际营销活动有利，这是国际企业进行国际营销活动时要面对的重要金融环境。过去几十年国际企业从国际金融市场获得资金的难度较大，因而多半从国内金融市场上获取资金。虽然可在国际外汇市场上交换到所需要的外国货币，但汇率浮动不固定，甚至常有大的波动，给国际营销活动造成了一定的困难。尽管如此，随着世界经济一体化的加快以及世界经济一体化本身对国际金融环境的要求不断提高，国际金融环境变得对国际营销活动愈来愈有利，愈来愈方便。其表现之一就是跨国融资总额在不断上升，1996 年全球跨国融资总额已超过 1 万亿美元；表现之二就是国际外汇市场的货币交易总量猛升，1994 年日平均交易量为 1.3 万亿美元，1996 年猛升到 2 万亿美元。这说明国际金融市场为国际营销提供的资金和货币已达到巨大的数量，为国际营销活动提供了良好的金融环境。

1997 年在世界贸易组织的主持下，70 多个成员举行了多边金融服务谈判，经过半年多的艰苦谈判终于达成了协议，70 多个成员同意对外开放自己的银行、保险、证券市场。这一协议涉及了全球 95% 的金融服务贸易，今后全球将有 18 万亿美元的证券资产、38 万亿美元的银行贷款、2.5 万亿美元的保险费进入国际金融市场，为国际营销服务。这说明今后的国际金融环境将更加开放，对国际营销活动将更加有利，即长期以来国际金融市场供大于求的形势将持续下去，而且变得愈来愈有利于国际营销活动。

3.1.13　跨国公司

1. 跨国公司的产生与发展

跨国公司这一现代企业组织早在 19 世纪 60 年代就已诞生，当时德国拜耳化学公司在美国投资设立了生产工厂，瑞典的诺贝尔化学公司在德国投资设立了生产工厂，美国胜家缝纫机公司在英国投资设立了生产工厂。但令人费解的是直到 100 年后的 20 世纪 60 年代跨国公司这一概念和名称才正式出现。

自从 19 世纪中期跨国公司出现后，伴随着科学技术的飞速发展，特别是第二次世界大战后新一轮科学技术革命的出现，跨国公司的数量和规模都有了巨大的发展。之所以如此，根本原因就是科学技术的飞速发展导致了社会生产力的大发展，进而产品产量以数年翻一番的势头大幅度增加，在此形势下有限的国内市场规模消费不了如此大幅度增加的产量，企业只好走出国门，到国外去寻找市场，从而使这些企业发现了巨大的世界市场和营销机会。比如德国拜耳公司的专利产品阿司匹林药片进行跨国经营后行销到了全世界各国；瑞典诺贝尔公司的专利产品 TNT 炸药进行跨国经营后垄断了当时的世界市场；美国胜家缝纫机公司的专利产品胜家牌缝纫机进行跨国经营后，世界各国使用的每 3 台缝纫机中就有 2 台是美国胜家缝纫机公司的产品。上述公司当时若不走出国门进行跨国经营，其辉煌成就不可能出现。

同样，当企业走出国门在外国投资设立生产工厂后，企业若仅依靠国内供应的人力、物力、财力等资源支撑企业的跨国经营，就会出现国内资源捉襟见肘满足不了跨国经营需求的局面，这一难题也促使在外国进行跨国经营的企业在全世界各国的国际市场上寻求所需的人力、物力、财力等资源，即促使企业进行全方位跨国经营，也就是说，企业寻求扩大市场和扩大资源供应这两大动力形成互动关系，从而导致跨国公司的全方位跨国经营及跨国公司的持续高速发展。据联合国 2003 年年初的统计，全世界已有跨国公司（母公司）6.5 万家，其境外的子公司或其他分支机构为 85 万家，雇员约为 5 400 万人。

2. 跨国公司的定义

世界上至今没有一个公认的统一的跨国公司定义。不同的国家、不同的经济学家对跨国公司都有自己不同的定义。其中以美国哈佛大学学者规定的定义最为严格，该定义既规定了跨国公司的性质，也规定了跨国公司的规模，即跨越国家的数目和国外资产的数值；而以联合国规定的定义最宽，该定义仅有跨国公司性质的规定，而无跨国公司规模的规定。

目前，世界上比较普遍采用的定义为：企业在 6 个以上的国家投资设有子公司或机构，而且企业在国外的资产占企业总资产的 25% 以上者谓之跨国公司。

3. 跨国公司的特点

(1) 规模巨大，经济实力强

当今世界上规模最大、实力最强的企业要数权威机构每年评出的全球 500 家最大公司。历年评出的全球 500 家最大公司绝大多数企业都是跨国公司，而非跨国公司很少，这充分说明了跨国公司具有规模巨大、经济实力强的特点。

(2) 跨国公司多集中于发达国家

据美国《财富》杂志发布的 2010 年全球 500 家最大公司（绝大多数为跨国公司）名单，发达国家的跨国公司占绝大多数，超过 80%，发展中国家占少数，不足 20%。

(3) 跨国公司是参与国际市场营销的主角

国际市场是一个巨大的市场，在这个巨大的市场中参与国际市场营销的国际企业有千千万万，但在其中担任主角的是跨国公司。

4. 跨国公司在世界经济中的地位

由于跨国公司在寻求资源时是从全球角度挑选的，因此跨国公司的资源配置较为合理，成本较低，生产出的产品价格也较低，从而使全世界的消费者和资源提供国都得到好处。比如根据南开大学跨国公司研究中心的统计，2001 年跨国公司利用中国人力资源生产的产品的出口贸易额，占当年中国出口贸易总额 2 662 亿美元的 48%，也就是说跨国公司对资源的优化配置使得全世界的资源得到了充分的利用，发挥了最大的效益，这对世界经济和各国经济的发展都有积极的意义。正因为如此，当今世界各国不论是发达国家还是发展中国家，都在努力发展自己的跨国公司。另外，中国商务部的研究报告《2009 跨国公司中国报告》中提供的权威统计数据显示，2007 年外商在华投资（包括港台投资）企业的工业产值占当年全国工业总产值的 30.9%，其进出口贸易额占全国进出口贸易总额的 57.73%，其缴纳的税金占中国政府财政收入的 3.8%（大体上相当于中国政府的教育经费支出），在其企业中直接就业的人数达 4 200 万人，同时其自觉履行的社会责任涉及的面既广，捐助的善款金额也大，其中包括为贫困大学生提供奖学金，为大学和科研机构提供研究基金和先进科学技术，救助贫困人口和残疾人，为自然灾害捐款等，可见跨国公司对中国经济贡献之大。

假若将 2009 年全球第三大跨国公司美国埃克森美孚石油公司的生产总值 28 46.5 亿美元与当年世界各国的国内生产总值（GDP）进行排名，那么该公司排在第 33 位，也就是说该年全世界只有 32 个国家的国内生产总值超过了该公司的生产总值。而全世界其余近 170 个国家包括泰国、葡萄牙、芬兰、哥伦比亚等国的国内生产总值皆低于该公司的生产总值（见表 3－3）。

以上例子说明当代跨国公司的经济实力已经异常强大，它们的人力、物力、财力等资源已异常丰富。据 20 世纪末的统计，当代跨国公司控制着全世界 1/3 的生产、全世界 40% 的国际贸易、全世界 2/3 的国际投资、全世界 2/3 的资源和全世界 2/3 的技术专利。这就是当代跨国公司在世界经济中的显赫地位，这一地位使得跨国公司凭其经济实力足以左右世界经济的运行和发展方向，也使得跨国公司在经济领域可以对主权国家进行挑战。如 2010 年全球 500 家最大公司中排名第 4 位的巨型跨国公司英国石油公司，其原油产量的增减直接影响国际市场上原油价格的升降。又如巨型跨国公司俄罗斯国家天然气工业公司 2008 年要对供应白俄罗斯全国的天然气大幅度提价，虽然白俄罗斯政府出面断然拒绝，并与其进行了严正交涉，但迫于对方的压力，最终不得不接受大幅度提价。

表 3－1 是 2010 年全球 500 家最大公司中的前 50 家公司，也是世界最大跨国公司中前 50 家公司的排名表。从此表可以窥一斑见全豹，也可以联想到全球 6.5 万家跨国公司的经济实力。

5. 跨国公司小结

综上所述，可将跨国公司的重要性及其在当今世界经济中的地位简单归纳为以下几点：

（1）跨国公司是一种先进的经济组织

跨国公司是合理利用世界各国资源、综合效率高、效益好并推动经济全球化向前发展的一种先进经济组织，也是世界经济的主要组成部分和积极力量。

（2）跨国公司经济实力雄厚

全世界跨国公司的总经济实力与其他经济体的数值作一比较，可明显看出其惊人的实力。

2010 年，全球 500 家最大公司的生产总值或营业收入为 26.02 万亿美元，该数值占同年全世界 GDP（61.78 万亿美元）的近一半（42.1%）；为同年世界第一经济强国美国 GDP（14.5 万亿美元）的 1.8 倍；为同年世界第一人口大国中国 GDP（5.88 万亿美元）的4.5倍；为同年世界典型中等经济强国阿根廷GDP（0.351万亿美元）的74倍。

（3）跨国公司是国际市场的主要投资者

跨国公司是包括中国在内的许多发展中国家在发展经济时，所争取外部资源（资金、技术、设备、人才）的主要对象。

（4）跨国公司左右着世界经济的发展方向

第二次世界大战结束后，跨国公司逐步将世界经济的发展方向确立为高新技术产业。

（5）跨国公司代表着先进生产力

跨国公司站在了当代高新技术的前列，是这些高新技术的领头羊，如电子计算机技术、信息技术、通讯技术、电子技术、宇航技术、机器人技术、医疗检查技术、新能源开发技术等都是跨国公司的强项，因此，跨国公司代表着当代先进生产力。

总之，跨国公司是当代世界经济中一支举足轻重的力量，而且其重要性将愈来愈大。

表3-1　2010年全球500家最大公司排名（前50位）

位次	公司名称	总部所在国	营业收入	
			收入（亿美元）	比上年增长（%）
1	沃尔玛百货公司	美国	4 218.5	3.3
2	皇家壳牌石油	荷兰	3 781.5	32.6
3	埃克森美孚	美国	3 546.7	24.6
4	英国石油公司	英国	3 089.3	25.5
5	中国石化集团	中国	2 734.2	45.8
6	中国石油天然气	中国	2 401.9	45.1
7	中国国家电网	中国	2 262.9	22.7
8	丰田汽车	日本	2 217.6	8.6
9	日本邮政	日本	2 039.6	0.9
10	雪佛龙	美国	1 963.4	20.1
11	道达尔	法国	1 860.6	19.4
12	康菲石油	美国	1 849.7	32.6
13	大众汽车	德国	1 680.4	14.9
14	安盛	法国	1 622.4	-7.4
15	菲亚特	意大利	1 538.3	429.2
16	通用电气	美国	1 516.3	-3.3
17	荷兰国际集团	荷兰	1 470.5	-9.9
18	GLENCO国际集团	瑞士	1 449.8	36.3
19	伯克希尔·哈撒韦	美国	1 361.9	21.1
20	通用汽车	美国	1 355.9	29.6
21	美洲银行集团	美国	1 341.9	-10.8
22	三星电子	韩国	1 337.8	22.8
23	埃尼集团	意大利	1 317.6	12.4

续表

位次	公司名称	总部所在国	营业收入	
			收入（亿美元）	比上年增长（%）
24	戴姆勒公司	德国	1 294.8	18.0
25	福特汽车	美国	1 289.5	9.0
26	法国巴黎银行	法国	1 287.3	-1.5
27	安联保险	德国	1 273.8	1.1
28	惠普	美国	1 260.3	10.0
29	意昂集团	德国	1 250.6	9.9
30	美国电话电报公司	美国	1 246.3	1.3
31	日本电话电报公司	日本	1 203.2	9.7
32	家乐福	法国	1 203.0	-1.0
33	忠利保险	意大利	1 202.3	-4.6
34	巴西石油	巴西	1 200.5	30.7
35	俄罗斯国家天然气	俄罗斯	1 186.6	25.6
36	摩根大通	美国	1 154.8	-0.1
37	麦克森公司	美国	1 120.8	3.1
38	法国燃气苏伊士集团	法国	1 118.9	0.7
39	花旗银行	美国	1 110.6	2.1
40	日立公司	日本	1 087.7	12.6
41	威瑞森公司	美国	1 065.7	-1.2
42	雀巢公司	瑞士	1 052.7	6.2
43	法国农业信贷银行	法国	1 050.0	-1.4
44	美国国际集团	美国	1 044.2	1.2
45	本田汽车	日本	1 043.4	12.9
46	汇丰控股	英国	1 026.8	-1.0
47	西门子公司	德国	1 026.6	-0.9
48	日产汽车	日本	1 024.3	26.5
49	墨西哥石油	墨西哥	1 015.1	25.7
50	松下电器	日本	1 014.9	27.0

注：资料摘自美国《财富》杂志 2011 年 7 月公布的资料。

3.2　东道国经济类型与支出模式

3.2.1　东道国的经济体制

分析东道国的宏观经济，首先要弄清楚该国经济属于哪种体制。从理论上讲，世界上有两种经济体制，即计划经济与市场经济。前者为前苏联等全部社会主义国家所采用，但苏联解体、东欧社会主义国家消失后，代之而起的俄罗斯、东欧等国家已全部放弃了计划经济。现在仍然实行计划经济的社会主义国家已为数不多。市场经济则为几乎所有资本主义工业化国家和部分发展中国家所采用。但从严格意义上讲，这些国家所实行的也不是百分之百纯粹的市场经济，即使像美国这样的资本主义最发达国家，政府也颁布了许多法律和法令管制某些工商业活动，如美国就颁布了反垄断法，禁止国民经济中任何行业的垄断行为。但即便如此，这些国家的经济本质上仍然是市场经济。对于进行国际营销活动的国际企业来讲，东道国实行哪种经济体制，企业无权选择，只能适应。市场经济利于企业进行国际营销活动，因此，世界上绝大多数国际企业都是在市场经济国家开展国际营销活动，或者说在市场经济国家开展的国际营销活动的营业额大大超过在计划经济国家的营业额。

3.2.2 东道国的经济类型

弄清东道国的经济属于哪一种类型，也是分析东道国宏观经济必须要做的一项工作。由于分类角度不同，因此有不同的分类方法。下述是比较常见的世界经济分类方法：

1. 按经济结构分类

(1) 自给自足型经济

这是一种比较落后而且封闭的农业经济类型。非洲、拉丁美洲、南亚等地区的一大批国家皆属此类型。这些国家由于经济落后，其经济甚至存在不同程度的畸形，因此市场狭小，购买力低，不宜进行国际营销活动。但是从长远看，在这些国家开展国际营销活动的潜力和前景还是很大的。

(2) 发达国家型经济

主要指北美、西欧、日本、澳大利亚等国和地区。这些国家和地区经济发达，需求大，购买力强，是大量高新技术产品的供应者和大量原材料初级产品的需求者，因此这些国家是中高档消费品、高科技产品和原材料等初级产品的理想市场，也是国际企业进行国际营销活动的理想市场。

(3) 新兴工业化国家（或地区）型经济

主要包括“亚洲四小龙”（中国台湾、韩国、新加坡、中国香港）和巴西、墨西哥、秘鲁等国家和地区。这些国家和地区近二三十年以来经济发展迅速，发展速度居世界前列，进出口贸易额居世界前列，人均 GDP 稍落后于发达国家，某些产业在世界上占有重要位置。这些国家和地区对原材料初级产品、高新技术产品及中高档消费品的需求量都很大，即市场容量颇大，因此也是国际企业进行国际营销活动的理想市场。

(4) 原料输出型经济

这些国家的经济以输出某种或某几种原料为主，经济结构单一，工业比较落后。如中东地区盛产石油的沙特阿拉伯、科威特，非洲的利比亚，东南亚的文莱等。这些国家由于国家富有，人民收入水平高，因此消费水平和购买力都较高，是中高档消费品、交通运输、建筑、石油生产加工设备的大市场。世界上很多国际企业都瞄准了这个大市场进行国际营销活动，中国的建筑企业在这些国家的市场上也很活跃。

2. 按经济发展阶段分类

这是美国经济学家罗斯托（Walt W. Rostow）创造的一种划分方法。他将世界各国的经济发展归纳为 5 个阶段。

(1) 传统社会阶段

处于该阶段的国家不能系统地运用现代科学技术，仍沿用落后的科学技术进行生产活动。因此，生产力落后，市场容量小，购买力低，像亚洲的尼泊尔、老挝等就属此阶段。

(2) 起飞前的准备阶段

处于该阶段的国家已开始将现代科学技术应用于工业生产领域，但规模不大，生产力改变不大，经济增长速度不够快，不过却是在为该国的经济起飞进行必要的准备，像亚洲的越南目前就处于该阶段。

(3) 起飞阶段

处于该阶段的国家已将现代科学技术应用于国民经济的主要产业，因此，经济发展迅速，生产力大幅度提高，市场容量大，购买力水平高，像过去的韩国、新加坡等就属于此阶段。

(4) 成熟阶段

处于该阶段的国家已将现代科学技术普遍应用于国民经济的所有产业，并开始大规模地参与国际经济活动，当前的韩国、新加坡等就属此阶段。

(5) 高消费阶段

处于此阶段的国家，其国民经济的主要产业部门已转向生产耐用消费品和服务，因此，人均收入很高，消费量大，目前的美国、德国、加拿大、法国、日本等国家便属于此阶段。

一般来讲，凡处于前3个阶段的国家称为发展中国家，处于后两阶段的国家称为发达国家。

3.“六个市场集团”分类法

(1) 均富国家

主要指北欧的国家，如瑞典、丹麦、挪威等。在这些国家中大多数居民属于中产阶级，富翁或贫穷的人极少。这些国家也是世界上幸福指数名列前茅的国家。据著名的美国盖洛普调查咨询公司近十八年来对全世界155个国家的调查结果，北欧国家中丹麦是世界上最幸福的国家，而且多次获此殊荣。这是由于该国政府主要采用税收的手段对经济收入高的国民多征税，对经济收入低的国民少征税，从而大大缩小社会的贫富差距；同时建立了完善的社会保障体系，并实行高福利政策，让每一位丹麦人从出生、求学、医疗到养老都平等地享受政府提供的高福利，因而该国理所当然地成为全世界最幸福的国家。其他几个北欧均富国家也实行类似的高税收、高福利政策。

(2) 富裕国家

主要指美国、加拿大、德国、荷兰。这些国家人均收入很高，但穷富差别较大。

(3) 过渡国家

即已接近但还未达到富裕国家程度的国家，如英国、法国、意大利、日本、南非等。

(4) 变革国家

指经济发展速度很快，生产力大幅度提高，正处于变革和快速发展的国家，如巴西、墨西哥、阿根廷、西班牙、印度、菲律宾、巴基斯坦等。

(5) 原始国家

即仍处于落后状态的国家，如非洲的埃塞俄比亚、索马里、中非、刚果等。

(6) 社会主义国家

这一市场集团在20世纪下半世纪经互会存在时，是一个相当大而且实力雄厚的市场集团，但20世纪末苏联解体、经互会消失后，这一市场集团大为缩小，目前包括中国、朝鲜、越南、老挝、古巴等。

4. 按人均国民总收入（人均GNI）分类

从20世纪80年代起，世界银行根据人均GNI的高低，将世界各国和地区分为低收入、下中等收入、上中等收入、高收入4大类，但划分标准随着世界各国人均GNI水平的不断提高而逐年有所提高。此种分类对国际企业选择目标市场颇为实用。

世界银行根据世界各国和地区2007年的人均国民总收入（人均GNI）划出了935美元、3 705美元、11 455美元3条分界线，将世界各国和地区的国民总收入分为四组，见表3－2。

表3－2　2009财政年度世界各国和地区收入分组情况

组别		人均GNI	国家或地区
低收入组		≤935美元	柬埔寨、朝鲜、老挝、缅甸、越南、巴布亚新几内亚、吉尔吉斯、塔吉克斯坦、乌兹别克斯坦、阿富汗、孟加拉、尼泊尔、巴基斯坦、海地、也门、贝宁、布隆迪、中非、乍得、刚果（金）、科特迪瓦、布基纳法索、厄立特里亚、埃塞俄比亚、加纳、几内亚、几内亚比绍、肯尼亚、利比里亚、马达加斯加、马拉维、马里、毛里塔尼亚、莫桑比克、尼日尔、尼日利亚、卢旺达、塞内加尔、塞拉利昂、索马里、坦桑尼亚、多哥、乌干达、赞比亚、津巴布韦
中收入组	中低收入组	936～3 705美元	中国、印度尼西亚、蒙古、菲律宾、东帝汶、汤加、不丹、印度、马尔代夫、斯里兰卡、阿尔巴尼亚、亚美尼亚、阿塞拜疆、土库曼斯坦、乌克兰、格鲁吉亚、波黑、马其顿、摩尔多瓦、阿尔及利亚、埃及、伊朗、伊拉克、约旦、摩洛哥、叙利亚、突尼斯、约旦河西岸、安哥拉、喀麦隆、刚果（布）、莱索托、纳米比亚、苏丹、玻利维亚、哥伦比亚、多米尼加、危地马拉、洪都拉斯、巴拉圭、秘鲁
	中高收入组	3 706～11 455美元	斐济、马来西亚、白俄罗斯、保加利亚、克罗地亚、哈萨克斯坦、拉脱维亚、立陶宛、黑山、波兰、罗马尼亚、俄罗斯、塞尔维亚、土耳其、黎巴嫩、加蓬、毛里求斯、南非
高收入组		＞11 455美元	澳大利亚、奥地利、比利时、加拿大、捷克、丹麦、芬兰、法国、德国、希腊、匈牙利、冰岛、爱尔兰、意大利、日本、韩国、卢森堡、荷兰、新西兰、挪威、葡萄牙、斯洛伐克、西班牙、瑞典、瑞士、英国、美国、塞浦路斯、赤道几内亚、爱沙尼亚、中国香港、中国台湾、中国澳门、以色列、科威特、列支敦士登、马尔他、摩纳哥、阿曼、波多黎哥、沙特阿拉伯、圣马力诺、新加坡、斯洛文尼亚、阿联酋

对上表的分组进行统计分析后会发现，分组有如下的地域特征：除前社会主义国家外，欧洲其余国家几乎都是高收入国家，另外，多数北美洲国家、多数澳洲国家、少数东亚国家和少数中东国家也是高收入国家；亚洲、拉丁美洲、东欧、中东、北非的绝大多数国家是中等收入国家；南部非洲国家、南亚国家、亚洲社会主义国家多数是低收入国家。

若从大洲的角度总结地域特征则为：绝大多数欧洲、北美洲、澳洲国家为高收入国家；绝大多数亚洲和拉丁美洲国家为中等收入国家；绝大多数非洲国家为低收入国家。

3.2.3 东道国的支出模式

消费者有了货币收入，一般来讲也就有了购买力，但不会全部用于消费支出上，实际上消费者的收入和支出之间的比例按一定规律进行变化，这便是消费者的支出模式。其中两个著名的支出模式如下：

1. 边际消费倾向递减律（MPC递减律）

即消费者收入增加后，其消费支出也增加，但后者对前者之比并不等于1，而是小于1，而且收入增加愈多，消费支出增加愈少，即后者对前者之比愈来愈递减。用公式表示如下：

$$\text{MPC}=\frac{\text{消费支出增加额}}{\text{消费者收入增加额}}$$

不同国家、不同时期、不同收入时MPC也不同。一般来讲，当收入很低时，大部分收入甚至全部收入可能都用于消费，即MPC接近或等于1；但当收入增加到一定水平后，再增加的收入只有很少一部分用于消费，大部分则用于储蓄，即此时MPC递减，而且越来越小于1。

2. 恩格尔定律

德国统计学家恩格尔在19世纪通过大量调查统计，提出了恩格尔定律，即随着消费者收入的增加，消费者的食物支出在总支出中的比重下降，而其他消费特别是较高档次的消费，如教育、娱乐、体育、保健等方面的消费比重增加。恩格尔定律常用恩格尔系数表示如下：

$$\text{恩格尔系数}=\frac{\text{食物消费支出}}{\text{总消费支出}}\times 100\%$$

此公式又称食物支出的收入弹性。

恩格尔定律现在已被人们看作是一个普遍真理。因此，联合国采用恩格尔系数来评价世界各国穷富。

绝对贫穷：系数 $>60\%$；

勉强度日：系数为 $50\% \sim 60\%$；

小康水平：系数为 $40\% \sim 50\%$；

富裕水平：系数为 $30\% \sim 40\%$；

最富裕水平：系数 $<30\%$。

恩格尔系数无疑为企业产品决策提供了重要依据。

目前北美、西欧、北欧、南欧、日本、澳大利亚、中东石油富国等系数大多在25%以下，而发展中国家则大多数超过45%。据联合国统计，中国1986年恩格尔系数为54%，2000年已降至46%。

3.2.4 东道国的提前消费状况

第二次世界大战后，首先从美国兴起了一种提前消费现象，然后广泛流行于北美、西欧、日本等发达国家，20世纪60年代又开始在苏联和东欧国家流行。所谓提前消费，即消费者把将来的收入提前到现在进行消费支出。具体做法是消费者凭信用先取得商品使用权，然后按期一次或数次归还贷款。这是西方发达国家的企业刺激消费者需求的重要形式，多用于高价耐用消费品的消费。如美国所销售轿车的60%是通过分期付款形式销售出去的。在发达国家除了轿车外，采用分期付款形式提前消费的其他耐用消费品还有高档家电产品、高档家具、珠宝、游艇和住宅。分期付款的形式固然可以刺激消费，但企业需要取得银行的支持，另外还要担负一定的风险。

3.3 东道国的经济特性

1. 自然条件

一个国家的自然条件指该国的自然资源、地形和气候。这些因素都会给企业的国际营销决策造成影响，不能忽视。

(1) 自然资源

如矿产资源、森林资源、土地资源、水力资源等。东道国是否具有某些资源、资源是否丰富是企业考虑向该国出口产品还是在该国投资建厂就地生产的重要条件。即东道国自然资源是否丰富是决定外国企业是否投资的重要条件。

(2) 地形

地形分平原、丘陵、山地、沙漠、森林、湖泊等，是影响国际企业进行实体分配的重要因素。如东道国若为平原地形，运输产品所需运费就低；相反，若是山地或沙漠，运费就较高。

(3) 气候

气候包括气温、湿度、雨量等。这些因素会影响企业的产品在该国是否能够正常使用以及对包装的要求等。比如，销往热带国家的轿车就要有空调装置，而销往寒带国家的轿车就要有采暖装置和保温措施；销往湿度较大或多雨国家的产品包装就要采用防潮防雨包装。

2. 基础设施

基础设施分一般基础设施和商业基础设施两大类，前者如运输条件、能源供应、通信设施，后者如金融机构、保险机构、广告宣传工具等。世界各国基础设施的差别很大，因而对国际营销活动提供的便利条件也大不相同。如美国平均每百人拥有电话78.9部，而巴基斯坦仅为0.4部；至2008年年底，美国有高速公路10万公里，而中国仅为 6 万公里。一般来讲，东道国的基础设施愈先进、愈完善，国际企业在该国的国际营销活动就愈顺利，效率也愈高；反之，如果东道国的基础设施不够先进不够完善，那么国际企业在该国的国际营销活动就愈困难，效率就愈低，甚至不能进行国际营销活动。如中国改革开放 30 年中吸收了大量外资在中国投资建厂，但绝大多数外资投在了沿海一带，中西部地区吸收的外资极少，原因之一就是这些地区的基础设施太落后且不完善，满足不了外国企业进行国际营销活动的要求。

3. 城市化程度

城市化程度指的是一个国家中城市人口占全国人口的比重。城市化程度的高低是东道国经济发展水平的标志之一。目前全世界总的趋势是城市化程度愈来愈高。2002 年全世界城市化程度平均为 47.4%，绝大多数西方发达国家的城市化程度都在 70% 以上，如澳大利亚为 91.5%，英国为 89.6%；但发展中国家的城市化程度则大大落后于发达国家，中国在 21 世纪初不足 40%，2011 年中国的城市化率为 51.27，首次超过 50%，这意味着中国的人口比例发生了质的变化即城市人口首次超过农村人口数量。企业了解东道国的城市化程度后，可以明确东道国城市人口和农村人口在该国人口中所占的比例，从而分别适应这两部分人口的购买力和消费习惯。比如，农村人口往往以自给自足为主，消费习惯是省吃俭用，购买力低；而城市人口则相反，大部分消费通过购买解决，而且追求生活质量，购买力也高，市场当然就大。

4. 通货膨胀

通货膨胀一直困扰着各国政府，但世界各国的通货膨胀率却相差很大。据统计，发达国家的通货膨胀率很低，只有 1 位数，如 1992 年美国等西方主要发达国家的通货膨胀率皆低于 8%；而大多数发展中国家的通货膨胀率都很高，通常都达两位数，有的国家甚至达 3 位数，如 1992 年拉美国家通货膨胀率平均达 169%，南斯拉夫竟高达 2 600%。

通货膨胀首先影响东道国的市场需求，两者呈负相关关系；其次通货膨胀还使企业进行国际营销的风险增大，因为通货膨胀意味着东道国的币值不稳，而币值不稳则直接影响到产品的成本控制和盈利的获得。因此，国际企业对待东道国高通货膨胀率的通常做法有两种：一是暂时推迟进入该东道国市场；二是从该东道国市场抽走资金。

3.4　东道国的市场规模

不同的产品其市场规模是不同的；同一种产品在不同的国家其市场规模也是不同的；同一种产品在不同的时期其市场规模也是不同的。比如，小轿车与摩托车这两种不同的产品，前者的市场规模远远大于后者；同是轿车，在菲律宾的市场规模就远远小于在美国的市场规模；同是轿车又同是在中国，现在轿车市场规模就远远大于 30 年前的轿车市场规模。影响市场规模的因素有很多，而且不同产品、不同国家、不同时期影响因素也不相同，但对于大多数产品来讲，其市场规模都与人口和收入有密切的关系。因此，研究东道国的经济环境，特别是研究东道国的市场规模时，必须研究东道国的人口与收入。

3.4.1 人口

人口是决定市场规模，特别是消费品市场规模的重要因素。这是因为凡是有人的地方就有消费。在进一步研究分析东道国的人口因素时，还要从人口因素的以下几个特征入手：

1. 人口数量

一般来讲人口数量愈多，消费也愈多，市场规模就愈大，反之亦然。特别是日用必需消费品更是如此。如中国的牙膏消费市场规模当然就比菲律宾大。也正因为如此，中国实行开放政策后，大量外商到中国投资，其根本原因就是看好中国的“人口众多”。

2. 人口增长率

这是国际企业从长远角度以动态眼光看待某国市场人口问题的重要指标。

一般来说，工业化国家的人口增长率较低，而且有逐渐下降的趋势，如澳大利亚和丹麦的人口增长率已降为零；而发展中国家的人口增长率则较高，如巴林高达10.5%，科特迪瓦共和国为4.3%。

一个国家的人口增长率高，说明该国市场人口总数增多，新家庭户数也增多。这意味着日用必需品，特别是价格低廉的日用必需品，如肥皂、牙膏、圆珠笔等，以及家庭使用的耐用消费品，如家具、缝纫机等的需求量增加。但人口增长率过高会成为该国经济的一个包袱，制约该国经济的发展，造成人均国民总收入的停滞不前或下降，影响消费者的购买力。大多数非洲和南亚的发展中国家就属此种情况。中国在建国后的几十年中也曾饱受人口增长率过高、人均国民总收入提不上去、消费者购买力增长不大之苦。

人口增长率低或适中，意味着该国人均国民总收入能较快地提高，消费者的购买力也会较快提高。第二次世界大战后工业化国家的人均国民总收入一直居世界前列，原因之一是人口因素，即他们的人口增长率始终没有制约经济的发展。

3. 人口年龄结构

即各种年龄段的人口在总人口中所占的比重。东道国的人口年龄结构对国际企业的产品结构有重大影响。比如，老年人口比重大的国家对滋补品、娱乐消费品需求就大，而青年人口比重大的国家对时装、化妆品、教育用品、住房、家具的需求就大。目前世界各国的人口年龄结构各不相同。多数发达国家的中老年人口占的比重较大，而多数发展中国家的青年和儿童人口占的比重较大。有的工业化国家如英国、法国、德国甚至已进入了老龄化社会，即60岁以上老人人口已占到社会总人口的10%以上。

4. 人口的地理分布

据联合国人口基金会公布的统计数字，至2011年年底，世界人口已达70亿，但这70亿人口却不是均匀地分布在世界各种不同的地理环境中，而是极不均匀地分布于世界各地，即世界各国之间人口密度相差悬殊，一国内部各地区之间人口密度相差也悬殊，如西欧的荷兰人口密度高达394人/平方公里，而亚洲的蒙古则仅为1.65人/平方公里；巴西经济发达的东南地区人口密度约为60人/平方公里，而占全国面积2/3的内陆热带森林地区仅1人/平方公里，另外，各种不同的地理环境，如城市、农村，平原、沙漠、山地、丘陵，寒带、热带人口分布也十分不均匀。从国际营销学的角度看，分布在这些不同地理环境的消费者其消费需求是大不相同的。比如，城市消费者与农村消费者、平原地区消费者与沙漠地区消费者、热带地区消费者与寒带地区消费者的消费需求是有很大差异的，因此国际企业应对国外市场的人口地理分布给予应有的分析，以确定其不同的需求。

3.4.2　收入

有了人口还不够，还要有收入才能构成市场，两者皆多才是大市场，仅有一项多不是大市场，两者皆少是小市场。

中国拥有 13 亿人口，是世界上的超级人口大国，不但超过非洲的人口总和，更超过当代世界经济最富强的七国集团人口总和，尽管如此，中国市场却不是世界最大市场，其原因就在于中国的收入（购买力）太低，还是小康社会的收入水平。因此，中国的市场规模十分有限，如中国人口虽然是美国人口的四倍有余，但美国人均国民总收入却为中国的 11 倍（2010 年），因此，中国的市场总规模约为美国的 1/3。当今世界各国多以轿车拥有量作为评价某国或某市场生活水平或购买力的标尺之一，联合国公布的资料显示，当代发达国家七国集团即美国、德国、英国、法国、意大利、加拿大、日本这些国家包括老人、学生、婴儿在内平均每两人拥有一部轿车，中高收入国家如俄罗斯、波兰、土耳其、智利、马来西亚等国平均每 5 人拥有一部轿车，全世界平均每 9 人拥有一部轿车，而中国国家统计局公布的资料显示，2008 年中国平均多达 67 人才拥有一部轿车，也就是说中国虽然是一个拥有 13 亿人口的超级大国，但 2008 年中国的轿车市场规模与人口只有 4500 万、仅是中国人口 1/30 的人口小国西班牙（平均每两人拥有一部轿车）的轿车市场规模大体上相当。相反，德国的人口数量在世界排在前 10 名之后，但该国人均国民总收入很高，因此德国的市场是世界第三大市场（2007 年）。位于中国与印度之间的小国不丹，人口数量既少（63 万人口），人均国民总收入也很低（属中低收入国家），因此，该国的市场总规模十分微小，大约只相当于中国中西部地区一个县的市场规模，所以在国际市场中微不足道。

以上几个例子形象地表明了人口、收入和市场规模三者之间的关系。

3.4.3　度量国际市场规模的尺度

1. 国民总收入（GNI）

过去称为“国民生产总值”（GNP），1993 年之后改称国民总收入，指本国国民的生产总值，但不包括外国国民在本国的生产总值。这是世界各国普遍采用的一项经济指标，其中以世界银行（WB）和国际货币基金组织（IMF）发布的数字最为权威。通常用来反映或衡量一个国家市场规模的大小，但更确切地说，它反映一个国家生产资料市场规模的大小。而人均国民总收入则反映一个国家消费水平的高低和消费品市场规模的大小。

2. 国内生产总值（GDP）

当一个国家经济的对外开放程度较大时，仅用国民总收入反映该国市场规模的大小就不够准确了，此时应把外国国民在本国生产的产值加进国民总收入中去，再从国民总收入中减去本国国民在外国生产的产值，最后得到的就是国内生产总值，亦即全国生产活动的总成果。国内生产总值（GDP）和国内生产总值增长率能够更加准确地反映一国的市场规模和市场规模的增长情况。同样，国内生产总值和人均国内生产总值能更准确地反映该国生产资料市场规模的大小、消费水平的高低及消费市场规模的大小。如墨西哥人口虽然约为澳大利亚的5倍，但从表3-3可以看出，两国的GDP相差很小，因此可以认为两国的生产资料市场规模大体相同；表3-3显示俄罗斯的GDP为土耳其的两倍，但从表3-4可以看出，两国的人均GDP相差很小，因此可以认为两国的消费水平大体相同。

从上述国内生产总值的定义可知，GNI中包括本国国民在外国生产的产值，而GDP中则不包括该产值。因此，GDP与GNI两者之间的关系可有下述3种情况：

① 当一国经济对外开放程度大时，则GDP明显大于GNI，如世界银行公布的资料显示，对外开放程度颇高的巴西2007年的GDP为13 141.7亿美元，GNI则为11 330亿美元，前者数字明显大于后一数字，差幅高达13.8%。

② 当一国经济对外开放程度小时，则GDP与GNI没有太明显的差距，如世界银行公布的资料显示，经济对外开放程度小的菲律宾2007年的GDP为1 441.3亿美元，而GNI为1 426.0亿美元，两数字的差幅仅为1.1%。

③ 当本国国民在外国生产的产值大于外国国民在该国生产的产值时，该国的GDP反而小于GNI，如世界银行公布的资料显示，国民在外国有大量投资的瑞士，由于其国民在外国生产的产值小于外国国民在该国生产的产值，因此，该国的GDP长期小于GNI，如2007年该国的GDP为4 155.2亿美元，而GNI则为4 521.0亿美元，GDP小于GNI的幅度达8.8%。

GDP和人均GDP不但用于度量某国市场规模的大小，而且人均GDP还普遍用于度量某国国民的富有程度和经济的发达程度。表3-3是国际货币基金组织公布的2009年世界各国和地区GDP排名前40名的排名情况，表3-4是该组织公布的2009年世界各国和地区人均GDP部分排名情况。

现在世界上一些经济学家和社会学家通过对经济和社会的调查研究已经逐渐认识到一个重大问题，即一个国家若单纯追求GDP的高速增长而不顾及其他方面的协调发展将造成整个社会的失衡，出现诸如资源（资金、原材料、设备、能源、交通运输、人才、劳动力等）紧缺、环境污染、通货膨胀、两极分化、社会矛盾激化、社会动荡等一系列问题，最后不得不减缓甚至停止经济的发展回过头来解决因失衡所带来的上述一系列问题。如20世纪下半世纪南美洲的巴西、阿根廷、智利等国就经历了此痛苦过程。因此，当代发达国家强调在社会各方面平衡发展的前提下争取GDP的适当增长，即强调经济的可持续发展，而不是缺失后劲的经济发展。例如近二十年以来，美国的GDP增长率一直人为控制在5%以内，当GDP的增长出现超出此范围的迹象时，政府即采取各种有效措施对经济进行干预，直至GDP的增长降到该范围以内。其他发达国家也采取类似的态度对待GDP的增长率，因此，几乎所有发达国家的经济发展都具有可持续性，而且社会稳定。

中国经济近十余年以来一直在高速增长，但高速增长的同时也出现了一些社会问题、经济问题和环境问题。中国已逐渐认识到超越资源条件所实现的粗放式经济过快增长将带来的严重后果，为此，中国政府已正式提出“平稳、较快增长”的经济发展新口号，并从 2011 年起的以后 5 年中，经济增长率由 2006 至 2010 年 5 年中的实际平均增长率 11.2% 主动降低近 40%（37.5%），降至年平均增长率为 7%，对于上述经济发展口号和主动降低发展速度的重大改变，中国国务院总理温家宝于 2011 年 3 月 14 日在回答中外记者提问时给出了最好的解释，即这是为了“解决中国经济长期以来存在的不平衡、不协调和不可持续的问题，使经济的发展与人口环境和资源相适应，7% 的发展速度也不算低了”。

表 3-3　2009 年世界各国和地区 GDP 排名（前 40 名）

位次	国家或地区	GDP（亿美元）	位次	国家或地区	GDP（亿美元）
1	美国	141 191	21	波兰	4 307
2	日本	50 689	22	瑞典	4 061
3	中国	49 847	23	奥地利	3 821
4	德国	33 387	24	挪威	3 786
5	法国	26 564	25	中国台湾	3 785
6	英国	21 789	26	沙特阿拉伯	3 763
7	意大利	21 183	27	希腊	3 308
8	巴西	15 740	28	伊朗	3 259
9	西班牙	14 679	29	委内瑞拉	3 257
10	加拿大	13 361	30	丹麦	3 101
11	印度	12 369	31	阿根廷	3 101
12	俄罗斯	12 319	32	南非	2 872
13	澳大利亚	9 942	33	泰国	2 640
14	墨西哥	8 748	34	芬兰	2 386
15	韩国	8 325	35	葡萄牙	2 335
16	荷兰	7 967	36	哥伦比亚	2 324
17	土耳其	6 145	37	阿联酋	2 339
18	印度尼西亚	5 394	38	爱尔兰	2 224
19	瑞士	4 919	39	中国香港	2 106
20	比利时	4 721	40	以色列	1 954

注：1. 表中资料来源于国际货币基金组织（IMF）于 2010 年 10 月公布的资料。

2. 2010 年中国 GDP 为 587 86 亿美元，超过日本（54 742 亿美元）、低于美国（146 242 亿美元）位居世界第 2 位。

表 3－4　2009 年世界各国和地区人均 GDP 排名（部分）

位次	国家或地区	人均 GDP（美元）	位次	国家或地区	人均 GDP（美元）
1	卢森堡	105 918	24	中国香港	29 803
2	挪威	78 178	25	希腊	29 635
3	瑞士	63 536	28	新西兰	27 259
4	卡塔尔	59 990	29	以色列	26 874
5	丹麦	56 263	37	韩国	17 074
6	爱尔兰	49 863	53	智利	9 516
7	荷兰	48 209	58	土耳其	8 711
8	美国	45 934	59	俄罗斯	8 681
9	奥地利	45 686	60	巴西	8 220
10	阿联酋	45 615	61	墨西哥	8 134
11	澳大利亚	45 285	62	阿根廷	7 725
12	芬兰	44 581	63	罗马尼亚	7 523
13	比利时	43 794	66	马来西亚	6 950
14	瑞典	43 668	73	南非	5 824
15	法国	42 413	98	中国	3 735
16	德国	40 832	110	叙利亚	2 615
17	日本	39 740	116	印度尼西亚	2 329
18	加拿大	39 658	122	菲律宾	1 748
19	冰岛	37 991	137	越南	1 068
20	新加坡	36 379	140	印度	1 032
21	意大利	35 435	178	利比亚	213
22	英国	35 257	180	布隆迪	164
23	西班牙	32 030			

注：资料来源于国际货币基金组织（IMF）于 2010 年 10 月公布的资料。

从表 3－3 和表 3－4 可以看出上述国家和地区的富有程度和经济发达程度，同时也可看出中国 GDP 的绝对值虽然很高，2009 年时已列世界第 3 位，但人均 GDP 却只列世界第 98 位，不但大大落后于发达国家，也落后于一些发展中国家，如墨西哥、智利、马来西亚、泰国等，仅在社会主义国家中名列前茅。也就是说，中国的富有程度和经济发达程度还相当落后，中国要摘掉“发展中国家”这顶帽子还有很长的一段路要走，还需要几代人的努力。

人均 GNI 或人均 GDP 虽然经常用来衡量某国消费品市场规模的大小和某国国民的富有程度，但却不能与该国国民的购买力画等号。这是因为现实的国际市场中，同一件商品在不同国家市场上的当地价格，折合成美元或其他货币后，其价格是不相同的。这一现象看似不正常，其实是国际市场上一种正常的普遍现象，因为同一种商品在世界各国、各地的供求平衡状态是不同的，生产成本和缴纳的税率也不相同，因此价格上的不同就是必然的。

3. 国民生产净值

一个国家的国民总收入并不是这个国家的生产净值，因为固定资产折旧费要抵消掉一部分生产总值，因此，扣除固定资产折旧费后的国民总收入就是该国的国民生产净值。它能比国民总收入更准确地反映该国市场规模的大小。

思考题

1. 对某邻国与国际营销有关的经济环境作初步分析。
2. 初步分析中国的经济类型。
3. 初步分析中国的经济特性。
4. 初步分析中国的市场规模。

案例借鉴一

英国联合利华公司对各国经济环境的适应

著名的联合利华公司是一家生产洗涤用品的大型跨国公司，在2010年全球500家最大公司中排名第136位，年产值达586.2亿美元。该公司既生产低档的洗衣皂，也生产中档的洗衣粉，还生产高档的纤维软化剂。该公司在向国际市场销售其产品时，有的放矢，向经济落后国家供应洗衣皂这种低档洗涤用品，以适应大多数消费者的收入水平，向中等发达国家供应洗衣粉这种中档洗涤用品，向经济高度发达的国家供应纤维软化剂这类高档洗涤用品，以适应这些国家大多数消费者穿着高档衣料需要高档洗涤用品的情况。联合利华公司由于采用了这种适应不同国家市场的消费水平而供应不同档次产品的做法，获得了很大的成功。

案例借鉴二

美国福特汽车公司的一次惨痛失败与巨大成功

福特汽车公司是美国第二大汽车公司，也是世界著名的汽车公司，在2010年全球500家最大公司中排名第25位，年产值达1 289.5亿美元。该公司在营销方面具有悠久的历史和丰富的经验。该公司在其悠久的历史中曾出现过大的成功和大的失误各一次。其关键原因不是别的，而是公司对经济环境是否适应造成的。

20世纪50年代，美国市场上中档轿车所占比重上升，由过去的1/5上升到1/3，即市场上出现了流行中档轿车的潮流。福特公司于是根据市场调查的结果作出了研制“爱迪塞尔”牌中档轿车的决策。目标顾客定位为年轻的经理或白领职员，并预计投产后的第1年即可销出20万辆。但经3年的研制于1957年投放市场时，市场已发生了颇大的变化，由于股市疲软，美国汽车市场已开始衰退，中档车的市场销量不但没有继续增加，反而下降。相反，经济实用的微型轿车开始走俏，而且就在“爱迪塞尔”投放市场的那一年，微型轿车在美国市场上的销量翻了一番。因此，福特公司的新车型“爱迪塞尔”一败涂地，投放市场4年的销售总量仅仅达到预计第1年销量的一半。福特公司在总损失两亿美元的困境下，不得不停止生产该车型。究其失败原因，不在于当时的市场调查有误，而是该车型投放市场时，福特公司没有正视市场已发生了重大变化、前几年得出的市场调查结论已不能适应新的市场变化这一事实。

在福特公司停产“爱迪塞尔”车型后4年，福特公司又推出了新型跑车“野马”，并在市场上大获成功。当初预计投放市场第1年能销出7.5万辆，但实际情况是该车型在市场上大受欢迎，供不应求。为此，福特公司在1年中3次紧急扩充生产线，在投放市场的第1年一口气就销出去了40万辆。此后两年中福特公司从该车型的生产中共赚取了11亿美元的利润，成为美国汽车工业史上最成功的新车型之一。福特公司推出该车型大获成功的关键原因就在于，他们通过营销调研，了解到美国经济在上升，消费者的生活水平有了较大提高，景气的经济大环境刺激消费者对新型车产生了大的需求，另外当时的青年人追求标新立异，突出自我个人色彩，而不是追求经济实用，“野马”的造型和特征刚好满足了当时青年人的这些需求，因此大获成功。

第 4 章

国际市场分析

简单地说，国际市场就是全世界各个国家和地区市场的总和，更确切地说是全世界各个国家和地区在国际分工的前提下，按照一定规则从事商品、劳务、技术、信息和金融等国际经济活动的总和。它是社会生产力和国际分工发展的必然结果，也是推动全球生产力的发展和社会进步的积极因素。

国际企业进行的国际营销活动就是在国际市场这个大海洋中进行的，因此必须了解和掌握国际市场的一些必要知识。

4.1 国际市场分类及其特点

4.1.1 国际市场分类

国际市场从地理上讲包括全世界各个国家和地区的市场；从内容上讲包括各种有形商品市场和无形商品市场，内容丰富而繁杂。世界各国的自然条件不同，经济发展水平不同，经济规模不同，因此国际市场内部不是整齐划一的，而是极为复杂的。为了研究方便，需要对巨大而复杂的国际市场进行分类。

通常从下述几个角度进行分类：

1. 按经济发展水平分类

一般将世界各国市场分为发达国家市场和发展中国家市场。

发达国家市场包括北美、西欧、北欧、中欧的国家以及日本与澳大利亚。这些国家经济发达，生产力水平高，人均收入远远超过世界上其他国家。因此，这些国家的市场容量极大，在国际市场中处于中心地位。

发达国家市场之外的所有国家属于发展中国家市场，包括亚、非、拉三大洲的大部分国家。这些国家生产力水平较低，有的甚至很低，还处于自给自足的自然经济。因此，这些国家的市场容量相对较低，在国际市场中常扮演资源输出国和消费品输入国的角色。

2. 按地理分布分类

一般将世界各国市场分为北美市场、西欧市场、东欧市场、东亚市场、东南亚市场、南亚市场、中东市场、大洋洲市场、拉丁美洲市场和非洲市场。一般来说，这些市场内部生产力水平和购买力水平较接近。

3. 按交易对象分类

一般将世界各国市场分为国际物资市场或有形商品市场和国际无形商品市场，后者如劳务市场、技术市场、信息市场、金融市场等。

国际物资市场或有形商品市场是国际市场的主体。

4. 按交易方式分类

一般将世界各国市场分为国际现货市场和国际期货市场。前者指在订约的同时进行现货交割的市场，它在国际市场中占主导地位；后者指现时订约将来进行货物交割的市场。

5. 按业务形式分类

一般将世界各国市场分为固定场所的国际市场和非固定场所的国际市场。前者如国际商品交易所、国际证券交易所、国际商品展销会等；后者指绝大多数国际有形商品市场和国际无形商品市场，这些商品的交易都不是在固定场所进行，而是在双方商定的某一场所进行。

4.1.2 国际市场特点

1. 国际消费品市场的特点

(1) 国际消费品市场庞大，门类多，产品繁杂，从体大量重的小轿车、摩托车到体积小的纽扣都是国际消费品，因而由这些消费品形成的国际市场数量多而且差异大。其中最主要的国际消费品市场为食品、纺织品、一般日用品、家用电器、个人用交通工具等。

(2) 世界消费品的生产总量和消费水平一直呈上升趋势，但消费品生产在整个工业生产中所占比重则呈下降趋势。

(3) 世界各国市场上消费品的质与量与该国的经济实力水平和科技水平密切相关，一般成正相关关系。

(4) 世界消费品市场主要被发达国家的企业所占领，特别是资本密集型产品市场和技术密集型产品市场，发达国家企业在这些国际市场上占的比重很大，发展中国家企业供应国际消费品市场的产品多为劳动密集型产品、中低档的传统产品和土特产品。

(5) 由于世界上各国之间经济发展的不平衡，国家与国家之间国民收入水平的差距在加大，因此，世界上不同国家消费品市场的差异也在加大。

(6) 由于世界科技水平的高速发展、消费者生活水平的不断提高和消费者生活节奏的加快，今后世界消费品将向科技含量高、功能多样化、使用方便化的方向发展，比如，儿童玩具已开始计算机化，音响器材已推出了集收音、录音、电唱、卡拉 OK 于一体的组合音响，洗衣机已实现全自动化等。

2. 国际生产资料市场的特点

国际生产资料市场也称国际工业品市场，其特点如下：

(1) 初级工业品市场主要集中于非洲、东南亚、中东和南美，而技术密集型工业品市场主要集中于西欧、北美和东亚地区。

(2) 发展中国家是初级工业品的主要供应者，而发达国家则是购买者；反之，发达国家是技术密集型工业品的供应者，而购买者则是全世界各个国家。

(3) 国际市场对原材料初级产品的需求增长率在日益下降，这些原料型初级产品的相对价格也在下跌。

4.2　有形商品国际市场分析

当代国际市场中的有形商品市场主要包括下述几个市场：

1. 国际纺织品市场

国际纺织品市场是国际市场中的传统市场，有着悠久的历史。它包括天然纤维国际市场、人造纤维国际市场、纱线国际市场、布匹国际市场、服装国际市场和其他纤维制成品国际市场，如地毯国际市场等。

世界纺织品贸易一直处于增长状态中，以 20 世纪 80 年代增长幅度最大，至 2006 年贸易额已达 5 000 亿美元左右，约为 20 世纪 80 年代初的 4 倍。

20 世纪 50 年代和 60 年代，英、美、日等发达国家是纺织品出口大国，而发展中国家则多数属于纺织品进口国，以进口中低档纺织品为主。由于纺织品属于劳动密集型产品，是发达国家产业调整的对象，因此从 20 世纪 70 年代开始发达国家由纺织品出口国转化成为进口国，而且进口数量愈来愈多，其进口量从 20 世纪 70 年代至今大体占世界纺织品进口总量的 3/4，是纺织品贸易逆差国家，而且是构成发达国家贸易逆差的主要商品；与此相反，从 20 世纪 70 年代起发展中国家由纺织品进口国转化成为纺织品出口国，纺织品出口数量愈来愈多，成为发展中国家出口贸易的重要商品。在有的发展中国家，纺织品甚至是出口创汇和贸易顺差的重要拳头商品，国务院发改委公布的数据显示，2006 年中国纺织品和服装出口创汇达 1 175 亿美元，占当年全世界纺织品和服装贸易额的 24% 左右。

由于纺织品进口是某些发达国家贸易逆差的重要原因，因此，从 20 世纪 70 年代开始，世界纺织品贸易中的保护主义加强。发达国家对进口的纺织品设置了数量限额，但对进口金额没有进行限制。因此，当前世界纺织品贸易中，高中档产品比重逐渐上升，而低档纺织品比重下降。目前的形势是发达国家是高中档纺织品的出口国，而发展中国家是中低档纺织品的出口国。

2. 国际机械产品市场

机械产品包括动力机械、农业机械、运输机械、通用机械、工业专用机械等。国际机械产品市场是世界市场中的大市场。1988 年世界机械产品贸易额为 10 176 亿美元，占当年世界贸易总额的 35. 4% 。在世界机械产品市场上发达国家占有举足轻重的地位。美国、德国、日本是世界 3 大机械产品出口国，特别是高技术含量机械产品的出口国或垄断国，而发展中国家则是低技术含量的低档机械产品的出口国。当前机械产品的主要需求国分布在北美、东南亚和中东地区。在世界机械产品贸易结构中，成套机械设备的贸易额最大，其次是高技术含量的机械产品。

3. 国际电子产品市场

电子产业是当今世界上的高技术产业，它对整个社会生产力和国民经济有着巨大的推动作用，世界各国都十分重视该产业，在可以预见的将来，电子产业很可能成为发达国家的第一大产业。目前全世界电子产品的贸易总额约在 1 000 亿美元左右。

世界上电子产业已进入较高发展阶段。此阶段新产品的开发费用很高，如为了研制新的电子产品，2001 年美国英特尔公司计划投入 40 亿美元。因此，多数国家或企业都无力进行独立的全面开发，而只能开发某一个领域或某几个领域的电子产品，所以世界各国的电子产品各有特色和优势，也就是说，世界各国电子产业的发展不是一致的，而是不平衡的。因此，世界各国需要通过国际贸易来填补自己国家在电子产业方面的某些空白或不足，这就是电子产品国际市场今后仍将继续大发展的根本原因。

目前在国际电子产品市场上，发达国家的电子产品占主导地位，不论在数量上还是质量上都处于领先地位，甚至是绝对领先地位。

4. 国际农产品市场

农产品是人们吃、穿、用的主要物资，也是轻工业如纺织、食品、化工等行业的基本原料。农产品又分谷物、畜产品和水产品、林产品 3 大类。

近几十年国际农产品贸易额一直在增长。据联合国粮农组织的统计，1991 年贸易额已达 4 621 亿美元，是 1970 年的 8. 5 倍。

由于自然条件、各国农业政策等的影响，国际农产品市场供求情况十分不稳定，经常有较大的波动。

发达国家普遍对农产品实行高额补贴政策和贸易保护主义。如美国政府 1987 年对国内农产品的补贴总额高达 260 亿美元，约占美国农业产值的 28. 1%；欧共体对农产品的补贴在 20 世纪 80 年代平均每年高达 300 多亿美元，约占欧共体农业产值的 40. 1%；由于贸易保护主义，日本国内市场上大米的价格为国际市场平均价格的 7 倍。由于发达国家的贸易保护主义，国际农产品市场的价格严重扭曲，而且整体价格呈现下跌趋势，阻碍了国际农产品贸易的发展。据联合国粮农组织统计资料显示，1991 年发展中国家农产品实际出口价仅为 10 年前的 64%，发达国家为 81%。

北美洲、亚洲、拉丁美洲、大洋洲历来是农产品出口地区，其中美国和加拿大是农产品出口量最多的国家。西欧和非洲是农产品进口地区，尤以西欧为最。据联合国粮农组织统计，1988 年欧共体国家共进口农产品 1 360 亿美元，占世界农产品进口额的 43%。

5. 国际期货市场

由于国际市场上农产品和矿产品价格变动的频率和幅度比工业制成品剧烈得多，因此这些产品的持有者和需求者因价格变动所面临的风险也很大，为了转移这种价格变动风险，期货市场应运而生。当今国际期货市场上的商品主要为农产品、矿产品、金属、橡胶及外汇、债券等。

当今世界上比较著名的国际期货市场为美国芝加哥交易所，其主要交易商品为谷物及其产品、金属、林产品、石油产品和金融债券。除此之外还有下列一些比较著名的国际期货市场：利物浦小麦期货市场、伦敦金属交易所、鹿特丹商品交易所、阿姆斯特丹商品交易所、维也纳商品交易所、米兰商品交易所、澳大利亚悉尼羊毛交易所和巴西棉花交易所等。

4.3　无形商品国际市场分析

4.3.1　国际技术市场

国际技术市场的内容包括技术成果转让、技术咨询、技术服务、技术承包、技术培训、技术入股、技术开发等。国际技术市场是第二次世界大战后发展最快的国际市场之一。据联合国有关机构的统计，1965 年全世界技术贸易额为 25 亿美元，1975 年达到 110 亿美元，1985 年达到 500 亿美元。1995 年达到 2 600 亿美元，2000 年则达到 5 000 亿美元。国际技术贸易主要集中在发达国家，如美国、欧洲和日本等。这些国家也是技术输出的主要国家，而发展中国家则是技术输入国。从行业来看，国际技术市场主要集中在技术密集型行业中，如电子、化工、机械、电器、医药、食品等。

1. 国际技术市场的发展趋势

当今世界上国际技术市场的发展趋势有如下几个特点：

(1) 增长速度加快

由于科学技术的强力推动和经济全球化的持续拉动，国际技术市场近几十年发展十分迅速，平均每 5 年翻一番，是任何其他有形商品市场追赶不上的。当今世界上，高新技术水平已成为衡量一个国家实力和国际地位的重要标准，因此，包括发展中国家在内的世界各国都在努力发展高新技术，其中尤以工业发达国家为最。美国为此在 20 世纪 80 年代提出了“星球大战计划”，以带动高新技术的发展；日本在 1986 年提出了“科学技术大纲”，以加快发展高新技术；西欧国家则在 1985 年提出了“尤里卡计划”。

(2) 各国政府加强了对技术转移的干预

如上所述，当今世界高新技术已成为衡量一个国家实力大小的标准之一，因此各国政府为了保持本国高新技术的领先地位和国家利益，对本国高新技术的国际转移实行保护主义，严格控制本国先进技术外流，所以当今国际技术市场上见不到最先进、最尖端的技术。

(3) 世界技术贸易由过去的单向贸易向双向贸易发展

即发达国家和发展中国家在技术市场上互通有无，各国通过对等贸易来取得自己缺少的技术。

(4) 国际技术市场由以硬件为主向以软件为主转移。如由先进技术产品贸易向技术专利贸易转移。

2. 国际技术市场的特点

当今世界上国际技术市场的特点如下：

(1) 国际技术市场具有高度垄断性

与国际有形商品市场已是买方市场相反，国际技术市场至今仍是卖方市场。大量的先进技术被工业发达国家所垄断。

(2) 国际技术市场主要由跨国公司所控制

目前它们所控制的交易额占国际技术市场总交易额的 75% 。

(3) 发展不平衡

一般来说，物质生产技术是由西方国家流向东方国家，而技术人才则是由东方国家流向西方国家。

4.3.2 国际服务市场

国际服务市场又称国际劳务市场，其内容包括工程设计、工程施工、工程安装、测量、翻译、检验、运输、通信、教育、医疗、管理、会计服务、参加工农业生产劳动等，其中以参加工农业生产劳动为主。20 世纪 90 年代，国际劳务市场上参加工农业生产劳动的人数约为 2 000 万人，其中进入西欧地区的外籍劳动力约为 500～600 万人，进入北美地区的外籍劳动力约为 600 万人，进入中东地区的外籍劳动力约为 400 万人，进入南美地区的外籍劳动力约为 200～300 万人，进入非洲地区的外籍技术人员约为 100 万人。按国家分，输入劳动力的国家主要为美国、英国、德国、法国、荷兰、日本，约占世界劳动力进口额的 1/2 以上。输出体力型劳务的国家绝大多数为发展中国家，输出智力型劳务的国家绝大多数为发达国家。

由于工业发达国家的工业结构由劳动密集型向技术密集型和资本密集型发展和调整，当地劳动力转向上述类型的产业工作，因此发达国家的体力型劳动力非常缺乏，需要大量外籍劳动力满足需要，所以，今后国际劳务市场将愈来愈大。劳务全球化已成为世界经济的一种趋势，总的来看这种趋势有利于世界经济的发展。

4.3.3 国际金融市场

广义的国际金融市场包括黄金、证券、外汇的买卖和长、中、短期资金借贷；狭义的国际金融市场仅指资金的借贷。

国际金融市场全球一体化是世界经济的发展趋势之一，它是由世界经济一体化这一大趋势所促成的。

当今世界上主要的国际金融市场及其组成如下：

纽约国际金融市场：是当今世界上最大的国际金融市场。该市场由外汇市场、货币市场、资本市场组成。

伦敦国际金融市场：由货币市场、外汇市场、资本市场、黄金市场组成，是具有 300 年历史、仅次于纽约国际金融市场的世界第二大国际金融市场。该市场每天外汇成交额达 3 亿多英镑，每天股票成交额达 8 亿英镑。

苏黎世国际金融市场：是以服务优良而闻名世界的国际金融市场。该市场以黄金交易为主。

法兰克福国际金融市场：该市场由证券市场、外汇市场、黄金市场组成，以结算效率高而闻名世界。

巴黎国际金融市场：该市场也是世界主要金融市场之一，由货币市场、资本市场、外汇市场、黄金市场组成。

东京国际金融市场：是亚洲最大的国际金融市场，也是世界 3 大金融中心之一，该市场中以股票市场最大，为世界第二大股票市场。

新加坡国际金融市场：该市场由资本市场、外汇市场、黄金市场 3 大市场组成，是 20 世纪 70 年代迅速发展起来的国际金融市场。

香港国际金融市场：该市场是第二次世界大战后发展起来的，也是世界主要国际金融市场之一，由资本市场、外汇市场、黄金市场组成。

4.4　地域国际市场分析

4.4.1　世界各国市场的初步分析

由前面的论述可知，一个国家的市场是由人口和购买力两大因素形成的，另外，该两大因素又包括很多小因素，为了更好更简便地分析评价世界各国的市场，现将世界人口大国的基本数据汇集在表 4－1 中，利用该表可对全世界人口大国的市场进行初步分析评价。

表 4－1　　2007 年世界人口大国市场基本数据一览表

	人口方面					购买力方面						
	人口（百万）	增长率（%）	预期平均寿命（岁）	人口密度（人/km^2）	成人识字率（%）	GNI（亿美元）	人均 GNI（美元）	GDP 平均年增长率（%）	工业服务业占 GDP 比率（%）	出口中制成品比率（%）	对外贸易差额占 GDP（%）	外债占 GNI 比率（%）
	A	B	C	D	E	F	G	H	I	J	K	L
欧洲												
英国	61	0.5	79	252	—	26 085	42 740	2.6	99	77	－4	—
荷兰	16	0.4	80	484	—	7 505	45 800	1.6	98	66	8	—
比利时	11	0.5	80	352	—	4 325	40 710	1.9	99	77	3	—
法国	62	0.7	81	112	—	24 471	38 500	1.7	98	79	－1	—
波兰	38	－0.1	76	124	—	3 476	9 840	4.1	96	79	－1	41
捷克	10	0.1	77	134	—	1 494	14 450	4.5	97	89	3	—
匈牙利	10	－0.2	73	112	—	1 163	11 570	4.0	95	84	2	100
德国	82	0.0	79	236	—	31 970	38 860	1.1	99	83	5	—
罗马尼亚	22	0.6	72	94	97	1 325	6 150	6.1	91	79	－13	58
希腊	11	0.4	80	87	96	3 312	29 630	3.6	97	52	－8	—
意大利	59	0.6	81	202	98	11 913	33 540	0.8	98	85	－1	—
西班牙	45	1.6	81	90	—	13 218	29 450	3.4	97	76	－6	—
葡萄牙	11	0.5	79	116	94	2 011	18 950	0.8	97	74	－8	—
白俄罗斯	10	－0.4	69	47	—	409	4 220	8.3	91	50	－9	17
乌克兰	46	－0.8	68	80	99	1 184	2 550	7.6	93	73	－4	58
俄罗斯	142	－0.5	66	9	99	10 710	7 560	6.6	96	17	8	34

续表

	人口方面					购买力方面						
	人口（百万）	增长率（%）	预期平均寿命（岁）	人口密度（人/km^2）	成人识字率（%）	GNI（亿美元）	人均GNI（美元）	GDP平均年增长率（%）	工业服务业占GDP比率（%）	出口中制成品比率（%）	对外贸易差额占GDP（%）	外债占GNI比率（%）
	A	B	C	D	E	F	G	H	I	J	K	L
亚洲												
日本	128	0.1	82	351	—	48 133	37 670	1.7	99	91	1	—
韩国	49	0.5	79	492	—	9 558	19 690	4.7	97	89	1	—
中国	1 312	0.6	72	142	—	31 209	2 360	10.2	88	92	8	14
越南	85	1.3	71	275	—	672	790	7.8	80	50	-8	33
柬埔寨	14	1.8	59	82	74	79	540	9.8	70	97	-7	48
泰国	64	0.7	71	125	93	2 174	3 400	5.4	89	76	4	30
马来西亚	27	1.9	74	81	89	1 737	6 540	5.1	92	74	14	39
印度尼西亚	226	1.3	68	125	90	3 731	1 650	5.1	86	45	4	25
菲律宾	88	2.0	72	295	93	1 426	1 620	5.1	86	87	-5	57
斯里兰卡	20	0.4	75	309	91	308	1 540	5.3	88	70	-10	40
巴基斯坦	162	2.3	65	211	50	1 410	870	5.8	81	81	-8	26
印度	1 123	1.4	65	378	61	10 694	950	7.8	82	70	-3	15
孟加拉	159	1.8	64	1 218	47	751	470	5.8	82	92	-7	22
尼泊尔	28	2.0	64	147	49	97	340	3.2	65	—	-16	27
伊朗	71	1.5	71	44	82	2 465	3 470	5.9	91	10	3	10
土耳其	74	1.3	72	96	87	5 929	8 020	5.9	91	42	-5	61
叙利亚	20	2.7	74	108	81	350	1 760	4.5	80	32	2	23
沙特阿拉伯	24	2.3	73	12	83	3 735	15 440	4.1	97	8	27	—
也门	22	3.0	63	42	54	194	870	4.0	—	—	1	25
乌兹别克	27	1.2	68	63	—	197	730	6.2	76	—	10	26
哈萨克斯坦	15	0.6	67	6	—	783	5 060	10.0	93	13	9	132
美洲												
加拿大	33	1.0	81	4	—	13 000	39 420	2.7		56	4	—
美国	302	0.9	78	33	—	138 865	46 040	2.7	99	79	-6	—
墨西哥	105	1.0	75	54	92	8 780	8 340	2.6	96	76	-2	21
危地马拉	13	2.5	70	123	69	326	2 440	2.8	87	35	-16	18

续表

	人口方面					购买力方面						
	人口（百万）	增长率（%）	预期平均寿命（岁）	人口密度（人/km^2）	成人识字率（%）	GNI（亿美元）	人均GNI（美元）	GDP平均年增长率（%）	工业服务业占GDP比率（%）	出口中制成品比率（%）	对外贸易差额占GDP（%）	外债占GNI比率（%）
	A	B	C	D	E	F	G	H	I	J	K	L
海地	10	1.6	61	349	—	54	560	0.2	—	—	-29	22
多米尼加	10	1.6	72	202	57	346	3 550	4.8	88	—	-6	35
委内瑞拉	27	1.7	75	31	93	2 012	7 320	4.7	—	17	5	34
哥伦比亚	46	1.4	73	42	98	1 499	3 250	4.5	89	37	-1	32
厄瓜多尔	13	1.2	75	48	91	412	3 080	5.0	93	10	-1	52
秘鲁	28	1.2	72	22	88	962	3 450	5.4	94	14	8	42
玻利维亚	10	1.9	65	9	87	120	1 260	3.6	86	7	5	20
智利	17	1.1	78	22	96	1 386	8 350	4.5	96	14	11	42
阿根廷	40	1.0	75	14	97	2 389	6 050	4.7	92	32	6	68
巴西	102	1.4	73	23	89	11 330	5 910	3.3	95	51	2	26
非洲												
埃及	75	1.8	71	76	71	1 194	1 580	4.5	87	21	-8	28
苏丹	39	2.1	58	16	61	370	960	7.1	69	0	-6	77
突尼斯	10	1.0	74	66	74	328	3 200	4.8	89	75	0	66
阿尔及利亚	34	1.5	72	14	70	1 225	3 620	4.5	91	1	24	5
埃塞俄比亚	79	2.6	53	79	36	176	220	7.5	53	—	-19	8
马里	12	3.0	54	10	24	61	500	5.4	63	10	-10	15
肯尼亚	38	2.6	54	66	74	256	680	4.4	77	26	-10	26
坦桑尼亚	40	1.5	52	46	69	163	400	6.7	54	18	-6	16
乌干达	31	3.2	51	157	67	105	340	5.7	71	21	-19	6
卢旺达	10	2.5	46	395	65	31	320	5.8	64	—	-18	8
塞内加尔	12	2.6	63	64	39	102	820	5.5	85	44	-18	14
布基纳法索	15	3.1	52	54	24	64	430	5.8	66	8	-15	11
科特迪瓦	19	1.7	48	61	49	175	910	0.2	77	15	8	72
加纳	23	2.2	60	103	58	139	590	5.5	63	31	-23	21
尼日尔	14	3.5	57	11	29	40	280	3.9	—	15	-9	8
尼日利亚	148	2.4	47	162	69	1 371	930	6.7	67	—	9	9

续表

	人口方面					购买力方面						
	人口（百万）	增长率（%）	预期平均寿命（岁）	人口密度（人/km^2）	成人识字率（%）	GNI（亿美元）	人均GNI（美元）	GDP平均年增长率（%）	工业服务业占GDP比率（%）	出口中制成品比率（%）	对外贸易差额占GDP（%）	外债占GNI比率（%）
	A	B	C	D	E	F	G	H	I	J	K	L
乍得	11	3.4	51	9	26	58	540	12.2	76	—	15	23
喀麦隆	19	2.2	51	40	68	195	1 050	3.5	81	3	1	4
刚果（民主）	62	3.0	46	28	67	86	140	5.0	57	—	-9	119
赞比亚	12	1.9	42	16	—	95	800	-5.7	78	6	6	9
安哥拉	17	2.9	43	14	67	436	2 560	13.1	90	—	26	33
津巴布韦	13	0.8	43	35	89	45	340	-4.4	81	38	-16	110
马拉维	14	2.6	48	148	—	35	250	3.2	65	13	-11	6
莫桑比克	21	2.3	43	27	—	68	320	8.0	72	5	-8	12
南非	48	1.1	51	39	—	2 740	5 760	4.3	97	53	-4	15
马达加斯加	20	2.8	59	34	71	63	320	3.3	73	41	-19	13
大洋洲												
澳大利亚	21	1.3	81	3	—	7 558	35 960	3.3	97	23	-1	—

注：

1. 此表根据联合国下属机构世界银行（WB）于2008年发布的资料编制而成。
2. 人口大国指人口1000万以上的国家和地区。
3. 个别人口大国如朝鲜、缅甸等未与联合国合作故缺少这些国家的数据。
4. 人口增长率和GDP平均年增长率指2000—2007年的平均值。
5. 成人识字率指2005年的数据。
6. 外债现值占GNI的比率指2006年的数据。
7. 表中少数数据可能与联合国另一下属机构国际货币基金组织（IMF）公布的数据稍有出入，属正常现象。

从表4-1中可以看到美国的人口数量和GNI为全世界最大，可知该国为世界规模最大的消费品市场；工业和服务业产值占GDP的比率高达99%，可知该国是世界最大的生产资料产品市场；人均GNI很高属于高收入国家，因此，该国又是需要高档次消费品和生产资料产品的市场；该国人口增长率、人均GDP增长率居中，国民预期平均寿命高，外贸逆差占GDP的比率颇小。因此，总的评价为该国市场是世界上需要高档次消费品和生产资料产品并且正在平稳发展扩大的最大市场，也就是说该国市场对国际企业来说是一个十分有利的市场。又如，从表4-1中可以看到非洲的埃塞俄比亚是人口达 7 900 万、人口增长率高达 2.6%，人均 GNI 只有 220 美元，属于低收入国家，贫困人口占到总人口一半以上，工业和服务业产值占 GDP 的比例仅为 53%，这说明该国是一个农业国，需要的消费品和生产资料产品的档次都低；另外，该国外贸逆差占 GDP 的比率高达 -19%，外债占 GNI 的比率高达 8%，因此，可以判断该国经济正处于某种困难或危机之中，而且时日已久。因此，总的评价为该国是经济落后并正处于某种困难或危机之中、需要低档次消费品和生产资料产品的一个很小的市场，国际企业在是否进入该国市场之前应充分进行可行性研究。

4.4.2　世界各国市场的进一步分析

大量的事实说明某个国家的市场虽然有一定的规模和优势，但后来可能走下坡路，市场规模愈来愈萎缩；相反，某个国家的市场虽然规模有限，甚至还有某些劣势，但后来可能会愈来愈好，规模愈来愈大，为此，在利用表 4－1 对世界各国的市场进行初步分析评价后，还有必要对世界各国的市场前景作进一步的分析评价，只有这样才能既看到世界各国眼前的现实市场，又能看到世界各国今后的市场前景。

世界各国市场前景主要由世界各国的经济前景所决定，而经济前景主要由该国的经济活力所决定。为此，学者们经过长期的研究探索后提出了“全球竞争力总指数”这一标准以便对各国经济前景或经济活力进行评定。该指数实际由“基本环境指数”、“效率促进指数”和“创新因素指数”综合而成。其中“基本环境指数”包括经济体制、经济基础设施、宏观经济、国民健康和基础教育等方面；“效率促进指数”包括高等教育、职业培训、市场效率和技术水平等方面；“创新因素指数”包括商务环境、创新机制、创新能力等方面。

总部设在瑞士日内瓦并拥有一千余家全球顶尖企业作为会员的“世界经济论坛”，每年定期在瑞士达沃斯举行大型年会，参加年会的除会员外还有世界各国的政界和企业界的领袖人物、未来的全球领袖人物、各种重要新技术的全球先驱等，共同对世界经济存在的问题以及如何促进国际经济合作进行讨论与展望，因此，该论坛又被人们称作“非官方的国际经济最高会议”。如 2005 年年会，全球共有来自 96 个国家的 2 250 名领袖人物参加了会议，其中包括 25 位国家元首、72 位政府部长，会议由著名的美国微软公司董事长比尔·盖茨担任主席。中国对该论坛也十分重视，自 1979 年以来中国先后有 5 位国务院总理或副总理参加了会议，并发表了有关中国经济的演讲。

2006 年“世界经济论坛”年会首次运用“全球竞争力总指数”对世界各国的经济前景或经济活力进行了评定。以后每次年会都要进行一次新的评定，表 4－2 就是根据该论坛 2010—2011 年年会所评定的结果而制成的最新竞争力指数表。当然，任何一家国际企业可以自已制定标准，并据此去分析评价世界各国的经济前景或市场前景，但由于“世界经济论坛”的权威性，该论坛评定的竞争力结果也十分权威，而且十分符合或接近事实。例如从表 4－1 中可以看出，美国市场是全世界规模最大的市场，而且所需消费品和生产资料的种类既齐全档次也高，同时从表 4－2 中可看到，2010—2011 年美国的“全球竞争力总指数”居全球第 4 位，因此，可以进一步肯定美国市场是前景最好的世界最大市场。为此几十年以来，包括中国在内的几乎所有国家和地区，都在尽最大努力以求最大限度地打入美国市场，在这方面日本、“亚洲四小龙”和中国做得尤为突出。这一事实证明了利用上述两个表对美国市场进行初步分析评价和进一步分析评价的实用性和正确性，也说明利用这两个表对美国市场进行的初步分析评价和进一步分析评价的结果与前面所述美国经济是世界经济的“火车头”以及美国经济是最成功的经济的论断是一致的。又如从表4-1中可看到，匈牙利、埃及两个国家的国民总收入GNI相差无几，即两个国家的市场规模几乎一样大，但从表4-2中可知匈牙利的全球竞争力总指数列全球第52位，前景较好，埃及列第81位，较落后。实际上两个国家的市场表现与上述竞争力评定结果完全吻合。以上例证说明利用表4-1对世界各国市场进行初步分析评价后，再利用表4-2对世界各国市场前景作进一步分析评价既方便实用，结果也正确。

表4-2　2010—2011年度世界各国和地区全球大竞争力总指数

位次	国家或地区	总指数	位次	国家或地区	总指数
1	瑞士	5.63	23	新西兰	4.92
2	瑞典	5.56	24	以色列	4.91
3	新加坡	5.48	25	阿联酋	4.89
4	美国	5.43	26	马来西亚	4.88
5	德国	5.39	27	中国	4.84
6	日本	5.37	28	文莱	4.75
7	芬兰	5.37	29	爱尔兰	4.74
8	荷兰	5.33	30	智利	4.69
9	丹麦	5.32	31	冰岛	4.68
10	加拿大	5.30	32	突尼斯	4.65
11	中国香港	5.27	33	爱沙尼亚	4.61
12	英国	5.25	34	阿曼	4.61
13	中国台湾	5.21	35	科威特	4.59
14	挪威	5.14	36	捷克	4.57
15	法国	5.13	37	巴林	4.54
16	澳大利亚	5.11	38	泰国	4.51
17	卡塔尔	5.10	39	波兰	4.51
18	奥地利	5.09	40	塞浦路斯	4.50
19	比利时	5.07	41	波多黎哥	4.49
20	卢森堡	5.05	42	西班牙	4.49
21	沙特阿拉伯	4.95	43	巴巴多斯	4.45
22	韩国	4.93	44	印度尼西亚	4.43

续表

位次	国家或地区	总指数	位次	国家或地区	总指数
45	斯洛文尼亚	4.42	57	阿塞拜疆	4.29
46	葡萄牙	4.38	58	巴西	4.28
47	立陶宛	4.38	59	越南	4.27
48	意大利	4.37	61	土耳其	4.25
51	印度	4.33	63	俄罗斯	4.24
52	匈牙利	4.33	66	墨西哥	4.19
53	巴拿马	4.33	67	罗马尼亚	4.16
54	南非	4.32	68	伊朗	4.14
55	毛里求斯	4.32	81	埃及	4.00
56	哥斯达黎加	4.31	83	希腊	3.99

注：资料来源于“世界经济论坛”2010—2011 年年会公布的数据。

有必要说明的是，“世界经济论坛”制定的世界各国和地区“全球竞争力总指数”虽然十分权威，但该指数仅是对每一个国家和地区本身经济前景或经济活力的评定，并未考虑该其外部大环境，特别是突发重大因素对其经济的影响，如战争、动乱、世界经济衰退、世界金融危机、大地震、洪水、飓风、持久干旱、邻国发生动乱大批难民拥入等等，事实上以上这些重大突发因素是很难预测的，无法将其考虑在“全球竞争力总指数”中，因此，该指数虽然很权威但不能认为绝对正确。

4.4.3　世界各地域国际市场分析

如前所述，随着一世界经济一体化这一大趋势的进展和贸易保护主义的抬头，世界上目前共出现了 140 多个区域经济一体化组织，并形成了相应的区域市场，这是当代重要的国际市场。有的地域中的国家虽然没有签定协议组成经济组织，但由于历史原因，某几个或某一些地理上比较邻近的国家在经济上的联系比较密切，也可将这一地域看作是事实上的国际地域市场，如东北亚的日本、韩国、中国就是一个较典型的地域国际市场。

以下是对主要地域国际市场的进一步分析：

1. 西欧市场

西欧地区是资本主义的诞生地，资本主义世界绝大部分的工业、经济、科技力量都集中在该地区。西欧市场的核心是欧洲联盟中的十余个西欧国家。这些国家从 1993 年起取消了边境检查，将这些国家的市场联成一体形成统一的大市场。在该统一大市场内，各国的资金、劳力、货物、技术可自由流动。

西欧地区的大多数国家皆为工业高度发达的国家，其中最具经济实力的为德国、法国、英国、意大利，其他是经济实力较小的小国，但这些小国的某些经济部门在世界上占有重要的地位。由于西欧经济高度发达，因此出口贸易在西欧国家中占有重要地位，在国民生产总值中占有很大的比重，而且比美国、日本的比重都高。西欧国家对外贸易总额已占到世界贸易总额的43.3%，可见对外贸易对西欧国家的重要性。总的来说，西欧市场是一个容量很大、消费水平很高、购买力很强的消费品市场和工业品市场。其特点如下：

① 市场上商品种类多，款式新，变化快，质量高，而且市场竞争十分激烈。目前消费结构特点是吃、穿、用的消费支出虽然绝对值在上升，但在消费总支出中的比重在不断下降。消费比重逐渐向改善居住条件、卫生保健、追求精神生活享受方面倾斜，如旅游、度假、艺术欣赏等。这是由于第二次世界大战后，特别是20世纪60年代末70年代初，西欧经济高速发展后使居民的购买力有了大幅度提高，居民生活达到了很高的水平，轿车和家用电器已普及化，因此，居民将购买力转向改善居住条件、保健卫生和精神享受方面。

② 西欧消费者的消费特点是永远不满足于现有的商品，始终在追求新颖的商品。其消费趋向是食品方便化、营养化，服饰个性化、时髦化，家庭陈设艺术化，家用电器电子化，节日用品日用化。

③ 各国政府对商品的监督管理严格。多数国家对各种商品的质量、包装等都有严格的规定，不符合规定的商品不准在市场上销售。

④ 大百货公司、超级市场、专业商店、邮购商店是零售业的主要渠道。

2. 美国市场

美国市场是世界上规模最大的国内市场。其人口虽然仅占全世界人口的1/22，但购买力却是全世界购买力的1/4。这是由于美国市场不但人口众多（2006年人口已达3亿人），而且居民富裕，收入高，人均国内生产总值2009年时已达45 934美元，名列世界前茅；居民没有储蓄的习惯而有高消费的习惯，甚至有贷款提前消费的习惯，因而形成了巨大的消费品市场；美国的工业体系和政府体系庞大，需要大量的原材料用于生产，也需要大量的机器设备用于企业和政府的设备更新，因而形成了巨大的生产资料市场。两个巨大的市场最终组成了全世界最大的国内市场。其特点如下：

① 美国消费者最突出的消费习惯是喜新厌旧。这是由美国人个性较强、独立意识强、喜欢时髦和新奇的性格特点所决定的。

② 美国消费者对消费品的要求是科技含量高、质量好，而不太在意价格的高低。

③ 美国市场上产品的生命周期较短，因此，经常有大量的新产品进入市场，同时也有大量的“老”产品退出市场。

④ 在美国市场上，消费者主要通过广告宣传来了解和认识产品，因此，广告在美国市场特别重要。

3. 日本市场

日本是世界第三经济大国，人口达1.2亿，据国际货币基金组织公布的统计资料，日本人均国内生产总值2009年时已达39 740美元，在世界上的排名仅次于美国。因此，居民的消费水平颇高，消费品市场容量颇大。另外，日本的工业体系和政府体系也很庞大，这两大体系需要大量的原材料和机器设备，而日本又是一个资源十分贫乏的国家，因而，形成了巨大的生产资料进口市场。由于上述消费品市场和生产资料市场都颇大，因此，总的来说日本国内市场也十分巨大。其特点如下：

① 日本国内市场虽然巨大，但外国企业特别是欧美国家的企业却认为日本国内市场对外国企业的开放程度不大，这主要是由于日本实行隐蔽的非关税壁垒所造成的，这导致近些年来外国企业及其政府与日本企业及其政府间的贸易摩擦不断发生，有的年份甚至发展到政府间要打贸易战的局面。为此，近几年日本政府的国内市场对外开放政策有所松动，并在逐步开放本国的市场。

② 由于上述特点，日本市场上的进口商品主要是初级产品，即原材料，而生活消费品和生产资料很少进口。

③ 日本市场上的流通渠道十分复杂，层次多，是一种落后的分销渠道模式。批发商对零售商多是赊销，而且赊销期限有的长达半年之久。对此，外国企业进入日本市场后常会感到十分头痛和不适应。

④ 相对于其他国家的消费者，日本消费者对消费品的要求是十分挑剔的，另外，日本消费者还十分重视产品的售后服务。

⑤ 由于日本消费者的高收入、高购买力以及消费方式上全面模仿欧美国家，近些年来日本的消费者十分喜欢消费时髦产品和名牌产品，而且消费趋向个性化和多样化。很多年轻人信奉“有钱就花，有福就享”的哲学，因此，不惜借高利贷以购买大型豪华的耐用品。

⑥ 日本人有赠送礼品的习俗，因此礼品在日本有相当大的市场容量。

⑦ 日本市场的季节性较强，许多商品在销售季节畅销，过了销售季节则滞销。

⑧ 日本政府对进口商品有严格的规定，这些规定包括卫生安全规定，包装、标签规定等。

4. “亚洲四小龙”市场

闻名于世的“亚洲四小龙”指韩国、中国台湾、中国香港、新加坡，其总人口约有8 000万人，尽管它们在地理上彼此相距甚远，但都是高收入国家或地区，联合国在分类时将它们归入“先进经济体”这一大类中，而且进一步将它们归入“亚洲新兴工业经济体”分组中。即“亚洲四小龙”已进入发达国家和地区的行列，其中GDP和人均GDP以及全球竞争力总指数都名列世界前列（见表3-2、表3-3、表4-2），2010年其GDP之和为18 530亿美元，超过加拿大，而低于意大利，其跨国公司进入2010年全球500家最大公司行列的也不少（韩国14家、中国台湾8家、中国香港1家、新加坡1家），其对外贸易额也很大，中国台湾和中国香港早在20世纪80年代就先后进入了世界前十名之内，比中国大陆早了若干年，可见“亚洲四小龙”是重要的国际市场：韩国的重工业特别是造船业长期居世界第二位，其他如汽车制造业、电子工业、化工工业也名列世界前列；中国台湾的外汇储备从20世纪80年代起至今长期居世界第2位或第3位，中国台湾的电脑产业、半导体产业、汽车零部件产业、石油化工产业在世界上也占有一定的地位；中国香港和新加坡则是亚洲的区域金融中心和区域航运中心，其金融业和海运业相当发达，另外，中国香港的电子工业、服装产业，新加坡的石油化工产业在世界上也占有一席之地。

总之，“亚洲四小龙”是世界上原料和初级产品的重要进口市场，又是高新技术产品的重要出口地。

5. 中东地区市场

中东地区国家因盛产石油而成为十分富裕的国家，其中科威特、阿联酋、卡塔尔等国的人均国内生产总值颇高，已进入了世界高收入国家的行列。因此，由这一地区富国所形成的市场十分引人注目，其特点如下：

① 由于中东产油国实行了规模巨大的经济发展计划，因而形成了巨大的建筑业市场，同时也形成了巨大的劳务市场。

② 中东地区是一个限制较少的现汇市场。

③ 中东地区位于欧、亚、非三大洲的交汇地区，而且有许多良港，因此该地区是一个很大的转口市场。

④ 由于这一地区富国多，购买力强，因此很多外国企业都涌入这一地区，进行国际营销活动，竞争十分激烈。

6. 东南亚联盟市场

东南亚联盟的国家虽然都是发展中国家，但这些国家的经济发展速度大大超过世界平均发展速度，处于世界前列，有的国家如新加坡、马来西亚已被列为世界上的新兴工业国家，因而吸引了大量外国企业到这些国家投资，进行国际营销活动。这些国家形成的市场特点如下：

① 所有国家的市场对外都比较开放，因而吸引了大量外国企业到这些国家投资。

② 进口贸易额颇大，进口门类较多，其中以机器设备、运输设备、食品为主。

③ 东盟国家经济领域中华人的势力强大，华人控制着许多重要的产业部门，而且这些华人在经济上联系紧密。如在马来西亚的上市公司中，华人拥有的公司占61%，在印度尼西亚为73%，在泰国和新加坡则达到81%①。

7. 印度市场

印度经济长期落后，属低收入国家，人均GDP在世界上的排名也十分落后，但近些年以来印度开始了经济改革和对外开放，经济高速发展，经济水平和实力得到了全面提升，GDP增长率在人口过亿的大国中稍低于中国居世界第2位，经济发展强劲。因此，外国经济学家普遍看好印度经济，给予了很高的评价和预期，并形象地称印度为“金砖国家”之一。

印度这些年一直在大力发展高新技术产业，目前已成为世界第二大软件生产国，其软件人才被发达国家特别是美国大量引进，据统计美国硅谷高科技公司人才中，印度裔人才占相当大的比例。另外，印度还在投资建设信息高速公路，与此同时印度的传统经济的发展也呈强劲态势，跨国公司异军突起面向世界发展业务，其中尤以塔塔集团最为突出，该集团是一家集钢铁生产、汽车制造、移动通讯、旅馆服务等多种产业于一体的多样化经营巨型跨国公司，其钢产量居世界第6位，其研制生产的廉价小轿车畅销发展中国家，该集团目前在全世界45个国家开展国际营销活动，雇员达22万人，其中外国雇员达2万人，该集团在2008年年初以23亿美元收购了美国福特汽车公司设在欧洲的

① 奈斯比特. 亚洲大趋势［M］. 林荫庭，译. 台北：天下文化出版社，1996：11－12.

3家汽车制造厂，可见其实力之雄厚，该集团还是一家社会责任心很强的跨国公司，长期以来它将其利润的2/3捐献给了社会慈善事业，其良好的社会形象进一步促进了该集团的发展。

总之，人口居世界第2位的印度将成为一个颇有前途的世界级的大市场。

8. 非洲市场

非洲的经济虽然还十分落后，消费者的购买力很低，文化程度也低，但非洲有着十分丰富的资源，因此这些年来一直是一个十分巨大的资源出口市场，而且从长远角度考虑，非洲由于资源丰富和生产力落后，将来逐渐发展成为一个大市场的潜力和可能性还是存在的，而且随着2000年7月"非洲联盟"的正式成立，实现上述可能性的机遇正在增加，进程正在加快，这是因为仿效"欧洲联盟"成立的"非洲联盟"在若干年后的最终目标是统一货币并实现人员、货物的自由流动，并将成立统一的非洲中央银行、非洲法院和非洲联盟首脑会议等最高组织。

9. 拉丁美洲市场

拉丁美洲的人口虽然仅有3~4亿，但资源丰富，而且第二次世界大战后经济一直在高速发展，年增长率达5.5%左右，大大超过世界平均增长率。因此，从总体看，拉丁美洲经济发展速度和工业发展水平高于亚洲和非洲的大部分发展中国家，又称为"发展中的资本主义国家"。

拉丁美洲国家的进出口贸易主要同发达国家进行。拉丁美洲与美国在地理上很接近，因此，美国在拉丁美洲的对外贸易中占有突出的地位，约占拉丁美洲出口额的50%，而美国也把拉丁美洲看作是传统的进出口市场，美国从拉丁美洲进口原料等初级产品，而向其出口工业制成品。另外，欧洲是拉丁美洲对外贸易的传统地区，西欧各国历来也十分重视拉丁美洲市场。目前拉丁美洲的对外出口已有了可喜的变化，出口的原材料等初级产品在出口中的比重已下降到2/3左右，而工业制成品的出口比重已上升到1/3左右。

10. 俄罗斯市场

经互会市场原是由东欧所有社会主义国家组成并与欧洲经济共同体相抗衡的一个大市场，但在苏联解体和东欧社会主义国家发生剧变后，分解为独联体和东欧两个较大且松散的市场，其中俄罗斯和波兰等国在20世纪90年代采用激进的"休克疗法"，铲除了原计划经济体制，并建立了市场经济体制，经过一段经济衰退的痛苦过程后，现在经济已走出了低谷出现了生机，经济开始高速增长。

实际上，原经互会经济组织现在仍在继续分解重组中，其中拉脱维亚、爱沙尼亚、立陶宛、波兰、捷克、斯洛伐克、匈牙利、保加利亚、罗马尼亚9国已加入欧洲联盟成为其新成员，亦即短暂存在的东欧市场现已成为欧洲联盟市场的一部分。而独联体市场则缺乏生命力，其中市场规模颇小的哈萨克斯坦等中亚的几个小国正在蕴酿成立新的地区经济组织，现在只有俄罗斯一国由于其广阔的国土、一亿多人口、丰富的自然资源、雄厚的工业基础、发达的海陆空交通网以及高速增长的经济而受到世界各国的注意，并被世人称之为"金砖国家"之一。

俄罗斯在经济衰退的困难时期，中国的私营企业特别是个体企业在该国的消费品零售市场上十分活跃，但由于所销售的中国产品大多是假冒伪劣产品，因此中国产品在该国市场的形象十分不好，从而导致俄国政府颁布法令，从 2007 年 4 月起禁止中国人在该国从事商品零售活动，大约有十万中国人因此被迫回国，俄罗斯消费者现在转而喜爱欧美国家的产品。

由于俄罗斯从 21 世纪开始经济发展迅速，对生产资料产品和生活消费品的需求量都较大，特别是由于历史的原因，俄罗斯的重工业发达，轻工业落后，使生活消费品的需求量更大，所以俄罗斯现在已成为被世界各国的国际企业看好的一个潜在大市场。

4.4.4 国际产品市场分析

以上的市场分析或是从行业的视角，或是从国别的视角，或是从地域的视角，亦是一种宏观市场分析，这类市场分析对国际企业来说十分必要，即国际企业只有充分了解宏观市场，才有可能较好地进行国际营销活动。但这是远远不够的，还要对国际企业所生产经营的产品市场进行微观市场分析，最终才有可能把本企业产品的国际营销活动顺利地进行下去，并取得较好的成效。由于国际市场上的产品种类和品种多如牛毛不可计数，本教材不可能对国际市场上的每一种产品都一一进行微观市场分析，因此本教材只能将产品市场分析的一些基本分析内容和基本分析方法加以介绍。基本分析的内容大体上有下述几个方面：

1. 该产品在某国某地域微观市场的规模大小、供需平衡状态、市场潜力和前景如何？

2. 该产品在某国某地域的微观市场属垄断市场还是寡头市场，是政府严格控制的市场还是自由竞争市场？

3. 若是自由竞争市场，市场领导者是谁？后起之秀的市场挑战者是谁？各主要竞争对手的市场份额各是多少？

4. 若是自由竞争市场，各主要竞争对手的优势、劣势、潜力、前景如何？

5. 该产品在该微观市场生命周期多长？处在周期的哪个阶段？创新产品或替代产品的动态如何？前景如何？

6. 本企业的产品进入该微观市场的可能性多大？最终效益和前景如何？

上述仅是一些基本分析内容，至于更详细的分析内容和具体的分析方法将在第 7 章、第 8 章、第 9 章中加以详细论述。

思考题

1. 初步分析中国的消费品市场特点。

2. 初步分析中国的有形商品市场特点。

3. 初步分析世界各主要地域市场的优劣势。

4. 对某两个相同产品的国际市场作比较分析。

5. 从文化、政治、经济方面综合分析中国企业进入某邻国进行国际营销活动的利与弊。

案例借鉴

对蒙古国投资市场的分析

蒙古国长期以来既是一个游牧经济国家，又是一个实行计划经济的国家，因此，经济十分落后，国民收入低，人民生活水平低。但该国前些年放弃了计划经济开始实行市场经济，全国出现了全面待开发的大好局面，再加上中蒙两国关系的不断发展，蒙古国目前已成为中国企业进行国际投资的重要市场。至 2004 年已有 1 640 家中国企业在该国登记注册，总投资额达 4.6 亿美元，占该国吸引外资总额的 40%。总的看来，该国以下三大领域对中国企业特别有吸引力：

一是矿产资源开发领域。由于该国疆土辽阔，矿产资源多并且还未开发，而中国的矿产资源日益短缺，需要国外资源加以补充，因此，该领域是中国企业投资的重要领域。二是免税领域。为了扶持蒙古经济的发展，继美国对从蒙古进口的服装实行免税政策之后，欧洲联盟于 2005 年也作出了对从蒙古进口的 7 200 种产品实行免税政策的决定；蒙古为了实现全国计算机化的目标，对从国外进口的计算机及其零部件实行免税政策；另外，该国为使更多的游牧人民实现定居生活方式，正大力建设住房，对从国外进口的建筑材料实行免税政策。以上这些免税政策对于因同美国、欧洲联盟等国长期进行贸易战而头痛的中国出口企业来说，无疑是柳暗花明又一村的大好机遇。三是提高国民生活水平的领域，如纺织服装业、日用品制造业、建筑业、服务业等。

但就在该国的投资市场向中国企业展现出大好机遇和前景的同时，该市场也出现了一些不容忽视的问题：

1. 该国的民众和部分议员已开始出现某种恐慌，担心他们的矿产资源被中国企业垄断，因此，该国的各个社会阶层反对开发矿产资源，特别是反对外国人开发矿产资源的呼声日益高涨，以至于该国正在根据民众和议员的呼声酝酿对现有的《矿产资源法》和《外国投资法》这两部法律进行修改。

2. 占该国国民主体的游牧民众，对于他们牛羊赖以生存的草原因中国企业的投资是否能够保持生态平衡，以及他们十分宝贵的水资源能否不被污染表示十分担心，这种担心也引起了政府对环境问题的关注。

3. 当地政府和民众对没有从中国企业对当地的投资中获得实际好处而感到失望。

以上这些问题产生的根源不是来自该国的政府和民众，而是出自中国企业，原因如下：

首先，由于中国企业竞相到该国投资，特别是在矿产资源开发方面的投资已形成恶性竞争局面，因而使该国民众和议员产生了该国矿产资源被中国企业掠夺的看法，以至于该国酝酿修改《矿产资源法》和《外国投资法》两部现行法律，以遏制中国企业。

其次，投资矿产资源开发的中国企业多数是中小型企业，它们或者没有能力进行通路、通水、通电、通信等开发的前期工作，或者虽有此能力但不愿在这方面花大气力、冒大风险，而是热衷于对该国矿产资源进行倒买倒卖，认为以此谋利最省气力。所以，该国民众和议员就必然产生了一种看法，即中国企业购买该国宝贵矿产资源的目的是为自身牟利，而不是真正开发。

再者，中国的投资企业多是中小型企业，这些企业本来环保意识就不强，到蒙古投资后，由于该国环保方面的法律法规不够完善，因此，在此宽松法律环境下它们的环保意识更加淡薄，这就必然引起该国民众对生态环境的担心。

最后，由于多数中国企业的投资目的很单纯，就是赚取利润，甚至是不择手段地牟取暴利，因此，这些企业很少考虑将利用当地资源创造的财富回报社会，所以必然引起当地政府和公众的失望。

以上这些问题的实质是企业与社会公众的关系问题，即企业的社会形象问题。也就是说，这些中国企业没有按照国际营销学中的公共关系策略制定正确的企业宗旨，然后按照企业宗旨为蒙古社会这座大厦添砖加瓦，也没有按照卡内基的观点将财富归还给蒙古社会。因此，2005 年 11 月底，在蒙古首都一夜之间发生了惊动中国政府的 3 起事件，几十名不明身份的蒙古人强行将当地 3 家中国企业捣毁，结合上述的社会背景，人们不应把这 3 起事件看作是偶然事件。

第 5 章

国际营销的科学技术环境

当代世界最大特点之一就是科学技术的飞速发展。它使人类社会的生产力有了极大的提高，从而为人类社会带来了极为丰富的物质消费品和精神消费品，也就是说它极大地满足了人类方方面面的物质需求和精神需求，而且这一特点至今仍在继续，在可以预见的将来也将继续下去。由于科学技术对满足人类社会需求的作用如此之大，因此，国际企业对当代科学技术环境应有必要的了解与掌握，以便适应和利用这一极其重要的环境。

5.1　当代主要的科学技术环境

5.1.1　航天太空科学技术

人类自古就有飞向太空的幻想，中国更有嫦娥奔月的神话，但几千年来始终因技术难题而无法实现。随着当代科学技术的飞速发展，人类终于在这一领域有了划时代的突破：第一个里程碑是 1958 年苏联发射升空了人类历史上第一颗人造卫星；第二个里程碑是 1969 年 3 位美国宇航员成功登上了月球，完成了人类历史上首次飞离地球登陆月球、又安全飞回地球的人类壮举；第三个里程碑则是 1976 年美国向火星发射的太空飞船成功登陆火星，之后又向金星、水星、土星和海王星成功发射了太空飞船。这一切意味着人类已掌握了航天太空技术。这一领域的技术是目前世界上最尖端、最先进、最复杂的技术。

当代这一领域的技术包括航天器的研究制造，火箭发射、航天器飞行、航天器遥控、航天器维修保养、航天器回收、卫星研究制造、卫星发射、卫星绕地球飞行、卫星遥控、卫星远距离摄影、卫星对地球资源探测、卫星对地球观测、卫星导航定位、卫星电视转播、卫星通讯等。前一部分技术多属科学研究探索性质，后一部分特别是通讯卫星技术、导航卫星技术已成为当代造福人类社会的先进实用技术。

5.1.2　信息科学技术

这是当代最重要的科学技术，具有极大的开发前景，它与其他传统技术和新技术结合后，可以像生物酶的作用一样大大提高人类社会的生产力，目前这一领域的科学技术已经能够代替人类进行初步的记忆、判断、选择等功能，能够大幅度提高时间效率和工作质量。

当代信息科学技术包括互联网技术、有线和无线移动通讯技术、电子计算机技术、广播电视技术、自动化技术、遥控技术、电子商务技术、办公自动化技术、数控技术、信息存储技术等。

当代信息技术最大特点之一是该领域发展的广度和深度非常快，是其他科学技术领域无法赶超的，其发展速度甚至超出一般人的想象。如某年某大型高速电子计算机的运算速度已达若干亿次/秒，为世界第一，但第 2 年或第 3 年就有运算速度更快的电子计算机出现。再如上世纪移动通讯工具手携电话机刚出现时，仅有通讯一种功能，仅仅经过二三十年的快速发展已进行了数次换代，现代的手机已成为同时具有通讯、记忆、收发短信、摄像、录像、电视等集多种功能于一体的综合信息处理器。今后将集成哪些新功能除了这方面的科学家和技术专家外，一般人很难预见。

5.1.3 电子科学技术

电子科学技术与信息科学技术一样，也是一个发展极快的、既年轻又重要的领域，而且它已渗透到了人类社会的方方面面，应用范围十分广泛。在人类社会中它正在逐步代替人的眼睛、耳朵、鼻子、手触等功能，以完成科学研究、工业、农业、交通运输、人类日常生活中的各种功能，使人类社会的时间效率和工作质量大幅度提高。

电子科学技术包括工业中的自动监测技术、机器人技术，航天太空领域中的各种传感器技术，交通运输领域中的自动监控技术，医疗领域中的心电图检查技术、核磁共振检查技术，日常生活中的电视技术、录音技术、电冰箱制冷技术、空调机制冷制热技术、激光光碟技术、微波炉发热技术、移动电话信息接收技术（手机）等。总之，当代电子科学技术已成为人类社会特别是国民经济领域中不可或缺的一门重要科学技术，也是与人类日常生活息息相关不可或缺的科学技术，今后将向着应用范围更广更深的方向发展，向着改变人类生活方式的方向发展。

5.1.4 能源科学技术

能源对人类来说是生死悠关的物质资源，自古至今人类社会离不开它，因此，人类自古就开始对获取能源和有效利用能源的科学技术进行研究探索，至今已掌握了许多能源科学技术，以下就是当代最主要的能源科学技术：

1. 煤炭能源科学技术

煤炭是传统的重要能源，发达国家和发展中国家都在利用它。但由于煤炭能源在利用过程中严重污染环境，是全球大气污染和温室效应的元凶，加之煤炭能源在利用过程中消耗大、运输成本高、煤矿开采风险大等原因，因此，世界各国都在努力寻找替代新能源。另外，人类虽然在采煤、运输、利用、治理污染等方面进行了大量科学技术研究，但至今没有突破性进展。

煤炭能源科学技术主要包括采煤技术和煤炭能源转换技术。前者包括探矿、矿井规划设计、修建科学技术，采煤科学技术，安全生产科学技术，储运科学技术。后者包括冶炼领域中的煤炭燃烧放热科学技术、建筑领域中的热能技术、发电领域中的能源转换技术，这三大领域中以发电领域的科学技术最为复杂，难度也大，其中包括火力发电厂规划设计修建，锅炉、汽轮机、发电机的安装调试，发电机组运行调控，电流变压，电网输配电等一系列难度较大的先进技术。

在煤炭能源利用的科学技术中，采煤科学技术和将煤炭能转换成冶炼热能、采暖热能以及发电电能的科学技术已相当成熟，但在将煤炭的热能转换成上述其他能的效率方面尚有潜力可挖，另外在煤炭能源利用过程中产生的粉尘、废气造成大气污染的治理方面尚不尽人意，而且难以从根本上解决。因此，煤炭能源已成为人类社会一种不得已而利用的能源。

2. 石油能源科学技术

石油是公路运输、水路运输、航空运输领域中不可替代的重要能源，石油短缺，如20世纪出现的两次世界性石油危机，将导致交通运输瘫痪、经济运行受阻等严重后果，因此，石油是世界各国都十分重视的战略资源。

石油能源科学技术包括地质勘探、评价，油田规划建设，采油设备安装调试，石油开采、储藏、地下管道运输，石油提炼等科学技术，这些科学技术目前已相当成熟。

当代石油能源存在的问题不是科学技术方面的问题，而是已知地下石油储量即将枯竭、需要寻找新的石油储量和替代能源的问题，但至今还没有突破性进展。

3. 天然气能源科学技术

天然气是当代一种新的清洁能源，具有能量高、重量轻、便于运输、使用简单方便等特点。

天然气能源科学技术包括地质勘探、评价，气田规划建设、开采、储藏，地下管道运输、安全使用等科学技术，当代这些科学技术已成熟，目前存在的问题与石油能源相似。

4. 水利能源科学技术

水利能源一般指水利发出的电能，这是当代能源领域中重要的能源之一，也是人类社会可以长期利用的能源之一。

水利发电科学技术是一门综合性很强的科学技术，包括选址、地质论证，水库规划、设计建设，发电设备安装、调试，发电运行监控，电流变压，电网输配电等一系列先进科学技术，其特点是需要投入巨大的人力、物力、财力，而且建设周期长。当代的水利能源科学技术已比较成熟，能够修建几百万千瓦功率的大型发电站，中国的长江三峡水利发电站就是名列世界前茅的大型发电站。

5. 核能科学技术

核能科学技术主要指利用核能发电的科学技术。核能又称原子能，其能量巨大效率高，是当代世界发达国家和少数发展中国家都在开发利用的一种新能源。

核能源科学技术包括铀矿的探矿、评价、规划，矿井修建，铀矿开采、储藏、运输、提炼，核发电厂选址、规划、设计，核发电机组安装调试、发电运行、监控，安全防护，电流变压，电网输配电等的科学技术。

当代利用核能发电的科学技术已相当先进，而且还在不断发展提高中。目前该领域中存在的问题是核能原料即浓缩铀的供应不太容易得到，国际上对此有诸多限制，另外还有核污染的防范问题。核发电容易出现核辐射泄漏事故造成核污染，而且一旦出现核事故后果十分严重。如1986年前苏联切尔诺贝利核电站发生爆炸造成严重的核辐射泄漏事故，一万余人死亡，整个欧洲受到核辐射污染，成为人类历史上最严重的核事故，二十几年过去了，至今事故周围方园60公里之内为无人区。此后是否建核电站成为一些发达国家社会舆论争论的焦点，2011年3月日本福岛核电站发生爆炸造成的核辐射泄漏事故更加剧了这一争论。

6. 清洁能源科学技术

太阳能、风能、潮汐能、地热能是大自然提供的一种清洁能源，是取之不尽用之不竭的一种新能源，是人类社会可以千年万年长期永久利用的能源。

上述清洁能源科学技术包括太阳能、风能、潮汐能的采集、转换成电能的科学与技术，即包括设备的安装调试、运行、监控，电流变压，电网输配电等科学技术。这些科学技术尚处于初期的研究探索阶段，由于转换成电能的效率十分低，因此利用上述能源产生的电能总量还十分小，在人类社会所使用的能源总量中所占的比重很小。尽管如此，因这些能源无污染，而且取之不尽用之不竭，因而是当代各国重点研究开发的新能源科学技术。

另外，利用植物茎叶等有机物发酵产生的沼气热能以及燃烧生活垃圾产生的热能也可以直接使用或转换成电能加以利用，但这些能源所产生的能源总量仍很小，在人类社会所利用的能源总量中微不足道。

5.1.5 交通运输科学技术

交通运输在人类社会中的重要性不言而喻，它相当于人体中的血管系统，因此，交通运输科学技术的重要性可想而知。当代交通运输科学技术已颇为成熟，这些科学技术已应用到海、陆、空、地下和太空所有空间的交通运输中，也应用到与其配套的公路建设、铁路建设、港口建设、飞机场建设、太空站建设及其运行、控制的所有领域中，以下是当代最主要的交通运输科学技术：

1. 公路和城市交通运输科学技术

当代这一领域科学技术已研制出载重量达几十吨的超重型载重卡车、速度超过100公里/小时的高级豪华轿车和具有相同速度的普遍轿车，这些车辆可利用卫星定位技术由电脑控制进行自动驾驶，还有高速公路以及立体自动管理的停车场相配套。

今后该领域的方向是研究开发低耗能、低污染以及利用新能源的汽车，如太阳能轿车、电动轿车、氢气轿车等。

2. 铁路交通运输技术

当代该领域的科学技术已相当成熟，包括机车生产制造技术，客货车辆生产制造技术，铁路线路的修建、铁路通讯信号科学技术，铁路运输运行管理控制技术等。其标志为蒸汽机车已处于淘汰状态；内燃机车已普遍使用；电动机车已开始推广普及；目前机车的牵引力已达数千吨甚至万吨，运行速度已达300公里/小时，甚至更高。

今后该领域的发展方向为铁路电气化，即铁路运行速度更快，在中短途可以与航空运输进行竞争；牵引力更大；运行过程更安全舒适；对环境污染更小。磁悬浮列车是当代最先进的铁路交通运输工具，其运行速度更快更平稳，但目前还未大量推广。

3. 地下交通运输科学技术

（1）地下铁路交通运输科学技术：

地下铁路交通是大城市的重要交通工具，也是城市交通的发展方向。该领域的科学技术，包括地下铁路机车和车辆的生产制造技术，线路的修建技术，地下铁路运行管理、控制、调度技术等，当代这些科学技术已十分成熟和先进，并已大量应用于大城市的交通体系中。

（2）地下管道运输科学技术。

这是当代用来在地下管道中大量运输石油和天然气的科学技术，包括管线挖掘修建技术，管线运输运行管理、控制技术，当代这些技术已经成熟，可利用这些科学技术顺利修建长达数千公里、年运输量达数千万吨石油的管线，并保证其正常运行。

4. 水上海上交通运输技术

当代这一领域的科学技术已能生产制造载重量超过 50 万吨的超大型油轮、二十几万吨的散装货轮、数万吨的滚装货轮、数万吨的超级游轮，以及渡轮、破冰船、气垫船、渔轮等，也能修建大中小各种用途的港口码头，其中超大型港口码头年吞吐量超过二亿吨。

今后该领域的发展方向为开发建造大型港口码头，实现港口装卸、仓储自动化，制造更大载重量船舶制造以及更大功率船用发动机等。

5. 航空交通运输科学技术

当代这一领域的科学技术发展很快，也很先进，已经能够批量生产制造载客量超过 500 人的大型宽体洲际亚音速客机，也能够批量生产制造载重量超过百吨的大型洲际飞行货机，当然也能够批量生产制造中型、小型客机和货机以及特殊用途的专用飞机，如森林灭火飞机、喷洒农药飞机、大地测量飞机、直升飞机、水上飞机、无人驾驶飞机等。

当代的科学技术已经能够修建年吞吐量超过二千万人的大型飞机场以及飞机场的配套设施，如雷达导航、调度等设备。

该领域今后的发展方向首先是研发功率更大、耗油更少的先进航空发动机，其次是高强度、低重量、耐疲劳的飞机用新材料，以及载客量或载重量更大、更安全、更舒适的客机和货机。

当代该领域的科学技术不但先进，而且还有一部分属尖端科学技术，如洲际超音速宽体大型客机的生产制造，因此，掌握这些尖端科学技术的国家如美国、法国、英国、俄罗斯等只向市场供应飞机，而不出卖专利。

6. 太空运输科学技术

这是当代最先进最尖端的科学技术，人类已掌握了将人和货物送至太空的一系列尖端科学技术。但这些科学技术需要投入大量人力、物力、财力，特别是需要大批科学家和技术专家参与，当今除美国、法国、俄罗斯、日本、印度、中国等少数国家外都不掌握这些尖端科学技术。

今后该领域科学技术的发展方向是制造载重量更大、飞行距离更远、发射运行成本更低的运载工具。

5.1.6 工业科学技术

工业科学技术是当代人类社会获取物质产品和创造社会财富的重要手段，是人类社会文明进步的重要推动力，两者一般成正相关关系。

工业科学技术是一个十分庞大的体系，主要包括下述几大类：

1. 重工业科学技术

重工业科学技术又包括下述几类：

(1) 矿山探矿、开采、初加工、储运等科学技术，包括各种金属矿山如铁矿、铝矿、金矿和各种非金属矿山如煤、石灰、石棉等。

(2) 金属冶炼科学技术包括钢铁、铝、金、银、铀、铬等金属的冶炼科学技术。

(3) 机械设备制造科学技术。

这是国民经济的重要领域，它为国民经济各行各业产品的生产制造提供极其重要的物质手段，即它为各行各业生产制造生产线的全套设备，如冶炼生产线设备、钢铁生产线设备、造船生产线设备、石油开采提炼生产线设备、化工生产线设备、飞机生产线设备、造船生产线设备、汽车制造生产线设备、纺织生产线设备、造纸生产线设备、印刷生产线设备、药品生产线设备、食品生产线设备、农业机械生产线设备、电子产品生产线设备、信息产品生产线设备、工程设备生产线设备等。

生产上述各种生产线设备需要有专门的科学技术，当代这些专门科学技术已十分成熟和先进，皆已现代化，生产效率极高，设备的质量也很高，可以说已经达到了历史的高峰。

上述各种生产线机械设备又称成套机械设备，其制造科学技术是机械制造科学技术领域中的一个大类，还有另外一个大类，即批量或大批量生产制造单独使用的机械的科学技术，如飞机、船舶、铁路机车车辆、轿车、卡车、各种用途的工程机械以及各行各业使用的通用机器等。这一大类的机械制造科学技术属于不同行业不同专业的专门科学技术，已十分成熟和先进，皆已现代化，生产效率极高，产品质量也很高，同样已经达到了历史的高峰。

(4) 电器制造科学技术

这一领域包括专用大型发电机、小型发电机、电动机、变压器、导线等的生产制造科学技术，当代这些科学技术已十分成熟和先进。

(5) 基础化工原料生产科学技术

指基础化工原料酸、碱的生产制造科学技术，这些科学技术也已十分成熟和先进。

(6) 新材料生产制造科学技术

指合成橡胶、合成纤维、塑料 3 大新材料生产制造的科学技术，这些新材料与当代人类社会息息相关，是国民经济和人类生活不可或缺的重要新材料，生产制造这 3 大新材料的科学技术已十分成熟和先进。

(7) 仪器仪表生产制造科学技术

仪器仪表是指国民经济各行各业都离不开的各种用途的计量、控制、监控装置，如化工仪表、电力仪表、航空仪表、航海仪表、汽车仪表等。它对各行各业的正常运行起着关键作用。当代生产制造各种各样的通用和专用、一般和精密仪器仪表的科学技术已十分成熟和先进。

2. 轻工业科学技术

指生产制造用于人类生活用品的科学技术，也是一个门类很多十分庞大的体系，主要包括食品、饮料、酒类、纺织、服装、造纸、印刷、家具、制药、制鞋、化妆品、家用电器、通讯工具、摩托车、自行车、餐具、眼镜等。当代生产制造上述民用产品的生产制造技术利用了先进科学技术，已全部或大部实现了机械化甚至自动化，也已经达到了历史的高峰。

5.1.7 工程科学技术

自古人类就掌握了各种工程科学技术，如修建房屋、修建桥梁、开挖运河、开凿隧道等。但当代的工程科学技术已利用了大量先进科学技术，因此已是今非昔比。以下是当代主要的独立大型工程科学技术：

1. 建筑科学技术

当代的建造科学技术既可以建造一百余层的摩天高楼，也可以建造能够容纳数千人的剧院、室内体育馆、会议厅和教室，这些建筑物不但采光好，而且有人工中央空调系统，冬暖夏凉十分舒适，完全满足了人的需要。

2. 桥梁工程科学技术

建造跨河、跨江、跨海的巨型大桥工程科学技术当代已十分成熟先进，这些大桥几乎已遍布世界各国各地，其中以跨越土耳其博斯普鲁斯海峡的大桥最为著名。

3. 隧道工程科学技术

当代建造隧道的科学技术已十分成熟和先进，可以建造穿越大江、大河和海峡长达数十公里的隧道，其中以长达 50 公里穿越英吉利海峡将英国和法国联结起来的海底隧道，以及将中欧和南欧联结起来穿越阿尔卑斯山脉的隧道最为著名。

4. 水利工程科学技术

当代建造水利工程的技术已相当成熟和先进，其中以埃及的阿斯旺高坝、巴西的索布拉迪纽水库和中国的长江三峡水库最为著名，另外欧洲北部德国境内联接易北河和莱茵河的大运河也十分有名。目前中国正在进行施工的南水北调工程，也是让世界注目的一项大型而复杂的水利工程，水渠要穿越大小河流、山地、平原、湖泊等复杂地形，要十多年才能最终完成。

5.1.8 农业科学技术

农业科学技术是一门古老的科学技术，但当代的农业科学技术不但与古代大不相同，就是比 100 年前甚至 50 年前的农业科学技术也大大进步了，不可比拟了。

当代农业科学技术又可分为以下几类：

1. 种植科学技术

即种植谷物、蔬菜、水果、经济作物等的科学技术，包括播种、管理（浇水、施肥、灭虫等)、收割、分类、初加工、包装等，尽管世界上如非洲、亚洲的一些国家还在使用人力、畜力种植的古老科学技术，但大多数国家特别是发达国家的农业科学技术已相当现代化，即高度机械化甚至自动化，而且还发明创造了温室种植、滴水灌溉、无土种植等先进农业科学技术。因此，农业生产力大幅度提高，其标志为每个农业劳动力生产的粮食在发达国家可养活几十人甚至百人，而落后国家则要数个农业劳动力才能养活一个非农业人口。

2. 畜牧科学技术

畜牧产品是高蛋白食物，也是人类的重要食物，因此，不但发展中国家，就是发达国家如美国、英国、德国、澳大利亚、丹麦等国也十分重视畜牧科学技术的开发利用，现代国家的畜牧科学技术已达到了先进水平，如新西兰采用直升飞机辅助放牧羊群，英国、丹麦等国采用工厂式大批量养牛、羊、猪等。

3. 渔业科学技术

这一领域的科学技术包括捕鱼、人工养殖、冷藏储运、加工整理等，这些科学技术在发达国家已经现代化，即采用大型综合捕鱼船在远离陆地的远洋捕捞海产品后，在工厂式的捕鱼船上及时分类、整理、加工、包装、冷冻，然后返回港口卸货，接着继续返回远洋作业。

4. 森林业科学技术

这一领域的科学技术包括林木种植、采伐、木材初加工、运输、防虫、防火等科学技术，这些科学技术在发达国家已现代化、工厂化，即在适宜大面积种植某种林木的土地上开垦荒地、飞机播种、引水浇灌、防虫、防火等，待林木生长到一定程度后机械化采伐、加工、整理、运出，然后在原地再重复种植林木，以此循环不停。

5. 农业管理科学技术

这一领域的科学技术包括植物的施肥、灌溉、防虫和畜类的饲料生产、供应、喂养、防疫、屠宰、加工、包装等科学技术，这些科学技术利用了当代的先进科学技术后已经十分先进。

由于农业科学技术先进程度不同以及地理、气候、水利等自然条件不同，不同国家之间的农业生产力相差悬殊。如在美国一个农业劳动力生产的粮食可养活一百个非农业人口，而且还有剩余出口外国，但大多数发展中国家农业生产力低下，农业劳动力生产的粮食勉强养活自己没有剩余，甚至个别非洲国家连自己也养活不了，经常处于饥饿半饥饿状态。

因此，尽管当代农业有许多先进科学技术，有的国家已实现了农业机械化、现代化，但站在世界高度看整体农业科学技术，特别是与其他一些年轻科学技术如信息科学技术、电子科学技术等相比较，当代农业科学技术还是相对落后的。其根据就是当代的农业科学技术还不能保证地球全人类的温饱，至今农业还是靠天吃饭，遇到水灾、旱灾等自然灾害时，不少国家就会出现饥荒，甚至出现饿死人的悲剧。

5.1.9 医疗科学技术

当代医疗科学技术几乎利用了当代所有或大部先进科学技术，从而形成了现代的医学检查、诊断、治疗科学技术体系，而且十分先进和完备，如可以检查心脏特性的心电图检查，可以检查五脏六腑内部形态的彩色超声波检查，可以准确直观观察人体内部任何器官和部位细微形态的 CT 检查和更加准确直观观察人体内部任何部位形态的核磁共振检查等。

人们在看到医疗科学技术上述赫赫成就的同时还应冷静地看到当代医疗科学技术总体水平还不高这一基本事实。其事实之一就是科学研究认为人类的正常寿命约为 120 岁左右，但现代全世界人类的平均寿命仅为其一半多，最长寿日本人平均寿命也仅为八十几岁。事实之二就是现代医疗科学技术虽然已经如此先进，但迄今为止，人类还不能像更换已损坏的汽车零部件那样自由替代自身的器官，目前虽已有了人造关节和人造假肢，但与原体器官无法相比。事实之三就是除少数疾病外，严重危害人类健康的大部分慢性疾病如癌症、心脏病、中风、糖尿病、高血压病、哮喘病、精神分裂症，和严重的传染病如艾滋病、麻风病，甚至大范围流行性病毒感冒等病症，当代的医疗科学技术都不能根治，仅能治标不治本地改善患者的症状，减轻其病痛。

以上事实说明医疗科学技术今后的任务任重而道远。

5.1.10　金融业科学技术

金融业是一国的经济命脉，其运行状态直接影响国民经济的成败，而其运行状态则决定于其运行速度和安全便捷程度，这又决定于其科学技术水平的高低。当代的金融科学技术已经普遍利用了互联网科学技术和电子科学技术，因此其运行既快速又安全便捷，如电脑记账安全可靠；互联网转账使地球两端的转账可瞬间完成，极大地加快了资金的周转，还使信用卡广泛应用于银行之外的消费现场，如超市、酒店、飞机场等；另外，世界各个金融中心，特别是世界各地的银行和金融单位通过互联网联接在一起，为世界经济一体化助了一臂之力。

5.1.11　影视科学技术

这是近代和当代新开发出来的科学技术，它为丰富人类的精神生活和为人类提供精神食粮起到了重要作用。

当代的影视科学技术包括数码摄影、录音、配音、电脑辅助制作、灯光控制、道具制作、背景制作、播放、家庭影院等，这些科学技术的综合效果使制作的影视产品达到了十分逼真，甚至以假乱真的水平。这应归功于该领域对现代先进科学技术，特别是信息和电子科学技术的应用。目前影视科学技术在大步发展的同时，动漫和家庭影院科学技术又成为该领域的新秀，以更快的速度发展。

5.1.12　科学技术的两面性

对人类社会的科学技术整体作一历史性的回顾，就会发现一种冷酷的事实，即科学技术具有两面性，是把双刃剑，积极的一面是可以造福人类社会，科学技术的飞速发展已使人类的物质文明达到历史上从未有过的高度，但负面影响也相当严重，如科学技术研制出来的各种农药，正面作用可以有效地杀灭危害谷物和蔬菜的害虫，负面作用则是粮食和蔬菜中残留的农药对人的健康有颇大的伤害；科学技术研制成功的苯甲酸纳加入食品如香肠、罐头、饮料、酱油、醋中可延长其保质期，但负面作用是它是一种致癌物质，随加工食品进入人体后损害人的健康甚至致癌。

以上这一切都证明每一项科学技术都具有两面性，这是人类极不情愿接受的事实。为此，当初的发明家和科学家事后为科学技术的负面作用而内疚，TNT 炸药的发明者瑞典科学家诺贝尔，为此临终前倾其全部个人财富设立了诺贝尔科学奖。此后少数科学家开始讨论、关注科学技术两面性的问题。上世纪最伟大的科学家爱因斯坦和著名的英国哲学家罗素为此于 1955 年发表了罗素 - 爱因斯坦声明；1957 年美、英、法、日、澳、加、苏、中等 10 国著名科学家的代表人物在加拿大开会，会后发表了《国际科学家会议声明》。这两份声明既肯定了科学技术的两面性，又重点关注了原子能科学技术的两面性，指出该科学技术的正面作用是可以产生巨大能量造福全人类，其负面作用则是可以毁灭全人类。尽管声明没有提出根本性的解决办法，但却呼吁人类社会对此给以严重关注。同样联合国对科学技术的两面性也给予了严重关注，并作出了实际行动，但却力不从心。

5.2 当代科学技术发展趋势

当代是一个发展的时代，科学技术领域的发展更为突出，发明创造层出不穷，日新月异。所谓科学技术发展趋势包括了各学科的发展趋势和技术各个领域的发展趋势。这些众多学科发展趋势的主流方向形成了当代科学技术整体的发展大趋势，由于科学技术包括的学科、类别十分广阔，它们发展的小趋势多到不可胜数，因此，本教材只能预测科学技术整体的大趋势，大体如下：

5.2.1 科学领域的大趋势

1. 生命科学趋势

这是当代科学发达国家争相研究探索的领域，其趋势是向着认识人类生命起源和本质的方向发展。第一个里程碑是 1953 年两位美国科学家发现人类的细胞中含有遗传基因（DNA），这是生命领域中极其重大的发现，第二个里程碑是 1990 年美国政府拨款 30 亿美元，用来联合全世界各国的科学家分工合作，历时 15 年，至 2005 年完全破解了由 10 万个基因组成的人类基因组。此项研究成就为人类的起源和人类的一些特质如性格及人类的疾病等从生物学上找到根本答案打开了大门。

2. 太空科学趋势

这也是当代科学发达国家争相研究探索的领域，其趋势是向着透彻地研究地球周围太阳系行星一些最基本的特性方向发展，如这些行星的地形、地貌、气候、温度、地质构造、大气成分等。其中第一个里程碑是 1958 年苏联成功发射了第一颗人造地球卫星，第二个里程碑是 1969 年美国 3 位宇航员成功登上了月球，第三个里程碑是 1976 年美国发射的太空飞船成功登陆火星，此后美国又接连不断地向金星、水星、土星和海王星成功发射了太空飞船。

3. 深海科学趋势

人类所赖以生存的地球 2/3 的面积为海洋所覆盖，但人类除了有一些航海知识和海洋鱼类活动知识外，对海洋特别是深海的了解很少，因此，当代该科学的发展趋势就是揭开深海的面纱。

5.2.2　技术领域的大趋势

1. 信息技术趋势

其大趋势是向着深度和广度两个方向发展，前一趋势是向着数字化、高速化、智能化方向发展；后一趋势是向着与各种产业技术结合，特别是与传统技术，如机械制造技术、通讯技术、医学检查技术结合，从而大幅度地提高生产力和时间效率。

2. 基因工程技术趋势

基因工程是利用基因特性为人类造福的综合技术，其发展方向有两个：一为利用基因技术治疗某些难以治愈的疾病；二为利用基因技术育种，培育具有某些特征，如高产、防病虫害、适应恶劣气候和土壤环境的植物种子。

3. 新能源技术趋势

这是当代人类急需解决的技术。其发展方向之一是利用清洁的天然能源，如太阳能、风能、潮汐能、水利能、地热能等；方向之二是大力发展核能发电技术，其重点是核发电的安全技术；方向之三是核聚变发电技术，这一技术目前正由各国科学家通过设在欧洲的大型实验室进行联合研究，大约还需要三十多年才能投入实际应用进行商业运行，届时这是比目前的核裂变发电功率更大、更安全、原料更容易获得的一种新能源。

4. 新材料技术趋势

新材料是比人类现在使用的材料具有某些新特性的材料，如超常硬度的碳纤维材料、耐高温的航天飞机外表面涂料、可以吸收雷达波的飞机外表涂料、用于互联网可传输电信号的光纤超导材料、耐腐蚀的船体钢材等。这是当代一些尖端产品如航天飞机、互联网电缆等必需的材料，其发展方向是向着材料具有更新、更多的特性发展。

5. 先进机械制造技术趋势

即将电子计算机技术、数字技术等多种先进技术与传统机械制造技术结合起来的技术，它使传统机械制造技术面目一新，达到了优质、高效、低耗等新水平。

另外，微加工技术也是先进机械制造技术的一部分，它可以加工制造出在人体器官内部进行手术的微型机械手。

6. 机器人制造技术趋势

其趋势是向着工业机器人、服务业机器人、采矿机器人、家庭机器人、战场机器人、危险恶劣环境机器人的方向发展。据科学界的预测，至 2025 年发达国家使用的机器人数量将超过其人口总数，如中国台湾著名的跨国公司鸿海精密公司，2011 年在其生产工厂中正在使用的机器人已有 3 万个，该公司计划 10 年后将机器人增至 30 万个。

思考题

1. 简述某产业的国内科学技术环境。
2. 简述某产业的东道国科学技术环境。
3. 简述某产业的世界科学技术环境。

案例借鉴一

紧紧跟随科学技术环境而变化的诺基亚公司

手机已成为当代人们随身携带、必不可少的通讯工具，而且随着手机的不断更新换代，消费者也在不断更新使用具有最新功能的手机，其中诺基亚是国际市场上消费者较喜爱的品牌。生产该品牌手机的诺基亚公司是目前世界上最大的手机生产商，也是进入全球500家最大公司前二百名之内的大型跨国公司①，目前正在引领着该行业的创新与发展。诺基亚公司最初是在森林中采伐木材的一家企业，该企业经过130余年的不断发展壮大，最终成为与木材风马牛不相及的世界最大手机生产商。其中最大的奥秘就是该公司从成立之初就站在世界的高度关注世界科学技术环境的变化，并跟随其变化，不断地抛弃旧科学技术采用新的科学技术，因而不断地发展壮大。最终发展为当前拥有先进科学技术的大型跨国公司。

北欧小国芬兰的森林覆盖率高达67%，盛产木材。因此，与森林有关的产业，如森林采伐、采伐工具的机械制造、木材加工、造纸、家具制造就成了该国的传统优势科学技术。19世纪70年代，在这一优势科学技术环境下诞生了诺基亚公司，当时该公司利用该国的传统优势科学技术采伐森林，加工木材及其相关产品，并一步步地发展壮大。20世纪50年代，已具有一定规模和实力的诺基亚公司发现电器制造和机械产品制造是那个年代科学技术环境中具有广阔前景的科学技术，于是放弃木材加工转产电缆和机械产品，企业因此得以继续发展壮大。20世纪60年代，该公司又发现电子产品制造是当时科学技术环境中的新科学技术，而且前景无量，于是又放弃老科学技术，迅速进入电子领域转产电视机等电子产品。20世纪90年代初，当时美国许多电子公司备足了气力要开发数字移动电话，诺基亚公司基于其锐敏的观察力，认为这是一种极有发展前途的新科学技术，便很快作出决策全力进入该领域，于是集中力量研制，先发制人首先向市场推出了初期的手机，占领了市场，成为市场的领先者。此后该公司进一步看到这一新科学技术的巨大潜力，认为这是一项特别有前途的科学技术，也是该公司未来发展壮大必须重点依靠的科学技术，于是在推出首款手机的第二年便下决心甩掉旧的科学技术——电视机制造科学技术，将设在英国、德国等欧洲国家的6家电视机生产工厂关掉

---

① 诺基亚公司在2010年全球500家最大公司中排名第143位，年营业额为562.2亿美元。

了 4 家，剩下的两家也整体卖掉，然后将腾出的人力、物力、财力全力以赴投入移动通讯电话机即手机的研究、开发，因此其市场份额不断增加，终于在 2000 年创下了年销售 1.28 亿部手机的记录，并超过这一领域中的第 2 名美国摩托罗拉电子公司和第 3 名瑞典爱立信电子公司所销售手机数量之和，成为世界第一大手机生产商，其市场份额超过 30%。也就是说诺基亚公司从瞅准手机制造科学技术的发展前景，并立即进入该领域开始，仅用了短短 10 年时间就异军突起成为该领域的最大生产商和领先者，这不能不被看作是一个奇迹。但这一奇迹并不是偶然的，而有其必然性。这就是该公司对世界科学技术环境的不断关注、快速反应立即跟进。该公司总裁卓玛·奥利拉是一位神奇人物，他经常告诫全体员工"你必须得有一种敏感，知道市场上正发生什么样的事，知道市场的变动趋势，这样才能知道你的用户需要什么，然后满足他们的需要"。奥利拉还认为高科技是推动诺基亚公司发展的重中之重，为此诺基亚已投入大量人力、物力、财力提高研发实力，如 2000 年投入了 20 亿美元用于新科学技术的研究和发展。

当前诺基亚公司基于其对新科学技术环境的锐敏观察力和快速决策能力，已确定该公司今后发展的重点是当代尖端前沿科学技术中的互联网科学技术，其中包括 3G 科学技术、宽带科学技术、先进移动终端科学技术及 IPv6 科学技术，后者将极大地提高互联网网址的容量。

案例借鉴二

对科学技术的不同态决定了柯达公司的相反命运

长期位列全球 500 家最大公司之一的柯达公司是一家世界著名的跨国公司。该公司历史悠久，已有百余年历史，其成就辉煌，曾两次发明划时代的革命性产品——感光胶卷和数码相机。但该公司却对这两种划时代产品采取了两种截然相反的态度。导致该公司因对前一技术的积极态度，一跃成为感光材料的世界霸主，并长期保持这一地位。因对后一种划时代产品的消极态度而出现生存危机，于 2012 年新年伊始不久向美国政府提出了破产保护申请。

深入研究后会发现这是由于该公司对先进科学技术采取了不同态度所造成的必然结果。

一百多年前该公司创始人发明了划时代的感光胶卷，并以积极的态度，立即大量生产该产品，很快占领了世界市场，成为霸主。最兴旺时占到国际市场 2/3 的份额。该公司早在 1976 又发明了世界上第一台划时代的数码相机。这种相机摄像不需要胶卷。但该公司认为若将该种相机大批量生产投入国际市场，本公司的胶卷产品将被市场淘汰，从市场上消失，公司的霸主地位便不复存在。在两难处境下，公司决策层决定公司的主导产品仍为胶卷而以数码相机为辅。

此后，日本的竞争对手也研制成功了数码相机产品，并快速占领了国际市场。2003 年柯达公司认识到这一严峻形势后决定大力发展数码相机产品。但为时已晚，这时已被竞争对手远远抛在了后面。就这样勉强维持了几年后，该公司不得不于2012年向美国政府提出了破产保护申请。

这一案例足以证实，对科学技术，特别是先进科学技术的态度如何，对国际企业生存和成长的重要性。

第 6 章

国际营销的自然环境

6.1 自然环境对国际市场营销活动的影响

自然环境包括的内容很广泛，分属于地理学、地质学、气象学、生物学和植物学等范畴。本教材仅限于对国际营销活动有较重要影响的自然环境进行论述。

6.1.1 地理位置

所谓地理位置，不但指某地区某国所处经度、纬度的位置，更重要的是该地区该国所在位置与海洋的关系如何。

一般来说，某地区某国所处的位置纬度太高，靠近南北极长年冰天雪地，气候太寒冷，对国际营销活动很不利。反之，所处位置纬度太低，靠近赤道常年炎热，容易出现旱涝等自然灾害，对人类日常生活以及工农商和交通运输经济活动都不利，当然对国际营销活动也不利。也就是说理想的位置是处于中纬度，即处于地球的温带。

某地区某国位置与海洋的关系是指某地区某国所处位置是被海洋完全包围的岛屿，还是大部分被海洋包围的半岛，还是与海洋为邻的沿海地区，还是远离海洋的内陆。一般来说，前 3 种地区或国家可方便地通过海上交通与世界遥远地区和国家进行经济往来，国际企业与这 3 类地区或国家进行国际营销活动时，同样可利用方便的海上交通进行，因此这对国际营销活动十分有利。最后一种地区或国家情况对国际营销活动十分不利。横观世界上的发达国家或经济活跃的地区或国家多属前 3 种地区或国家，如美国、日本、英国、法国、德国、意大利、加拿大、澳大利亚、俄罗斯、中国、印度、巴西、南非、韩国、挪威、瑞典、丹麦等。反之，最后一类地区或国家多属经济不发达或落后国家，在这类国家所进行的国际营销活动数量少水平也不高，如蒙古、尼泊尔、阿富汗、哈萨克斯坦、塔吉克斯坦、约旦、苏丹、乌干达、赞比亚、乍得等国。

经济学家研究了英国和日本的历史后认为，这两个国家虽然自然资源贫乏，但却是经济强国，其重要原因之一就是这两个岛国全岛港口密布，海上交通发达，通过方便而廉价的海上交通运输从世界各地各国运入廉价资源，经加工后运出高价产品，从而弥补了资源贫乏这一先天不足。

相反，上述内陆国家要与世界各地各国进行经济交往必须通过邻国甚至多个国家的领土和领空，这要受到这些国家主权的诸多限制，甚至禁止，外部的国际企业与这些地区或国家进行国际营销活动时，同样要受到诸多主权限制甚至禁止，因而这一类地区或国家的地理位置对国际营销活动是不利的。

6.1.2 国土面积

一般来说某国国土面积若是足够大，各种产业或工业、农业、畜牧业、渔业、林业、运输业等才有施展拳脚的空间，该国国民经济的部门才能齐全，该国的经济才能比较活跃和发达，国际企业在该国的国际营销活动才有足够的活动空间。当代世界上的经济大国国土面积都足够大，如美国、俄罗斯、中国、巴西、印度、加拿大、法国、澳大利亚等。

反之，当某国的国土面积不大或很小时，国际企业在这些国家进行国际营销活动时，因空间太小会受到一些限制，这就不利于国际营销活动的进行，如阿尔巴尼亚、马其顿、亚美尼亚、阿曼、巴林、突尼斯、多哥、贝宁、塞拉利昂等。

6.1.3 地形地貌

指地表的形状特征，如盆地、平原、丘陵、高原、山地、河川、湖泊、沼泽地、沙漠、森林、草原等等。不言而喻，平原、盆地与丘陵由于交通运输方便，对国际营销活动有利。河川、湖泊既可提供水资源，又是交通运输渠道，也对国际营销活动有利。反之，高原、山地、沙漠、沼泽地、森林、草原等因交通运输不便阻碍交通，对国际营销活动不利。

6.1.4 气候

世界各地的气候各种各样大不相同，有的地区高温常年炎热没有冬季，有的地区常年寒冷夏季短暂，有的地区常年干燥不下雨，有的地区则常年多雨十分潮湿，有的地区则气温适中湿度也适中。对人类来说前 4 种地区的气候都不适合生活和居住，在这种气候下与人类生活密切相关的经济活动也不能正常进行，国际营销活动同样也不能正常进行。只有温度适中、四季分明而且气温相差不悬殊的地区才适合人类生活和居住，也适合经济活动的进行，同样也适合国际营销活动的进行。横观世界经济发达国家和经济活跃国家都处在气候适中的温带，而气候恶劣的寒带地区和热带地区则经济相对落后和不够活跃。这是因为几乎人类社会的所有产品都适宜于在温度适中、四季分明但气温相差不悬殊的温带生产制造、运输和储存，也只有在这样的气候环境中才能正常使用，发挥其最大效能。相反，若在恶劣气候环境下，产品的生产制造、运输和储存将十分困难，使用与维护也困难，甚至出现不应有的故障，从而降低其效能。如普通汽车在寒带地区行驶发动机就不能正常工作，容易出现故障，大大降低汽车的性能；几乎所有食品在炎热的热带地区极易腐烂变质，失去其食用价值，甚至中毒，使生产商、经销商和消费者都受到不应有的损失和伤害；干燥地区雨量很少或极少，维持人类生命至关重要的农作物不能生长，给人类生存造成极大的困难；而潮湿多雨地区的电器和电子产品等不能正常工作，常出现故障。这说明气候环境对国际营销活动具有或有利或不利的重大影响，是国际企业在开展国际营销活动前必须加以重视的重要环境因素。

6.1.5　自然资源

自然资源是人类生存、经济活动和国际营销活动的前提条件和必须的条件。

地球上的自然资源分为三大类：一类为可永远利用、永不消失的自然资源，如阳光、空气、水、土地等；第二类为可以再生、可以循环使用的自然资源，如森林、草原、耕地、海洋湖泊中的鱼类等；第三类为只能一次性利用，不能再生的自然资源，如地下的金、银、铜、铁等金属矿藏和石油、天然气、煤等非金属矿藏。这三大类自然资源对国际营销活动都是不可或缺的，它决定着国际营销活动的质与量，因此，要给以必要的认识与了解。

其一，一般来说上述三类自然资源对国际营销活动都是有利的，愈丰富愈有利；其二，上述三类自然资源在地球上不同地区和国家的分布是不平衡的，有的地区某种自然资源十分丰富，如阿拉伯半岛地区的石油、天然气地下储量十分丰富，有的地区某种自然资源十分缺乏，如日本的地下石油、天然气储量十分贫乏；其三，人类在不同地区和国家获取上述三大类自然资源的经济成本是不同的，甚至差别很大；其四，国际企业在不同地区和国家获取上述三大类自然资源要受到该地区和国家主权的诸多限制，甚至禁止，国际企业对此要给以充分的尊重；其五，尽管有的地区和国家缺乏某种自然资源，遇到这一情况时国际企业可以换一个角度看待这一不利条件，即国际企业可以在该种自然资源丰富的地区和国家利用该资源生产制造产品，然后将产品销往上述资源缺乏地区和国家，这也是一种积极的国际营销活动；其六，尽管地球上一次性自然资源的数量在逐渐减少，如石油，但人类也在利用自己的智慧积极主动地寻找新的替代资源，如当前世界各国都在大力开发太阳能和核能，因此，国际企业在对一次性资源日益减少而存在担忧的同时，也要对科学界对新的替代资源的探索与发现给以充分的关注和必要的反应。

以上就是国际企业在进行国际营销活动时对自然资源这一重要大环境应有的认识和应采取的正确态度。

6.2　世界及各大洲自然环境概况

6.2.1　世界地理环境概况

人类所居住的地球大部分（71%）为海洋所覆盖，陆地面积不到 1/3（29%），其中北半球陆地占的比例较大，约为 40%，南半球陆地占的比例很小，约为 20%。

海洋分为三个层次：陆地延伸到海洋中的部分称大陆架，海水深度一般在 200 米之内，其宽度相差很大，从几十公里至千余公里不等；另一层次为由陆地过渡到海洋的部分，为很陡的斜坡，称大陆坡，海水深度由 200 米急速下降至 3 公里之内，宽度一般在 100 公里之内；另一层次即在大陆坡之外与陆地没有联系的海洋或称深海，这是海洋的主体，约占海洋总面积的 80%，其海水深度一般为 3 ~ 6 公里，个别海域的海沟深达 11 公里。

地球上有四大海洋。太平洋面积最大，约占整个海洋面积的一半，也最深，平均深度稍深于4公里；大西洋面积居第2，约为太平洋的一半，平均深度稍小于4公里；印度洋面积居第3，约为整个海洋面积的1/5；北冰洋面积最小，约为整个海洋面积的1/28，水深也最浅，只有1.2公里。

地球上的陆地分为亚洲、欧洲、非洲、北美洲、南美洲、大洋洲和南极洲七大州。其中亚洲面积最大，约占地球陆地面积的30%，约为欧洲的4.5倍；非洲面积次之，约占地球陆地面积的20%，约为欧洲面积的3倍；北美洲和南美洲面积列第3位和第4位；南极洲列第5位；欧洲列第6位，约占地球陆地面积的6.8%；大洋洲面积最小，面积仅占地球陆地面积的6%。

每个大洲四周都有附属的岛屿，如亚洲的附属岛屿在东部有库页岛、千岛群岛、日本群岛、琉球群岛、台湾岛、海南岛、菲律宾群岛、印度尼西亚群岛等。

世界上平原占比最大的洲为欧洲，为60%，也是世界地势最低的洲。世界上山地和高原占比最大的洲为亚洲，为75%，其地势高度仅次于南极洲为世界第二。

世界上最高的山脉为位于亚洲中国、印度交界线的喜马拉雅山脉，平均高度6公里；世界上最长的山脉为位于南美洲西海岸线的安第斯山脉，长为9 000公里。

世界上最高的高原为中国西南部的青藏高原；世界上最大的高原为南美洲的巴西高原。

世界最大的平原为南美洲中部的亚马逊平原，约占南美洲陆地面积的1/3。

世界最大的沙漠为非洲西北部的撒哈拉大沙漠。

世界最长的河流为流经非洲东北部的尼罗河，长度达6 674公里；世界流量最大的河流为流经南美洲中部赤道附近的亚马逊河，居第2位的为流经非洲中部赤道附近的刚果河。

世界最大的淡水湖为北美洲加拿大与美国交界线附近的苏必利尔湖；最大的咸水湖为亚洲西南部的里海；最深的深水湖为亚洲北部俄罗斯境内的贝加尔湖，也是世界上水容量最大的湖。

世界上森林面积占比最大的洲为南美洲，约占全洲面积的50%。

世界上人口密度最大的洲为欧洲，也是开发最好的洲；密度最小的洲为南极洲，基本上没有常住居民，也是开发最落后的洲。

世界上最大的岛屿是北美洲的格陵兰岛；世界上最大的半岛为亚洲西部的阿拉伯半岛。

6.2.2 世界气候概况

气象学认为世界各地的气候由三大因素所决定：一为该地区太阳照射的强度和持续时间的长短，即该地区所处纬度的高低；二为该地区的大环境是大陆还是海洋，是山地、沙漠还是森林、草原；三是该地区处于何种季风带。这三大因素的不同结合形成了12种主要的气候类型，具体如下：热带雨林气候、热带季风气候、热带草原气候、热带沙漠气候、亚热带季风气候、亚热带地中海气候、温带海洋性气候、温带大陆性气候、温带季风气候、亚寒带针叶林气候、极地气候、山地气候。

上述气候类型中最适于人类生活、最适于经济活动以及国际营销活动的气候是温带海洋性气候和温带大陆性气候，在世界各大洲中欧洲就是以这两种气候为主的大洲，而且温带海洋性气候占的比例更大一些。另外，北美洲是以温带大陆性气候为主，温带海洋性气候也有，但占的比例要小。

6.2.3　欧洲概况

欧洲位于亚洲、非洲、大西洋、北冰洋之间，面积颇小，仅为1 000万平方公里，占地球陆地面积的6.8%。但由于地理位置和气候条件优越而成为古老文明和现代文明以及近代经济最发达的大洲，当代世界发达国家多集中在该洲，欧洲几乎没有经济落后的国家。

欧洲分东欧、西欧、北欧、南欧、中欧5大地区。

至21世纪初，欧洲共有人口7.3亿人，有大小国家45个，为世界人口密度最大的大洲，绝大多数人口为白种人，绝大多数人口信仰基督教中的天主教、东正教或新教。

欧洲绝大部分地区属于温带，气候以温带海洋性气候和温带大陆性气候为主，即气温适中，四季分明，年温差小，雨量较多。欧洲的平原面积占到60%，在世界各大洲中最大比例，平均海拔仅300米，也是世界最低的大洲，几乎没有沙漠，且有著名的东欧平原、中欧平原、西欧平原，其中东欧平原即俄罗斯平原面积最大，因此，欧洲十分适合人类居住和开展经济活动，也最有利于国际营销活动。

欧洲有阿尔卑斯山脉和高加索山脉两条主要山脉，前者基本上东西走向，位于南欧法国和意大利之间，后者位于俄罗斯境内与亚洲交界。欧洲的高山不多也不高，最高山峰高度为5 600米。

欧洲的主要大河为俄罗斯境内流入里海的伏尔加河，发源于德国南部、向东南方向流经多个国家、最终流入黑海的多瑙河，还有流经欧洲北部的莱茵河和易北河及法国境内的塞纳河。

欧洲的自然资源相对于其他大洲不算丰富，但基本资源如煤、铁、石油等并不缺少，这些基本资源多集中于北部和东部及西北沿海一带。

欧洲的海岸线在各大洲中最为曲折，港湾也多，因此，海岸线很长，沿海地区面积大，港口密布。另外，欧洲既有大河又有中小河流，水量充沛，大河之间还有人工运河相通，因此，水路交通密布成网，加上海港密布，使欧洲各国之间、各国国内各地区之间、欧洲与其他各大洲之间交通运输十分方便。

6.2.4　亚洲概况

亚洲位于太平洋、印度洋、北冰洋和欧洲之间，为世界上最大的大洲。其面积占世界陆地面积的近30%（29.4%），为欧洲面积的4.3倍，分东亚、西亚、南亚、东南亚和西伯利亚5大地区。地跨热带、温带和寒带，又有山地、高原、沙漠、草原、平原、盆地，其中山地和高原面积占到全洲总面积的75%，占的比例为世界最大，平原面积占的比例很小，整个大洲平均海拔高度近1公里（950公尺），为世界第二高。综上所述，亚洲耕地不多，气候较恶劣，交通不算便利。

21世纪初，亚洲的人口为37.8亿，超过其他各大洲之和，约占全世界人口的60%，为世界人口最多的大洲，世界上人口超过1亿的国家共有11个，其中6个在亚洲，超过10亿人口的国家有两个，都在亚洲。有大小国家48个，人口密度较大，大部分为黄种人，少部分为白种人，居民信仰各种宗教，其中以伊斯兰教、佛教、印度教和基督教为主。

亚洲有许多大山脉，以帕米尔高原为中心向四周延伸，如喜马拉雅山脉位于亚洲中部中国和印度之间，为世界最高山脉，最高峰达8 848米，还有天山山脉、昆仑山脉、阿尔太山脉等。

亚洲的山脉之间分布着数个高原，有青藏高原、蒙古高原、伊朗高原、帕米尔高原、阿拉伯高原、中西伯利亚高原，其中青藏高原为世界最高高原。山脉高原之间还分布着若干盆地，有塔里木盆地、准噶尔盆地、柴达木盆地。在山地和高原之外还分布着一些平原，主要的有中国东北平原、华北平原、长江中下游平原，南亚的印度河平原、恒河平原，西亚的美索不达米亚平原，北亚的西西伯利亚平原等。亚洲还有许多大沙漠，其中著名的有蒙古沙漠、新疆沙漠、中亚沙漠、阿拉伯沙漠、印度沙漠等。

亚洲主要河流为长江、黄河、湄公河、幼发拉底河、印度河、恒河、底格里斯河等。西亚的里海是世界最大的咸水湖，西伯利亚的贝加尔湖是世界最深、也是水容量最大的深水湖。

亚洲有许多岛屿和半群岛，是世界上半岛面积最大的洲，其中中南半岛、印度半岛和阿拉伯半岛是亚洲的3大半岛，其中阿拉伯半岛为世界最大半岛。

亚洲由于跨热带、温带、寒带3大地区，因此，气候具有多种类型，但以大陆性气候为特点，即大陆性热带气候、大陆性温带气候、大陆性寒带气候。东部和南部濒临太平洋和印度洋，具有明显的季风气候。

亚洲的自然资源比较丰富，其中石油天然气储量在七大洲中居首位，主要集中在西亚阿拉伯半岛及中亚和东北亚一带。煤、铁等地下矿藏也比较丰富，主要集中在东北亚一带，此外，南亚马来西亚的锡矿储量也很丰富。另外，地上的水利资源也较丰富。

综上所述，亚洲的自然环境不太好，存在一些无法克服的天然不利因素，如山地高原所占比例太大，平原所占比例太小，内陆地区距海洋距离太远，这一切都给人类生活、交通运输、经济活动和国际营销活动造成了诸多障碍，再加上人口太多，因此，亚洲的经济不太发达，有不少落后国家和贫困人口，如地处内陆距海较远的老挝、塔吉克斯坦、尼泊尔、阿富汗等。

6.2.5 北美洲概况

北美洲位于大西洋、太平洋、北冰洋和南美洲之间，为世界第三大洲。有23个国家，人口为5亿，大部分为欧洲白人移民后裔，少部分为黑人。绝大部分人口信仰基督教中的新教和天主教。

北美洲东部和西部靠近大西洋和太平洋，沿岸与海岸线平行有两条南北走向的大山脉，西海岸山脉为高大雄伟的落基山脉，东海岸为低矮的阿巴拉契山脉，中部为世界著名的大平原之一。

北美洲岛屿最多，岛屿总面积在世界各大洲中居第一位，最大岛屿为北部的格陵兰岛。北美洲的海岸线虽没有欧洲那样曲折，但与其他大洲相比还是较为曲折且多港湾。

北美洲河流较多，有著名的密西西比河，北美洲湖泊也较多，其中部美国与加拿大之间的五大湖为世界最大的淡水湖群，其中苏必利尔湖是世界最大淡水湖。由于五大湖彼此相联，又通过密西西比河支流与该大河相通，从而形成中部的密集水网。水运交通十分发达，再加上五大湖地区地下资源丰富，从而形成经济发达的工农业地区和城市集中地区。

北美洲气候多种多样，其中中部以大陆性气候为主，东西部沿海地区以海洋性气候为主。又由于北美洲的主要山脉都是南北走向，从北极延伸至中美洲，冬季北极的寒冷空气长驱直入直达该洲南部，夏季热带的气流长驱直入直达该洲北部。因此，该洲气候冬季严寒，夏季炎热，温差颇大。北美洲的地下资源储量丰富，有煤、铁、石油及其他多种矿藏。

综上所述，北美洲由于平原大，河流多且形成水网，海岸曲折港湾多，因此，洲内和洲外交通发达运输畅通，再加上资源丰富，因此，该洲经济发达，世界最发达国家组成的七国集团该洲就有美国和加拿大两个。

6.2.6　南美洲概况

南美洲位于大西洋、太平洋、北美洲和南极大陆之间，轮廓呈倒三角形，为世界第四大洲。该洲与北美洲有一些相似之处：其一，两洲同处于大西洋和太平洋之间；其二，两洲轮廓都呈倒三角形；其三，两洲都是东西两岸分布着南北走向的山脉或高原，而中部为大平原。

南美洲有 12 个国家，人口为 3.6 亿。人口中有西班牙和葡萄牙移民后裔的白种人，有当地原住民印第安人，有两者的混血人种，其中以混血人种为最多，白种人次之，该洲人口中绝大多数信仰基督教中的天主教。

南美洲西海岸与海岸线大体平行、呈南北走向座落着世界上最长的山脉安第斯山脉，长度达 9 000 公里，宽度 30～800 公里。东海岸即大西洋沿岸自北向南分布着圭亚那、巴西和巴塔哥尼亚 3 大高原，其中巴西高原面积为世界最大高原。中部则是世界著名的由亚马逊河冲积而成的大平原，其面积占该洲总面积的 1/3。

该洲河流多而且水量充沛，亚马逊河流域面积世界第一，该洲瀑布也多，最大的落差近一公里。

相对于其他大洲，该洲海岸线平直港湾少，湖泊、岛屿、半岛、沙漠少。

该洲 2/3 的地区属热带气候，特别是热带雨林气候，雨量充沛，河流水量也充沛，因此，水力资源丰富，巴西与圭亚那之间的伊春普水电站为世界最大水电站。南美洲虽属热带气候，但因受海洋和地形的影响，终年温暖湿润，并不太炎热。

该洲中部的大平原，因热带雨林气候多雨而潮湿，人口密度极小，其人口多集中于北部和东部沿海的大城市。

南美洲自然资源丰富，现代工业所需的二十余种矿藏该洲都有储量，其中以智利的铜矿、巴西的铁矿最为著名。另外北部的委内瑞拉境内和西南角阿根廷沿海地区储藏有丰富的石油天然气。另外，该洲西北部的秘鲁沿海和东部巴西沿海还是世界著名的渔场。

6.2.7 非洲概况

非洲被包围于大西洋、地中海、印度洋之间，呈不等边三角形。北面隔地中海与欧洲相望，东北角隔红海和苏伊士运河与亚洲相邻，其面积仅次于亚洲为世界第二大洲，面积为欧洲的3倍，地理上分为东非、西非、北非、南非和中非5个地区。

至21世纪初该洲有56个国家，人口8.3亿人。非洲的人口集中在北部的尼罗河三角洲和地中海沿岸、东部的印度洋沿岸和南部的尖端，中部则人口稀少。非洲人口中绝大多数为黑种人，北部地中海沿岸多为白种人，南端有少数欧洲白人移民后裔，黄种人很少，集中在马达加斯加岛上。北部的白种人信仰伊斯兰教，南端的白种人和中部少数国家的黑种人信仰基督教，其余黑种人信仰各种名目繁多的原始拜物教。

非洲的山脉集中在西北部边缘和南部边缘，西北部边缘为阿特拉斯山脉，呈东西走向，长约1 800公里，南部边缘为开普山脉，其高度、长度都较小。非洲东部南北走向有一条奇特的地质带，即东非裂谷带，它起始自亚洲西部沿非洲东海岸延伸至非洲南端，全长约7 000公里，其中位于非洲部分约为4 000公里，深约两公里，宽度约50公里。谷底有许多长条状湖泊，景色壮丽。

非洲大部分地区为高原，面积约占全洲面积的60%，平均海拔高度为750公尺，因此，非洲是世界第二高原大陆，相对之下山地和平原面积所占比例颇小。非洲的高原大体上分两大片：西北部的高原较低，平均高度为300米，称低平原，该高原上有著名的世界第一大沙漠撒哈拉沙漠和刚果盆地；东南部的高原较高，自北向南有埃塞俄比亚高原、东非高原和南非高原3大高原。非洲另一特点为沙漠面积大，约占总面积的1/3。

非洲是各大洲中半岛和岛屿最少、海岸线平直缺少港湾的大洲。

非洲有尼罗河、刚果河、尼日尔河和赞比亚河4条大河，前3条长度都在4 000公里以上，后一条多瀑布。尼罗河是世界最长的河流，刚果河因流经赤道附近雨量充沛，其水流量为世界第二。非洲的水力资源十分丰富，仅次于亚洲。

该洲大部分地区属热带气候，炎热、少雨、干旱。中部赤道线两侧为热带雨林气候，常年高温多雨，赤道线之外两侧与南北回归线之间为干热的草原气候，夏季多雨冬季干燥，一年之中有明显的干季和湿季两种极端气候，非洲气候还有一个特点，即以赤道线为对称轴，气候呈对称分布，即赤道以北为干季时，赤道以南为湿季，赤道以南为干季时，赤道以北则为湿季。

非洲的自然资源特别是地下资源十分丰富，有“世界原料仓库”之称，其中黄金、钻石和稀有金属如铀、铬、钴、钛、锗、锂等储量尤为突出，均列世界各大洲前列，美中不足的是，由于当地科学技术落后和经济开发能力不足，除少数资源如黄金、钻石、铀、铜、石油天然气等已经大量开采外，其余资源或仅少量开采或还未开采。另外，非洲的咖啡、可可品质好产量也大。

6.2.8　大洋洲概况

大洋洲位于太平洋 、印度洋和南极洲之间，不与任何大洲有陆地接壤，只在北面与印度尼西亚群岛、南面与南极洲大陆距离较近。大洋洲主要陆地为澳大利亚大陆，其轮廓呈梯形，该大陆的面积、人口、资源等都占该洲的很大比例，因此，澳大利亚大陆的自然环境大体上也可以看作是该洲的自然环境。除澳大利亚大陆外，该洲在北面有新几内亚岛、在西南方向有塔斯马尼亚岛和新西兰岛，此外，在大陆的以北方向和东北方向与大陆大体平行分布着 3 条弧状群岛带。离大陆最近的为以北方向的美拉尼西亚群岛，最远的为东北方向的波利尼西亚群岛，中间为以北方向的密克罗尼西亚群岛。除这 3 大群岛外，该洲还有许多零星岛屿，总数达两万余个。大洋洲在世界所有大洲中面积最小，仅占地球陆地总面积的 6%，比欧洲稍小一点，人口也最少，至 21 世纪初仅为 3 200 万人，有 14 个国家，人口中绝大多数为欧洲白人移民的后裔，人口中的绝大多数信仰基督教中的新教。

相对于其他大洲，该洲的地形较为平坦，山地高原海拔不高，其地形由西向东分为 3 大部分，西部为高原地区面积，占该洲的 60%，中部为平原地区，东部为低矮的山脉地区。

该洲面积虽然稍小于欧洲，但人口却只有 3 200 万人，为欧洲人口的 1/23，其主要原因为西部高原地区多沙漠，中部虽为平原却是热带沙漠气候和热带草原气候，东部又为山地，即该洲大部分地区不适于人类生活，因此，人烟稀小，人口多集中在东南部沿海地区，特别是沿海大城市。

大洋洲的地下资源颇丰富，其中铁矿和铀矿、锰矿、锌矿、矾土矿等储量和产量都居各大洲的前列，其特点为品质高、储量大、距海近运输方便，因此，该洲为矿产大洲。

该洲的气候主要为大陆性热带和亚热带气候。

该洲的天然牧场面积大，地下水丰富，因此畜牧业十分发达，为畜产品出口大洲，但粮食不能自给。

6.2.9　南极洲概况

地球的两极虽然都被厚厚的冰层所覆盖，但北极冰层下面为海洋，称北冰洋，南极冰层下面为陆地，称南极洲大陆。该大陆被大西洋、太平洋、印度洋所包围，处于孤立位置不与任何大陆接壤，距离最近的大陆为南美洲的大地岛，其距离也达 1 000 公里。该大陆轮廓像小提琴的音箱，分大小两部分，大的部分位于东半球，小的部分位于西半球，大陆凹入部分为罗斯海和威德尔海。该大陆还是一片高原，平均海拔高度为 2.35 公里，因此，在各大洲中为高度最高的大洲。该洲面积大于欧洲和大洋洲，在世界七大洲中排名第 5 位。该大洲 95% 的面积被平均厚度达两公里的冰层覆盖，只有大陆周边的海洋未被冰层覆盖。

该大洲厚达两公里的冰层自身重量产生的巨大压力，使高处的冰层向低处倾斜、破裂、滑动，而成为冰山。该洲这样的冰山多达二十余万座，而且还在不断产生和滑动，这给该洲的交通运输安全造成极大的威胁；该洲的冰面上没有土地更没有耕地，不能建造人类居住的房屋和其他建筑物，也不能修建道路；农作物也不能生长，加上平均气温为-25℃，比北极还低12℃的寒冷气候及常年不断的强大风暴和长达数月的极昼和极夜，使南极洲成为人类足迹难以到达的地区。该大洲至今没有长期居住的居民，因此，该洲完全不适于人类生活居住，也不适合进行经济活动和国际营销活动。

该洲的矿产资源十分丰富，共有220余种矿藏，其中煤和铁储量为各大洲之首，另外，石油天然气和铀矿储量也十分可观，但由于开采十分困难，运输也十分困难，因此，至今未能开采。另外，该洲周围的海域有丰富的虾、鲸、海豹等经济价值颇高的海洋动物资源。

虽然该洲的矿藏资源至今还未被人类所开采利用，但随着其他各大洲自然资源的日益减少以及科学技术的不断发展，预计今后有可能对其进行开采利用。为此，当代包括中国在内的几十个国家都纷纷派出科学考察队对该大洲进行考察，以期将来开发这些矿藏。

6.3 自然环境的恶化

自然环境是由地球上诸多自然因素组成的巨大综合系统，由于系统内部因素互相影响以及人类的干预，自然环境也在缓慢地变化，而且是向着恶化的方向变化，其主要表现如下：

6.3.1 地球气候变暖

即因温室效应地球大气的平均温度在不断升高，其最终后果如下：

1. 全世界的气候规律被打乱，灾害性天气明显增多，如台风、沙尘暴、暴雨、历史少见的高温和严寒天气、严重的旱灾和洪涝灾害等。

2. 气候变暖后，土壤中的水份蒸发速度加快，导致平原地区的土壤因水份减少而退化，半干旱和全干旱地区的土地沙漠化加快，这在全世界来说已是既成事实，而且这一趋势还将持续下去。

3. 气候变暖后，南北极的冰层加速融化，造成全世界海平面上升，从而使全世界陆地面积缩小，使世界上许多城市、乡村、农田从陆地上消失。

以上的事实充分证明了地球变暖后的严重后果。为此，联合国于20世纪末在日本的京都、21世纪的2011年在丹麦的哥本哈根主持召开了全球会议，专门研究解决这一紧迫的全球问题，包括中国领导人在内的全世界众多发达国家和发展中国家的领导人参加了会议，经过激烈的争论和讨价还价，先后形成了《京都议定书》和《哥本哈根宣言》两个历史性文件，但文件仅仅笼统地提出了要求。根据这两个文件，今后世界各国向大气中排放的二氧化碳数量仍会继续增加，仅仅是增加的速度比过去放缓而已。没有不再增加排放量的要求，更没有减少排放量的要求，这说明解决世界共同面临的这一难题难度之大和步履之艰难。

6.3.2　全球水资源紧缺并受到污染

水资源是人类生存必不可缺少的资源，也是工业、农业、畜牧业等经济活动必不可少的资源，对人类的重要性仅次于空气。

由于近半个多世纪以来全世界经济持续不断的发展和增长，工业、农业、畜牧业和居民生活用水需求量愈来愈大，从而造成全球性水资源供应不足，出现世界性水资源紧缺，据统计，全世界 60% 的地区在一年中的某一时期会出现“水荒”，可见问题之严重。

另外，全世界工业使用的矿产能源，如煤、石油等燃烧后产生的二氧化碳废气最终要排放到地球大气中，随着工业的发展，排放到大气中的二氧化碳数量愈来愈多，在大气中随着雨水的下降成为酸雨，酸雨进入河流、湖泊和地下后，使地球的地表水和地下水变成酸性水，再加上工业废水排放到河流、湖泊中，使酸性水进一步被污染，其后果就是对人类的健康和鱼类等水生生物的生长造成严重影响，有的河流和湖泊的鱼类因此而绝迹。

最后，酸雨还大大影响了树木的生长，对森林造成破坏，使森林吸收二氧化碳净化空气的能力大为下降。

6.3.3　矿产资源减少

一般来讲，地下埋藏的矿产资源都是一次性资源，越开采越少，不能复生。其中一些储藏量较少而且对人类经济活动至关重要的矿产资源减少速度很快，如石油天然气已查明的储量预计不足半个世纪就将耗尽，这将对人类造成巨大威胁，因为直至目前为止人类仍将石油天然气作为重要能源，它是陆上、海上、空中交通运输必不可少的能源，而且直到目前为止还是无法替代的能源。另外，其他一些稀有矿产资源，如铜、锰、铬等也在迅速减少，威胁着人类社会的正常使用。

6.3.4　环境污染

当代全世界人类已有共识并严重关注此问题，其中以饮用水、食物和大气污染最为突出，对人类健康的威胁也最大，当代包括各国政府和普通百姓在内，几乎都在以自己的方式努力减少污染对公众和个人的伤害。

6.3.5　生态失衡

科学研究表明，大自然内部各因素之间存在一种生态平衡关系，这一关系若遭到人类破坏失去平衡，大自然就要报复人类社会，长时期以来地球自然环境不断恶化以及严重自然灾害日益增多，其原因之一就是大自然生态失去了平衡。以下是几个典型例子：

据科学家的研究，若上溯 3 800 年，现在伊拉克境内的大片沙漠是一片原始森林，也是盛极一时的古代巴比伦王国的疆土，但这片原始大森林当时被过度采伐用于巴比伦国的建设，使这片土地植被遭破坏，水土流失，最终变成了沙漠，不但肥沃的土地没有了，气候也发生了恶劣的变化，昌盛的巴比伦王国也因此成为历史，无法再现古代的繁荣昌盛。

当代地震、洪水、旱灾、台风、地质灾害、流行病在内的多种严重天灾频繁发生，次数日益增加，也与生态失去平衡有一定的关系。如人类为了与湖泊争土地，有意识地筑堤将湖泊围起来缩小其面积，将挤出来的荒地改造成农田或作他用，当汛期来临时，因湖泊面积缩小其蓄水能力减小，与其相连的河流多余的河水不能充分被湖泊分流，因而河流泛滥成灾造成洪灾。又如山上的森林和草地被人类采伐开荒成梯田后，山地植被被破坏，造成水土流失，暴雨后山体就会滑坡埋没山下的村庄、铁路、公路，造成地质灾害。

总之，人类与赖以生存的大自然之间本应建立一种既有索取又有保护的良性循环关系，但人类却错误地建立了一种只向大自然索取、缺乏保护大自然的恶性循环关系，从而导致地球自然环境日益恶化，最终伤害了人类自己。有鉴于此，早在20世纪的1972年，联合国就紧急呼吁并召集全世界113个国家在瑞典斯德哥尔摩召开了“联合国人类环境会议”，发表了《联合国人类环境宣言》，强调全人类要共同努力保护和改善地球环境，并从1974年起开展“世界环境日”活动，每年在该项活动中提出一个保护环境的主题，该年第一个主题为“只有一个地球”。

思考题

1. 简述中国某邻国的自然环境。
2. 简述南美洲某国的自然环境。

案例借鉴

两个具有不同自然环境国家的对比

哈萨克斯坦为原苏联的一部分，于1991年独立。该国位于亚洲中部的中亚地区北部，周围与俄罗斯、中国、吉尔吉斯斯坦、乌兹别克斯坦、土库曼斯坦接壤，人口1 500万人，面积为271万平方公里，大于非洲的最大国家阿尔及利亚，为世界上面积最大的内陆国家，也是中亚地区面积最大的国家。

该国处于由平原向山地过渡的地带，北部为平原，中部过渡为大片丘陵地带，东部和东南部则过渡为山地，其国土面积的60%为沙漠或半沙漠。

该国气候属于温带大陆性气候，冬季寒冷，夏季炎热，年温差较大。

该国矿产资源十分丰富，种类既多储量也大，其中有当代最重要的矿产资源煤、铁、石油，还有铜、铅、锌等有色金属资源。

该国地理位置十分不好，深居亚洲中部，距世界四大海洋中的任一海洋都十分遥远，交通十分不便，周围邻国又都是发展中国家，对该国丰富的矿产资源的需求不大，远隔重洋的发达国家虽然对该国丰富的矿产资源有需求，但遥远的陆上距离加上海洋距离使它们望而却步兴趣不大。

因此，尽管该国国土面积足够大，气候也不错，矿产资源又十分丰富，但该国却因地理位置不好、沙漠面积大、平原少这几个弱点，至今仍是站在丰富地下矿产资源之上的发展中国家。

比利时地处西欧大平原的西北部，西临大西洋，北邻荷兰，东邻德国和卢森堡，南邻法国，人口1 000万，国土面积仅3万平方公里，是西欧地区面积最小国家之一，其面积只有邻国法国的1/18，是哈萨克斯坦面积的1/90。该国处于西欧大平原中，平原面积占国土总面积的67%，气候则为十分理想的温带海洋性气候。

该国虽然国土面积十分窄小，也没有什么矿产资源，但地理位置却十分优越，不但位于世界上最发达的欧洲，而且位于欧洲最发达的西欧地区中心，四周邻国都是发达国家，因此，在自然环境的各要素方面可与这些国家优势互补，利用这些国家的自然环境要素弥补本国的自然环境弱势要素，即利用该地理位置，通过濒临的大西洋与世界各国进行密切联系，还可利用欧洲发达的水运网、公路网、铁路网和航空网与欧洲紧密联接成一体，实际效果等同大大扩大了该国的国土面积，也大大增加了该国的自然资源，再加上67%的平原面积和优越的温带海洋性气候，该小国早已进入发达国家行列，其人均GDP明显高于英国、法国、德国等欧洲发达国家。

第2篇

国际营销方法

企业在进行国际营销活动时，经常要使用一些诸如信息收集、营销调研、市场预测等基本方法。本篇分别介绍这些方法。

第 7 章

国际营销所需要的信息

信息对于国际企业的重要性就如同光明对于人的重要性一样。国际企业在复杂的国际市场上进行国际营销活动时，因掌握了必要的信息而取得营销成功的例子比比皆是，因为信息不灵而导致营销失败的例子更是俯拾即是。例如 20 世纪 70 年代中期，日本某家贸易公司在国际市场上捕捉到了两条信息：当时苏联的数名高级贸易官员飞往美国；该批苏联官员到达美国纽约后，又飞往盛产小麦的科罗拉多州。该家日本公司随即对信息作了分析并得出以下结论：第一，苏联粮食减产；第二，苏联将与美国达成进口小麦的协定。于是该公司立即在国际市场上低价购进大量小麦，等到苏美达成购买协议后，国际市场上小麦涨价，该公司又抛出这批小麦，从而获得巨额利润。

可见，市场信息是国际企业进行国际营销活动的重要依据和前提条件。

所谓国际市场信息，就是反映国际市场活动特征及其变化的各种消息。它具有资源性、时间性和共享性的特点。

有必要说明的是，鉴于国际企业的经营管理对信息的依赖程度愈来愈大，因此，当代愈来愈多的国际企业特别是跨国公司建立了以电子计算机为中心的单独信息系统，并由专业人员从事这项工作。比如，日本三井物产公司①为了及时了解全世界各国各地各行业的全面市场营销信息，建立了“三井环球通信网”，通过人造通信卫星把设在世界 77 个国家的 130 个分支机构联接起来，信息专线长度达 40 万公里，可绕地球 10 圈，每天能处理 3 万份从世界各地发回的通信信息。三菱商事公司②则在 128 个国家设立了 142 处分支机构，雇用的专职人员达 3 800 人，其信息网每天 24 小时运转，一天平均处理电报 4 万份、电话 6.6 万次、邮件 3.3 万件。连续 4 年居全球 500 家最大公司第一名、拥有雇员一百多万人的美国沃尔玛百货公司所建立的信息系统最为先进和庞大，该系统由自有通信卫星和电子计算机组成。公司高层设有专职副总经理负责领导此系统。该系统为该公司分布在世界各地的数千家大型超级市场的高效运转发挥了巨大作用。

7.1 国际市场营销信息的分类

1. 国际市场环境信息；

---

① 三井物产公司在 2010 年全球 500 家最大公司中排名第 148 位，年营业额 546.3 亿美元。

② 三菱商事公司在 2010 年全球 500 家最大公司中排名第 125 位，年营业额 607.9 亿美元。

2. 国际市场产品信息；
3. 国际市场价格信息；
4. 国际市场分销渠道信息；
5. 国际市场促销信息；
6. 国际市场竞争信息。

7.2 国际市场营销信息的搜集

7.2.1 搜集国际市场营销信息的原则

(1) 全面

这是国际营销活动本身所决定的，因为只有掌握了与国际营销活动有关的全面信息后，国际营销决策或活动才能做到目明耳聪，免于失误。

(2) 及时

国际营销中所需要的信息时间性很强，搜集或传递时延误了时间，信息的价值就会减小，甚至完全失去价值，这在国际市场需求信息和价格行情信息方面表现得尤为突出。

(3) 准确

所谓准确，就是所搜集的信息真实地反映客观市场情况，只有这样，信息的价值才是真实的。

(4) 适用

所谓适用，就是所搜集的国际市场信息适合本企业进行国际营销时使用。

(5) 经济

即用较少的费用获得较高价值或很高价值的信息。

7.2.2 国际市场营销信息的来源

1. 直接来源

① 企业派人员到国际市场进行实地考察，搜集市场信息。

② 委托本国政府驻国外经济贸易机构进行调查，以搜集信息。

③ 委托本国出国人员，特别是贸易、技术访问团顺便搜集有关国家的市场信息。

④ 由本企业设在世界各地的销售网点搜集市场信息，然后反馈到国内总部。

⑤ 委托目标市场的各种中间商帮助搜集有关的市场信息。

2. 间接来源

① 本国政府设在世界各地的办事机构所搜集的各国市场信息。

② 外国政府的统计机构、贸易机构及专设的对外资料服务机构向外国企业提供的本国市场信息。

③ 本国和外国的图书馆提供的有关国家的市场信息。

④ 联合国下属机构定期出版的有关国际市场资料和不定期提供的某些国际市场资

料。这些下属机构包括联合国粮农组织、联合国贸易与发展会议、联合国工业发展组织、国际贸易中心、国际货币基金组织、世界银行、世界贸易组织等。

⑤ 国际商会及各国的全国性商会和地方商会提供的全世界、某国全国、某国某地区的市场信息。

⑥ 国际同业公会和各国同业公会、各地区同业公会提供的全世界该行业、某国该行业、某地区该行业的市场信息。

⑦ 各国驻本国外交使领馆提供的该国市场的信息。

⑧ 国际银行和本国的外汇银行提供的包括各国市场信息在内的大量经济信息。

⑨ 专门从事商情调研的机构受委托搜集提供的某些国家的市场信息。

⑩ 世界上许多国家都有保护消费者利益的组织，这些组织也可以对外提供一些市场信息。

⑪ 与本企业有关的相关企业，包括竞争对手企业，可以公开对外提供一些与该企业有关的市场信息。

7.2.3 搜集国际市场营销信息的方法

(1) 调查法

即派出人员实地调查，是企业获取第一手信息的重要方法，所获取的信息也比较准确，因此是企业普遍采用的方法。

(2) 索取法

即向国内、国外的有关机构免费索取信息，此法得到的信息不够具体，都是一些综合信息。

(3) 交流法

即与相关企业互相交流信息，是一种很实用的方法，但企业要有足够广的联系面，才能交流到足够多的信息。

(4) 采购法

即向专门提供信息的企业有偿购买信息，得到的信息又快又准，因此是企业获取市场信息的重要方法。

(5) 摘录法

即从有关报刊、书籍上摘录有关市场的信息，是一种比较经济的方法。

7.3 国际市场营销信息的分析与利用

7.3.1 国际市场营销信息的分析

1. 分析信息的准确性

营销信息准确与否直接关系到决策的正确与否，因此对营销信息的分析应首先从其是否准确开始。具体分析时，既要分析其搜集渠道是否可靠，又要分析营销信息本身是否准确。

2. 分析信息之间的相互关系

企业为某一目的而搜集的一组营销信息表面上不一定有联系，需要通过分析发现其内在联系，从而揭示市场有关方面的本质。

3. 分析信息的变化规律

市场营销信息是随着时间的变化而变化的，也随着市场条件的变化而变化。分析的目的就是找出其变化规律或变化趋势，以帮助企业预测市场未来的变化。

7.3.2 国际市场营销信息的利用

1. 国际市场营销信息的用途

国际市场营销信息是各种决策必不可少的前提条件。这些决策既包括投资决策、竞争决策、企业发展决策，也包括产品决策、价格决策、渠道决策、促销决策。

2. 国际市场营销信息的利用原则

利用国际市场营销信息是企业的管理人员，特别是企业领导人的基本职能之一，他们每时每刻都应该利用国际市场营销信息进行国际营销活动。具体如何利用没有固定不变的模式，而是因决策不同和信息不同而不同，但最大原则是不要仅仅利用国际市场营销信息的表面内容，而是要利用其本质内容。如20世纪60年代，中国大庆油田还处于对外保密状态下，日本的石化设备公司就开始了对大庆油田有关市场营销信息的搜集工作，该公司从中国报纸、广播等零星孤立的只言片语中分析发现，中国有一个大油田已勘探成功，正准备大规模开发，油田的地点在寒冷的东北地区，油田的规模、产量也估计出来了，然后根据这些表面信息，该公司进而分析出油田的特点，针对该油田特点积极设计制造适用于该油田具体条件的石油设备，最后在中国对外招标中轻易地战胜了美国、英国、法国、德国同行，赢得了中国的订货。以上说明中国大庆油田营销信息的表面内容是客观存在的，全世界可以共享，但只有日本的企业抓住了中国大庆油田营销信息的本质内容并加以利用，而且利用得十分成功。

思考题

1. 列出几条亲手搜集来的国际市场信息，并分析其价值。
2. 对国际市场上流传的某条信息剥去其外表假象，求其实质信息。

案例借鉴一

日本企业在印度尼西亚逃过了一次重大损失

20世纪50年代和60年代，苏加诺担任印度尼西亚总统期间，很多国家特别是发展中国家的企业都与印度尼西亚有经贸往来，甚至在印度尼西亚有投资。1965年印度尼西亚发生军事政变，总统苏加诺被赶下台，大批与印度尼西亚有经贸往来特别是在印度尼西亚有投资的外国企业遭受了重大经济损失，而只有日本的企业遭受的经济损失最小，这是因为日本企业早在政变发生前的半个月就通过其发达的政治经济信息网得到了这一绝密信息，并立即采取了紧急措施，所以损失最小。

案例借鉴二

中国的一位企业家因信息而大获成功

中国的天文科学家在 20 世纪 90 年代发现了几颗小行星，其中一颗被命名为李晓华星。这位李晓华原为北大荒下乡知识青年，后来到香港开办公司成了有名的企业家和大富翁，而他的“第一桶金”来自于在马来西亚投资建高速公路，这次投资成功归因于一条信息。20 世纪 80 年代马来西亚向全世界招标修建一条从沿海到内地的高速公路，条件是中标者先自己投资修建，然后在规定年限内用公路收取的费用抵偿投资。由于这条公路沿线工业很落后，建成后交通流量不会大，因此大多数外国投标者都畏缩不前不敢投标。李晓华也有同样的顾虑，但为了解决这一顾虑他亲自到沿线考察。他在考察中意外发现沿线不远处正在勘探一个大型油气田，全部勘探工作虽已进入尾声但却未完成，因此当局尚不能向外界宣布此事。李晓华获得此信息后，立即决定投标 800 万美元兴建了此高速公路。就在该公路竣工后不久，油气田全部勘探工作结束，有关当局正式向外界宣布了此消息，世界各地的投资者立即蜂拥而至，某投资者以高出投资 1 倍的价格从李晓华手中买下了该条高速公路，李晓华归还银行贷款后净赚 800 万美元，并从此成为大企业家。

第 8 章

国际市场营销调研

任何进行国际营销活动的国际企业都要不断地作出各种决策，但国际营销前提条件是要对决策问题的有关方面进行充分的了解，这种了解就是国际市场营销调研。所有进行国际营销活动的企业，特别是大型企业都十分重视这项工作，并在这方面投入了大量人力、物力。第 7 章所列举的关于日本三井公司、日本三菱公司和美国沃尔玛公司的 3 个例子就是最好的证明。

8.1 国际市场营销调研的概念与程序

8.1.1 营销调研的概念

1. 含义

指运用科学的方法和手段，有目的、系统地搜集、记录、整理和分析有关市场营销方面的各种情报资料，为营销决策提供重要依据。

2. 3 个有关名词的区别

(1) 市场调查或市场调研（Market Research）

指企业为了销售产品而对顾客的需求、购买动机、购买行为等有关方面所作的调查研究，是推销观念的产物。

(2) 营销调研（Marketing Research）

除研究顾客外，还研究与营销决策直接有关的其他数据资料如文化、政治、经济环境、竞争态势等，是一个含义更广的概念，是营销观念的产物。

(3) 营销信息系统

它不像营销调研那样仅针对某一项具体决策提供依据，而是服务于各种营销决策。它是由人、机器和程序构成的一个系统，系统地搜集、整理、储存、检索、分析和说明整个市场资料和数据。前面提到的日本三井、三菱两家公司所建立的通信网和信息网就属此系统。

3. 营销调研机构

营销调研这一手段已为广大国际营销企业所采用。据调查统计，在美国制造业中，有 93% 以上的企业都在采用这一手段。世界上所有国际企业进行营销调研时所采用的机构大体上有两大类：一类是企业下属的一个专门机构，大型国际企业一般采用此形式，如美国福特汽车公司和可口可乐饮料公司就分别设有由一名副经理负责的正式机构，该机构设有调研设计员、统计员、行为科学学者和模型设计人员；另一类机构则是独立的法人机构，这些机构主要为中小企业提供有偿营销调研服务，这些独立机构大体有下述几类：

（1）综合性调研公司

搜集市场营销方面的各种信息（即综合信息），然后提供给用户。

（2）咨询服务公司

此类公司接受企业的委托，或参与调研设计，或对企业的营销调研进行业务指导、咨询，或独立进行营销调研工作。

（3）专业调研公司

这类公司受企业委托专门为某一行业的企业或特定的营销调研业务进行调查研究。

8.1.2 营销调研分类

1. 探索性调研

这是为探索市场机会、探索解决营销中某一问题的思路和方法或探索营销中出现某一问题的原因而进行的营销调研。如企业进入某国市场之前，寻找该国市场存在哪些市场机会；某东道国市场的文化环境与母国的文化环境存在着巨大差异，寻求适应东道国文化环境的思路与办法；企业形象近来有所变坏，探索其原因等。

探索性调研是一种比较粗略的调研，一般通过搜集第二手资料，请教内行、专家或参照过去的案例方式进行。

2. 描述性调研

即为如实反映市场营销客观状况而进行的营销调研，如本企业的销售增长率、市场占有率、竞争对手的实力等。描述性调研是各种类型营销调研中最基本、工作量最大的一种调研，它比探索性调研更深一步，不仅占有资料，而且要对资料进行整理和分析。描述性调研多采用实地调查法。

3. 因果性调研

调查研究某一营销现象产生的原因，并进一步研究分析因和果两者之间的关系。比如，调查研究发现本企业产品在市场上销售量下降的原因是消费者购买力下降，然后进一步通过逻辑分析和统计方法找出两者之间的数量关系。因果性调研又分定性调研和定量调研两种。因果性调研主要采用实验法。

4. 预测性调研

国际企业在进行国际营销的过程中，有时要对将来的世界经济形势、东道国政治形势、目标市场前景、竞争对手企业变化趋向、本企业产品的市场占有率和销售额进行预测，以便据此制定企业的战略目标和营销策略及营销计划。此种预测不是凭空想像，而是采用科学方法进行推断。企业在采用科学方法进行推断时需要一系列过去和现在的有关事实作基础资料，企业为取得这些有关事实所进行的调研就是预测性调研。

8.1.3　营销调研计划

营销调研是一种复杂而工作量大的活动，因此事先必须制定调研计划，然后按计划进行调研，调研计划一般包括以下内容：

1. 调研目标

调研目标是指明确调研什么以及调研所要达到的目的要求。

2. 调研范围

营销调研的内容和范围极为广泛，不可能也没有必要对营销的方方面面都进行调研。因此，就要根据调研目标规定出调研范围，即在何处调研，向谁调研。

3. 调研项目

调研项目是把调研内容归纳为几个项目，然后按项目进行调研。

4. 资料来源

预先规定出所需资料是来自实地调查或实验的第一手资料，还是来自别人搜集整理的第二手资料。

5. 调研方法

调研方法很多，需要在作计划时就预先规定下来。

6. 调研预算

调研活动是一项需要花费一定人力、物力、财力的活动，因此必须要事先作出预算，预算的多少主要取决于企业财力和调研的具体要求。

7. 日程安排

为了按时完成调研工作，事先必须对日程作出安排。

8. 调研结果的报告形式

调研报告的基本形式是文字与图表相结合，但又有许多具体形式，这样就要根据调研本身的要求事先在计划中确定下来。

8.1.4　营销调研程序

1. 确定调研题目

根据企业当前或今后要解决的问题确定调研题目。

2. 制定调研计划

按照前面所讲述的要求制定出详细的调研计划。

3. 执行调研计划

即实际调研。此程序既可以由本企业有关部门执行，也可以委托外部的专业公司完成。

4. 整理、分析资料，得出结果并写成报告

即对实际调研中所搜集到的资料和数据进行整理与分析，从而得出调研结果或调研结论，最后将其写成报告。

8.2 国际市场营销调研的内容

营销调研是为营销决策服务的，由于国际营销的决策有很多种，所以营销决策所需要的营销调研内容也有很多种。下面是企业在进行国际营销时需要作出的主要决策及所需要的营销调研内容：

1. 进入国际市场决策所需要的营销调研内容

企业是继续留在国内市场搞国内营销，还是进入国际市场进行国际营销，也就是说，企业要不要搞国际营销，为什么要搞国际营销，这是企业在进行国际营销之前首先要作出的决策。这项决策需要下述营销调研内容：

(1) 本企业产品的国内总需求量和世界总需求量各是多少；

(2) 本企业产品在世界市场上的潜在市场占有率是多少；

(3) 本企业产品国内利润总额和世界利润总额的比较；

(4) 世界市场上同类产品的竞争态势如何，本企业产品进入世界市场后是否能够站稳脚跟。

2. 市场选择决策所需要的营销调研内容

世界上有 210 多个国家，每个国家对本企业产品的需求程度是不同的，即有的国家对本企业产品的兴趣大，有的国家兴趣小；或者说本企业产品进入某个国家或某些国家的有利条件多，进入其他国家的有利条件少。为此，企业在决定要进入国际市场之后，随之而来的第二个决策就是企业进入哪个国家或哪些国家。为此，需要对下述的内容进行营销调研并进行比较：

(1) 世界上各个国家对本企业产品的市场总需求量或市场潜量各是多少。在现实中求得准确的市场潜量是十分困难的，通常通过计算某国的市场销售量来估算该国的市场潜量。计算公式为：

$$\text{某国市场销售量} = \text{当地产量} + \text{进口量} - \text{出口量}$$

(2) 世界各国市场上同类产品的竞争情况。这包括每个国家市场上有哪些竞争对手，他们的市场份额各是多少，他们采取什么样的营销策略，该国市场上未来竞争的趋势如何。

(3) 世界各国的政治状况如何，政局是否稳定，政治风险如何，对外来投资的态度如何。

企业在对世界各国的上述内容进行比较后，挑选出吸引力最大、有利条件最多的国家，这个国家或这些国家就是企业应进入的市场，即目标市场。

3. 进入国际市场方式决策所需要的营销调研内容

企业选择确定了目标市场后，下一个要作的决策就是以何种方式进入目标市场。企业进入目标市场的方式通常有间接进入方式和直接进入方式两大类，每一大类中又有多种不同的进入方式，在选择进入方式时需要营销调研的内容包括：

(1) 目标市场的规模或市场潜量；

（2）目标市场的贸易壁垒情况；

（3）当地的竞争情况；

（4）运输费用；

（5）当地的政治、经济、文化和技术环境；

（6）企业本身的资源情况（人力、物力、财力）。

如果目标市场的规模很大，但贸易壁垒高，运输费也昂贵，那么采用直接进入方式有利；反之，如果市场规模小，政局不稳，企业自身资源不足，那么采用间接进入的方式比较有利。

4. 营销策略组合决策所需要的营销调研内容

任何企业在任何市场上进行任何国际营销活动，必须有一整套营销策略，或者必须有一组营销策略组合，而营销策略组合本身则因企业的外部环境和内部条件的不同而有很多种不同内容的组合。为了制定出适合企业具体条件的营销策略组合，企业需要进行下述内容的营销调研：

（1）有关消费者的信息

主要包括消费者的购买力、购买行为（动机、习惯、偏好）和基本情况（年龄、性别、职业、价值观）等。

（2）有关产品的信息

主要指产品款式、质量、大小、颜色、材料、使用方式、服务种类与方式等。

（3）有关价格的信息

主要包括政府在产品定价中的作用、产品的价格需求弹性、价格水平、信贷条件、支付方式等。

（4）有关分销渠道的信息

主要包括该产品在目标市场上有哪些常规分销渠道和非常规分销渠道，渠道效率高低、利弊大小，目标市场的批零差价，折扣和信贷方面有哪些习惯做法，经营该产品的主要中间商是哪几家，这些中间商的基本条件如何等。

（5）有关促销方面的信息

主要包括目标市场上有哪些可供选择的媒体，各种媒体的基本情况，消费者经常接触的是哪几种媒体，其覆盖面及费用如何，主要广告公司的业务范围、能力、收费标准，消费者对广告色彩与画面有哪些禁忌和偏好等。

通常情况下一般消费品的营销调研应半年进行一次，以形成连续的动态数据，调查方式应采用抽样调查或零售店监测两种方法。

企业在工业品的大量营销实践中总结出了 80/20 法则，即企业在工业品营销中 80% 的利润来自 20% 的用户。因此，工业品的营销调研和营销策略组合的重点就是发现和留住这 20% 的用户。调查方式可采用行业展销会、行业网站、专业刊物、问卷调查、用户内部人员专门访谈等方式。

5. 资源配置决策所需要的营销调研内容

相对于市场需求来讲，任何企业的资源（人力、物力、财力）总是有限的，不可能满足所有市场的所有需求。因此，企业在国际营销过程中，就要根据市场情况和企业本身条件作出企业的资源配置决策。这种决策不是一劳永逸的，而是随着市场和企业自身条件的不断变化，相应地作出新的资源配置决策。这些决策所需的营销调研内容如下：

(1) 本企业产品在各个目标市场上的销售潜量；

(2) 本企业产品在各个目标市场上的经营状况；

(3) 本企业产品在各个目标市场上所处的生命周期阶段；

(4) 本企业在各个目标市场上所采用的不同经营方式的现状及前景。

8.3 国际市场营销调研所使用的方法

1. 案头调研

又称第二手资料调研，是指利用各种书面文字、档案资料所进行的调研，即利用他人搜集和整理的资料进行的调研，主要是为企业实地调研打下必要的基础。

(1) 第二手资料的来源

第二手资料的来源十分广泛，大体上分为以下 3 大类：

① 内部资料

包括企业调研人员积累储存的案卷、本企业营销信息系统储存的资料和本企业的业务记录等。

② 机关团体资料

即国内和国外的机关团体如本国政府、外国政府、联合国、各种国际组织、银行、金融机构、各种调研公司、咨询公司、图书馆等所提供的资料。

③ 文献资料

即各种书刊、报纸杂志和公开发行的文献所提供的资料。

(2) 第二手资料的优缺点

第二手资料的最大优点是搜集比较容易、时间短、费用少，但严重缺点是准确性差，因而适用性也差。这是因为各种不同资料来源所提供的资料形成时间不同，所规定的资料含义不同，所采用的口径不同，比如，商业运输车辆这一指标，有的国家仅仅包括卡车和公共汽车，有的国家除此之外还包括出租汽车；有的国家把拖拉机单独列为一个指标，有的国家则将其合并归入农业机械这一指标中。

(3) 第二手资料的使用

第二手资料存在上述严重缺点，一般不能原封不动地直接使用，在使用之前一般要对第二手资料进行核对、整理、去删等工作，然后才能使用。

2. 实地调研

实地调研即由调研人员亲赴现场搜集第一手资料的过程，它是案头调研的深化，也是营销调研的主要方式，分为下列几种方式：

(1) 询问法

询问法是以当面口头询问或书面询问的方式进行调研，是一种最常用的方式，主要用于调研消费者的购买行为（购买动机、购买习惯、购买偏爱等）。它分以下 3 种方式：

① 面谈调查法

面谈调查法又分为个人面谈和集体面谈两种。它的优点是面谈中能够观察被调查者的态度，从而可以判断资料的可信程度；另外，在面谈中可根据对方的具体情况临时改变询问的广度和深度，得到比较适用的资料，甚至可以获得意外资料。但此方式也有较大的缺点，即对调研人员的基本素质和专业知识要求较高；另外，采用此方式需要较多的调研人员，因此费用高。

② 电话调查法

优点是快且省时间，而且地理范围广，不受地理距离的限制，费用也低；缺点是不容易得到被调查者的合作，电话普及率低的国家不适于采用此法。

③ 邮寄调查法

邮寄调查法是将设计好的书面询问表格邮寄给被调查者，然后收回的方法。优点是费用很低，地理范围可以很广，回答的结果比较真实，特别适于地理距离跨度大的国际营销调研；但缺点也较大，即需要的时间长，回收率很低，一般只有1%~5%。

（2）观察法

观察法是调研人员直接到现场，以第三者的身份不动声色地对被调查者进行观察的方法。它分为下述几种方式：

① 直接观察法

直接观察法是调研人员到销售现场、使用现场、供应现场观察被调查者。常用于调研消费者对产品的款式、颜色、包装装潢的喜恶。

观察法的最大优点是观察到的信息真实可靠，但缺点也很明显，即观察到的仅仅是表面信息，产生这些信息或行为的内在原因却没有揭示出来。

② 行为记录法

行为记录法是利用录音机、录像机、照相机及其他科学仪器十分隐蔽地对被调查者的某些行为进行记录，从而获得某些营销信息。比如，美国的尼尔逊调查公司将一种电子监听仪器安装在经过挑选的全美国 1 250 个家庭的电视机内，自动记录该家庭收看哪家电视台的节目以及收看了多少时间。公司每隔一定时期将监听仪器中的记录带收回进行整理分析，就可准确地获得不同阶层、不同职业的家庭喜欢哪些电视节目，不喜欢哪些电视节目的信息，而且可以用数字表示出来。

因此，行为记录法常用来调查诸如消费者的流量、消费者的行为变化、广告的效果等营销信息。

（3）实验法

实验法是通过在典型市场上的小型实验获取有关营销的信息，也是目前营销调研中广泛使用的一种方法。具体方式多采用试销的方式，即将产品改变前后的两种甚至数种不同品种、质量、款式、包装、价格、商标、广告等的产品放在两个或数个市场上进行对比性试销，从试销结果中确定哪种更适合消费者的需求以及哪个市场的潜量更大一些。

实验法极为科学，所获得的结果也十分有价值，但缺点是时间过长、成本较高，较其他方法实施的难度更大一些。

8.4 国际市场营销调研技术

8.4.1 调查表设计

调查表又称问卷，是由调研人员提供给被调查者用以回答问题的表格，用于所有询问式调查特别是面谈式和邮寄式调查。由于被调查者没有义务回答调研人员在调查表中所提出的问题，因此如何取得被调查者的合作填写一份真实的问卷，便是调查表设计的最大任务。

1. 调查表的设计原则

(1) 被调查者愿意回答

这就要求问卷内容和形式结构要形成一种良好的气氛，使被调查者愿意合作，愿意回答表格中的问题。比如，要用亲切的口吻，绝对不能用命令式的口吻；回答内容不能涉及私生活和使人难堪的问题；对某些敏感问题，调研者还要事先对被调查者作出为其保守秘密的保证等。

(2) 被调查者回答方便

设计的调查表尽量不要用文字形式回答，而采用画符号如“√”、“×”的形式回答；所提问题最好不要用专业名词术语；提的问题不要含糊其辞，使人难于回答。

(3) 便于数据整理

调查表收回后整理分析的工作量是很大的，为了减少工作量，提高效率，调查表设计时应尽量便于以后的数据整理统计。

2. 调查表的设计程序

调查表的设计是一项既关键又复杂的工作，因此，要按一定程序进行具体如下：

(1) 明确调查的主题；

(2) 确定被调查的对象；

(3) 确定调查表的提问顺序；

(4) 确定提问的方法；

(5) 确定调查表的项目；

(6) 拟定草案，进行试验性调查；

(7) 制定正式调查表，进行正式调查。

3. 调查表的基本结构

(1) 被调查者的基本情况：如姓名、性别、年龄、民族、文化程度、职业、收入、地址等；

(2) 调查内容：调查的具体内容；

(3) 调查表填写说明：解释如何填写表格，有必要的话，调研单位还要对被调查者作出诸如为其保守秘密的保证等。

4. 调查表的提问技术

(1) 封闭式提问

这是营销调研调查表的主要提问方式，指在调查表中调研者已为被调查者拟定了各种可能的答案，只需被调查者从中作出选择即可。此方法的优点是被调查者容易回答，所得资料也较准确，缺点是得不到被调查者的建设性意见。

(2) 开放式提问

指调查表中不列出可能的答案，而是由被调查者自由回答。优点是可得到被调查者的建设性意见，缺点是受被调查者文化教育程度的影响会形成调查偏差，即文化程度高者见解高，回答的问题有条理而且数量也多，文化程度低者反之。因此，此种方法目前仅是封闭式提问的补充。

5. 调查表的提问措辞

(1) 针对某一具体问题提问

比如，“你对××产品满意吗”就是一般化提问，应具体为“你对××产品的款式满意吗”、“你对××产品的价格满意吗”。

(2) 用词含义清楚

比如“你所在城市的电话普及率高吗”问题中的“普及率高”一词的含义可大可小，十分含糊，应改为“你所在城市的电话普及率达到70%了吗”。

(3) 避免使用引导性语言

避免使用暗示或引导性语言引导被调查者沿某一思路回答问题。比如，“你喜欢喝美国的蓝带牌啤酒吗”这问句带有明显的引导性，应改为中性问句，即“你喜欢喝哪种牌子的啤酒”。

(4) 避免提出令人难堪的问题

避免提出涉及个人隐私的问题、敏感问题或令人难堪的问题。比如，“你酗酒吗”、“你歧视妇女吗”这类问题完全不适合向被调查者提问。

(5) 避免提出假设性问题

这是因为既然是假设性问题，现实中并不存在，因此被调查者也就漫不经心地随便加以回答，所以意义不大。比如，“如果进口洋酒的价格低于同品质国产酒的价格，你是否愿意购买洋酒”，由于进口酒要征收高额关税，其价格不可能低于同品质的国产酒，因此，此提问毫无意义。

6. 调查表提问的顺序

(1) 先提开放式问题，后提封闭式问题，这样有利于创造一种良好的气氛；

(2) 先提容易回答的问题，后提较难回答的问题，这样可避免被调查者采取知难而退、停止回答问题的不合作态度；

(3) 有趣味性的问题放在前面，严肃的实质性的问题放在后面，这样有利于引起被调查者的某种思考兴趣，对所有问题都给予回答。

调查表的提问顺序除上述顺序外，还有一种叫作漏斗法，即先提问一些可以在较广泛范围内回答的浅显问题，然后逐渐深入靠近所要提问的专门性问题，最后提出只能在小范围内回答的专门性问题。

8.4.2　抽样设计

进行调查时，究竟调查哪些被调查者？从理论上讲，当然采用普查法一个不漏地对所有人员进行调查效果最好，其调查结果全面而准确，但普查法工作量很大，耗用的人力、物力、财力巨大，时间也长，一般企业承受不了。因此，实践中很少采用，仅仅在调查范围很窄、被调查人数很少的情况下适用。现实实践中经常使用的是抽样法，即从被调查的总体中抽取一部分个体（即样本）进行调查，然后以此推断总体的一种方法。这种方法由于应用了概率论的理论，因此简单易行，而且误差可以控制在一定范围内。最大的优点则是花费的人力、物力、财力都少，需要的时间也短，因此已被广泛应用于营销调研中。

1. 随机抽样

随机抽样也称概率抽样，就是在广泛的对象中，不作任何有目的的选择，纯粹用偶然的方法抽取样本。优点是能够判断误差大小，适用于定期的营销调研。常用的有如下3种：

（1）简单随机抽样

常用的有抽签法和乱数表法。前者指把被调查者进行编号，然后把编写出来的顺序号打乱，最后从打乱的编号中任意抽出一定数量作为样本。后者是使用统计学中通用的一种标准表格，表格中的数字排列杂乱无章，毫无规律。使用时，先从表格中任意指定一个数字，然后以该数字为起点沿一定方向（上、下、左、右皆可）顺序读出一组又一组数字，直到读出的数字组数达到样本个数为止。但要求所有数字组中数字的位数都要相同，而且与样本数的位数也要相同。

（2）分层随机抽样

这是适用于总体中个体差异很大的情况时所进行的调查，即把总体按某种特性分成若干层，然后在每一层中抽取一定数量的样本。至于如何分层，分为多少层，并无统一的规定。如调查某城市小学生的平均身高，可将该城市小学生按年级分为若干个层，然后抽样。

（3）分群随机抽样

分群随机抽样把总体分成若干群，每一群内部就俨然是一个缩小了的总体，然后在每一群中随意抽取一定数量的样本。分群随机抽样适用于难度大的项目。最典型的分群抽样即把一个很大的地区分为若干个小地区，然后在每个小地区中随机抽样。如调查全中国人的平均体重，可将全国按省份分成若干个群，然后对每个群中的每个年龄段进行抽样。

上述分层随机抽样与分群随机抽样有着本质上的不同。前者的特点是层与层的差异大，而每层的内部差异小；后者相反，群与群的差异不大，而每群的内部差异大。

（4）等距随机抽样

等距随机抽样也叫系统随机抽样，就是将总体中的每个个体顺序编号排列，然后每隔一定距离从总体中抽取一个样本。该间隔距离等于总体总数除以样本总数。

假若所抽取的第一个样本是随机抽取的，此法就属随机抽样，否则就是非随机抽样。

2. 非随机抽样

非随机抽样也称非概率抽样。由于无法知道误差大小，所以该法科学性差一些，但方便易行，省时间，省费用，所以实践中的经常性营销调研适用此法。

（1）任意抽样

任意抽样指完全由调研人员的方便与意志任意选择样本。优点是方便、省费用；缺点是样本偏差大，结果不可靠。因此，常用于试查或预备性调查。

（2）判断抽样

判断抽样指由对被调查总体十分熟悉和了解的调研人员或专家，根据自己的判断抽取"平均型"的样本，避免抽取"极端型"的样本，适用于总体构成差异十分大而所要抽取的样本数又非常少的情况。比如，一条货船上装满了各种各样的货物，当要调查该货船货物总重量合格率时，当然不能将每种货物一一过磅核对，只能由专家选择某种代表性货物，核对该货物的重量合格率，以推断整船货物总重量的合格率。

（3）配额抽样

配额抽样按照某种特征将被调查总体分为若干层，然后对每层规定样本配额，最后按判断抽样法而不是按随机抽样法对每层进行抽样。

由上可以看出，配额抽样与分层抽样和判断抽样十分相似，实际上是两者的结合，但结果的可靠程度比两者要高，因此，适合于通常的营销调研。

8.4.3 实地调查法应注意的问题

1. 适应当地的文化背景

国际营销调研不是对国内进行调研，而是对国外进行调研，世界上有 210 多个国家，这 210 多个国家的文化背景不同，文化差异大，因此适合于这个国家的实地调查方式、方法、内容不一定适合另一个国家，为此，就要针对不同的国家甚至不同地区采用不同的实地调查方式、方法和内容。比如，当调研人员询问中国人的年龄、收入时，可以很容易得到回答；但在西方这两项都属个人隐私，被调查者不但拒绝回答，而且认为调研者的询问是一种不礼貌的行为。又如，西方人乐意回答别人包括陌生人提出的善意问题，但在印度和伊斯兰教国家，人们一般不喜欢与陌生人见面，更谈不上回答陌生人提出的问题，更有甚者，伊斯兰国家的妇女只有在男性亲属陪同下才同意与陌生人见面。

2. 要慎重对待调查表文字的翻译

既然是在外国进行调查，调查表中的文字就一定要翻译成外国文字。外国文字翻译得是否恰当就成了调查结果准确性和真实性的制约因素。最好的方法就是进行往返两次翻译，以检验翻译是否有失误，即先将调查表中的本国文字请当地人员翻译成被调查者所在国的文字，然后再让本国的翻译人员将外国文字翻译成本国文字，然后将两种本国文字的内容进行对比，以发现问题。

3. 慎用电话询问法和邮寄法

这两种方法还不能普遍采用，因为除发达国家和少数发展中国家外，世界上大部分国家的邮电产业都比较落后。比如，非洲人口最多的国家尼日利亚，每 1 000 户家庭中只有 9 户有电话，不足 1%，埃及的电话普及率仅为 3%，土耳其也仅为 4%；巴西国内的信函有 30% 根本收不到。因此，在这些国家不能采用上述两种询问法。

4. 当抽样有困难时采取的办法

抽样调查结果是否准确的关键因素之一就是样本要有代表性，但世界上不少落后国家缺少有关的文献，从而不能随机抽取样本。比如，不少国家没有准确的人口统计资料，没有街道图，街道上的房屋没有门牌，没有电话簿，没有企业名录簿等。遇到此种情况，企业最好委托专业公司或聘请专家完成实地调查工作。

思考题

1. 设计一份调查德国消费者穿戴习惯的调查表。

2. 采用面谈调查法或电话调查法，实地调查某几种品牌家电在中国某城市消费者中的喜爱程度。

案例借鉴

日本的汽车工业从营销调研中大获成功

日本的汽车工业在第二次世界大战中遭到了严重的破坏，第二次世界大战后开始恢复，20 世纪 70 年代初已具有一定的规模。此时日本的汽车制造商开始寻找国外市场，以便将日本的汽车打入国际市场，他们初步打算进入美国市场，并为此进行了营销调研活动。在美国，由于汽车是家庭普遍使用的交通工具，因此他们的调研首先从家庭现状开始。他们发现从 20 世纪 60 年代末起，美国的家庭结构发生了明显的变化，即家庭结构由扩展家庭逐渐改变为只有夫妻和未成年子女在一起组成的核心家庭，家庭成员明显减少，即家庭规模变小，每个家庭的总收入也随之减小，使家庭购买力下降，变化后的核心家庭普遍希望购买价格较低的廉价轿车；调研的另一结果是 20 世纪 70 年代初世界性的石油危机造成了世界性油价飞涨，其对美国消费者的影响是消费者普遍喜欢购买节油型的小轿车；调研的最后一个结果是美国的汽车制造业竞争正进入白热化状态，它们竞相推出更豪华、速度更快、功率更大的轿车，而忽略了小型、廉价、节油轿车的生产。日本的汽车制造厂家经调研得出上述 3 个结果，又考虑到日本汽车业的优势不在大型、豪华、高速轿车上，而是在低档小型轿车上，因此，最后根据美国市场的客观需求结合日本汽车业的能力，毅然决定全力开发小型、廉价、节油型小轿车，然后推向美国市场，从而一举成功占领了美国低档小轿车市场，并成为日本企业打入美国市场的拳头产品，为日本汽车制造商创造了巨大利润。而日本的几家汽车生产企业，如丰田汽车公司、本田汽车公司、日产汽车公司、马自达汽车公司、铃木汽车公司、五十铃汽车公司等，因此而快速发展成为全球 500 家最大公司之一，并且前 3 家公司在 2010 年全球 500 家最大公司中排名在前 50 位之内（表 3 - 1）。

第 9 章

国际营销市场预测

任何正规的国际企业在进行国际营销活动时，都要预先确定一个或数个战略目标，如利润目标、销售量目标、市场占有率目标等，然后在实践中努力实现这些目标。确定这些目标的前提条件就是对今后若干年内市场某些特征的变化进行预测，即对今后某些市场特征进行估计与推测。这项工作作出的结论是否正确关系到企业今后国际营销活动的成败。下面的例子也许能够证明预测的重要性。

1976 年第 6 次中东战争爆发后，苏伊士运河航行中断，依靠苏伊士运河向西方运送石油的船队只好绕道好望角航行，运费大增，石油价格因此飞涨，许多日本的大公司担心战争的延续会使石油价格继续飞涨，因此大量购进石油，以备石油价格再上涨后抛出，赚一大笔利润。而日本的伊藤忠商社[①]此时不但不购进石油，而是在战争刚爆发、石油价格飞涨的最初几天里大量抛出过去储存的石油。果然战争只经过 7 天就结束了，石油价格又大幅度回落，其他日本大公司因购进石油赔了钱，只有伊藤忠商社因抛出石油赚了钱。伊藤忠商社这样做的依据就是对该次中东战争的分析与预测。伊藤忠商社的分析是阿以战争双方都是小国，没有实力进行一场旷日持久的战争，另外阿以战争的战场是在西奈半岛的沙漠地带，而沙漠地带的严酷环境也不可能进行一场旷日持久的战争。因此，伊藤忠商社预测战争将是一场速战速决的战争，苏伊士运河航行的中断也只是短暂的，绕行非洲南部好望角的石油运输船只很快便会重新沿苏伊士运河航行，运费下降后，石油的价格必然会下降而不是继续飞涨。这件事充分证明了市场预测对国际营销成败的重要性。

9.1 国际营销市场预测的基本知识

9.1.1 市场预测的理论依据

1. 连贯性原理

这一原理是指任何市场预测对象都有自己的发展规律，不论是过去、现在或将来的发展都具有连贯性，不会有前后不连贯的断裂现象。比如，纵观人们的生活习惯、消费习惯、消费模式的变化，一般都具有连贯性。因此，市场预测对象的连贯性就为市场预

---

① 伊藤忠商社在 2010 年全球 500 家最大公司中排名第 201 位，年营业额达 426.1 亿美元。

测工作提供了第1个理论根据。人们可以根据预测对象的连贯性规律，对市场预测对象的变化作出某种估计或推测。

2. 相似性原理

市场预测对象互不相同，但仔细比较后会发现，某两种或某数种预测对象具有相似的特征和相似的发展规律。因此，人们可以根据某两种相似发展规律或特征中的其中一种对象的已知发展规律，估计或推测另一种具有相似特点的市场预测对象的发展变化。比如，可以根据黑白电视机在市场上的成长、消失规律估计推测彩色电视机在市场上的成长、消失规律。也就是说，相似性原理为具有相似特点的市场预测对象提供了第2个理论依据。人们可以根据具有相似特征的市场预测对象中的一种，估计推测另一种的发展变化规律。

3. 相关性原理

人类社会几乎所有事物的变化都是由于某种或某几种因素的变化而引起的，也就是说某种或某几种自变量的变化会引起相关事物因变量的变化。国际市场中的预测对象也有此特点，即市场内部或外部某几种因素变化会导致市场中相应因变量的变化。比如，消费者收入的减少会造成消费者购买力下降，购买力下降又会引起企业销售量减少。因此，相关性原理为市场预测提供了第3个理论依据。也就是说，预测者可根据市场内外某些因素的变化来估计和推测市场预测对象的变化。

9.1.2 市场预测的分类

1. 按预测期限分类

(1) 短期预测：指近期，即1年或两年以内的预测。

(2) 中期预测：指期限为2~5年的预测。

(3) 长期预测：指期限在5年以上的预测。

2. 按预测结果分类

(1) 定性预测：指对预测对象性质或变化大趋势的预测。

(2) 定量预测：指对预测对象数量变化的预测。

9.1.3 市场预测的特点

1. 科学性

市场预测不可主观臆断，而要以上述的理论原理为依据，并且按照一定的科学程序，采用一整套科学方法对市场预测对象进行预测，因而具有科学性。

2. 近似性

由于下述3点原因，市场预测的结果只能是近似的，而不是绝对准确或精确的：

(1) 市场预测对象与社会中的任何事物一样，也存在发生偶然变化的可能性，而这种偶然性变化是很难预测的，因此预测结果只能是不包括现实中偶然情况的近似值。

(2) 市场预测对象与社会中的任何事物一样，促使其变化的自变量因素不止一个，而是数个，甚至更多个。限于目前市场预测科学的水平，在市场预测时还不能把所有大大小小的自变量因素都考虑进去，而只能考虑其中几个或其中主要的自变量对因变量的影响，因此，得到的市场预测结果只能是近似的。

(3) 市场预测结果准确与否在很大程度上决定于预测者是否具有渊博的知识、丰富的经验及稳定的心理状态。现实中，预测者很少同时具备上述 3 种条件。因此，由不完全具备上述 3 大条件的预测者作出的市场预测结果不会是绝对准确的，只能是近似的。

3. 时效性

市场预测与其他预测一样，预测的期限愈长，预测者对其将来的发展变化愈难把握；反之，期限愈短愈容易把握。因此，预测的时间愈短，市场预测的精确度愈高。一般说来，短期预测误差可控制在 3% 以内，中期可控制在 5% 以内，长期可控制在 15% 以内。

4. 实践性

市场预测既然是对市场预测对象未来还未出现的变化的估计与推测，那么预测结果是否准确只能通过将来的实践进行检验，也就是说，事先对预测结果的评价仅仅是理论上的。

9.2　国际营销市场预测的内容与程序

9.2.1　市场预测的内容

1. 需求预测

(1) 国民经济发展趋势预测

实际上就是预测企业的投资方向和发展方向。

(2) 市场需求量预测

指在理想的市场条件下，某种产品可能达到的最大市场销售量，既受企业外部环境的影响，也受企业内部条件的影响，是一个多自变量的因变量。

(3) 购买力预测

购买力预测分为现实购买力和潜在购买力两种预测，这两种预测也是受多种自变量影响的因变量。

(4) 市场占有率预测

市场占有率预测是企业的市场份额预测，也是一个多自变量的因变量。

(5) 产品生命周期预测

产品生命周期预测主要是预测产品各生命周期阶段的转折点和每个阶段的持续时间长短。

2. 供应预测

(1) 供应能力预测

预测市场的全部供应能力。

(2) 市场竞争预测

预测竞争者的数量、规模、能力和发展趋势。

(3) 新产品发展预测

预测新产品的发展方向。

3. 销售预测

(1) 销售量预测

当市场需求量和市场占有率两项预测完成后，两者之乘积即为预测的销售量。

(2) 销售价格预测

即预测价格的涨落及发展趋势，它也是一个受多自变量影响的因变量。

(3) 营销效益预测

主要包括营销目标的实现情况和盈亏情况的预测。

9.2.2 市场预测程序

1. 确定预测目标

为了有的放矢地进行市场预测工作，首先，应确定预测的目标是什么，也就是预测的项目是什么，预测多大的范围，预测多长时期，为此要作出预测计划。

2. 搜集、整理资料

预测需要搜集大量资料，资料的充足程度和真实程度直接影响着预测结果的准确性，因此，应认真对待所搜集的资料。资料经整理后一般应满足下述要求：

① 资料具有针对性；

② 资料具有真实性；

③ 资料具有完整性；

④ 资料具有可比性。

3. 选择预测方法

预测方法有很多种，但每一种都有自己的适用范围以及对资料的专门要求，为此，就要通过比较分析选择确定最合适的预测方法。有时仅用一种预测方法很难得出比较准确的结果，这时可用几种方法，得出预测结果后互相进行修正；有时一种市场预测对象有几种预测方法都可用，这时也可同时采用几种预测方法，以便将得到的结果互相验证，提高预测结果的可靠性。

4. 提出预测模型

定性预测应建立逻辑思维模型，定量预测应建立数学模型。

5. 评价修正预测结果

前面已论述过，任何预测结果不可能与实际情况完全一样，都与实际结果有一定的误差，若此误差是在允许范围之内，就属预测准确；反之，就应进行分析，找出原因，然后进行修正，有时甚至要重新选择预测方法另行预测。

6. 编写预测结果报告

预测的最后一个步骤就是把经过评价、修正后的预测结果写成书面报告以供决策层使用。报告的内容应包括预测目的、预测数据、预测结果、对结果的评价及利弊说明。

9.3　国际营销市场预测方法

市场预测的方法有很多种，大约在 150 种以上。本书所介绍的仅是其中经常使用的几种。

9.3.1　定性预测法（经验预测法）

此法适用于资料不全或不能用定量方法进行计算的预测，如竞争形势的预测。此法主要是运用预测人员的分析判断能力对各种影响因素或自变量进行分析，通过逻辑推理进行判断来预测未来发展的大致趋势，如大小、强弱、快慢等。

1. 类推法

类推法利用市场预测对象的相似性原理，从一个市场预测对象的已知发展变化规律去推测另一个相似市场预测对象的发展变化规律。

(1) 产品类推法

产品类推法指从一种产品的市场发展变化规律去推测相近似的另一种产品的市场发展变化规律。例如以黑白电视机的生命周期规律去推测彩色电视机的生命周期规律。

(2) 行业类推法

行业类推法利用产品最先进入的行业的发展变化规律去推测产品随后进入的行业的发展变化规律。例如，根据电子计算机最先进入的科研行业的市场发展变化规律推测电子计算机进入的教育行业和工业行业的市场发展变化规律。

(3) 地区类推法

地区类推法根据产品最先进入地区的市场发展变化规律来推测其后进入地区的市场发展变化规律。此法特别适用于服装、鞋帽等产品。例如，可以根据某款式的服装或皮鞋在美国东部地区的市场发展变化规律推测在美国西部地区的市场发展变化规律。

(4) 国际类推法

国际类推法根据产品最先进入国家的市场发展变化规律来推测其后进入国家的市场发展变化规律。例如，根据新加坡、韩国的小轿车市场发展变化规律来推测马来西亚、菲律宾的小轿车市场发展变化规律。

2. 经验判断法

(1) 经理人员判断法

经理人员判断法指由企业的分管经理召集有关部门的负责人或部门经理开会，共同讨论，最后得出预测结果。

(2) 专业人员分析法

专业人员分析法又称销售人员估计法，即由销售人员或专业人员根据自己的实践经验进行估计。此法适用于市场需求量和本企业销售量的预测。

3. 用户调查法

用户调查法又称消费者意见法或买主意向调查法，即预测部门直接向用户或潜在买主询问短期内的购买意向，然后推测总体情况。例如，煤矿的预测人员向发电厂（用户）询问下年度的煤炭购买意向。此法对工业品和耐用消费品的预测准确度高，而对日用消费品预测的准确度较低。

4. 专家意见法

专家意见法是一种依靠专家的专业知识、专业经验以及分析判断能力进行预测的方法。此法应用范围比较广泛。

（1）专家个人判断法

专家个人判断法指企业决策人或有关部门主管人员自己作为专家进行预测，或决策人向个别专家征询意见后进行预测。

（2）专家会议法

专家会议法指邀请有关专家开会一起进行讨论，最后得出预测结果。优点是集思广益，预测结果比较准确；缺点是找到十分合适的专家比较难，讨论中专家的权威大小、口才好坏直接影响预测结果的准确程度。

（3）德尔菲（Delphi）法

德尔菲法是由美国著名的咨询公司兰德公司创造的。该法用一种特殊的运作方式征询众多专家的意见，即专家互不见面，用信函方式及专家匿名方式征询专家们的意见，反复进行数次，当众多专家形成比较一致的意见时，该一致意见就是最终预测结果。此法目前应用很广泛，适合于缺乏客观数据时使用。使用该法进行市场预测的对象一般为产品的市场需求规模、营销环境变化趋势、新产品开发前景、技术发展的评价等。

9.3.2 定量预测法

定量预测法利用较完整的历史资料，用数学模型分析各变量之间的关系，以预测未来数量上的变化。此方法适用于历史资料比较完整、详细和准确的情况。

1. 连锁比率法

此法常用于市场需求量预测，即在已知市场总购买力的基础上，根据某种产品在市场全部购买力中所占的地位或比重，一层层地推算，以求得该产品在该市场上的需求量。例如，某市场拖鞋需求量 = 市场人均收入 × 人口 × 收入中用于穿戴的比重 × 穿戴中用于鞋类的比重 × 鞋类中用于休闲鞋的比重 × 休闲鞋中用于拖鞋的比重

2. 先导指标预测法

先导指标预测法利用与预测对象有关的先导数据进行推算。例如，

家具销售量 = 新结婚户数 × 每户平均购买量

3. 基数叠加法

基数叠加法又称因素分析法，常用于销售量的预测，即把对销售量有影响的相关因素的影响系数叠加在一起，以便求得销售量。例如，某种电冰箱因内在质量提高，预计要比过去增加销售量 10%；因价格提高预计比过去减少销售量 5%；因竞争对手的新产品进入市场，预计要比过去减少销售量 5%；因加大促销力度，预计要比过去增加销售量 3%；因提高售后服务质量，预计要比过去增加销售量 2%；那么该冰箱今后预期销售量（X）为：

$$X = 上期实际销售量 \times (1 + 10\% - 5\% - 5\% + 3\% + 2\%)$$
$$= 上期实际销售量 \times 1.05$$

4. 算术平均法

此法主要用于销售量预测，即将过去若干期的实际销售量进行累加，然后求算术平均值，此算术平均值即为下期的预测销售量。此法适用于销售量起伏变化不大的情况，即：

$$\overline{X}_{n+1} = \frac{X_1 + X_2 + X_3 + \cdots + X_n}{n}$$

式中，$\overline{X}_{n+1}$：第 $n+1$ 期预测销售量；

X_1，X_2，X_3，…，X_n：以前各期实际销售量；

n：过去数据的期数。

5. 移动平均法

移动平均法主要用于销售量预测。此法不使用过去时间期限的全部数据，而仅仅按历史顺序采用距离预测期最近一段时期的一组数据的平均值作为预测值，即每预测一个新时期的预测值都要增加一个距预测期最近的一期的数据，并且相应抛弃一个距预测期最远的一期的数据。此法适用于销售量起伏变化较大的情况。即

$$\overline{X}_t = \frac{X_{t-n} + \cdots + X_{t-2} + X_{t-1}}{n}$$

式中，$\overline{X}_t$：第 t 期的预测销售量；

X_{t-n}，…，X_{t-2}，X_{t-1}：第 t 期预测采用的以前各期实际销售量；

n：每次移动包含的期数。

6. 加权平均法

此法也是主要用于销售量预测，即计算前先根据过去各期数据对预测值重要程度的不同，给每一期数据一个不同的权数，再将该期数据与该期权数相乘，然后将各个不同期的乘积累加在一起，除以累加总权数即为预测值，即：

$$\overline{X}_{n+1} = \frac{F_1X_1 + F_2X_2 + \cdots + F_nX_n}{F_1 + F_2 + \cdots + F_n}$$

式中，$\overline{X}_{n+1}$：第 $n+1$ 期的预测销售量；

F_1，F_2，…，F_n：各期权数；

X_1，X_2，…，X_n：以前各期实际销售量；

n：过去数据的期数。

通常 $F_1 + F_2 + \cdots + F_n = 1$，所以上述公式又可简化为：

$$\overline{X}_{n+1} = F_1X_1 + F_2X_2 + \cdots + F_nX_n$$

7. 加权移动平均法

加权移动平均法是上述移动平均法和加权平均法的结合，即按历史顺序始终采用距

预测期最近的一组数据，该组数据中的每一期数据按历史顺序给以固定不变的权数，然后将其乘积的累加值除以权数的累加值，即得下期预测值。即

$$\overline{X}_t = \frac{F_1 X_{t-n} + \cdots + F_{n-1} X_{t-2} + F_n X_{t-1}}{F_1 + F_2 + \cdots + F_n}$$

式中，$\overline{X}_t$：第 t 期预测销售量；

X_{t-n}，…，X_{t-2}，X_{t-1}：以前各期实际销售量；

F_1，…，F_{n-1}，F_n：对应于 $t-n$，…，$t-2$，$t-1$ 各期的权数；

n：每次移动包含的期数。

通常各权数之和等于 1，所以上述公式可简化为：

$$\overline{X}_t = F_1 X_{t-n} + \cdots + F_{n-1} X_{t-2} + F_n X_{t-1}$$

8. 指数平滑法

此法是对加权平均法的一种改进，即根据上期预测值与上期实际值之间差数的大小确定一个平滑系数 α（$0<\alpha<1$），然后利用下述公式求出下期预测值。

下期预测值 = α × 上期实际值 + $(1-\alpha)$ × 上期预测值

此法的最大优点是需要的数据少，因此资料比较容易取得，计算起来也十分容易，是一种应用较广的预测方法。

9. 回归分析法

此法适用于销售量与某些影响因素成线性关系时的销售量预测，即把销售量看作是有诸多影响因素的因变量或函数，并建立函数关系式，然后求出各自变量前的系数，最后根据函数式求出预测结果（销售量）。此法又因自变量的个数而分为一元线性回归分析法、二元线性回归分析法、多元线性回归分析法。下面是两个例子：

（1）某快餐销售量 Y 与自变量人口总数 X 成线性关系，函数式可列为：

$$Y = a + bX$$

式中，a、b 皆为系数，或称回归系数。

（2）某种保健品的销售量 Y 与自变量人口总数 X_1、自变量人均收入 X_2、自变量保健品价格 X_3 成线性关系，函数式可列为：

$$Y = a + b_1 X_1 + b_2 X_2 + b_3 X_3$$

式中 a、b_1、b_2、b_3 皆为系数，或称回归系数。

10. 计算机预测法

这是近年来用于需求预测的最新方法，即用人机对话的方式向计算机提供必要的资料和数据，然后计算机就自动建立数学方程式进行运算，最后计算机以表格的形式输出预测结果。

思考题

1. 以自己收集的例子说明国际营销市场预测的重要性。
2. 预测中国城市和农村两大消费群体的消费趋势。

案例借鉴一

希腊船王因与众不同的预测而发迹

世界著名的希腊船王奥纳西斯在世时拥有一支庞大的运输船队，总吨位约为 250 万吨。年轻时的奥纳西斯并不拥有如此巨大的财富，仅仅是拥有 10 万美元的一位小企业主。他之所以成为拥有如此巨大财富的船王，应归功于他年轻时的几次重大市场预测。

1929 年世界经济危机爆发后，物价暴跌，生产过剩，任何商品都是卖的人多，而买的人少。因此，物价毫无止境地一直大跌，那时不要说企业界，就是经济学家也对经济失去了信心。当时只有 20 多岁的奥纳西斯对世界经济的看法与众不同，他预测市场萎缩到一定程度后必然会恢复，会出现新的繁荣。因此，他不顾周围人的反对毅然用两万美元买下了原值 200 万美元的 6 艘轮船，任凭物价继续下跌而不动摇。数年后，经济危机果然过去并出现了世界性的经济繁荣，奥纳西斯立即将上述 6 艘轮船投入到繁忙的海上运输中，而且用赚得的钱继续购买轮船扩大船队，这种滚雪球式的经营最终使奥纳西斯成为希腊船王。

案例借鉴二

加拿大奥林匹克 · 约克公司破产的惨痛教训

20 世纪 80 年代，英国政府决定在伦敦附近加那利的泰晤士河畔建设一组码头群，使其成为伦敦附近的一个新的港口中心，并动员全世界的大房地产商在码头附近建设高楼大厦以配合此港口中心的兴起。当时全世界最大的房地产公司——加拿大的奥林匹克 · 约克公司获此信息后，在缺乏认真营销调研的情况下进行了市场预测，认为加那利码头群建设完工后，该港口中心将成为欧洲的新商业枢纽，届时将有来自全欧洲甚至全世界的大型公司来此租用高楼大厦作办公之用，那时房地产价格必大涨。基于此种市场预测，该公司作出了最后决策：投资 70 亿美元在该码头群周围开发房地产，建设高楼大厦。但高楼大厦竣工后，该码头群所形成的港口中心并没有像该公司预测的那样成为全欧洲新的商业枢纽，该公司投资 70 亿美元建成的高楼大厦有近一半闲置销售不出去，受此致命打击，该公司不得不于 1992 年宣布破产。

第 10 章

网络营销方式

互联网是当代人类智慧的结晶，也是当代人类的宠儿，它的应用已扩大到了人类社会的各个领域，当然也扩大到了市场营销这一领域，而且在这一领域的应用广度还在不断扩大，深度还在不断加深，从而产生了网络营销这一新事物。

网络营销尽管是市场营销领域中发展很快、也愈来愈重要的一种新事物，但它没有改变市场营销的性质，没有改变市场营销的基本内容，也没有改变市场营销的战略和策略。作为一种开展市场营销活动新的方式方法，它只是打破了市场营销活动的时空限制、加快了市场营销活动的速度、提高了效率而已。因此，作为一种先进的市场营销方式，我们有必要对它加以了解和掌握。

10.1 网络营销的指导理论与基础工作

10.1.1 网络营销的指导理论

为了达到网络营销的最佳效果，企业在进行网络营销时应以下述理论作为指导：

1. 网络直复营销理论

如前所述，互联网是突破时间限制和空间限制、可以全天候与对方进行互动式一对一交流的超媒体。因此，企业应充分利用一对一互动这一突出特点与消费者进行双向信息交流，这种交流可以达到下述目的：消费者可以通过网络直接订货和付款，企业可以免除中间商的中间环节而通过网络直接接受订单安排生产，并将产品跳过中间商直接送达消费者手中；消费者可通过网络直接向企业提出要求、建议和意见，企业则可据此改进产品、服务、经营管理，调整营销策略，从而使企业的营销活动经常甚至随时与消费者的需求吻合，这样企业可创造最佳的营销效益。

运用这一理论的典范是著名的美国戴尔公司。该公司借助网络等多种渠道频繁地了解顾客的反应与要求，及时而详细地获得他们对产品、服务及对其他企业同类产品的建议与意见，从而了解顾客真正满意的产品是什么样的，然后据此为顾客量身裁衣，推出市场需求的新产品。

传统企业的传统做法是企业先制造出产品，再向消费者推销产品，但戴尔公司却是先了解顾客的需求与要求，然后据此安排生产，最后越过或减少中间商环节将产品直接发送给顾客，也就是说确实达到了按顾客的需求提供产品，因此，尽管戴尔公司产品的价格在市场上没有优势，但由于运用了网络直复营销理论使产品满足了顾客的需求，因此戴尔公司以极快的速度发展成为计算机产业界的巨人。1994 年该公司的总资产仅为 35 亿美元，至 1997 年总资产已上升为 120 亿美元，在 2010 年全球 500 家最大公司中排名第 124 位，年营业额 614.9 亿美元。

2. 网络关系营销理论

这是近十几年来颇受企业界重视的一种新理论，是当代以人为本思想在市场营销领域的反映与推广。其基本思想是，包括网络营销在内的企业营销活动实际上是与消费者、竞争者、供应商、中间商、政府机构和社会组织不断发生关系、不断相互作用的过程，因此，企业与上述方方面面的组织与个人建立和保持正常、融洽、密切的关系就成为企业营销成功的关键因素，所以该理论的核心思想就是企业要与顾客和供应商等各种有关组织建立融洽的、长期的关系，在融洽的氛围中进行营销活动。调查研究结果表明，企业争取一个新顾客需要的营销费用支出是保持一个老顾客的 5 倍，这证明了上述核心思想的正确性。互联网刚好为企业与有关组织建立和保持这种长期的融洽关系创造了前提条件，因此，企业应最大限度地利用这一有利条件。前面介绍的戴尔公司就是在此理论的指导下不仅与顾客建立了融洽关系，而且还长期保持着这种关系，所以该公司可以从顾客那里不断得到反馈回来的信息以改进产品、服务和经营管理。顾客则对改进后的产品与服务更加满意，从而使企业与顾客的关系形成了良性循环，最终使戴尔公司发展壮大。

3. 网络软营销理论

这是为适应互联网交流信息的特点而创造的一种理论，即根据在互联网上所进行的信息交流是自由的、平等的、开放的和交互的这些特点而创造的一种理论。由于互联网的信息交流具有上述特点，因此，企业就不能像利用传统媒体如电视、广播、报纸那样不管消费者是否愿意接受，一律对其进行强势营销活动，而应该与消费者相互尊重与沟通。也就是说，在网络营销时必须遵守网络礼仪，尊重消费者，让消费者从网上得到某种好的体验、兴趣与需求，从而促使消费者主动与企业进行沟通与交流，最后实现企业的营销目标。比如，美国著名的 AOL 公司对其用户强行发送 E-mail 广告引起用户的反感，用户联合起来在同一时间给 AOL 公司发送 E-mail 进行报复，结果导致 AOL 的 E-mail 邮件服务器瘫痪不能使用，更严重的是该公司在用户中的形象和声誉受到很大损害。

4. 网络整合营销理论

传统的市场营销组合是 6PS（产品、价格、渠道、促销、公共关系、权力）组合。在网络营销中可以继续采用该组合，但应与网络营销独有的 4CS（顾客、成本、方便、沟通）组合结合在一起进行营销活动，其效果会更好。4C 组合的组成如下：

(1) 以顾客为中心

企业的产品或服务要以顾客为中心，即顾客需要什么样的产品或服务，企业就提供什么样的产品或服务。前面介绍的戴尔公司的做法就是运用这一理论的典型例子。

(2) 以顾客能接受的价格定价

企业应以顾客能接受的价格为前提制定产品价格，并以此组织生产和销售。这是因为通过互联网，顾客可以在全世界任何地方不受时间和空间的限制，极其方便地提出自己所愿意购买产品的价格，而企业则可以利用当代柔性生产技术单独为顾客生产该种价格的产品。比如，美国通用汽车公司将各种不同式样、功能、质量水平的汽车组成单元显示在互联网的有关网页上，顾客提出自己能够接受的价格后，可在该网页的自动引导下，设计和组装自己要求的式样、功能及质量水平的汽车，顾客在互联网上对此作出选择后，公司即可按顾客选择的式样、功能、质量水平组织生产，然后出售给该顾客。

(3) 产品分销要方便顾客

由于网络营销可以实现一对一分销，因此，不管处于世界何处的顾客都可以随时通过互联网订货和购买产品。由于缩短了订货时间，再加上高效率的柔性生产系统，因此，企业可以大大缩短交货时间从而极大地方便顾客。比如，法国犹齐诺—格林钢铁公司就是利用网络营销，在接到汽车制造商的钢材订货后，将交货时间由过去需要的 15 天缩短为 1 天，然后及时将钢材送达对方。

(4) 加强与顾客的沟通

企业放弃压迫式或强势推销方式，而利用网络营销一对一互动的特点加强与顾客的沟通，从而了解顾客的个性化需求，并与顾客建立融洽的关系，最后实现企业的营销目标。

10.1.2 网络营销的基础工作

互联网是不同于传统媒体的超媒体，也是当代一种高科技新事物，当然有其自己的规律与特点，因此，在利用互联网进行网络营销之前应进行下述一些准备工作或基础工作：

1. 与互联网连接；
2. 注册网址；
3. 宣传网址；
4. 网页设计。

10.2 常用的网络营销方式

网络营销作为一种新的营销方式已应用到国际市场营销活动的各个方面和各个环节，而且应用广度和深度还在不断扩大和加深。下面介绍的是目前国际营销领域中常用的一些网络营销方式。

10.2.1 网上市场调研

网上市场调研是利用互联网高科技手段进行的市场调研，它的特点是更快捷、更方便，成本更低。它有下述两种主要方式：

1. 网上问卷调查

(1) 主动法

企业利用 E-mail 将问卷发送给被调查者，后者填写后通过 E-mail 返回。优点是可以有目的的选择被调查者，缺点是容易遭到对方拒绝不合作。

（2）被动法

企业将问卷放到网页上，等待访问者填写问卷。优点是对方自愿填写不存在拒绝合作的问题，缺点是无法核对对方的真实情况，问卷的准确性难以确定。

（3）网上问卷调查应注意的问题

① 内容方面

网上问卷调查适合于调查询问“是什么”的内容，如你喜欢哪种品牌的手机？而不适合调查“为什么”的内容，如你为什么喜欢该品牌的手机？

② 对象方面

由于网民的主体是中青年人和文化水平较高的人，因此，调查对象的范围不大，样本的代表性不高，这一缺点严重影响了网上问卷调查的适用范围。

2. 网上二手资料的收集

由于互联网中包括诸如联机数据库、联机馆藏目录库、电子图书、电子期刊、电子报纸、软件及广告、BBS、网络新闻等动态信息，因此互联网是一个巨型规模的信息库，企业可以从中收集到所需的各种二手资料。通常有下述几种收集方式：

（1）利用万维网方式

即在万维网上利用浏览器就可以从有关 Web 站点收集到所需的二手资料。

（2）利用电子公告牌方式

即企业到相关主题的 BBS 网站上收集二手资料。

（3）利用新闻组方式

由于新闻组的讨论主题十分广泛，而且全球有众多的网民经常参加新闻组的讨论，因此企业可以从相关主题新闻组网站上收集二手资料。

（4）利用 E-mail 方式

即企业向有关网站发送 E-mail，可从该网站收到有关的二手资料。

10.2.2 网上改进产品和构思新产品

企业的产品要不断地改进和完善才能满足消费者不断提高的需求，才能在市场竞争中处于有利地位。产品改进与完善所需信息的最大来源是消费者的意见和建议，企业可通过 E-mail 和访问新闻组网站等方式收集消费者对产品的意见和建议，从而有的放矢地改进、完善产品。

企业为了生存与发展要不断地推出新产品，新产品构思的来源有很多，但最大的来源是消费者。企业利用在互联网上发送 E-mail 和浏览公告牌、新闻组等方式可发现新产品构思或产生构思灵感，从而最终开发出新产品。

10.2.3 网上制定价格

网上制定价格亦称顾客主导定价，即顾客通过互联网提出自己能够接受的价格，企业以此为标准对产品的式样、功能、质量水平进行组合并安排生产，最后以此价格卖给顾客。

10.2.4 网络直销

顾客通过互联网直接向企业订货，企业则通过互联网直接将无形产品传送给顾客，或不通过中间商而通过专门的配送系统将有形产品直接寄给顾客，因此速度极快，运送时间大大缩短。另外，由于此种直销跳过了众多的中间商环节，免除了企业销售人员的出差费和仓库租赁费等费用，因此企业的销售成本大大降低，产品价格大大下降，这对企业和消费者双方都十分有利，所以颇受消费者欢迎，发展前景也颇好。但由于目前有形产品配送系统的能力还存在不少问题，因此目前网络直销的产品大多数为无形产品，如软件、咨询服务、音乐作品等，有形产品在网络直销中所占比重很小，而且多是体积小的产品，诸如图书、小型电子产品等。

10.2.5 网络促销

网络促销有下述 3 种形式：

1. 网络广告

网络广告是网络促销的两种主要形式之一，适用于消费品的促销，是一种前景颇好的媒体形式。由于其覆盖范围极广，信息容量大，具有综合视听效果，还有适时性和持久性等特点，因此今后有望与传统的媒体广告相抗衡。

网络广告通常有下述几种形式：

（1）横幅广告：是最常用的一种广告形式，常用尺寸为 486×60（或 486×80）像素。该广告就像一条横幅放置在网页中，其中具有图像文件。

（2）按钮广告：尺寸较小的广告，可以是方形也可以是长方形。

（3）文本广告：广告以文本的形式放置在网页的显要位置处，内容多为颇有吸引力的标题，其具体内容则放置在指定页面上。

（4）墙纸广告：广告内容像墙纸图案一样不断重复，将此重复内容的广告放置在有关内容的网站上。

（5）插页广告：在热门网站或栏目上开一个窗口插入广告。

（6）直邮广告：将广告插入电子刊物中，然后随同电子刊物发送给刊物订阅人。

（7）赞助广告：广告主对感兴趣的内容、栏目或节目进行赞助。

（8）游戏广告：此种广告可以放置在游戏开始、游戏中间或游戏结束的时候，还可以专门制作一个互动式的游戏广告。

2. 网站推广

网站推广是网络促销的另一种主要形式，适用于生产资料等价值高的产品促销，如机器设备、工业原料等。

企业购买生产资料或消费者购买价值高的产品时都非常慎重，一般要经过包括基层使用操作者、技术部门、财务部门、计划部门和决策层等有关人员甚至包括从企业之外聘请的专家，按一定的程序经过讨论后，才能作出是否购买的决策。在这一复杂过程中，上述人员要详细了解和掌握要购买的产品及与产品有关的大量信息，如产品的性能、质量、技术数据，采用的标准、生产工艺和原材料，该产品使用时对原材料的要求，对操作使用的要求，产品的先进程度，生产该产品企业的历史、概况、信誉、业绩、资源、技术水平、实力等。而上述这些信息仅靠企业做网络广告是远远达不到潜在用户或潜在消费者要求的，为此，企业要在互联网上建立自己的网站，在该网站的网页上分门别类地将上述信息显示出来，让用户浏览或下载。但是企业仅仅建立了上述网站并不等于万事大吉，用户就会源源不断地访问网站，这是因为互联网上任何一个网站都如同沧海一粟，用户要想在互联网中寻找到某一网站如同大海捞针一样困难。为解决此问题，企业就必须采用网站推广方式，让用户比较容易地寻找到本企业的网站，然后才能利用网页中的信息将产品向访问者促销，下面就是常用的网站推广方式：

（1）利用传统传媒

在传统媒体如报纸、杂志、电视、广播等公开媒体上介绍网站特点和对用户最有价值的内容，另外还可在凡是企业的地址和电话号码出现的地方如媒体、名片、办公用品等上面标示出企业的网址。

（2）利用互联网

利用搜索引擎、电子邮件、电子杂志、公告牌、新闻组、网络广告（仅显示网站的域名）等功能宣传本企业的网站域名或网址，以扩大知名度。

3. 网上销售促进

它与传统的营业推广方式类似，也是一种短期行为，形式也差不多，包括网上折价促销、网上赠品促销、网上抽奖促销、免费促销、会员制促销等。

10.2.6 网络公共关系

网络公共关系与后面篇章专门论述的国际营销公共关系十分相近，所不同的仅是由于网络特点而产生的某些差异而已。

1. 网络公共关系形式

（1）传统报刊的电子版

当前许多颇具规模的报刊都建立了数据库形式的电子版，因此，就像企业利用传统报刊这一渠道进行公共关系活动一样，企业也可以利用这些报刊的电子版进行公共关系活动。

（2）公告牌、新闻组、E-mail 等形式

企业可以利用上述形式参与公告牌或新闻组的讨论，或直接向公共关系对象发 E-mail 以进行公共关系活动。

2. 不同对象的公共关系

（1）新闻媒介关系

新闻媒介的编辑和记者最忌讳不真实和虚假的消息，因此，企业取得他们好感和信任的最大原则就是真诚坦白，另外向他们提供及时和有价值的消息也是取得与他们合作机会的重要原则，再是积极参与他们主持的网上闲谈，这样可与他们建立起牢固的关系，再是采用 E-mail 与他们联系是优于传真、电话、信函的最有效手段。

(2) 商业网络社区关系

商业网络社区一般包括目标顾客、供应商、分销商、代理商、投资者、企业雇员及目标市场的其他成员。企业与这些社区成员建立和维持关系可采用如下形式：向他们发送企业的新闻；在他们经常访问的公告牌和新闻组张贴企业新闻；在网上举办诸如新闻发布会、某主题讨论会、股东年会及向社区成员提供帮助和服务等。

(3) E-mail 关系

利用 E-mail 向企业或个人发送信息以进行公共关系活动。这是一种颇为有效而且针对性十分强的公共关系形式，但要注意网络礼仪，不要将同一份 E-mail 发送给许多人，企业收到回复后还要及时发送 E-mail 以表示对对方的尊重。最后要注意的是即便需要沟通的问题解决了，也要与对方保持经常的联系以加深感情。

(4) 公共论坛关系

互联网上有成千上万的诸如公告牌和新闻组等网络公共场所，这些场所聚集着大量的网民，企业与这些公共论坛建立并维持良好的关系就是与广大社会公众建立和维持了良好关系，因此，意义重大。但企业要注意以下几个方面：首先是熟悉公共论坛讨论的环境，即经常讨论哪些问题，有哪些章程和禁忌；其次便是严格遵守论坛的行为规范；再是积极与论坛成员建立个人关系；最后便是最好主动要求做该论坛的论坛协调员或系统管理员。

10.2.7　电子商务

即利用互联网进行传统的商务活动，诸如询盘、发盘、还盘、接受、催证、改证、结算及租船订舱、通关、交纳税款、向政府反馈信息、申请项目等。

10.2.8　网络跨国企业管理

国际企业和跨国公司往往在许多国家和地区设立有子公司等分支机构。母公司与这些子公司之间及各子公司之间通常要进行频繁大量的企业管理方面的信息传递工作，如计划管理信息、技术管理信息、物流管理信息、财务管理信息等。企业若用传统信息传递方式如书信、电传、电话等，效率低而费用高，此时通信费往往是企业营销中的一笔大的支出；但若利用互联网传递企业管理方面的信息，则可大大提高传递速度从而提高管理效率，而且可大大降低传递费用。

10.2.9　网上支付

所谓网上支付即消费者从企业那里获得产品或利益后通过网络向企业偿清债务。网上支付是网络营销发展到一定阶段后的必然产物和必然要求，但直到现在这一新事物还不尽如人意，甚至还在妨碍着网络营销的发展。

网上支付之所以还不够成熟，其根本原因是它还不能完全满足网络营销对它的要求，即高效、快捷、方便、安全、不受地域限制。其中安全问题是核心问题，即在网上支付时，消费者的支付信息如密码、信用卡卡号等在网上传送时有可能被第三者窃取或加以改变。另外，企业支付系统的资料库有可能被黑客破坏、涂改、泄露或滥用。目前发达国家如美国、英国、法国为了完善网上支付已进行了大量研究并取得了一定的成果。这些国家建立了网上支付的有关系统，发展了有关技术，如电子货币（电子现金、信用卡、智能卡、卡类电子货币、电子钱包、电子账单、电子支票），研制了众多网上支付系统软件及网上支付安全技术（公共密钥密码学、数字指纹、数字凭证、数字签名等），还建立了信用卡安全协议（SSL 协议、SET 协议）及网上支付法律等。这些国家的研究成果促使网上支付得到了初步发展。如 1999 年美国网上支付总额达 710 亿美元，但这在美国的全部市场支付中仅占很小的比重。与此相反，在发达国家之外的国家，网上支付则处于起步阶段。比如，1999 年中国网上支付总额仅为 690 万美元，在此之后，尽管中国的网上支付有了快速增长，2009 年全年达到了 2 586 亿元（约合 370 亿美元），但这在中国的全部市场支付额中仍占很小的比重。

总之，网上支付是大有前途的新事物，但目前还不成熟，还有许多问题有待全世界共同努力去解决。

思考题

1. 举例说明网络营销对国际企业的重要性。
2. 举例说明中国国际企业利用网络营销的现状及存在的问题。

案例借鉴

波音公司利用互联网提供快速服务

美国波音公司是民用飞机制造业的霸主，其制造的喷气式宽体波音飞机已占领了世界市场，为全世界众多国家的众多航空公司所使用。由于一架波音 747 飞机大约有 450 万个零部件，因此，按时更换维修这些零部件时所必需的订货手续就成了令波音公司和世界上使用波音飞机的众多航空公司颇头痛的一件事。过去传统做法是航空公司将需要的零部件清单提供给波音公司，波音公司再将零部件分门别类，向处于世界各国的 16 500 家零部件供应商订货，然后供应商将所订货物运给波音公司，最后波音公司将零部件运给航空公司。这一过程程序多，时间长，效率低，费用高。

现在波音公司利用互联网从根本上避免了上述弊病。1995 年波音公司在互联网上建立了专门的网站（CRM 网络体系），从而实现了公司、用户、供应商、合作伙伴 4 大群体之间的信息共享，其中部网（Part Page）网页上显示了波音飞机所有零部件的有关供应商信息，航空公司只要访问该网站就可从网页上获得零部件供应商的信息，然后通过互联网与供应商直接联系订货，供应商便可直接将零部件运送给航空公司，从而大大缩短航空公司的订货时间，使其提高效率并节省费用。

第 3 篇

国际营销战略

如前所述，国际营销活动的实质就是国际企业事前制定并实施一整套营销战略和策略，以适应国际环境。其中处于主宰地位的是国际环境，在适应国际环境过程中发挥关键作用的则是国际企业事先制定的营销战略是否正确，是否能够充分适应国际环境。因此，营销战略的制定和实施就成为本教材要论述的另一个重点内容。

20 世纪 70 年代发生了两次世界性石油危机，从此以后世界经济发生了重要变化，世界经济组成部分的国际营销领域也随之发生了重要变化。其变化之一就是把国际营销战略的研究放在了主要位置上，也就是由过去的战术营销转移到现在的战略营销上。

“战略”一词最初是一个军事术语，现在已引入到政治、经济、科学技术、企业管理等领域中，在国际营销这个领域中，“战略”一词的含义是：企业为追求长期目标或长期利益而制定的带有长远性和全局性的行动方案。

严格地说，国际营销战略是国际经营战略的一部分，或服从于国际经营战略。但国际经营战略属于国际企业经营管理学的研究范畴，故在此不作赘述。

国际营销战略包括很多种，本篇仅介绍其中主要的 5 种，即国际营销市场选择战略、国际营销市场进入战略、国际营销企业成长战略、国际营销市场竞争战略、国际战略联盟战略。

国际营销战略既然是企业将来长期性的行动方案，为了让各种营销战略即各种行动方案互相有机结合，最终取得最大的综合效果，而不是各种行动方案彼此互相制肘、脱节、人为减少最终的综合效果，国际企业在制定各种营销战略之前，需要提出总的思路、目标和原则，以作为制定各种营销战略的依据，为此需要先制定战略规划。

所谓战略规划，即国际企业在制定各种营销战略之前，运用调研技术、预测科学和国际营销学理论对将来的客观环境和本企业的条件作粗线条的描述，对国际企业将来的目标和打算作框架式的规定。其原则是最大程度地发挥本企业的优势，最大程度地避开本企业的劣势，然后与客观环境形成最佳结合。规划的内容因客观环境、行业和企业本身条件的不同而不同。但一般包括以下几点：客观环境（政治、经济、文化、市场）分析；本企业优劣势（资金、技术、人才、设备、管理）分析；制定企业长期总目标和阶段总目标；确立企业宗旨和理念；选择行业；限定市场范围。

第 11 章

国际营销市场选择战略

国际市场既庞大又复杂，一个企业无论有多么巨大的营销能力也不可能满足世界上每一个消费者的需求，试想哪一家服装企业能够满足世界上所有国家、民族、阶层、职业、年龄、消费者的服装需求？其他产品如飞机、轮船、轿车、家用电器、饮料、糖果等也是如此，充其量只能满足国际市场中某一消费层次消费者的需求。这些消费者所形成的市场又称为目标市场。企业在广阔的国际市场中如何找准或选择目标市场，属于国际营销战略范畴的问题，称为国际营销市场选择战略。企业为了选择目标市场，就要将国际市场分为若干个较小的市场，即要将国际市场细分。

11.1 国际市场细分的理论基础与原则

11.1.1 市场细分概念的产生

第二次世界大战后，西方发达国家的市场大部分变成了买方市场，此时摆在企业面前的最大课题就是如何适应消费者的需求。为此，企业需要了解消费者有哪些需求，并将消费者按需求的不同分成若干类。在此背景下，企业开始探索如何将消费者进行分类。20 世纪 50 年代，美国学者温德尔·史密斯（Wendell Smith）在总结了企业营销实践经验的基础上，首先提出了市场细分这一概念，得到了学术界的高度重视，也被企业界所接受并将其应用于营销实践中。

11.1.2 国际市场细分的理论基础

企业在营销实践中证明了一个基本事实，即不同的消费者具有不同的需求。这一基本事实用理论加以解释，即市场具有异质性。

根据前面已介绍过的美国著名学者罗斯托（Walt W. Rostow）的经济发展阶段理论，世界上不同的国家处于不同的经济发展阶段，因此，处于不同经济发展阶段的国家的消费者必然会产生不同的需求。比如，处于传统社会阶段的国家的消费者需要传统的产品，如普通住房、普通食品、普通服装；而处于高消费阶段的国家的消费者则需要现代化的高品质产品，如别墅、空调、小轿车、时装、高营养食品、保健用品等。另外，任何国家的消费者由于经济收入、社会地位等的不同而具有不同的需求和不同的欲望。根据美国学者马斯洛提出的著名的“人的需要层次”理论，人的需要分为生理需要、心理需要、社会需要3大类和5个层次，如图11-1所示。根据此理论，当一个人的低层次需要满足后，就会产生高一级层次的需要。因此，处于不同需要层次的消费者对需要的要求当然也就不同。比如，处于最低需要层次的消费者需要的是解决吃饱穿暖的问题；而处于最高需要层次的消费者对生理需要已经满足，需要的是实现自我价值。

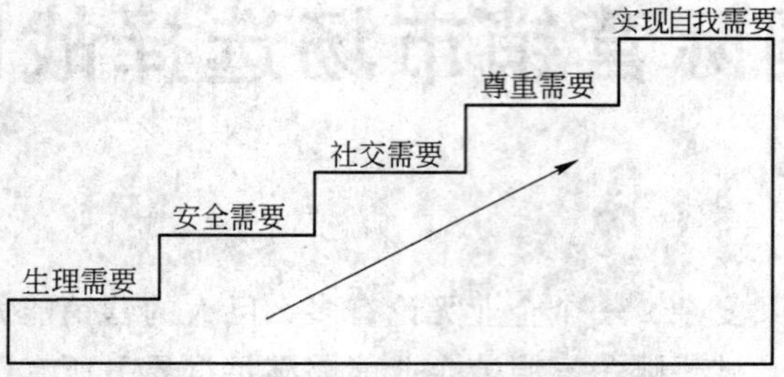

图11-1 人的需要层次图

上述两种理论与例子说明不同市场的消费者具有不同的需求，也就是说市场是异质的，这便是市场细分理论的第一个理论根据。

从另一个角度去看待罗斯托和马斯洛的理论又会发现，处于同一个经济发展阶段的不同国家，或处于同一需要层次中的消费者，其需求基本上是一致的，这说明某些具有相近需求的市场具有同质性。这便是市场细分理论的第二个理论根据。

根据市场既具有异质性又具有同质性的理论根据，人们便可将世界上所有的国家分成不同的市场，同时又可将世界上某些国家分为同一个市场，这便是市场细分。

11.1.3 市场细分的含义

企业根据消费者对产品的欲望差异、需求差异将整个市场分为若干个顾客群。每一个需求特点大体相同的顾客群称为一个细分市场，此过程即谓之市场细分。

11.1.4 国际市场细分的意义

1. 有利于发现新的市场机会，开拓新市场

企业通过市场细分会发现完全空白的市场机会或还没有被充分开发的市场机会。比如20世纪60年代，名不见经传的美国钟表公司利用市场细分理论对美国国内钟表市场进行了细分，采用消费者的购买动机作为细分标准，将美国国内钟表市场细分为如下3个细分市场：要求价廉的消费者群，其人数占23%；要求耐用的消费者群，其人数占46%；要求名贵、显示身份的消费者群，其人数占31%。企业通过市场细分后发现当时美国和世界上的著名钟表公司多集中力量满足最后一类细分市场的需求，而占市场需求69%的前两个细分市场的需求并未被满足。于是该公司针对前两个市场的需求推出了“Timex”牌手表，很快占领了前两个市场，该公司也因此而成为当时世界上最大的钟表公司之一。

2. 有利于企业提高经济效益

企业的资源即人力、物力、财力相对于市场需求来说是有限的，不可能满足每一个

消费者的需求。企业若是漫无边际地盲目生产产品，很可能无法满足消费者的需求或找不准产品的市场，因此企业的经济效益不会高。相反，企业若根据自己的人力、物力、财力，有针对性地向需要自己产品的细分市场提供产品，也就是说产品适销对路，那么企业的经济效益必然提高。

3. 有利于企业制定和调整营销策略

国际营销活动是一种复杂的经济活动，有明确的目标和繁杂的内容，既不能盲目从事也不能蛮干一通，而应制定一整套营销策略，按照策略去进行。假若没有进行市场细分，企业要制定一套适合全世界所有消费者的营销策略几乎是不可能的，即使制定出来，也需要大量人力、物力、财力实施，这必然会造成莫大的浪费与损失；反之，企业若对国际市场进行细分，然后企业制定仅仅针对由某几国组成的目标市场的营销策略，不但是可能的，而且制定出来的营销策略针对性强，有利于实施。同理，企业对国际市场进行细分后，当某一细分市场发生变化时，企业可灵活调整营销策略。

11.1.5　国际市场细分的原则

细分市场总的原则是细分后的子市场之间要有明显的差异性，而每一子市场内部却具有一定的同质性。为此，要遵循下述原则：

(1) 可衡量性

即细分后市场的基本特征如市场规模、市场购买力等必须是可以衡量的。

(2) 可占领性

即企业利用现有的人力、物力、财力是可以占领细分后的某一市场的。

(3) 有价值性

即企业占领某一细分市场后，能为企业创造足够的经济效益，即细分市场具有足够的规模和发展潜力，只有这样的细分市场才是有价值的。

(4) 稳定性

企业要占领的某一细分市场要在较长时期内保持相对稳定，能为企业提供的价值不是短暂的而是长期的，以便企业为此细分市场制定长期的营销战略、策略和计划，使企业长期稳定地发展下去。

11.1.6　国际市场细分的步骤

1. 确定市场范围

首先确定企业要进入哪一个行业，生产什么产品。在确定市场范围时，一要考虑企业自身的能力；二要考虑消费者的需求。

2. 选择细分标准

将市场中所有可能的需求都列出来，然后将所有市场共同的需求因素排除掉，将留下的不同需求因素进行分析比较，最后选择一个或几个具有某种特点的不同需求因素作为细分标准。

3. 粗分市场

根据选择的细分标准将整个国际市场进行粗略的划分。

4. 细分市场

拿市场细分所必须遵守的上述几个原则去检查粗分的市场是否符合。若不符合或不全部符合时，就要增减调整细分标准，然后重新按新的细分标准将整个国际市场细分为若干个子市场。

5. 描绘细分市场概貌

描绘出细分市场概貌可让企业决策层甚至全体职工对要占领的细分市场有一个深刻的感性认识。比如，德国某汽车制造公司曾将法国汽车市场细分后，对公司所要占领的细分市场描绘出了下述概貌：消费者的年龄在 35 ~ 49 岁之间；家庭中有 2 ~ 3 个孩子；职业为各类专业技术人员、经理和商人；收入每月在 15 000 法郎以上；属于中层或上层社会阶层。

11.2 国际消费品市场细分标准

1. 地理标准

这是一种传统的细分标准，使用较普遍。地理细分即以地理特征为标准对国际市场进行细分。这些地理特征包括国家、地区、气候、人口密度、城市、农村等。例如，按国家分为美国、德国、英国、日本、阿根廷、埃及等细分市场；也可按地区分为西欧地区、东欧地区、东南亚地区、中东地区等细分市场；可按气候分为热带、亚热带、温带、寒带等细分市场；可按人口密度分为高密度、中密度、低密度细分市场；可按城市、农村细分为大城市、中小城市、城市郊区、农村等细分市场。

2. 人口标准

这也是市场细分常用的和主要的标准，可按人口的下述特征进行细分：

(1) 性别

如将服装、皮鞋、自行车分为男性和女性两个细分市场。

(2) 年龄

消费者的年龄不同，在生理、心理、社交、兴趣、爱好、需求等方面也不同，因此可以依据年龄的不同将消费者分为不同的细分市场。比如分为婴儿市场、儿童市场、少年市场、青年市场、中年市场、老年市场等。

(3) 家庭人口

家庭人口、组成结构不同，需求也不同，据此可将消费者分为不同的细分市场。比如分为单身家庭、双人家庭、核心家庭、多子女家庭、扩展家庭等细分市场。

(4) 收入

收入是消费者的重要经济特征，并与其购买行为有直接关系，因此也可按消费者的收入不同而细分市场。比如分为高收入、中等收入、低收入细分市场等。

(5) 职业

消费者的职业不同，其购买行为与能力也不同，因此也可按消费者的职业不同而细分市场。比如分为农民、工人、职员、自由职业者等细分市场。

(6) 教育程度

消费者所受教育程度不同，其消费的方式、喜爱、兴趣也不同，因此可按消费者受教育程度的不同而细分市场。比如分为小学以下教育程度、初等教育程度、中等教育程度、高等教育程度等细分市场。

(7) 宗教信仰

消费者的宗教信仰不同，其信念与禁忌也不同，其消费习惯与需求也不同，因此也可按消费者的宗教信仰不同而细分市场。比如分为基督教教徒、佛教教徒、伊斯兰教教徒、印度教教徒等细分市场。

(8) 种族和民族

世界上有多种种族和民族，不同种族和不同民族消费者的生活方式、消费习惯和需求也大不相同，这是众人皆知的事实，因此也可按消费者所属的种族和民族细分市场。比如分为白种人、黄种人、黑种人细分市场；也可分为汉族、朝鲜族、日耳曼族、俄罗斯族、高卢族、犹太族、阿拉伯族等细分市场。

3. 心理标准

消费者的消费欲望与需求不但受上述诸细分标准或因素的影响，而且也受消费者心理因素或心理特征的影响，因此也可按消费者的心理特征细分市场。消费者的心理特征包括生活方式和个性两方面。

(1) 生活方式

所谓生活方式是指一个人或一个群体对于生活消费、工作和娱乐的不同看法和态度，例如，人们常说的时髦型、朴素型、享乐型、事业型、追求社会地位型等的个人或群体就具有不同的生活方式，因此，企业可按消费者的生活方式不同细分市场。比如，西方国家的时装企业将女性市场细分为朴素的妇女、时髦的妇女和男性化的妇女 3 种细分市场。

(2) 个性

个性是个人具有的本质性心理特征，它包括兴趣、爱好、能力、气质、性格等方面。消费者的个性不同，对产品的需求也不同，因此可按消费者的个性不同而细分市场，比如可将消费者分为性格内向、保守以及性格外向、热情、容易接受新产品两种细分市场。例如 20 世纪 50 年代，美国福特汽车公司推出的福特牌汽车和美国通用汽车公司推出的雪佛兰牌汽车，就是按照消费者的不同个性而单独设计生产和推销的：前者适合于具有独立个性、自信心强的消费者；后者适合于具有保守、节俭个性的消费者。

4. 行为标准

这里所说的行为标准主要指根据消费者购买行为的不同将消费者细分为若干细分市场。

(1) 追求的利益

消费者对同一类产品往往追求的利益不同，因此，可按消费者所追求利益的不同而细分市场。比如，消费者对服装追求的利益，有的是为了蔽体保暖，有的是为了工作、学习方便，有的是为了日常生活舒适，有的是为了显示身份，因此，可将服装细分为一般服装、工作服、休闲服、高级豪华服装等细分市场。又如，消费者对牙膏追求的利益，有的是为了保持牙齿卫生，有的是为了防治牙病，有的是为了保持口腔的清爽，因此，可将牙膏细分为普通牙膏、药物牙膏、薄荷牙膏等细分市场。

(2) 使用情况

按照消费者对本企业产品的使用情况细分市场。比如，细分为未曾使用者、曾经使用者、潜在使用者等几个细分市场。这种细分标准适合于不同规模的企业。一般来说，市场占有率高的大企业重视潜在使用者细分市场的开发，而中小企业则重视曾经使用者细分市场的保持。

(3) 使用频率

根据消费者对产品的使用频率细分市场。比如，美国啤酒企业根据使用频率将美国消费者细分为 3 个市场，即不饮啤酒者占 68%，少量饮啤酒者占 16%，大量饮啤酒者占 16%。而且细分市场时还发现，大量饮啤酒者饮酒量为少量饮啤酒者饮酒量的 7 倍，饮用者大多数为劳工阶层，年龄在 25 ~ 50 岁之间，喜欢观赏体育节目。此种市场细分帮助企业找到了顾客群体，可以使企业做到有的放矢。

(4) 态度

根据消费者对本企业产品所持的态度，可将市场细分为热爱、肯定、不感兴趣、否定、敌对 5 种细分市场。这样细分后有利于企业针对不同细分市场消费者的不同态度，有针对性地采取不同的营销策略和措施。

总之，消费品市场的细分标准有很多，上述仅仅是经常使用的一些标准。企业在细分市场时，既可以仅使用一个标准来细分市场，也可以同时使用两个或两个以上的标准来细分市场。如美国的汽车制造业和旅游业就一直按消费者收入这一个标准来细分市场，化妆品和服装行业一直按消费者的性别这一个标准来细分市场。但这仅属于少数情况，多数企业是使用多种标准来细分市场的。比如，日本的家具行业就同时采用家庭人口数、家庭收入和户主年龄这 3 个细分标准来细分市场。

11.3 国际工业品市场细分标准

1. 地理位置标准

工业品市场的特点之一是买主地理位置比较集中，比如，美国的汽车工业集中于底特律和密执安，钢铁工业集中于匹兹堡和芝加哥，德国的重工业集中于鲁尔区等。由于工业市场的高度集中性，企业往往按地理位置对市场进行细分，这样可使企业把目标市场选择在地理位置集中的细分市场上。

2. 用户规模标准

这也是常用的细分标准。这里所谓的用户规模主要指用户的资金多少和购买力大小。企业将市场按用户规模细分后，可将目标市场选择在用户规模大的细分市场上，或者对不同规模的细分市场采用不同的营销策略。如著名的美国戴尔电脑公司从 1997 年起将用户按规模分为大用户和小用户两大类，大用户中又分为大型公司、中型公司和政府 3 类，大型公司中又分为全球型大公司和一般大公司两类，政府中又分为联邦政府、州政府和地方政府 3 类。小用户则分为小型公司和一般消费者两类。公司对上述各种不同的细分市场采用了不同的营销策略并获得了快速发展。

3. 用户产品使用频率标准

此标准首先将市场细分为用户市场和非用户市场，再将用户市场细分为大量用户、中量用户和小量用户 3 个细分市场，然后企业根据自己的能力选择不同的细分市场作为目标市场。

4. 最终用户标准

产品的最终用户不同，其追求的利益也不同，对产品的要求也不同。最终用户一般分为工业用户、转卖者用户和政府用户 3 大类，也可分为其他的类别。以美国运输车辆市场为例，工业用户对运输车辆的要求首先是质量和服务，其次是价格。转卖者用户所关心的是运输车辆的价格和交货期；政府（军方）用户最关心的是运输车辆对恶劣环境的适用性和运输车辆的先进程度。

同消费品市场一样，在多数情况下工业品市场所使用的也不仅是一个细分标准，实践中常同时使用几个细分标准来对市场进行细分。以美国某铝制品公司细分市场为例，该公司首先采用最终用户作为标准，将铝制品市场细分为汽车制造业、建筑业、饮料容器制造业 3 个细分市场，又将建筑业细分市场按用户规模细分为大用户、中用户、小用户 3 个细分市场，最后将大用户细分市场进一步按追求的利益不同细分为重视价格、重视质量、重视服务 3 个细分市场，并最终选择重视服务的细分市场为自己的目标市场。

11.4 目标市场选择

企业对市场进行细分的最终目的十分明确，即从细分后的细分市场中作战略决策，选择一个或数个对企业最有利的细分市场作为企业要进入的目标市场，即市场细分是为选择目标市场战略决策服务的。当企业对市场进行细分后，就会发现有的细分市场对本企业不利，或本企业没有能力进入该细分市场；而有的细分市场对本企业则是一个市场机会，或企业有能力进入该细分市场。企业据此可对目标市场进行选择或市场定位。

11.4.1 目标市场的选择标准

企业对国际市场细分后，就会发现某一个或某几个细分市场上存在着未被满足的需求，这便是市场机会，但市场机会能否成为企业机会，还要根据下述标准去判断和评价：

(1) 该市场是否具有一定的购买力

市场虽然存在着未被满足的需求，但该市场没有购买力或购买力很小，照样不能变成企业的机会，因为企业在这样的细分市场上不能达到一定的销售额和获得一定的利润额。比如，经济落后国家的市场也存在着对某些高档消费品未被满足的少量需求，但经济落后国家总的购买力很低，所以这些市场机会不能变为企业机会。

(2) 该市场是否具有一定的发展潜力

任何一个国际企业不但要生存下去，而且更要在未来有长期的发展。假若某一细分市场虽然有现实的未被满足的需求，但没有长期潜在的需求或需求不大，这种市场机会即使变成了企业机会，也只是短时期的，而不是长期的，因此这种市场机会意义不大。例如，某温带国家因天气异常整个冬天都寒冷多雪，这个国家出现了对滑雪器材的需求，这个市场机会虽然可以变成现实的企业机会，但该国今后不会长期都天气异常寒冷多雪，因此该市场机会意义不大。

(3) 该市场的竞争状况

假若某细分市场存在市场机会，而且该市场上竞争对手不多，竞争也不激烈，即竞争对手没有完全控制市场，并且本企业在该市场上具有竞争优势，那么企业把该市场机会作为企业机会就是正确的，否则就是错误的。

(4) 本企业的能力

某细分市场虽然存在着市场机会，但企业的人力、物力、财力不足以进入该市场，那么该市场机会也不能看作是企业机会；反之，企业具有进入该市场的人力、物力、财力，那么就可把该市场机会看作是企业机会。

(5) 东道国政府的宏观经济政策

即东道国政府的宏观经济政策是否允许本企业的产品进入该细分市场，以及本企业的产品进入该细分市场后，按照东道国政府的宏观经济政策能否顺利开展营销活动决定了该国的市场机会能否转变为企业机会。

11.4.2 目标市场战略

企业在进行市场细分后，要按照目标市场选择标准并结合目标市场战略选择目标市场，下面是企业最经常采用的3种目标市场战略：

1. 无差异性目标市场战略

企业只推出一种产品提供给所有细分市场上的消费者，也就是把所有细分市场看成是一个大市场，只考虑整个大市场上所有消费者的共性，而不考虑其个性。采用此战略最典型的例子就是美国可口可乐饮料公司。该公司长期以来向全世界市场仅仅提供一种口味、一种包装、一种销售方式，甚至连广告词也相同的可口可乐饮料，而且获得很大的成功。此战略最大的优点就是企业可以进行大批量的生产，形成规模经济效益，降低成本，提高利润；最大的缺点是企业不能适应所有消费者的不同需求，使企业失去很多市场机会，另外也容易导致其他竞争对手进入市场，从而引起激烈竞争。

2. 差异性目标市场战略

企业针对不同的细分市场提供不同的产品，而且采用不同的营销组合，以满足不同消费群体的不同需求。比如，自行车企业针对不同的细分市场，分别提供不同的自行车，如轻便男车、轻便女车、儿童车、山地车、赛车、加重车等。采用此战略的优点是多品种，小批量，机动灵活，企业可以更好地满足不同消费者的不同需求，市场面大，市场占有率也大；缺点是小批量生产必然增加成本，提高价格，利润率不高，但总利润额可能较大。此战略适合于实力雄厚的大企业采用。

3. 集中性目标市场战略

这是大多数国际企业采用的一种战略，又称密集性目标市场战略，特别适合于中小企业。此战略就是企业针对某一个细分市场或少数几个细分市场，提供适合该一个或少数几个细分市场的一种或少数几种产品，集中力量占领该细分市场，即企业宁愿在一个或少数几个细分市场上占有较大的市场占有率，而不愿在数个或整个市场上占有较小的市场占有率。例如，美国吉宝食品公司过去生产几百种食品，但市场占有率很低，后来该公司放弃了一般食品的生产，专门针对婴儿市场生产供应婴儿食品，从而在该细分市场上取得了极高的市场占有率。又如，夏普电器公司①虽然是日本著名的电器公司，但实力却大大弱于同行业的松下、索尼等日本公司。为了避开这一弱点，夏普公司从 20 世纪 70 年代起改变了目标市场战略，不在所有市场上与实力雄厚的其他公司进行较量，而是采取集中性目标市场战略，选择电子零部件小市场为新的目标市场，努力在这些小市场上夺取世界第一。多年之后，该公司 80% 的产品，如液晶显示器、光缆连接器、遥控器、光接收器等在相关领域拥有最大的市场份额，其中液晶显示器在 2000 年占全球市场份额的 20%，从而赢得了“液晶王”的称号。夏普公司由于采取了这一正确的目标市场战略，因此，当 2001 年日本整个电器产业大部分公司出现亏损时，夏普公司依然盈利颇丰。此战略的优点是企业的营销对象集中，有利于企业深入了解研究细分市场的需求，推出针对性很强的产品，使企业处于较有利的地位，获得较高的市场占有率和经济效益；缺点是目标市场狭窄，一旦目标市场出现大的变化，如需求突然发生变化，或出现了强大的竞争者，企业的处境将立即恶化，因此营销风险较大。

11.4.3　目标市场战略的选择

上述 3 种目标市场战略各有其优缺点，也各有其适用范围，企业在选择时不能随心所欲，而要考虑企业的资源能力、产品的特点和市场的状况。以下是选择时的几个依据：

1. 企业资源

企业的资源能力（人力、物力、财力）对目标市场营销战略的选择具有决定性影响。一般来说，企业资源愈多愈强，就愈可以选择较大的市场范围，而且可以选择差异性目标市场战略；反之，应选择较窄的市场范围和集中性目标市场战略。

2. 产品特点

对于同质性产品，如面粉、食盐等，由于它们的差异较小，故适宜采用无差异性目标市场战略；相反，对于异质性产品，如时装、化妆品等，由于它们的差异较大，故适宜采用差异性目标市场战略。

3. 市场特点

如果消费者对产品的需求差别不大，企业就可采用无差异性目标市场战略；反之，则采用差异性目标市场战略。

4. 产品生命周期

当产品在市场上处于生命周期的投入期阶段和成长期阶段时，市场上的竞争者较少，这时企业可采用无差异性目标市场战略；当产品在市场上处于成熟期阶段时，这时竞争者较多，竞争较激烈，企业就应采用差异性目标市场战略。

---

① 夏普电器公司在 2010 年全球 500 家最大公司中排名第 252 位，年产值达 352.8 亿美元。

5. 竞争对手的战略

当竞争对手实行无差异性目标市场战略时，企业就应采取差异性目标市场战略与之抗衡；当竞争对手采用差异性目标市场战略时，企业决不能采用无差异性目标市场战略，而应该对市场进行更为有效的细分，然后采用差异性或集中性目标市场战略去占领需求尚未得到满足的细分市场。

11.5 目标市场定位战略

11.5.1 市场定位战略的含义

国际企业在选择了目标市场后，市场选择工作并没有完全结束，这是因为目标市场对于国际企业来说仍然是一个很大的范围，企业没有力量占据市场的全部范围，从企业有限的人力、物力、财力资源来说，只有占据市场中某一个或某几个位置，才能顺利地进行国际营销活动，此项工作便是市场定位。

市场定位时首先要选一个或几个度量尺度对市场范围进行标记，然后选择企业应该在该市场中占据的适当位置。市场度量尺度没有统一规定，而是由企业从自己的角度选定。如选择价格、款式、功能、质量、尺寸等作为尺度，用这些尺度将市场范围分为不同的区间，然后在这些区间中选择最适合本企业的位置。比如，按价格尺度和质量尺度可将服装市场分为如图 11－2 所示的 4 个区间，位于第 1 区间的产品高质量高价格，第 2 区间高质量低价格，第 3 区间低质量低价格，第 4 区间低质量高价格。企业在这 4 个区间中为自己的产品选择一个适当位置，然后就按该产品在该市场所占据的位置去确定相应的战略和策略，并据此进行营销活动。如可口可乐饮料在目标市场中定位在低价格大众化的位置上，皮尔·卡丹服装在目标市场中定位在名牌高价格的位置上，波音飞机在目标市场中定位在技术领先、安全、速度快的位置上，IBM 公司的大型电子计算机在目标市场中定位在尖端技术、容量大、运算速度快的位置上等。

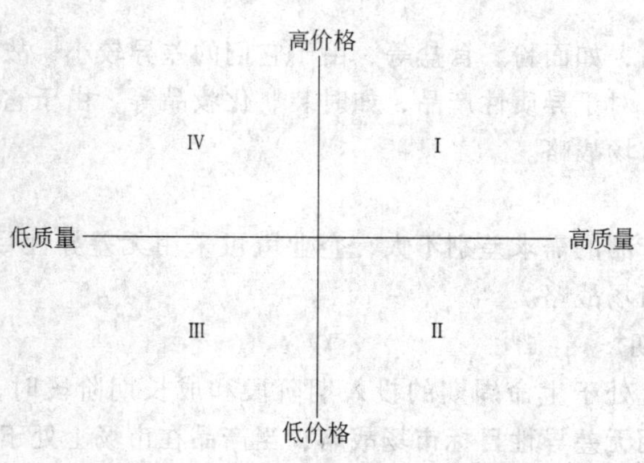

图 11－2 服装市场定位图

11.5.2　市场定位战略

企业不能随心所欲地决定产品的市场定位，而是要依据一定的原则。这些原则如下：一是定位后的市场位置要符合国际企业的总目标或阶段目标；二是要适应该市场环境，即该产品的市场位置要有一定的市场需求；三是要考虑该市场的竞争形势；四是国际企业本身具有相应的条件，即国际企业的人力、物力、财力资源能够占领此市场位置。

市场定位时多从 3 个方面进行考虑：一是产品的特性，如性能、构造、用途、形状等；二是产品的消费属性，即消费者消费该产品后产生的感受，如气味浓、速度快、省力、方便等；三是消费者的购买心理和购买习惯，如有的消费者喜欢名牌，有的喜欢实惠，有的喜欢高质量，有的喜欢低价格等。

市场定位战略一般有下述两种：

以轿车市场定位图为例，图中 A、B、C、D 为竞争对手的产品在市场中占据的位置，圆面积的大小代表该竞争对手产品的销售额。

1. 靠近战略

将本企业产品在市场中定位在某竞争对手附近。如图 11－3 中 A 的附近，因 A 的市场份额较小，与其竞争较易取得成功。

2. 空缺战略

将本企业产品定位在市场的空白处，如图 11－3 中左上角Ⅳ区间内，小型豪华轿车在该市场中尚为空白，无任何竞争对手。

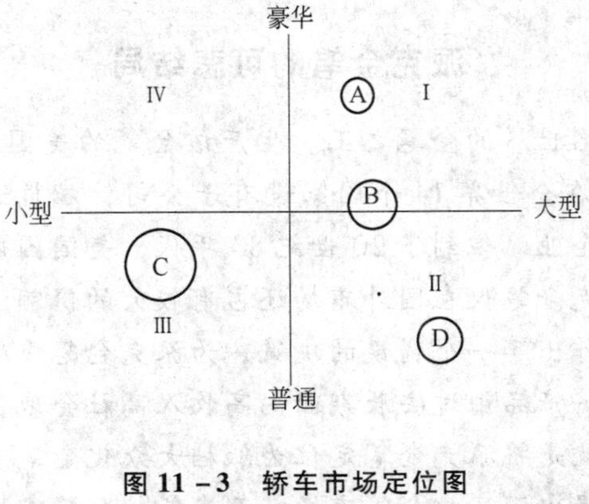

图 11－3　轿车市场定位图

11.6　当代国际企业目标市场选择的新趋势

如前所述，国际企业选择进入的目标市场只能是某一个或某一些国家的市场，而且选择的标准主要是该目标市场要有足够大的市场容量、足够强的购买力及足够大的潜力。尽管国际市场是由世界上 210 多个国家的市场组成的，但这些国家的市场并不都具备上述几个主要条件。因此，近二三十年国际企业特别是大型跨国公司在选择目标市场时，往往集中到两个国家身上，即美国市场和中国市场。这是因为美国市场是现实的世界最大市场，其市场容量约占世界市场的1/4；而中国市场则是潜在的世界级的大市场，其人口约占世界总人口的1/5。前者具备的关键条件是购买力特别强，而且消费模式对国际营销十分有利：后者具备的关键条件是人口为世界第一，而且近二十多年经济发展迅速强劲，另外中国人均 GDP 很低，提高的空间很大，当提高到发达国家 1/3 的水平时，中国的人均 GDP 将会提高 10 倍左右，这意味着中国消费者的购买力也相应提高 10 倍左右，说明中国市场潜力之大是惊人的。上述趋势还可从这两个国家所吸收的外国投资金额加以旁证：长期以来美国是吸收外国投资最多的国家，排名世界第一位；大约从 20 世纪 90 年代中期起，中国吸收的外贸额仅落后于美国，排名世界第 2 位，而在 2003 年中国吸收的外国投资额达 535 亿美元，上升为世界排名第 1 位。

思考题

1. 从国际营销角度细分中国的家电市场。
2. 为中国某大型国际企业选择下一个目标市场。
3. 分析中国某国际企业的目标市场战略。
4. 为尚未进入国际市场的某中国名牌产品选择国外长期目标市场。

案例借鉴一

派克金笔的可悲结局

派克金笔曾经是闻名世界的金笔之王。生产该金笔的美国派克制笔公司在 20 世纪 50 年代达到全盛时期，在全世界 14 个国家设有子公司，雇员达 6 800 人，是当时世界上最大的高档金笔生产企业。但到了 20 世纪 80 年代，美国国内的高档金笔市场大部分为其他企业所占领，派克金笔仅在国外市场还占有较大的份额。在此困难处境下，新上任的公司领导人彼得森作出了一个错误的决策，为派克金笔重新选择目标市场，对产品重新进行市场定位，即将产品由过去长期面向高收入高社会地位的消费者，改变为面向一般收入的消费者，也就是将派克金笔定位为低档大众化金笔。结果在此错误市场选择决策下，派克金笔完全退出了高档金笔市场，而在低档金笔市场上又敌不过其他竞争对手，因而造成大量亏损，企业最后不得不破产，后被一家英国企业收购。

案例借鉴二

得益于正确市场定位的美国西南航空公司

美国西南航空公司在 1968 年成立时是一家只有 56 万美元资金的微型航空公司。该公司在成立之初，在对外部市场需求和企业内部条件进行分析后，将自己定位在短途客运市场位置上，使用非豪华型飞机仅仅在德克萨斯州内的 3 个城市间做短途穿梭飞行，从而吸引了大批乘客，公司也因此而获利颇丰。这时，美国的大航空公司看到自己的一部分乘客被抢走，于是向西南航空公司展开了包括价格战在内的反击。但大航空公司因经营成本高，经受不了因长期降价而导致的亏损，最后自动停止反击。西南航空公司在竞争胜利后头脑不发热，始终在属于大航空公司劣势而属本公司优势的短途客运航线上坚定不移地发展。进入 20 世纪 80 年代，美国的航空公司在不景气中挣扎，至 1992 年整个航空业累计亏损达 80 亿美元，3 家大航空公司——TWA 公司、大陆公司、美国西方公司相继破产。但西南航空公司在 80 年代的客运量平均每年增长达 300%，在整个航空业亏损的 1992 年非但不亏损，而且盈利增长了 25%，至 1993 年西南航空公司已发展成拥有 141 架客机、在美国 15 个州的 34 座城市间做短途客运的航空公司。该公司虽然不是美国最大的航空公司，但却是美国经济效益最好的航空公司。

案例借鉴三

索尼公司颇有远见的市场选择

20 世纪 50 年代以前，索尼公司还是一家生产电饭锅、家用电器的小企业，注册资本仅为 500 美元。

20 世纪 50 年代日本经济走出低谷开始起飞，索尼公司经过分析认为，这是日本经济的重大转折，并预测日本人民因第二次世界大战和战后经济困难而被长期压抑的享受欲望将因此而喷发出来，对物质享受和精神享受方面产品的需求潜力将会愈来愈大。当时索尼公司认为世界市场上刚出现的新产品录音机能满足日本人民精神享受的需求，于是全力仿制美国生产的录音机，成功之后大量生产投放国内市场，并占领了国内市场。此后该公司继续在如何满足日本消费者和外国消费者的享受欲望上下工夫，研制电子新产品，索尼公司从此快速发展成电子行业的大型跨国公司，在 2010 年全球 500 家最大公司中排名第 73 位，年产值为 838.5 亿美元。

第 12 章

国际营销市场进入战略

企业在决定进入某一个或某几个国家的目标市场后，接着就要选择进入该目标市场的方式，这便是市场进入战略。

12. 1　间接出口

间接出口是指企业通过母国的中间商向国际市场出口产品，而企业本身并未从事任何实际的出口业务。其最大优点为：投资少，这是因为企业不直接从事出口工作，也就不需要建立海外营销机构和海外营销队伍，因而可节省大笔费用；企业承担的风险较小。这是因为中间商承担了向国外出口产品的全部或部分风险。间接出口的缺点也很严重：一是企业失去了对国外营销的控制或对国外营销的控制十分有限，企业始终处于被动地位，这是后面将论述的渠道管理的错误之一；二是间接出口不能及时、全面、准确地得到消费者和市场的信息。由于间接出口是一种被动出口，企业与国际市场隔离，因此间接出口是一种初级形式的国际营销活动，是企业学习进入国际市场的开始，所以间接出口适用于刚开始从事国际营销活动的企业，特别是中小企业。

12. 1. 1　间接出口的形式

间接出口一般通过下述形式进行：

1. 出口商

出口商即出口企业，可分为专业出口企业和国际贸易企业。前者仅经营出口贸易，后者除经营出口贸易外，还经营国内贸易。日本的综合商社就是典型的现代国际贸易企业。上述两种出口商都是购买生产企业的产品后以自己的名义出口这些产品。优点是生产企业完全避开了出口国际市场的风险，也不需要设立自己的出口机构和人员；缺点是企业完全失去了对产品的国际营销控制，与国际市场隔离，长期下去企业将变成聋子、瞎子。

2. 代理商

企业委托出口代理商出口产品，由代理商帮助企业在国际市场上寻找买主，并代理企业办理一些营销业务。代理商对生产企业委托代理出口的产品始终不拥有所有权，也就是说，在代理商整个代理过程中，产品的所有权始终归生产企业。

3. 出口管理公司

这是西方发达国家经常使用的一种间接出口方式，也是中小企业进行间接出口的重要形式。这也是一种代理形式，与代理商所不同的是出口管理公司以生产企业的名义从事产品的出口，因此它相当于生产企业的一个出口业务部门，但由于出口管理公司同时为多家生产企业代理出口，所以它又不完全是生产企业的一个出口业务部门。

4. 合作出口

这是一种老的间接出口形式，近些年来却愈来愈重要。可分为两种形式：一种是生产企业参加本行业的合作组织，联合进行外销活动；另一种是企业的产品与国内另外一家企业的产品配套，当后者自己直接出口产品时，本企业的产品也随同一起出口。

12.1.2 间接出口的优缺点

1. 优点

(1) 可利用其他企业的渠道将本企业产品迅速销售到国外。

(2) 生产企业全部或部分地避开了国际营销的风险，另外也卸掉了出口资金的负担。

(3) 生产企业不必设立专门的出口业务机构和专业人员，可集中力量用于生产。

(4) 此种形式灵活性大，与中间商的关系只是短暂的业务关系，即便双方事先订有合同，但合同期满后双方仍是自由的。

2. 缺点

(1) 企业不能及时、全面、准确地获得国际市场的信息，只能从出口商那里间接地获得一点国际市场的信息，而且这一点信息或者已过时，或者已变形走样失真，因而将严重影响企业的决策。

(2) 企业无法取得国际营销的直接经验，而这种经验对于想进入国际市场的国际企业来说是十分重要的。

(2) 企业失去了对国外市场的控制权。

12.2 直接出口

直接出口即生产企业不通过国内的中间商，而由自己直接从事出口活动，企业在越过国内的中间商后或通过或不通过国外的中间商将产品销售给国外的最终用户。因此，与间接出口比较，直接出口投资较大，风险较大，但潜在的经济效益也较高。实力强的大企业一般采用此形式。

12.2.1 直接出口的形式

1. 通过国外中间商

这些中间商包括国外代理商、国外经销商、国外进口商和国外批发商等，这些中间商与国内的中间商具有类似的特点。

通过国外中间商进行直接出口可以降低销售成本，迅速进入并占领国外市场，因此，生产企业刚进入国际市场时倾向于使用国外中间商这一形式。

2. 通过企业自设的国外营销机构

这些自设机构既可以是具有法人资格的国外营销子公司，也可以是不具法人资格的驻外办事处。这些机构主要从事销售工作和产品实体分配工作，甚至还从事产品维修工作。这种方式可使生产企业直接接触国外市场，对市场上的需求和竞争进行第一手的了解，因而信息搜集快、全面、准确，有利于企业决策和营销组合的调整；但缺点是要在国外进行较大的投资，增加了产品成本。因此，中小企业或对市场把握不大的大企业最好慎用此形式。

12.2.2 直接出口的管理工作

由于直接出口比间接出口更复杂、更困难，因此，企业需要做好下述管理工作：

1. 进行国际营销调研

为了掌握目标市场上必要的信息，企业必须进行国际营销调研。

2. 选择目标市场

选择目标市场时，狭小而没有潜力的市场不能选择，市场竞争激烈而难以进入的不宜选择，市场国的贸易壁垒高而难以进入的也不宜选择。因此，企业只能对各国市场进行分析比较，权衡利弊后慎重选择。

3. 选择渠道成员

企业对国外市场的渠道不熟悉，因此，企业要认真地发现和选择渠道成员。

4. 负责产品的实体分销工作

即企业要做好制单、保险、运输、报关、商检、结汇等一系列工作。

5. 定价和促销

企业对出口产品的定价和促销工作远远比国内复杂，因此，企业要给以应有的重视和关心。

12.2.3 直接出口的优缺点

1. 优点

(1) 相对于间接出口，潜在的经济效益大。

(2) 对国外营销活动的控制权大一些，因此，有利于提高企业的经济效益，树立企业与产品的声誉。

(3) 有利于迅速搜集和反馈市场信息，改进营销工作。

(4) 可以积累更多的国际营销经验。

2. 缺点

(1) 无法突破目标市场国家的关税壁垒和非关税壁垒，增加了国外营销的难度和成本。

(2) 企业需要设立专门的出口机构和配备出口专业人才。

(3) 生产企业需要自己联系寻找客户，这对中小企业来说困难较大。

从以上分析可以看出，直接出口有利也有弊。对某企业来说直接出口究竟是利大还是弊大，还要看企业的实力与规模、产品的特点及市场的特征等，不能一概而论。

12.3 反向贸易

传统的贸易方式是“一手交钱，一手交货”，而反向贸易是“以货易货”，即传统贸易是现金贸易，而反向贸易是非现金贸易。此种贸易的最大特点是进行国际营销时避开了紧缺的外汇。此方式最初出现于苏联、东欧等社会主义国家，现在加拿大、瑞士、瑞典、美国等西方发达国家的企业也开始采用此方式在发展中国家进行国际营销活动。目前国际市场上采用此方式进行的贸易量已占到总贸易量的 1/4 左右。

1. 易货贸易方式

即贸易双方以货易货进行一次性交易的行为。双方的贸易额相当，因此完全避开了外汇的使用，非常适合外汇短缺国家的企业采用。易货贸易双方所交换的货物可以是完全不相干的两种甚至多种货物，而且贸易额也可以很大。

2. 补偿贸易方式

即出口一方向国外企业出口设备或技术，对方用使用该设备或技术生产出来的产品折价偿还出口一方的货款。此方式特别适合于外汇短缺国家的企业从发达国家进口先进设备与技术，对双方都有利。中国改革开放后就有大批资金不足或外汇不足的企业采用此方式从西方发达国家的企业购进先进设备和技术。

3. 互换贸易方式

互换贸易又称平行贸易，类似于易货贸易，但又不同于易货贸易，即国内企业和国外企业甲乙两方互相交换两批贸易额大体相等的货物，这两批货物不是以货易货，而是甲方以现汇购买乙方的货物，乙方以现汇购买甲方的货物，两笔交易平行进行，双方分别签订两份买卖合同，而且分别履行两个合同。这种方式的最大优点是可以促使对方积极购买本企业的产品，对双方都有利。因此，此种灵活的贸易方式在国际市场上已被普遍采用。

4. 回转贸易方式

即 3 个或 3 个以上国家的企业之间所进行的类似于互换贸易的一种方式，但又不同于互换贸易。具体做法是甲国企业按合同购买乙国企业的产品，但货款是用甲国企业与丙国企业的清算盈余支付，乙国企业从丙国企业得到这笔货款后，随即从丙国企业购买产品。此种方式较为复杂，但国际市场上也常采用。

12.4 非股权式进入方式

非股权式进入方式有很多种，但共同的特点是国际企业对目标市场国企业不拥有股权，而是通过技术、管理、销售、劳务、设备、材料、零部件或资源等方式与目标市场国企业建立密切的联系，从而进入目标市场的方式。

1. 组装业务方式

这是指国际企业在母国生产零部件，然后运到目标市场国企业组装成完整的产品，组装后的产品或在当地销售或出口到第三国。此种进入方式的优点是运费低、关税低、投资少、成本低，对国际企业有利，另外还可为目标市场国家提供一定的就业机会，因此也容易为目标市场国政府所接受。目前发达国家的很多企业都在利用此方式。比如，日本丰田、三菱等品牌的汽车在美国有组装业务；美国福特汽车公司和通用汽车公司在欧洲有汽车组装业务；美国可口可乐公司在世界各国也有类似的组装业务，即在美国生产可口可乐浓缩液，然后运到世界各国的装瓶厂进行稀释和装瓶；另外，日本东芝、日立，荷兰菲利浦等公司的家用电器在中国也有组装业务；其他如"来料加工"、"来样加工"等方式也基本上属于组装业务。

2. 合同制造方式

这是指国际企业以合同的方式委托目标市场国企业按要求生产某种产品，然后由国际企业将产品销往第三国。这种方式对于目标市场国企业来说不用担心销售问题，只一心生产产品赚取加工费，经济效益稳定，没有风险；对于国际企业来说不用投资建厂，投资少，风险也小，而且可以牢牢控制市场，获得销售利润。因为对双方都有利，所以此方式被国际企业普遍利用，特别适用于具有销售优势的国际企业。比如，著名的金利来牌领带、衬衣就是由香港企业采用此种方式在德国生产，然后以自己的商标拿到中国内地和香港销售。又如，著名的爱立信[①]公司自己研制、设计成功新产品手机后，也利用此方式交给公司以外的其他企业生产制造，然后将产品以自己的商标在国际市场上销售。

3. 许可证贸易方式

这是指国际企业按合同授权目标市场国企业有偿使用本企业的工业产权（如专利、商标、版权）和其他技术权利（如技术诀窍等），目标市场国企业则根据授权独立生产某种产品，而且负责在市场上销售该产品的一种贸易方式。许可证贸易方式与合同制造方式的区别在于前者授予目标市场国企业既有生产权又有销售权，而后者对目标市场国企业只授予生产权但没有销售权。此方式的最大优点如下：一是国际企业无须大量投资即可进入目标市场国；二是可以避开关税等贸易壁垒；三是容易得到目标市场国政府的批准，可迅速地进入目标市场；四是风险很小。缺点是国际企业获得的利润少，而且培养了潜在的竞争对手。长期以来国际企业已从实践中摸索出了一整套办法，将上述缺点降低到最低限度。比如，慎重选择被许可方；授权时只提供一部分关键技术或成份，而不是和盘托出；购买被许可方的股份对其进行控制；限制被许可方的销售范围；由许可方进行商标注册等。目前世界上使用此种方式进入目标市场的典型例子是美国著名的香烟生产大型企业飞利浦·莫里斯公司[②]，它采用此方式占领了欧洲 10 个国家的香烟市场。

4. 国际特许方式

这是许可证贸易的另一种形式，即国际企业将自己的营销系统和工业产权的使用权销售给目标市场国企业，由后者自建公司、商店或企业，按照前者特许的经营方式和管

① 爱立信公司在 2010 全球 500 家最大公司中排名第 338 位，年产值 282.3 亿美元。

② 飞利浦·莫里斯公司在 2010 年全球 500 家最大公司排名第 355 位，年产值达 272.1 亿美元。

理模式组织企业的生产经营活动，并使用前者的商标、企业名称销售商品或服务。世界著名的麦当劳快餐连锁店、肯德基炸鸡连锁店、希尔顿饭店等都属于此种进入方式。此种方式的优点是投资少，风险小，对目标市场国企业的控制权较大；缺点是国际企业从此种进入方式中获得的经济效益有限，而且容易培养潜在的竞争者。此种方式比较适宜资本投入要求低、技能要求也低的服务行业，如快餐、旅馆、汽车出租、修理服务等行业。

5. 其他合同进入方式

(1) 工程合同方式

即国际企业为目标市场国的政府或企业进行道路、桥梁、水利等的工程建设，在工程建设中随带着也出口了机器设备、材料及劳务。此种进入方式的最大优点是有利于带动产品出口和劳务出口。

(2) 国际分包合同方式

即当甲国的国际企业总承包乙国的大型工程之后，便向分承包商丙国等第三国企业订购部分产品，然后应用在乙国企业的工程中。此种方式类似于组装贸易，也是国际营销中经常采用的一种进入方式。在国际分包合同方式中，总承包商一般是发达国家的企业，而分包商一般是发展中国家的企业。

(3) 交钥匙项目合同方式

此方式多用于整个生产企业的建设，即由国际企业为目标市场国承建一个完整的企业，包括从选址、厂房施工到机器设备采购、安装、调试、试生产，全部负责完成，然后将竣工企业的钥匙交给目标市场国企业，该企业接过钥匙后即可开工生产。此方式的最大优点是既有技术出口，也有土木建筑材料、成套机器、设备、零部件和劳务的出口，即是技术出口、产品出口和劳务出口的混合体而且利润率很高；缺点是资金需要量大，技术复杂，时间长，谈判相当复杂，而且要承担较大的政治风险。

(4) 管理合同方式

即由国际企业向缺少人才且经营管理不善的目标市场国企业提供全面的管理服务，对该企业进行全面的日常管理，但不涉及投资及所有权。该方式的优点是国际企业无须投资就可获得对目标市场国企业的控制，风险很小；缺点是经济收益不大。大型旅馆常用这种方式，德国、美国、日本、中国香港的管理集团常被邀请为世界各国的酒店、饭店进行管理。

(5) 劳务输出合同方式

劳务输出合同又称劳务出口，一般与其他合同（如工程合同）结合进行。最大优点是无须投资，没有风险。此种方式是一种初级形式，发展中国家的企业采用得较多。

12.5 对外投资

对外投资是一种高级的国际营销活动，也是国际企业成熟的标志。世界上所有跨国公司都搞对外投资，而且是全世界对外投资的主体。第二次世界大战后，对外投资已成为一种重要的国际营销目标市场进入方式。对外投资包括间接投资和直接投资两大类，直接投资又分为合资企业和独资企业两种。

12.5.1　间接投资方式

间接投资又称证券投资，就是国际企业在国际市场上购买中长期债券，或购买上市的外国公司股票。此种方式曾经风行一时，第二次世界大战前英国企业的海外投资中有87.5%属于间接投资，在第二次世界大战后此方式仍然是一种为各国国际企业所普遍采用的方式，特别是仅拥有资金资源而缺乏技术、设备、管理、劳动力等资源的国际企业，如银行业、保险业等，或虽然拥有各种资源但更拥有多余的资金资源的国际企业，如经济效益十分可观的石油开采业。

国际企业对目标市场国企业的间接投资只能获得债券的利息或股票的红利，而对该企业没有管理权。相反，国际企业拥有某公司股票的同时也拥有了一份对该公司的管理权和分红权，当拥有的股票数量达到该公司股票总数的一定比例后，就拥有了对该公司运营的控制权，这就意味着该公司所占有的市场已被该国际企业所控制，因此，这是一种颇好的市场进入方式。

由于受世界宏观经济和发行股票企业本身运营情况的影响，股票价格每时每刻都在变化，有时甚至出现难以预料的大幅度变化或剧烈振荡，如2008年下半年全球股市无任何先兆就突然大幅度下跌并持续振荡，平均跌幅高达一半，其中俄罗斯、中国、越南、巴基斯坦等国的跌幅都高于平均数；另外，债券虽然利率固定，但受债券所使用货币汇率浮动的影响，其实际收益并不确定。因此，间接投资的风险相当高，因间接投资失败而破产的国际企业并不罕见，因此，国际企业使用间接投资这一市场进入方式时应谨慎从事，应由国际企业最高决策层进行战略决策，然后随时跟踪股市的变化作出必要的反应。通常比较稳妥的作法是国际企业同时持有数只不同的股票和债券，以便降低风险。

总之，间接投资是一种简单易行、难度小、限制少、市场选择十分灵活、市场进入和退出十分容易、操作方便、能够快速进入目标市场的一种市场进入方式，但风险也相当高。另外，间接投资与直接投资的收购法相比有一定的局限性，即前者只能使用于上市公司（多为大型企业），而后者除可用于上市公司外，还可用于非上市的几乎所有大中小型企业，即前者的使用范围有限，后者的使用范围很大。

12.5.2　直接投资方式

即国际企业单独投资在目标市场国建立拥有全部所有权的独立企业，又称独资企业，或与目标市场国当地企业共同投资组建一个拥有部分所有权的独立企业，又称合资企业。

合资企业形式于20世纪20年代首先出现在前苏联，第二次世界大战后又普及到原东欧社会主义国家和广大的第三世界发展中国家。独资企业形式最初出现于殖民地年代，宗主国纷纷在殖民地建立独资企业。20世纪60年代以后，各资本主义国家企业相互投资，使独资企业进入一个新阶段。第二次世界大战后，新独立的发展中国家在发展经济过程中受资金和技术等方面的制约，遇到许多不能克服的困难，便寄希望于发达国家企业到该国建立独资企业，与此同时，发展中国家的矿产资源、土地资源、廉价劳动力资源对发达国家企业也具有很大的吸引力，两者结合后出现了不同于上述两个历史时期的新型式的独资企业。之所以称其为新型式、新内容的独资企业，原因在于这种独资企业具有如下几种特征：投资的国际企业和被投资的目标市场国双方具有互惠互利性；该独资企业受目标市场国或东道国的控制和制约；独资企业有助于目标市场国或东道国的经济发展。

直接投资进入方式在第二次世界大战后得到了快速发展，已成为当前国际市场上最高级的市场进入方式。由于它具有很多独特的优点，所以第二次世界大战后为跨国公司普遍采用。

1. 直接投资的目的

目前解释国际投资的学说有多种，但至今还没有哪种学说可以圆满地解释所有的对外直接投资方式。目前对国外直接投资较为圆满的解释是站在企业角度所作的即企业对外直接投资可获取国外的资源，开拓国外市场，增加盈利，避免风险等。还有一种抽象的解释，即企业对外直接投资是外部环境的刺激和企业本身经济冲动平衡的结果。

2. 直接投资的类型

(1) 出口导向型投资

即发达国家的企业在发展中国家投资设厂，利用当地的廉价劳动力和自然资源生产劳动密集型产品，然后返销到母国或其他国家的市场上。此类型是发达国家企业在发展中国家普遍采用的一种直接投资类型。近几十年以来，美国、西欧各国、日本等国的电子公司投资于东南亚地区，将在当地组装的电视机、收音机、照相机等电子产品返销发达国家就属于此类型的投资。

(2) 市场开发型投资

即国际企业为了在未来的潜在市场上取得立足点，以期取得长期利益而在目标市场国所进行的直接投资。近些年来发达国家的大型跨国公司纷纷到中国进行的投资就属此类型，它们所以这样做多半是看好了中国将来的潜在市场，而不强调当前是否盈利。

(3) 进口替代型投资

此类型投资一般由发展中国家的政府发起，政府制定政策吸引国际企业到该国投资设厂，用该厂在当地生产的产品替代进口产品，以停止或减少该产品的进口，最后达到自给自足的目的。

3. 直接投资的形式

(1) 合资方式

合资方式是指两个或两个以上国家的企业合伙共同投资、共同经营企业，其特点是合资各方共同投资、共同经营、共担风险、共负盈亏。

国际企业之所以采用合资企业形式进入目标市场国，经济上的原因可能是缺少足够的资金、物资、管理等资源，而通过合资利用合伙者的上述资源，以弥补自己的不足；也可能是政治上的原因，即目标市场国政府不允许外国企业在本国设立独资企业，而允许设立合资企业，如印度政府、日本政府就有此种政策和规定。

国际企业采用合资方式的优点如下：比前述所有进入方式所获得的潜在经济效益都要大；国际企业对生产和营销的控制权更大一些；能更快更好地获得当地市场的信息。

缺点是比前述多数进入方式需要更多的资金和其他资源，风险也更大一些；还有一个缺点也不容忽视，即合资各方可能在投资、生产、市场营销、经营方针、战略决策等方面出现很难调和的分歧，从而影响合资企业的正常经营。

（2）独资方式

独资方式是指由国际企业在目标市场国独自投资、独自建厂、独自经营管理、独担风险、独自负责盈亏。独资方式是国际企业进入国际市场的最高级形式。有的国际企业特别是大型跨国公司，如美国 IBM 公司只采用此种直接投资形式，而不采用合资企业形式。这是因为大型跨国公司往往制定有明确的全球性战略目标，若采用合资企业形式，合资对方往往不会全盘接受跨国公司的全球性战略目标，当然也就不会全力以赴地实现这些全球性战略目标，而采用独资方式就可以做到这一点。因此，独资方式是大型跨国公司热衷的一种直接投资形式。

独资方式的优点如下：首先是对所投资的企业拥有百分之百的所有权，这意味着全部利润都归自己所有；其次是没有合资伙伴便没有利益冲突和分歧，可提高整个企业的效率和效益；更重要的是可全力以赴地实现该独资企业投资者的全球性战略目标。但缺点也很明显，首先是全部资金都要投资者自己独自筹措，而且资金需要量很大；其次是风险很大；再次是不易得到目标市场国当地的合作与帮助，灵活性也差。

4. 实现直接投资的方法

（1）收购法

收购法是指国际企业在目标市场国收购当地现成的企业，成为自己的独资企业，或收购当地企业的一部分股权，共同组成合资企业。此方法的最大优点在于"现成"，即国际企业可不失时机地抓住市场机会迅速进入市场；其次是有利于多样化经营，日本索尼公司收购美国哥伦比亚广播公司就是利用了此优点；再次是有利于学习先进技术，这是发达国家企业或发展中国家企业获取重要先进技术所使用的方法之一，如美国著名的通用汽车公司，为了利用自动化技术使自己的生产线现代化，就斥巨资收购了一家著名的自动化技术公司，从而轻而易举地获取了所需要的自动化先进技术。但收购法的缺点也是明显的：首先是难以找到一个完全符合自己意愿的目标企业；其次是新收购的企业很难完全与公司融为一体。由于上述两个缺点，收购法的成功率不太高。如美国第三大汽车公司克莱斯勒公司在 20 世纪 60 年代和 70 年代耗费大量资金先后收购了欧洲汽车公司、法国塞卡汽车公司、英国福特汽车公司，但一个也不成功，到了 20 世纪 70 年代末，只好将这 3 家收购来的公司赔本卖掉，克莱斯勒公司因此大伤元气，导致该公司长期资金不足，给日后该公司出现的生存危机埋下了祸根。又如，美国第二大汽车公司福特公司于 20 世纪 90 年代，以 64 亿美元收购了著名的瑞典沃尔沃（VOLVO）汽车公司，从而将该公司分布在世界上八十余个国家的市场据为已有，轻而易举地提高了福特公司在世界市场的占有率，但福特公司从此却背上了沉重的包袱，不得不于 2010 年年初以 18 亿美元的低廉价格将 VOLVO 公司卖给了一家中国公司，也就是说该项收购使福特公司因此净亏损 46 亿美元。又如，日本的跨国公司在 20 世纪 80 年代完成了 15 起大型企业收购，2006 年，世界著名的美国麦肯锡咨询公司对这些收购的结果进行了客观分析，认为其中只有 4 起收购是成功的，其余 11 起收购大多数连成本也没有收回来，可见收购法这一形式失败率相当高。

(2) 建设新企业法

建设新企业法是指国际企业在目标市场国从购买土地到建设厂房、购买机器设备和安装调试，全部从头开始建设一个新的企业。其优点如下：完全可以按照企业自己的意愿去建设，即建设竣工的新企业完全符合企业的要求；不存在两个不同企业如何融合的问题。但缺点也很明显：首先是时间长，有可能失去市场机会；其次是开展多样化经营和获取先进技术较困难，不能做到“现成”；再次是需要大量资金，而收购法则相反，可以采用发行债券的形式，无须资金或少需资金。

12.6 目标市场进入方式的选择

12.6.1 选择目标市场进入方式的程序

国际企业选择进入目标市场的方式是一种战略决策，应按一定的决策程序进行。其程序如下：设计所有可行的进入方式→按照选择标准比较各种可行方式→确定最佳进入方式→进入目标市场国。

12.6.2 选择目标市场进入方式的原则

1. 成本最小化原则

每种进入方式有不同的进入成本，选择时应以成本相对最小为原则。

2. 利润最大化原则

不同的进入方式为企业创造的利润也不相同，选择时应以利润相对最大为原则。

3. 风险最小化原则

不同的进入方式，其风险也不相同，选择时应以风险相对最小为原则。

12.6.3 选择目标市场进入方式的依据

1. 企业内部因素

这是企业选择目标市场进入方式的决定性依据，可分为下述几个方面：

(1) 企业的战略目标

不同的战略目标有不同的目标市场进入方式，也就是说企业要根据战略目标选择目标市场进入方式。比如，某企业的战略目标是由内向型经营转变为外向型经营，那么企业就应选择间接出口进入方式；如果某企业是一家外贸公司，战略目标是要发展成为大的国际公司，那么就应选择直接投资进入方式。

(2) 企业的规模与实力

企业规模大、实力强，应选择直接投资的进入方式；反之，应选择间接出口或直接出口等进入方式。

(3) 产品特点

当企业的产品价格高、技术含量大、售后服务要求高时，企业应选择非股权式或直接投资进入方式；反之，应选择出口贸易或反向贸易进入方式。另外，对具有显著特色的产品宜选择出口贸易进入方式，而对于标准化产品宜选择直接投资进入方式。

2. 企业的外部因素

(1) 母国因素

即母国的政治政策、经济政策和国内市场的容量，即企业要依据母国政府政策的引导方向选择进入目标市场的方式。比如，母国政府的政策鼓励出口，甚至给予企业出口补贴等优惠（如韩国、新加坡），那么企业就应选择出口贸易进入方式；若母国政府提倡资本输出，那么企业就应选择直接投资进入方式，多数发达国家的政府就采取此政策；若母国国内市场容量小，那么一般应选择出口贸易进入方式；若母国国内市场容量大，生产的又是劳动密集型产品，那么企业就应选择在发展中国家直接投资的进入方式，在国外生产后返销国内。

(2) 目标市场国的环境因素

考虑目标市场国的政治、经济、文化环境适宜采用哪种进入方式，就选择哪种进入方式。比如，目标市场国的政治动荡不稳定，那么企业就选择间接出口进入方式最为妥当；如果目标市场国的自然资源丰富，那么企业选择直接投资进入方式在目标市场国设厂生产最好；若目标市场国的文化环境与母国的文化环境有较大差异，那么应选择出口贸易、反向贸易或非股权式进入方式为宜。

(3) 目标市场国的市场因素

包括市场容量和竞争两个因素。当目标市场国的市场容量小或竞争不激烈时，企业可以选择出口贸易、反向贸易或非股权式进入方式；反之，企业可以选择直接投资进入方式。

(4) 目标市场国的资源因素

包括自然资源、人力资源和管理资源。上述资源充足时，企业可以选择直接投资进入方式或非股权式进入方式；反之，企业可以选择出口贸易或反向贸易进入方式。一般说来，目标市场国的低生产成本有利于企业选择直接投资进入方式，而高生产成本有利于企业选择出口贸易进入方式。

可见，企业选择目标市场进入方式要受多种因素的影响，因此，企业在实际选择进入目标市场的方式时要同时考虑多种因素，在权衡利弊后才能作出最终选择。

12.6.4 选择目标市场最适合的进入方式

以上所介绍的各种市场进入方式是当代国际营销领域中实际使用而且行之有效的进入方式，但对于某一具体国际企业来说，以上所有进入方式并不都是行之有效，而是有的进入方式比较适用，使用后得心应手，效果也较好；有的进入方式不太适用，使用后困难重重，效果也不好，有的进入方式甚至根本不能使用。至于哪一种进入方式最适合本企业使用，亦即如何选择最适合本企业的进入方式和效果最好的进入方式，如上所述主要由企业本身的内部因素和企业外部因素（母国和目标市场国）两大因素综合决定。

12.7 当代国际企业选择目标市场进入方式的新趋势

第二次世界大战后，由于科技飞速发展推动生产力大幅度提高，工业发达国家开始了产业结构的大调整。从20世纪70年代开始，世界上进行产业结构调整的国家增多，调整速度也加快。目前几乎包括所有发达国家和大部分发展中国家都在进行产业结构调整，以使本国产业升级。这一大趋势就是北美、西欧、日本、“亚洲四小龙”等工业化发达国家或地区将本国或本地区的劳动密集型及半劳动密集型产业转移到劳动力丰富、劳动力成本低廉的发展中国家去；发展中国家则接受发达国家转移来的上述产业，以改造和提升本国的产业。因此，近二三十年来，全世界国际企业进入国际市场的方式以国外直接投资为主。发达国家每年大约有800亿~900亿美元的产品转移到亚洲和环太平洋的发展中国家去生产，以便将自己的劳动密集型企业转移到这些劳动力丰富的国家，将生产出的低成本产品再返销回母国或销售到国际市场。

思考题

1. 分析中国某国际企业所采用的目标市场进入方式的利弊。
2. 为中国某国际企业选择下一个目标市场进入方式。
3. 为中国某企业的产品进入某邻国市场选择最佳进入方式。

案例借鉴一

国际企业进入中国市场时对市场进入战略的灵活运用

如前所述，国际企业在选择目标市场进入方式时要综合考虑母国政策、东道国的客观环境和企业主观条件等诸多因素，然后选择最适合的进入方式进入目标市场，即选择风险最小、经济效益最大的市场进入方式进入目标市场。这方面最典型的一些例子就是国际企业特别是跨国公司进入中国市场时对进入战略的灵活运用及进入方式的选择。这种灵活运用及选择对各国的国际企业来说都有很好的借鉴价值。

中国政府在建国后漫长的时期内，对外资特别是对西方发达国家的外资持敌视态度并加以拒绝，那时国际企业的产品要进入中国市场要么不可能，要么存在很大的风险。因此，在20世纪80年代前中国实行闭关自守和计划经济的漫长时期内，国际企业的产品只能以最低级的市场进入方式即以直接出口或间接出口的方式进入中国市场，比如国际企业对中国的粮食出口、化肥出口和普通机电设备的出口。20世纪80年代，在中国实行对外开放政策后，随着中国政府对外资态度的巨大转变，中国政府从政策上允许并欢迎一部分国际产品进入中国市场。但当时中国的市场经济刚刚萌芽，国民经济基础设施也很不完善，并不适合国际企业采用高级市场进入方式进入中国市场，因此，20 世纪 80 年代至 90 年代的对外开放初期，国际企业只能采用低级的市场进入方式，即以来料加工和零部件组装方式进入中国市场，比如可口可乐饮料、雀巢饮料的推广、珠江三角洲地区来料加工和零部件组装小家电、小商品产业。此后，国际企业又采用了较为高级的市场进入方式，即以技术转让的市场进入方式进入中国市场，比如，德国企业向中国海尔公司转让电冰箱生产技术，日本企业向上海宝钢公司转让炼钢生产技术，日本多家企业向中国多家企业转让黑白电视机和彩色电视机生产技术、洗衣机生产技术、空调机生产技术等。

20 世纪 90 年代后，随着中国市场经济的逐步发展及中国国民经济基础设施的逐步完善，国际企业开始采用高级的市场进入方式进入中国市场，即以与中国企业合资生产经营的方式进入中国市场，比如，天津夏利微型轿车、北京切诺基吉普车、南京依维柯客车、东北捷达轿车、上海桑塔纳轿车、青岛 AT&T 通信产品等，众多的美国、德国、意大利、日本等国的国际企业与中国企业合资生产的上述产品，便是那时国际企业采用这一市场进入方式进入中国市场的典型例子。进入 21 世纪后随着中国经济开始与世界经济接轨，特别是根据中国政府加入 WTO 时承诺的国内市场对外开放时间表的规定，国际企业开始以高级的市场进入方式，即在中国建立独资企业的方式进入中国市场，其中最典型的例子包括美国通用汽车公司在上海建立独资企业生产别克轿车，美国惠尔浦公司在广东顺德建立独资企业生产微波炉，美国花旗银行①和英国汇丰银行②分别在中国沿海大城市开办独资银行，法国家乐福百货公司③、美国沃尔玛百货公司、日本佳世客百货公司分别在中国沿海大城市开办独资超级市场或百货公司等。

从上述例子中可以看出，国际企业进入中国市场时运用市场进入战略十分灵活，它们在不同时期所选择的不同市场进入方式也十分合理，是国际市场营销领域中市场进入战略运用的典范，也是国际市场营销领域中市场进入方式选择的典范。

案例借鉴二

中国企业对外国企业的收购

如正文所述，收购是企业迅速占领某国际市场，特别是陌生国际市场一种颇好的方法，因此，国际市场中崭露头脚的中国企业特别是大型企业纷纷采用此法。

前些年，中国少数企业开始以谨慎的态度在国际市场中进行了初步的收购尝试，并在少数发展中国家取得了初步成功。

近几年，特别是 2008 年发生全球金融危机之后，发达国家的少数企业出现了经营困难甚至生存危机，与此相反，中国经济较早走出了这一危机，而且某些企业受此危机

---

① 花旗银行在 2010 年全球 500 家最大公司中排名第 39 位，年营业额达 1 110.6 亿美元。

② 汇丰银行在 2010 年全球 500 家最大公司中排名第 46 位，年营业额达 1 026.8 亿美元。

③ 家乐福公司在 2010 年全球 500 家最大公司中排名第 32 位，年营业额达 1 203.0 亿美元

的影响较小，因此，这些企业便开始借此机会大力进入国际市场进行收购外国企业的活动，而且“胃口”都很大。如中国最大的有色金属生产企业中国铝业集团在2010年上半年计划以195亿美元收购世界大型矿业公司之一的澳大利亚力拓矿业公司的一部份股份，并为此与其进行了长期谈判；中国三大石油公司之一的中国海洋石油公司2005年计划以巨资全资收购美国优尼科石油公司，并与之进行了长期谈判；中国著名的巨型钢铁企业鞍山钢铁公司2010年上半年计划以巨资收购美国钢铁企业的一部分股份，并为此进行了谈判等。但因这些中国企业具有“政府”背景，政企没有分离，还不是真正的独立企业，还在执行政府的某些指令或意图，因而中国企业的上述收购最终遭到对方拒绝。

与上述例子相反，中国的民营企业、著名的信息企业联想电脑集团于2005年成功全资收购了著名的美国最大电脑公司IBM公司属下的一家生产个人电脑的子公司；纯民营的中国吉利汽车集团于2010年上半年以巨资全资成功收购了著名的美国3大汽车公司之一福特公司旗下的子公司VOLVO汽车公司；中国著名的民营信息企业阿里巴巴公司于2010年上半年全资成功收购了美国的电子商务企业Vendio公司等。

上述两种典型的例子说明中国的一些企业，特别是国有大型企业还不完全符合市场经济的要求，还具有一些计划经济的属性需加以改变，然后才能在完全属于市场经济的国际市场中开展正常的包括收购外国企业在内的国际营销活动。

第 13 章

国际营销企业成长战略

国际营销企业成长战略又称企业发展战略，是研究国际企业如何由小变大、由弱变强的战略，即研究企业如何成长壮大的战略。此战略又分为企业长期成长战略和企业阶段成长战略两大类。国际企业在成长壮大过程中不可能一帆风顺，始终处于发展扩大状态，即使是名列全球 500 家最大公司前几名、大名鼎鼎的美国通用汽车公司和福特汽车公司也有过惨淡的濒临破产时期。因此一般来讲，多数国际企业的成长过程是一个曲折迂回、有前进有后退、有扩张有收缩的过程。即国际企业有时处于市场扩展状态，有时处于市场维持状态，有时被迫处于市场收缩状态。

国际企业的成长壮大过程一般总是与企业国际化程度的加深过程密切联系在一起，即随着国际企业的成长壮大，国际企业由最初的国际化营销发展为多国化营销，最后发展为全球化营销。

13.1 国际营销企业长期成长战略模式

13.1.1 长期成长战略模式的类型

1. 密集化成长战略模式

指国际企业在其整个成长过程中始终生产经营单一行业的产品，通过单一行业产品进行市场渗透、市场开发和产品开发的战略，如美国可口可乐公司的成长过程就属于此种战略模式。

2. 多样化成长战略模式

指国际企业在其整个成长过程中始终生产经营多种不同行业的产品，此战略模式既包括一体化成长战略又包括多样化成长战略。

3. 综合化成长战略模式

国际企业在其整个成长过程中不是始终采用一种成长战略，而是在不同的阶段采用不同的成长战略。一般是在国际企业成长过程的初期阶段采用密集化成长战略，随着国际企业规模的扩大和实力的增强，逐步改为多样化成长战略，但对于每种产品来说仍使用密集化成长战略。

13.1.2 长期成长战略模式的选择

国际企业只有选择了长期成长战略模式后，才能进一步选择阶段成长战略，即长期成长战略模式的选择是选择国际企业阶段成长战略的第一步。

规模不大，资金、技术条件也不强的国际企业，宜选择密集化成长战略模式，这是由企业本身的条件所决定的。

规模较大、资金充裕、技术力量也雄厚，但缺乏市场竞争力的国际企业，宜选择多样化成长战略模式，因为这样的模式可以发挥国际企业在上述方面的优势。

规模大、资金雄厚、技术力量强、市场竞争力也强的国际企业，宜选择综合化成长战略模式，因为只有这样才能发挥企业的所有优势，并符合国际企业不同阶段具有不同优势的特点。事实上由于这种模式具有灵活性强和普遍适用的特点，因此，世界上大多数大型国际企业都是在综合化成长战略模式下发展起来的。如美国通用汽车公司先是选择密集化成长战略，即发展单一行业产品汽车的生产，待实力壮大后，又逐步采用多样化成长战略，发展坦克、电冰箱、洗衣机等多种跨行业产品的生产；美国通用电气公司①在初期实力不太雄厚时，也是选择密集化成长战略，仅生产经营单一行业的普通电器产品，以后随着实力的增强，该企业逐步采用多样化成长战略，开发、生产、经营工业用发电机组、飞机发动机、人造通讯卫星、医疗设备、化工材料等跨行业产品。

13.2 国际营销企业阶段成长战略的分类

如上所述，国际企业在成长壮大过程中的某一阶段，根据当时所处的内部和外部条件，可能处于市场扩展状态，也可能处于市场维持状态，还可能处于市场收缩状态。当企业处于以上三种状态之一时，应采用下述与之对应的阶段成长战略。

13.2.1 市场扩展战略

市场扩展战略就是通过扩大国际企业的规模而使其成长壮大的战略，这样可使国际企业取得规模经济效益。规模扩大的方式可以是扩大国际企业的资产，可以是扩大国际企业的业务范围，也可以是扩大国际企业的产品，还可以三者同时扩大。

市场扩展战略的类型分为密集化成长战略、一体化成长战略和多样化成长战略，下面分别加以介绍：

1. 密集化成长战略

指国际企业在原有生产领域内改进产品或扩大市场的战略，这是国际企业现有产品或现有市场还有潜力可挖时采用的战略，基本做法就是挖掘现有产品的潜力或现有市场的潜力。

(1) 密集化成长战略的分类

① 通用电气公司在2010年全球500家最大公司中排名第16位，年产值1 516.3亿美元。

具体分为下述 4 种类型：

① 市场渗透战略：此战略主要适用于处于成长期或成熟期初期的产品，即老产品在老市场上进一步渗透。又分下述 3 种基本方式：尽量使老顾客增加购买数量，如增加销售网点、品种、规格、型号等；从竞争对手手中夺取顾客，主要在定价、质量、服务、广告等方面采取措施；争取潜在的新顾客，主要通过促销活动激发潜在顾客的购买欲望和购买行为。如美国可口可乐饮料公司虽然产品单一，并且市场竞争激烈，但采用市场渗透战略后却获得了成功，企业由此不断发展壮大。

② 市场开发战略：指国际企业用老产品去开辟新市场。当老产品在老市场上已无进一步渗透可能时，国际企业就应设法开辟新的国际市场，以增加销售量。如日本松下电器公司的收音机在国内市场已趋于饱和状态的情况下，采用市场开发战略到海外市场寻找新市场。

③ 产品开发战略：指通过改进老产品或开发新产品的方法扩大产品在老市场上的销售量。基本方法是增加老产品的花色品种或增加老产品的新功能、新用途以及在企业原生产领域内研制推出新产品。产品开发战略不但可以扩大老市场，甚至可以开辟新市场。如美国杜邦公司在 20 世纪 40 年代研制的尼龙产品，最初只是销往军用品市场用来制作降落伞，后来开发出尼龙袜、尼龙篷布等新用途，从而打开了比原先军用品市场更大的新国际市场，为杜邦公司的成长发展起到了一定的促进作用。

密集化成长战略的实质是根据规模经济理论增加产品产量，以达到追求规模经济效益的目的。但规模也不是愈大愈好，如图 13－1 所示，规模达到最优规模（图中 M 点）后，产量增加，单位产品成本反而上升，因此，密集化成长战略以产量不超出最优规模为限。

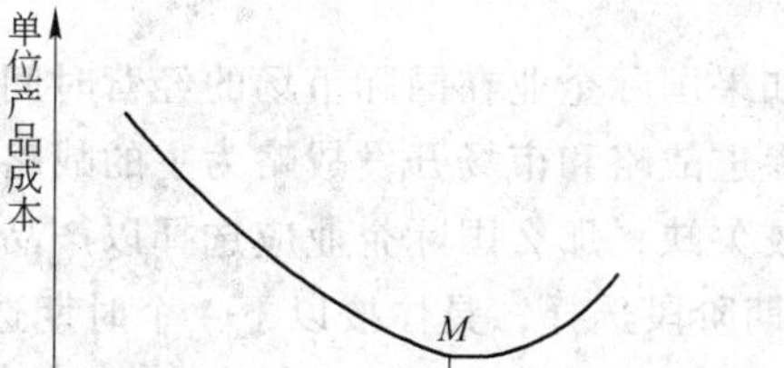

图 13－1 产量与成本的关系

④ 专业化战略：指国际企业综合采用上述 3 种类型的战略生产单一产品的战略，即在国际企业内部各子公司之间进行分工，各国子公司运用产品开发战略分别完成某单一产品的产品研制、零部件半成品生产、整体产品装配等各个环节，最后形成完整产品，再由销售子公司采用市场渗透和市场开发战略开发市场。这一战略的最大优点是可以将企业的资源集中在一起以生产单一产品，从而减少了管理的难度，提高了管理效率和经济效益。如诺基亚（NOKIA）公司原是一家跨越造纸、制药、橡胶、电器多个产业的多元化公司，但从 20 世纪 80 年代起该公司进行了重大战略转移，改为采用专业化

战略生产单一产品手机，并取得了巨大成功。

(2) 密集化成长战略的选择

具体分为以下 3 种选择方法：

① 根据国际企业的产业特征选择，具体按以下 4 种特性选择：

一是产品特性。国际企业的产品若属生产资料，而且具有不可替代性，那么该产品销售前景就好，此种情况下国际企业应选择市场渗透战略或市场开发战略，特别是应以前者为主。如果是可替代产品，则应选择产品开发战略和市场渗透战略，特别是以前种战略为主。如果该产品技术含量属于中低级产品，那么国际企业就应把产品开发战略放在首位。如果该产品技术含量属于高中级产品，那么国际企业就应把市场渗透和市场开发战略放在首位。

国际企业的产品若属消费品，由于消费品可替代性大，而且市场竞争激烈，因此国际企业应始终坚持产品开发战略，不断开发出新产品来维持和扩大市场范围和市场占有率。若消费品是高档消费品，那么国际企业应选择市场渗透战略与市场开发战略。

二是经济曲线特性。所谓经济曲线特性是指有的产品有明显的规模经济特性，即随着产量的增加，单位产品成本下降；有的产品规模经济特性不明显，即当产量增加时，产品的单位成本并不明显下降，或是不按比例下降。当产品属于前一种情况时，国际企业应努力增加产量，即选择市场渗透战略和市场开发战略；当国际企业的产品属于后一种情况时，国际企业则不必刻意追求增加产量，而应开发新产品，即选择产品开发战略。

三是技术革新的可能性。即国际企业对产品进行更新换代推出新产品的能力。如果国际企业开发新技术的能力强，那么就应选择产品开发战略，反之，应选择市场渗透战略或市场开发战略。

四是海外经营经验。如果国际企业在国际市场的经营时间长、经验比较丰富，那么国际企业就应选择以市场渗透战略和市场开发战略为主的战略；如果国际企业在国际市场的经营时间短、经验比较欠缺，那么国际企业应选择以产品开发战略为主的战略。

② 根据产品的生命周期阶段选择，具体按以下 4 个时期选择：

一是投入期。此时期产品本身还存在着不少技术上的问题，有待进一步改进，另外广大消费者对此产品还不熟悉，购买者颇少。因此，此时期国际企业应同时选择产品开发和市场渗透两种战略。

二是成长期。此时期产品已经定型，消费者开始大量接受此产品，因此国际企业应选择市场渗透战略。

三是成熟期。此时期该产品的销售额和利润额都达到了最高水平，而且呈稳定状态。即该产品的市场需求量已近饱和，而且其他企业的同类产品也已进入该市场，形成激烈的市场竞争局面。因此，国际企业应重点选择市场开发战略，力争在新的市场上打开局面，摆脱竞争对手。另外，此时期也应考虑产品的更新换代问题，即还应选择产品开发战略。

四是衰退期。该时期产品已进入老年期，即将被市场淘汰。因此，在该时期国际企业应重点选择产品开发战略，把老产品占用的人力、物力、财力转移到新产品上去，力求尽快结束衰退期，进入新产品的新生命周期。

③ 根据企业的竞争地位进行选择，具体按以下的两种地位选择：

一是产品竞争地位，即国际企业在产品的品种、规格、质量、价格等方面的竞争地位。若是国际企业在国际市场产品竞争中处于强有力的地位，那么就应选择市场渗透战略和市场开发战略，以巩固本企业在产品竞争中的优势地位；相反，国际企业若在国际市场产品竞争中处于软弱的不利地位，那么就应选择产品开发战略，并同时辅以市场开发战略。

二是技术竞争地位，即国际企业在改进老产品和开发研制新产品方面的竞争地位。若是国际企业在国际市场的技术竞争中处于强有力的地位，那么就应选择产品开发战略，辅以市场渗透战略和市场开发战略；相反，国际企业若在国际市场技术竞争中处于软弱无力的地位，那么就应选择市场渗透战略和市场开发战略，辅以产品开发战略。

事实上，国际企业很少单独使用上述前 3 种战略（市场渗透战略、市场开发战略、产品开发战略）中的某一种战略，在实践中，大多数国际企业都是将以上 3 种战略同时使用，但在使用中有主有次，或者有先有后。

2. 一体化成长战略

此战略实质是国际企业向生产深度和广度发展的战略，即在购、产、销 3 个方面实现一体化。它是具有广阔前景的国际企业所采用的战略。

（1）一体化成长战略的分类

一体化成长战略可分为下述 3 种主要类型：

① 后向一体化战略：通过建立、收购或联合生产原料或初级产品的企业，扩大业务范围从而实现供产合一的一体化。比如，造纸厂自己建立树木种植园，橡胶厂自己建立橡胶树种植园等。这种一体化有利于原料或初级产品的保质保量供应，当然也就提高了国际企业的竞争能力。

② 前向一体化战略：通过建立、收购或联合使用本企业产品或销售本企业产品的企业，从而扩大业务范围，实现产销合一的一体化。这是生产原料或初级产品的国际企业常用的一种战略。比如，生产水产品的水产企业自建、收购或联合鱼罐头厂，织布厂自建、收购或联合服装厂等。

③ 水平一体化战略：国际企业通过建立、收购或联合同行业的企业而扩大生产规模的战略。比如，钢铁企业组成国际钢铁集团，食品企业组成国际食品集团等。

（2）实现一体化成长战略的途径

国际企业要发展成一体化企业有 3 条途径：

① 以国际企业自己的力量建立一个新的企业，其优点是在建什么企业、企业规模多大、企业生产什么产品等方面国际企业都有主动权，缺点是需要大量人力、物力、财力。

② 国际企业在国际市场上收购或吞并一家企业。优点是时间短，缺点是需要大量的资金。

③ 国际企业与另一家国际企业合并或联合。优点是人力、物力、财力方面都不需要投入太大，在较短的时间内就可以形成更大的生产能力，缺点是两个合并或联合的企

业不容易协调一致地融合在一起。

3. 多样化成长战略

多样化成长战略又称多元化成长战略或多角化成长战略，是指国际企业跨行业生产经营多种产品，利用本行业以外的市场机会进行发展，也是新产品和新市场同时扩大的一种战略。这是大型国际企业，特别是特大型国际企业常用的一种战略。比如，美国通用汽车公司除生产汽车外，还跨行业生产坦克、推土机、电冰箱、洗衣机等产品；日本索尼公司除生产家用电子产品外，还生产影视产品等。

（1）多样化成长战略的分类

多样化成长战略可分为以下 3 种类型：

① 同心多样化战略：国际企业以原有的生产技术和研究开发能力为核心开发出超出本行业的新产品。这是一种创造性的积极发展战略。比如，著名的美国杜邦公司[①]最初是生产军用炸药的一家大型国际公司，后来该公司以原有生产技术和研究开发能力为核心，开发出了超出本行业的诸多产品，如化学纤维、塑料、染料、摄影材料等，使该公司发展成为特大型国际企业。

② 水平多样化战略：国际企业虽然开发跨行业的新产品，但在现有市场范围内发展。比如，生产农业机械的国际企业开发出超出本行业的化肥、农药等新产品，但这些新的跨行业产品仍属于原来的农业市场；著名的美国电话电报公司原先只经营电话电报业务，后来发展到经营旅馆业务，虽然是跨行业发展，但这两个行业都属于服务市场。

③ 综合多样化战略：又称混合多样化战略，或称集团多元化战略，指国际企业生产开发出与现有生产技术、现有产品、现有市场无关的产品，即在完全新的产品领域和完全新的市场领域寻找企业发展机会的战略。比如，著名的美国通用电气公司由最初生产电灯泡、电线之类的普通电器，发展到生产工业用发电机组、飞机用发动机、医疗设备等，由于采用了这一战略，美国通用电气公司已发展成为拥有 25 万余种产品的巨型国际公司。

（2）多样化成长战略的选择

由于多样化成长战略是现代国际企业特别是大型国际企业普遍采用的一种典型成长战略，因此，也可以把多样化成长战略看成是现代大型国际企业的成长战略。由于前述一体化成长战略的实质也是一种多样化成长战略，故将前者合并到后者中在此一并论述。

① 根据国际企业内部条件选择，具体按以下 3 种条件选择：

一是企业规模。一般而言，国际企业的规模愈大，企业的能力即人力、物力、财力就愈强，就愈有能力开发新产品和新市场，因此规模大的国际企业应选择多样化成长战略。当前世界上一些大型或巨型国际企业都采用多样化成长战略，如英荷壳牌石油公司[②]、美国埃克森美孚石油公司[③]、美国杜邦化学公司、德国西门子电器公司等。

---

① 美国杜邦公司在 2010 年全球 500 家最大公司中排名第 284 位，年产值达 327.3 亿美元。

② 壳牌公司在 2010 年全球 500 家最大公司排名第 2 位，年营业额 3 781.5 亿美元。

③ 埃克森美孚公司在 2010 年全球 500 家最大公司中排名第 3 位，年营业额 3 546.7 亿美元。

二是企业内部资源。国际企业通过长期的国际营销活动积累了大量资源，如资金、设备、科研人才等，而且用于现有产品和市场后还有过剩资源时，企业就可以选择多样化成长战略。比如，著名的美国电话电报公司[①]拥有雄厚和过剩的科研资源——世界著名的贝尔实验室，因此，该公司就选择了多样化成长战略。

三是目标差距。国际企业制定的成长目标实施后，可能完全实现了目标或基本上实现了目标，也可能实施结果与目标差距较大。当出现后一情况时，国际企业就要设法加以补救，一般来说出现的差距愈大，国际企业选择多样化成长战略的必要性就愈大。

② 根据国际企业外部条件选择，具体按以下 3 种条件选择：

一是国际企业的产品在国际市场上进入衰退期。此时期市场销售增长率长期停滞不前甚至下降。这时企业可以采取一些措施来延长产品的生命周期，但代价高昂，而且不能阻止产品最终被市场淘汰。在此情况下，有条件的国际企业往往选择多样化成长战略，从根本上解决产品进入衰退期被市场淘汰后给企业带来的经济效益下降问题。

二是产品需求的不确定性。当国际企业的产品在国际市场上的需求模糊，或市场潜力不明确时，国际企业单靠单一产品获取利润和实现销售额的前景也就变得不明确，也就是说，国际企业的经营存在着较大的风险。在此情况下，国际企业为了减少风险，往往选择多样化成长战略，以便用多种产品来分担单一产品的风险。当上述不确定性愈大时，国际企业选择多样化成长战略的必要性就愈大。

三是市场竞争激烈程度。国际企业的产品进入国际市场后竞争愈激烈，或市场被少数其他国际企业所控制时，本企业要想在该市场上获得稳定的市场份额就愈困难，且愈可能失掉原先的市场份额，在此形势下，国际企业往往选择多样化成长战略以寻求新的成长机会。

国际企业在选择多样化成长战略时，不能仅仅考虑上述某个因素而进行选择，一般是将内部条件和外部条件同时考虑，或者将上述 6 个因素同时考虑，然后作出最后选择。

上述 3 种国际企业成长战略，虽然从理论上说国际企业可以任意采用其中的一种或多种，但实际上国际企业多根据自身所处的发展阶段采用不同的成长战略。一般来说，国际企业在成长的初期阶段，由于实力所限多采用密集化成长战略，即在现有市场范围内挖掘发展机会；随着国际企业实力的不断增强，国际企业转而采用各种类型的一体化成长战略；当国际企业的固定资产达到足够强大时，即国际企业发展成为巨型企业时，一般多采用多样化成长战略。

市场扩展战略的适用于以下 3 种情况：市场繁荣，需求激增，即存在着很大的市场机会，或者说客观市场有吸引力；市场竞争激烈，在这种情况下，国际企业必须以积极的态度主动迎接竞争对手的挑战，也就是说国际企业主动开发新产品，开辟新市场，以便在与竞争对手的竞争中处于主动地位；国际企业外部出现了企业扩展的有利机会，如

① 美国电话电报公司在 2010 年全球 500 家最大公司中排名第 30 位，年营业额达 1 246.3 亿美元。

有的国际企业要倒闭或有的国际企业主动要求与本企业联合等。

实现市场扩展战略的方法如下：内部扩展法，即利用国际企业自身内部创造的利润进行再投资扩大生产，此法的最大优点为可靠性强，国际企业可以完全按自己的意图和目标去扩大再生产或扩大投资，扩大再投资的内容、规模、方式与时间完全可以自己控制，缺点是速度慢、时间长；外部扩展法，即利用国际企业外部的力量去发展企业，所谓利用外部力量就是把国际企业自己的人力、物力、财力与外部的人力、物力、财力结合起来，具体地说就是采用兼并、合资、补偿贸易、装配生产、许可贸易等形式进行市场扩展，因此，这种外部扩展法的最大优点就是时间短、速度快，而且可使企业出现跳跃式的发展，所以是当今国际企业普遍采用的一种方法，如 1998 年 5 月德国著名的戴姆勒—奔驰汽车公司与美国著名的克莱斯勒汽车公司合并后，企业有了跳跃式的发展，一跃成为全世界第 3 大汽车公司。

13.2.2 市场维持战略

市场维持战略是当国际企业的内部条件或外部条件不利于企业扩展市场时，企业维持现有规模，以积蓄力量、等待时机的一种短时期内采用的战略。

1. 市场维持战略的内容

（1）维持国际企业的销售额和利润额：目的是积累资金以备将来企业成长壮大时使用。

（2）维持国际企业的国际市场占有率：目的是保持国际企业的市场地位，也就是保持国际企业在市场竞争中的相对位置，以便作为企业今后生长壮大时的起点。

2. 市场维持战略的适用情况

（1）国际企业的经营情况正常，内部条件和外部条件都稳定。

（2）国际企业的产品和技术没有明显的不利因素，也就是说产品和技术处于一般情况。

3. 实现市场维持战略的方法

（1）产品维持法

通过向国际市场提供适销的产品以维持国际企业原来的市场份额，或不断开拓新市场以弥补失去的市场，使市场份额始终处于动态平衡中。

（2）价格维持法

国际企业以适当的产品定价来吸引新购买者，以弥补失去的购买者，使消费者的购买量始终处于动态平衡中。

（3）促销维持法

国际企业以适当的促销方式保持其产品对消费者的吸引力，以便不断有新的消费者被吸引过来，弥补失去的消费者，使国际企业产品的消费者数量始终保持在动态平衡中。

13.2.3 市场收缩战略

这是当国际企业的内部条件或外部条件出现了严重不利局面，而国际企业又无力扭转时所采取的一种退守战略。其目的是渡过难关等待时机，寄希望于国际企业将来的成长壮大。

1. 市场收缩战略的类型

（1）快收缩战略

国际企业迅速减少某些产品的产量或缩小市场范围，以便迅速抛掉企业的包袱。

（2）慢收缩战略

国际企业逐渐减少某些产品的产量或缩小市场范围，以便逐渐退出市场。

2. 市场收缩战略的适用情况

（1）产品进入衰退期时

进入衰退期的产品迟早要被市场淘汰，这是企业无法扭转的基本规律，当产品进入此期后，国际企业就要考虑采用收缩战略。

（2）国际企业决策出现重大失误时

当国际企业出现此情况而又无力补救时，企业就要考虑采用市场收缩战略。

3. 实现市场收缩战略的方法

（1）拍卖收缩法

即把国际企业的部分资产出卖给其他企业，换回资金，以便为企业今后的成长壮大准备资金。如美国第二大汽车公司福特公司受世界金融危机的冲击，从 2008 年起出现了较严重的亏损，至 2010 年仍未根本好转，从而迫使该公司采取收缩战略，于 2010 年初将属下的 VOLVO 汽车公司通过拍卖方式整体卖给了一家中国汽车公司，以换取紧缺的资金。

（2）分离收缩法

即把国际企业不盈利的部门分离出去，让其独立核算、自负盈亏，以减轻企业的经济负担。

（3）承包收缩法

即把国际企业不盈利的部门在国际市场进行招标承包，然后国际企业收取承包人一部分利润，变害为利，为国际企业今后的成长壮大积蓄力量。

（4）租让收缩法

即把国际企业经营不善的那一部分资产在国际市场上出租出去，也可把国际企业所拥有的工业产权如专利、商标等转让出去，收取一定的转让费，以便渡过难关，为国际企业今后的成长壮大积蓄力量。

思考题

1. 举例说明中国国际企业所采用的不同企业成长战略。

2. 分析国外某跨国公司采用密集化成长战略和多样化成长战略的理由或原因。

3. 分析中国某大型国际企业的成长历程。

案例借鉴

沃尔沃公司采用多样化成长战略的教训

沃尔沃公司（VOLVO）是瑞典一家有百年历史的大型跨国公司，该公司的国内产值和出口额都居瑞典的第1位。它在世界各地有80余家子公司，产品行销120多个国家，2010年它在全球500家最大公司中排名第336位，年产值为367.5亿美元，该公司的主要产品是汽车。但进入20世纪80年代后，欧洲汽车市场相对饱和，该公司的汽车销售出现了困难。这时绰号“智多星”的该公司总经理看到石油业利润丰厚，便抽出巨资投资于石油业，以补偿汽车生产的亏损。但由于沃尔沃公司缺乏专门的石油管理人才和专业技术人才，仅一年内就在石油业亏损1.4亿美元。于是公司总经理又选择了另一个很吸引人的行业，即生物科技行业，以1.9亿美元收购了一家生物科技公司，决心成为瑞典生物科技业的领袖。但还是同样的原因，导致收购的生物公司不但不盈利，反而连年亏损。采用多样化经营战略的沃尔沃公司接连失败，从此大伤元气，长期未能扭转亏损局面，只好于20世纪90年代被美国福特汽车公司收购。此例子说明，国际企业轻率采用多样化成长战略并不一定能够成功。

第 14 章

国际营销市场竞争战略

广义的市场竞争既包括卖方之间的竞争，也包括买方之间的竞争，还包括买卖双方之间的竞争，但国际营销中所指的市场竞争仅指狭义的市场竞争，即卖方之间在国际市场上的竞争。这是国际市场上普遍存在的客观现象，是国际企业为了谋取自身利益而在国际市场上展开的争取购买者的活动。国际营销市场竞争战略就是指导国际企业在国际市场上开展竞争的谋略，是国际企业不可缺少的战略之一。

14.1 国际营销市场竞争的特征与原则

14.1.1 国际营销市场竞争的特征

1. 必然性

市场竞争是市场经济的必然产物，国际市场上同样存在着市场竞争，这是不以国际企业的意志而转移的。

2. 全面性

在国际市场上，不管是哪个市场、哪个产品都存在着市场竞争。

3. 双重性

国际市场上的竞争既具有积极作用，也具有消极作用。

(1) 积极作用

① 促使国际企业关心消费者的利益，即把消费者作为“上帝”。

② 促使国际企业采用先进技术，改进营销管理，提高服务质量。

③ 促使国际企业根据国际市场需求确定生产什么产品和生产多少产品，避免了社会资源的浪费。

(2) 消极作用

市场竞争的严峻性也会促使某些抱有错误企业宗旨的国际企业以不正当手段生产假冒伪劣产品，损害消费者利益，浪费社会资源。

14.1.2 国际营销市场竞争的原则

1. 知己知彼

国际市场上的市场竞争是己方与竞争方双方力量和智慧的较量，既然如此，就必须事前了解自己和对方的实力、优势与劣势，只有这样才能为国际企业制定正确的竞争战略提供前提条件，不致于出现盲目行动。

2. 目标集中

国际企业在国际市场竞争中，竞争对手可能在多个方面都影响到了己方的利益，需要通过市场竞争加以解决。但为了竞争的胜利，国际企业不宜同时在几个方面与竞争对手展开竞争，而是应该根据双方的力量对比和其他条件，只选择一个方面作为目标展开竞争，待第一个目标实现后再选择另一个目标，待第二个目标实现后再选择第三个目标。

3. 瞅准时机

正如上面所述，当竞争对手在几个方面同时影响到己方的利益时，不能同时加以解决，只能有先有后地加以解决。也就是说，当与竞争对手存在着利益冲突时，既可以在产生之初解决，也可以在产生之后某个时期解决，具体何时解决，即己方何时开始主动行动，要选择一个天时地利的时机。

4. 量力而行，适可而止

虽然国际市场竞争不能等到绝对有取胜的把握时才进行，但通常要在比较有取胜的把握时才进行，因此，除了竞争目标的正确性，还要考虑竞争取胜的可能性与把握性。国际企业在市场竞争中要充分考虑双方的力量对比，或者说要根据己方的力量量力而行。另外，国际市场竞争的最终目的在于更大地满足消费者的需求和使国际企业获得更多的经济效益，而不是消灭竞争对手，因此，当代的国际市场竞争不提倡也不鼓励将竞争对手置于死地，否则将导致严重后果，即当己方全力以赴消灭对方无暇别顾时，国际市场上众多的第三方可能乘机得渔翁之利。

14.2 国际营销市场竞争战略的分类

国际营销市场竞争战略分为进攻型战略、防守型战略和渗透型战略 3 大类型。每种大战略类型又分为几种小的战略。

14.2.1 进攻型战略

这是一种主动而积极的战略，即主动从竞争对手手中夺取利益的战略，又因双方力量的对比和其他条件的不同而分为正面进攻战略、侧面进攻战略、包围进攻战略和游击进攻战略 4 种。

1. 正面进攻战略

国际企业主动向竞争对手的实力部位或优势方面发动进攻，而不是向其弱点进攻，即采用与竞争对手完全相同的战略、策略向对方发起进攻，比如与竞争对手的产品相同、价格相当、促销方式类似等。正面进攻的胜败一般决定于双方的实力和持久力，也就是说，为了取得正面进攻的成功，进攻者必须有超过对手的长期实力。正面进攻又分为以下 4 种类型：

（1）纯正面进攻

纯正面进攻是在产品、价格、促销等方面进行全方位的进攻，并追逐同一个目标市场。采用此种战略类型的进攻者除非确实拥有强大的竞争优势，否则取胜的希望是渺茫的。下面就是一个很典型的例子。

20 世纪 60 年代初，日本本田公司已成为日本国内摩托车市场的霸主，20 世纪 80 年代初它的市场占有率达 38%。这时另一家日本公司山叶公司的市场占有率也升至 37%，欲与本田公司一决雌雄，遂向其发动了纯正面进攻，为此山叶公司开发出了 18 个新品种，并宣布新建一个年产 100 万辆摩托车的分厂。本田公司凭借其强大的多样化经营实力，迎接挑战。本田公司先是用汽车产品的利润大量补贴摩托车产品，将所有品种的摩托车产品全面大幅度降价 30%，迫使山叶公司的摩托车产品也大幅度降价亏本经营，然后又陆续推出了 81 个新品种以与山叶公司的 18 个新品种抗衡，再是扩大销售网点和利用一切促销方式进行宣传活动，3 年后本田公司的市场占有率升至 47%，而山叶公司则降至 27%。山叶公司由于单一经营，除摩托车产品外别无其他利润来源，因而公司陷入了严重的财政危机，只好削减生产并以变卖财产度日，最后山叶公司以屈辱的方式主动退出了竞争。此例子说明企业没有大大超过对手的优势是不能取得纯正面进攻胜利的。

（2）有限的正面进攻

进攻者不是在对手的全部市场上，而是在其某一市场上，或者不是在对手的全部策略组合上，而是在对手的某一策略上对其展开有限的正面进攻。此种战略类型要求进攻者所具备的条件比上述纯正面进攻战略类型要低一些，因此企业采用得较多。

（3）价格方面的正面进攻

当进攻者在其他方面与竞争对手旗鼓相当而在价格方面独占优势时，可采用这种进攻方式。发达国家的国际企业在技术密集型产品上有价格优势，发展中国家的国际企业在劳动密集型产品上有价格优势，因此，上述两类国际企业可采用此类型的正面进攻战略。这也是国际市场上正面进攻中最常使用的一种战略。

（4）产品开发方面的正面进攻

即进攻者发挥自己的产品开发优势，开发出比竞争对手更优秀的新产品新品种以与对手竞争的战略，这是一种比较容易取得成功的战略类型。20 世纪 30 年代时，美国百事可乐公司产品的市场占有率不及可口可乐公司的 1/5，但百事可乐公司采取了产品开发方面的正面进攻战略，向市场大量推出口味与可口可乐饮料不同的百事可乐饮料，开始了向可口可乐公司的进攻。至 20 世纪 50 年代其市场占有率已升至可口可乐公司的 1/2，至 1984 年其市场占有率仅低于可口可乐公司 2.9 个百分点，成为此类型正面进攻战略成功的典型。

2. 侧翼进攻战略

侧翼进攻战略是避免与竞争对手发生正面冲突而主动在其弱点部位给予打击以争取胜利的战略，是国际市场中经常采用而且容易取得成功的一种战略，也是国际企业的现有产品和现有资源相对于竞争对手处于劣势地位时所采用的一种战略。此战略又分为地区侧翼进攻战略和细分市场侧翼进攻战略两类。前者指在竞争对手实力弱的地区展开进攻，后者指在竞争对手还未进入的细分市场展开进攻。

20 世纪 60 年代和 70 年代日本企业在美国市场上展开了一系列侧翼进攻战略，并稳稳地在美国市场上站住了脚跟。例如20世纪60年代以前，美国摩托车市场上充满了欧洲和美国公司生产的价格在1 000美元以上、汽缸容量在500毫升以上的高档大型摩托车，而低档小容量的小型摩托车在美国市场上地位微弱，不被欧洲和美国的大公司重视。20世纪60年代开始，日本本田公司发现欧洲和美国公司在美国摩托车市场上的上述弱点后，对此弱点展开了侧翼进攻。本田公司集中了700余位工程技术人员跑遍全世界，对全世界各种不同类型、档次、容量的摩托车进行了全面调查分析，然后集中力量研制成功了结构小巧、便于驾驶、汽缸容量为125毫升、价格低于250美元的当时世界上最好的轻便摩托车，并一举占领了美国的小型摩托车市场，然后逐步推出较大容量的中型摩托车占领美国市场。20世纪70年代后期，本田公司又推出汽缸容量为1 000毫升的重型摩托车进入美国的大型重型摩托车市场。至此，日本本田公司以侧翼进攻战略全面占领了美国的摩托车市场，与此同时，欧洲和美国的摩托车公司逐渐被日本本田公司挤出了美国市场。

3. 包围进攻战略

包围进攻战略是不在竞争对手实力强的正面发动进攻，而在对手正面以外的几个方面同时发动进攻，使对手顾此失彼，在对手被动应战中寻找最弱部位作为突破口，从而最后取得胜利的战略。此战略又分为产品包围进攻战略和市场包围进攻战略两大类。前者是进攻者推出大量质量、特点、风格各异的产品，以此淹没对手的产品；后者是进攻者在每一个细分市场都投入自己的力量，以包围对手有限的细分市场。

进攻者采用包围进攻战略必须具有雄厚的实力和持久的意志，否则很难取得最后的胜利。

4. 游击进攻战略

这是弱小企业以灵活机动的手段迫使大企业作出某些让步，以实现有限目标的一种进攻型战略，或者是实力雄厚的大企业对某些弱小企业实施小规模间歇式进攻，以牵制对方力量的一种战略。

弱小的国际企业能否在游击进攻中取胜，主要决定于弱小企业能否在“专”和“灵活”上发挥自己的优势。即弱小国际企业利用自己市场面窄和产品线窄的特点，专心致力于生产某种专为某市场服务的产品，以在小范围内集中力量与大企业竞争；也可用灵活改变细分市场或产品的办法与需要调动大量人力、物力、财力才能改变市场或产品的大企业进行竞争，这种类型的竞争，弱小企业取胜的可能性较大，这是因为国际大企业不愿意被上述小市场和市场需求不大的产品牵扯精力，以免得不偿失，而宁愿在这些方面作些让步甚至放弃。

14.2.2 防守型战略

这是那些在国际市场上处于优势地位或统治地位的国际企业所采用的战略，其目的是在国际市场上保住现有的优势或地位，用以对付新成长起来的竞争对手对本企业的进攻。

1. 阵地防守战略

阵地防守战略是指国际企业以现有优势产品或优势市场为阵地，进行消极防守的战略。这种战略由于被动地等待竞争对手的进攻，目标完全暴露给对方，因此是一种消极的防守，其结果多半是失败。比如，美国福特汽车公司在 20 世纪初推出了价廉物美并为普通大众所喜欢的 T 型小轿车，风靡市场，从而使福特公司占据了当时美国汽车市场的霸主地位，利润丰厚。但后来当美国的其他汽车公司向其进攻时，福特公司仅仅是阵地防守，没有其他措施和动作，因而被其他汽车公司战胜，公司由利润丰厚状态跌落到濒临破产的状态。相反，美国可口可乐公司的汽水饮料占全世界市场份额的一半，在市场上处于领先地位，但当美国百事可乐饮料公司以一种新口味的汽水饮料向其发起进攻时，可口可乐公司不是单纯坚守老的汽水饮料阵地，而是推出了酒类饮料和果汁饮料占领新市场，从而经受住了百事可乐公司的进攻。可见国际企业在受到进攻时单纯依靠阵地防守战略是不可取的。

2. 机动防守战略

机动防守战略是指当对方向自己进攻时，国际企业不是始终固守自己的阵地，而是进行运动作战，即对方进攻我方某一部位时，我方主动进攻对方的另一部位，迫使对方退缩回去进行防守。这是积极而主动的防守战略，因此在国际市场竞争中提倡此种战略。此战略又分为市场拓宽战略和市场多样化战略两种类型。前者即产品不变，而市场改变，将老产品推入新的市场，使市场面扩大或细分市场增多，以新市场的“得”去弥补老市场的“失”；后者指国际企业推出与老产品完全不同的新产品甚至是跨行业新产品，以产品多样化或市场多样化占领新市场，用新产品的“得”弥补老产品的“失”。比如，美国的香烟企业由于受到消费者禁烟运动的进攻采取了机动防守的战略，进入啤酒、冷冻食品等跨行业的新市场，以新市场的“得”弥补了香烟市场的“失”而获得成功。

3. 撤退防守战略

撤退防守战略是指当国际企业遭到竞争对手的强力进攻时，主动放弃某些保不住的市场，将自己的力量收缩到还有能力保得住的市场上，以便集中和积蓄力量准备反攻。这又分为产品型退却和市场型退却两种类型。前者指放弃某些不占优势的产品，以便把资源集中到优势产品上；后者指放弃某些不占优势的细分市场，而将企业的资源集中到优势细分市场上。撤退防守战略是国际企业处于十分不利的形势下，又无力进行机动防守时采用的一种战略。

14.2.3　渗透型战略

这是那些实力小、优势少对其他企业无力进行上述进攻型战略，但又想有所发展壮大的弱小企业常采用的一种战略，又分为下述两种小战略：

1. 蚕食战略

企业不声不响地蚕食对手的市场，以积少成多提高本企业的市场占有率。常用的竞争手段是产品渗透，如改进老产品、改进服务、研制新产品，或市场渗透如重新细分市场等。

此战略的竞争对手若仅是一个，上述日积月累的蚕食迟早会被对手发现，并对该企业给以致命的报复。但对手若有多个，每个对手被蚕食的市场份额就会较小，对手反击报复的可能就较小，此战略成功的可能性就较大。

2. 回避战略

即企业放弃对手占明显优势的产品或市场，另去开发新产品新市场，以与市场上的优势企业和平共处相安无事。但这意味着该企业要放弃自己的某些产品或退出某些市场，或停止开发自己有能力开发的产品或有能力开发的市场，而去开发那些对手没有生产的产品或没有进入的市场。如为汽车企业生产方向盘、门把手、门锁，为服装企业生产钮扣以及生产那些不侵犯其他企业利益的特殊小产品等。

14.3 国际营销市场竞争手段

国际营销市场竞争手段，又称国际营销市场竞争方式，即国际企业在实施竞争战略中所采用的竞争手段或方式。国际市场上企业可以采用的竞争手段主要有低成本手段、产品差异手段和优势经营手段3种。

1. 低成本手段

从国际营销历史来看，初期的竞争多半是价格竞争，即互相压价以压垮对方，但这种竞争实际上使自己一方在经济上也受到较大的损失，价格竞争的结果通常是两败俱伤。后来国际企业用成本竞争取代了价格竞争，即竞争双方力图降低自己产品的成本，在产品价格不变的前题下降低成本就意味着增加了利润，然后用多创造的利润购买先进设备或技术，使产品成本进一步降低，产品利润进一步提高，如此循环下去便形成了良性循环，即成本愈来愈低，利润愈来愈大。另外，产品成本愈来愈低后，企业可适当降低产品的价格，使价格也愈来愈低，吸引愈来愈多的消费者购买本企业的产品，销售量增加后形成规模经济效益，产品的成本进一步降低，产品价格可进一步下降，这样又形成了第二个良性循环。在这两个良性循环的作用下，国际企业的经济效益愈来愈好，实力愈来愈强，因而在国际市场竞争中胜利的可能性就愈来愈大。

国际企业实现低成本的主要措施是：提高产量，取得规模经济效益；采用先进技术和设备，以降低原材料的消耗和提高劳动生产率；提高营销管理水平，以减少不必要的开支，把成本降到最低水平。

2. 产品差异手段

所谓产品差异手段就是在国际市场上使本企业的产品在质量、功能、品种、式样、色彩、商标、包装、服务等某一个或某几个方面具有显著的特色，或与其他企业的同类产品有显著的差异，以此为手段与竞争对手进行竞争。

采用产品差异手段的好处体现在以下几个方面：可以避开与竞争对手的直接冲突，因此，不论国际企业采用进攻战略还是防守战略都可采用这一手段；可以增加产品对消费者的吸引力，即增加产品的销售量；使国际企业的产品在国际市场上与竞争对手的产品失去可比性，因而国际企业可以比较自由地提高本企业产品的价格，即增加利润。

国际企业采用产品差异手段是一种颇为有效的手段，但国际企业要具备下述条件才可以采用此手段：国际企业具有较强的科研能力、产品开发能力与营销能力；国际企业的产品在国际市场上具有良好的声誉；国际企业的领导者要具有不断创新的观念。

3. 优势经营手段

优势经营手段是指发挥国际企业在经营方面的优势在国际市场上与竞争对手竞争。国际企业的经营优势可以表现在许多方面，如资金优势、技术优势、人才优势、产品优势、服务优势、信誉优势、交货期优势等，下面重点介绍服务优势、信誉优势和交货期优势。

(1) 服务优势

服务优势是整体产品概念中的附加产品方面的优势，也就是售前、售中、售后服务优势。这一手段已经愈来愈成为国际企业在国际市场上进行竞争时所采用的手段，尤其应用在耐用消费品和工业品的竞争上。这是因为上述服务对消费者或用户来说十分重要，否则在消费者或用户看来就是不完整的产品。

(2) 信誉优势

所谓信誉即消费者对企业或其产品的信任感，这是国际企业的一种无形资产，因此，国际企业在国际市场上完全可以将此作为一种竞争手段，与竞争对手进行竞争。

(3) 交货期优势

当今国际市场上，产品的季节性或时令性愈来愈强，因此，如何使消费者或中间商及时地拿到产品，即按交货期按时交货，就成了当今国际市场上国际企业之间重要的竞争手段。国际企业采用此竞争手段同样能够取得竞争的成功。

14.4 国际营销市场竞争战略和市场竞争手段的选择

国际市场中，由于不同国际企业的市场占有率不同，因此可将国际市场上的企业分为市场领先企业、市场挑战企业、市场跟随企业和专一经营企业 4 种类型。这 4 种不同类型的企业在市场竞争中应该选择不同的市场竞争战略和市场竞争手段。

需要指出的是本节介绍的所有选择并不是惟一正确的选择，也就是说市场竞争战略选择和市场竞争手段选择为企业家施展才能提供了很大的空间。

14.4.1 市场领先企业的市场竞争战略与竞争手段

所谓市场领先企业就是那些实力雄厚、市场占有率最高的企业。这些领先企业的国际营销活动在同行业中总是起着带头或支配作用。这些企业虽然是市场领先企业，但由于不同的领先企业所处的状态不同，它们所应选择的市场竞争战略又分以下 3 种情况：

1. 希望继续扩大市场占有率的企业

这类企业在国际市场上的销售形势很好，整个企业处于上升发展状态。处在这种发展状态的企业为了发展当然应该采用进攻战略，但这类企业也处于市场竞争的客观环境中，同样也有其他企业向其进攻，因此，这类企业在采用进攻战略的同时也要采取防守战略，也就是说应采取进攻与防守并举的战略。市场竞争手段应采取产品差异与优势经营并举的手段，即这类企业进攻或防守时应通过开发新产品或开发老产品的新用途以扩大市场，同时采取经营优势手段去实施进攻或防守。

2. 希望稳定市场地位的市场领先企业

这类企业虽然已成为市场领先企业，但由于市场客观条件处于不景气状态，或企业自身处于某种困难中，因而没有能力向其他竞争对手发起进攻，或者即使发起进攻，获得成功的可能性微小。处于这种状态下的市场领先企业就希望维持目前的市场占有率现状，维护自己的既得利益。对这类企业来说，正确的市场竞争战略应该是防守战略，而且是机动防守战略，即采用先发制人或以攻为守的战略，以制止竞争对手的进攻，同时从竞争对手那里夺取市场。企业实施上述战略应采取的手段是产品差异手段和优势经营手段，即不断推出新产品，并利用自己的市场领先优势进行优势经营。

3. 开始走下坡路的市场领先企业

这些市场领先企业由于客观市场的严峻形势、企业自身的严重决策失误或其他严重困难，而失去市场领先地位，开始走下坡路。这类企业的正确战略选择应是采取撤退防守战略，即主动放弃那些力所不及的产品或市场，收缩资源将其集中到优势产品和优势市场上去，从下滑中争取最好的营销效果，然后再伺机发动进攻夺取新的市场。实施此战略时，企业应采取的手段是产品差异手段和优势经营手段。

14.4.2 市场挑战企业的市场竞争战略与竞争手段

所谓市场挑战企业是指国际市场上那些迅速成长起来的、实力很强、但产品的市场占有率不高的企业。由于处于成长发展状态，因此，这些企业不满足于现有的市场地位，而想占据市场领先者的市场地位，于是对市场领先者展开了挑战。这类企业正确的战略选择应是采取进攻战略，又可分为以下两种情况：

1. 实力已超过市场领先者的挑战企业

由于这类企业实力已经很强，可以采取一些主动行动进攻竞争对手，但为了避免付出过大的代价或两败俱伤，这类挑战企业应避免正面进攻战略，而采用侧翼进攻战略和包围进攻战略，采用的手段则应选择低成本手段、产品差异手段及优势经营手段。

2. 实力弱于市场领先者的挑战企业

由于这类企业还没有全面超过竞争对手的实力，因此，在市场竞争中应尽量扬长避短，以自己的优势去进攻竞争对手的弱点，以争取更大的胜利。这类企业正确的战略选择应是侧翼进攻战略和游击进攻战略，即要努力避免与市场领先企业发生正面冲突，以免损失自己的实力。此类企业对战略实施手段的正确选择应是产品差异手段和优势经营手段，即通过开发新产品填补市场空白，发挥经营优势与竞争对手展开竞争。

14.4.3 市场跟随企业的市场竞争战略与竞争手段

所谓市场跟随企业是指国际市场上那些实力弱、市场占有率低的中小企业。这些企业不满足于其市场地位现状，但又没有实力与市场领先的大企业决一雌雄，因此，就采用了既不与领先的大企业正面冲突，而又要逐步扩大市场占有率的战略，此种战略即称为市场跟随战略。具体地说就是中小企业在搞好与市场领先企业关系的前提下，利用市场领先企业的优势或影响来提高自身在国际市场上的地位。通常的做法是市场跟随企业为市场领先企业生产配套产品，或者使用市场领先企业的商标生产某种产品。这样做对市场跟随企业来说，既节省了自己开发产品的资源又能保证产品的销路，此战略在市场竞争战略中又称回避型战略。此种类型的国际企业应选择的战略实施手段是产品差异手段，一般是与有关企业或科研部门联合开发或联合引进新产品，而这些新产品是市场领先企业不愿生产的产品。

14.4.4　专一经营企业的市场竞争战略与竞争手段

专一经营企业是指那些规模小、实力弱、生产单一产品和不被大企业重视的产品的小而专型企业，如生产拉链的企业、生产纽扣的企业、生产商标标牌的企业。这类企业的特点是“小而专”，“小”指产品很小不被大企业重视，“专”指产品专一、市场专一或地区专一。这类企业正确的战略选择是回避战略，即避免在产品上或市场上与市场领先企业发生冲突，以企业自己的产品特色或市场特色维持企业的生存与发展。因此，拾遗补缺、独具特色就成为这类企业实施其战略的惟一手段。

思考题

1. 举例说明某国际企业采用不同竞争战略取得成功的例子。
2. 举例说明某国际企业采用不同竞争手段取得成功的例子。
3. 分析中国市场上某外国名牌产品的竞争态势。

案例借鉴

胜家缝纫机辉煌历史的终结

胜家缝纫机公司已有 100 余年的历史，是美国第一家从事国际营销的公司。第二次世界大战前该公司生产的缝纫机已行销世界上 100 多个国家，当时全世界每三台缝纫机中就有两台是该公司生产的。但是在如此辉煌的成就和如此高的市场占有率面前，该公司没有居安思危，丧失了市场竞争意识。第二次世界大战前该公司生产的缝纫机在日本市场上的占有率为 90%，在日本市场上占绝对统治地位，但第二次世界大战后日本企业暗下决心要与该公司进行竞争，它们在日本政府的指导下先买了 15 台胜家缝纫机，然后组织专业技术人员对这 15 台缝纫机拆卸解体，对每一个零部件进行测量绘图，然后组织专业性机械厂仿制，最后由专业装配厂装配成整体缝纫机，先占领国内市场，然后占领国外市场。由于日本企业进行专业化生产并形成了规模生产，因此出口的缝纫机由 1950 年的每台 40 美元下降到 1960 年的每台 12 美元，从而使这些价廉物美的日本缝纫机像洪水一样占领了欧美市场，就连美国市场也被日本企业占领了一半，这时美国胜家缝纫机公司才大梦初醒，匆忙组织反击，但为时已晚。20 世纪 80 年代，美国胜家缝纫机公司不得不全面放弃享誉世界的胜家缝纫机的生产而转向其他产业。

这个例子说明，国际企业即使占领了国际市场，成了国际市场的霸主，仍需要制定市场竞争战略，否则市场地位就保不住。

第15章

国际营销国际战略联盟战略

本章所论述的国际战略联盟是指国际企业为实现长期战略目标，以本企业所具有的战略优势与其他国家的企业合作结成的联盟，即具有不同战略优势的不同国家的国际企业为实现相同的战略目标而结成的长期合作联盟。它有别于为权宜之计或为短期目标而与合作者结成的联盟，如合资经营、合作经营等，也有别于国际上同行业的大型企业组成的以限制竞争为目的的合作联盟，如卡特尔等。

所谓企业的战略优势是指国际企业在经营要素方面的优势，如产品优势、技术优势、人才优势、资金优势、管理优势、市场优势等。相反，盈利水平、组织结构、产权体制是对经营业绩起作用的因素，对企业战胜竞争对手并不起重大作用，因此不能看作是能够形成战略优势的要素。

国际战略联盟又称跨国战略联盟或战略经营联盟。

15.1 国际战略联盟出现的必然性及其意义

1. 必然性

国际战略联盟产生于20世纪80年代，其产生有着深刻的历史背景，即当人类社会发展到一定阶段，特别是当市场经济发展到一定阶段时必然会出现战略联盟这一经济现象。

(1) 全球技术创新呈现加速度发展

近几十年以来全球技术创新的速度愈来愈快，创新周期愈来愈短，这一特点对包括国际企业在内的所有企业带来了两方面的巨大压力或困难。

首先，企业若完全靠企业自己内部力量创新技术，那么与技术创新呈加速发展的这一全球大趋势相比，必然是速度慢、周期长，企业自己费了九牛二虎之力创新出来的新技术新产品拿到市场上时已成了落后的技术和产品了，别的企业联盟创新的技术和产品早已进入了市场，甚至占领了市场。相反，具有某些战略优势的一些国际企业组成战略联盟，共同进行技术创新，那么创新速度必然大大加快。比如，据国外统计，通常一家制药企业单独研制一种诸如治疗癌症、艾滋病等大病的新药平均周期大约为十年的时间，而2003年爆发了世界性的SARS传染病后，包括中国、美国、联合国在内的有关国家和机构合作研制疫苗，仅用了一年多的时间就试制成功，并开始在中国进行人体实验。

其次，随着技术创新的加速进行，技术创新所需的固定成本也呈指数级增加，因此企业若像过去那样仅依靠自己的资源特别是自己的资金进行具有当代先进水平的技术创新，就会力不从心，甚至是不可能的，如20世纪90年代美国克莱斯勒汽车公司研制成功4种新型汽车共投入150亿美元；通用汽车公司研制成功土星牌微型汽车共投入50亿美元，并且这些新型汽车并非尖端产品，只是新产品而已。据统计，当代研制一种治疗癌症等大病的新药平均需要投入2.5亿美元的研制费，而半导体企业建设一个先进的芯片工厂仅基础设备就要投入几十亿美元。由于研制尖端技术需要投入如此巨大的资金，以及在此巨大资金之外还需要投入与之配套的人才等其他巨大资源，这对于跨国公司这样的大型企业来说也是一个巨大的负担，更不用说中小企业了。如果企业停下其他营销活动全力为此技术创新让路，倾其全力投入所需的巨大资源，必然会影响到企业的正常运营，甚至大伤元气得不偿失，况且这种投资的风险很大，成功率不高，失败率却不低，一旦失败企业将破产或一蹶不振。相反，企业若与其他企业组成战略联盟则可解决上述力不从心的难题，也可分担风险，比如，全世界的汽车制造企业目前都在全力以赴研制污染小甚至没有污染的汽车，为此，全球推出有关新技术新型汽车的速度愈来愈快，周期愈来愈短，形势逼人，任何一家汽车制造企业就算倾其全力也难免不掉队不落后。为了避免此后果的出现，财大气粗的超大型跨国公司美国通用汽车公司与德国宝马汽车公司就结成了战略联盟，以便联合开发普通消费者买得起的零污染环保汽车。再如，世界上速度最快的超音速协和号客机横跨大西洋从法国飞到美国只需几个小时，当初研制该飞机时投入了天文数字的资金和成千上万的科学技术人员，历时数年，但该飞机投入商业飞行二十几年后以失败告终，于2003年退出了市场。假若当初仅由一家企业投入此天文数字的资金和其他资源研制此飞机，那么当该飞机退出市场后，该企业将承受巨大损失。但由于当初是英国、法国、德国、西班牙的几家大型飞机企业组成的国际战略联盟进行投资研制，分散了风险，因此，该飞机退出市场仅给几家联盟企业造成了损失，但没有伤元气更没有导致破产，现在这些企业照常运转。

当代企业公共关系活动的使命之一就是与公众的利益进行协调平衡，所谓公众当然也包括同行业的竞争对手，前面已介绍了同行业的企业面临着一些共同的问题，如原料供应问题、技术创新问题、产品问题、资金问题、设备更新问题、市场开发问题等。既然是共同面临的问题，同行业的企业之间携起手来形成合力共同去解决，当然比企业单枪匹马以有限的资源和能力去解决要好。当然在解决问题时也牵扯到企业之间的利益，也会出现矛盾或冲突，但若按照公共关系的有关原则进行协调最后达到平衡，那么出现的矛盾与冲突是完全可以解决的。也就是说，两家企业若按照以前的老竞争理论进行针锋相对的争斗，则合力是$1-1=0$，而按照当代最新的观点组成国际战略联盟进行战略合作，合力则是$1+1\geqslant 2$。

（2）当代时代精神的要求

当代世界的公众普遍有和平与发展的愿望，并且也以此作为标准去观察和评价社会中的所有事物。因此，即便某企业实力雄厚，竞争手段高明，在与同行企业的厮杀中百战百胜、战果赫赫，社会公众也不一定欣赏，在社会公众眼中这些战果不过是大鱼吃小鱼而已，因此，这样做对企业在社会公众心目中树立形象不会有正面意义。何况世界上并不存在百战百胜的常胜将军。因此企业之间组成国际战略联盟是随时代潮流而动，是与时俱进；相反，仍然坚持过去那种传统落后的竞争手段，则是落后于时代潮流，长此下去就会被时代所抛弃。

2. 积极意义

① 可以加快技术创新和新产品研制的速度，缩短创新和研制周期。在当代市场竞争日益激烈的形势下，哪家企业能够抢先向市场推出新产品，哪家企业便能占领市场。然而当代科学技术加速发展的态势已使得一项新技术新产品的研制涉及愈来愈多的学科和产业部门，因此，对一家企业来说加快创新速度、缩短创新周期十分困难，而多家企业组成战略联盟后就可较好地解决这一难题。

② 可以分摊投资金额和风险。如前所述，研发具有当代先进水平的技术和产品需要巨大甚至天文数字的资金等资源，这对包括跨国公司在内的多数企业来说都是一个很大的负担，但多家企业形成国际战略联盟后就可用分摊的方式比较好地解决这一问题，即这一方式既可筹措到较多的资金又可分摊每个企业的投资风险。

③ 可以形成规模经济效益。一般来说企业的生产超过一定规模后，随着产量的增加，其单位产品的成本愈来愈低，经济效益愈来愈大。一家企业由于资金、人力、物力的限制往往无法达到上述的生产规模，或不能继续扩大生产规模，但几家企业组成国际战略联盟后就可以解决这一难题，将生产规模扩大，取得比原来未组成联盟前更大的经济效益。

④ 可以形成新的竞争原则。传统的竞争是同一行业内企业之间一种敌视性的两败俱伤的竞争，而国际战略联盟则是一种友好性的合作关系，指导这种合作关系的是“合作第一，竞争第二”的新竞争原则，这一原则可以推动市场经济向前发展。另外，除了由同行业的企业组成国际战略联盟外，属于不同产业的企业也经常组成联盟，比如，生产汽车的企业与生产汽车仪表的企业、生产汽车轮胎的企业、生产汽车钢材的企业、生产汽车电器的企业组成联盟，从而形成不同产业的企业之间的合作，进而推动市场经济向前发展。

由于国际战略联盟战略具有诸多积极意义，因此，当代一些大型跨国公司特别是发达国家的大型跨国公司都在积极主动地采用此战略，以提升企业的长期竞争力，并因此形成了世界性的大趋势。如世界上生产汽车的 3 家大型跨国公司，即在高级轿车生产方面具有优势的德国戴姆勒公司、在普通轿车生产方面具有优势的法国雷诺公司以及在载重卡车生产方面具有优势的日本日产公司，于 2010 年年初签定了协议各自购买另外两方 3% 的股份，形成互相参股、各自独立的国际战略联盟进行优势互补，以求共同发展、共同分享更大的蛋糕。

15.2　国际战略联盟的类型

国际战略联盟可以从联盟共同战略目标、参与企业发展水平以及联盟的组成方式等不同角度进行分类。现从共同战略目标这一角度将联盟分为如下几种类型：

1. 技术开发型

技术开发型联盟是指参加联盟各成员企业的共同战略目标是在同一技术的创新和开发方面进行优势互补，从而形成的国际战略联盟，如通讯、生物工程、电子、制药等产业的联盟。出现这一类型国际战略联盟的原因是，高新产品的创新需要投入大量的资金并涉及多学科领域。比如，高清晰度电视机的研制就涉及生物技术、超导技术、先进陶瓷技术、人工智能技术等，而这些先进技术的研制是单一电子企业无能为力的，必须与有关企业组成国际战略联盟，将各自的优势进行互补才有可能获得成功。

2. 合作生产型

合作生产型联盟是指由某一产品的供货企业和生产企业进行优势互补组成的国际战略联盟。出现这一类型联盟的原因是，当代的产品十分复杂，由大量性质和功能决然不同的零部件组成，如一辆汽车需要成百上千的零部件，一架波音 747 飞机需要 450 万个零部件，如此巨量的零部件若由生产汽车或波音飞机的生产企业全部自己生产是不可能的，企业只能生产少部分关键性零部件，其他大部分零部件则由供货企业供应。而供货企业的供应效率（即交货期和价格）直接影响着生产企业零部件的成本和质量，进而影响着生产企业最终产品的成本和质量。因此，若是有关企业组成国际战略联盟进行优势互补，既可保证供货企业的零部件有长期而稳定的用户，又可保证生产企业最终产品的质量和较低的成本。据研究，日本丰田汽车公司在与美国汽车生产企业同行的竞争中之所以能够频频获胜，其重要原因就是丰田汽车公司与众多的零部件供货企业结成了长期战略联盟，而美国的汽车生产企业与零部件供货企业没有结成这种战略联盟，只与零部件供货企业存在一种买卖的短期关系，因此这些零部件供货企业对生产企业的生产效率和最终产品的质量与价格没有额外的贡献。

3. 市场营销型

市场营销型联盟是指具有生产能力优势的生产型企业与具有销售能力优势的销售型企业进行优势互补而形成的国际战略联盟。这种类型的联盟可使双方企业销售量增多，市场扩大。

世界上一些实力雄厚的大型企业和跨国公司既有很强的生产能力，也有很强的销售能力，这些企业的产品可以做到自产自销，比如，美国的 IBM 公司在全世界各地设有工厂进行生产，也在世界各地设有自己的销售网进行销售，因此，该公司的产品可以做到自产自销。但世界上绝大多数企业包括跨国公司、大型企业和中小型企业并不同时具有生产能力和销售能力，多数企业仅具有其中一种能力，或某一能力较强而另一种能力较弱，两种能力不能平衡，因此在能力较弱的那一方面的营销活动就需要交给其他企业去完成。比如，德国的大众汽车公司、法国的雷诺汽车公司①生产能力很强，但销售能力弱；反之，像美国的西尔斯百货公司、沃尔玛百货有限公司销售能力很强，但生产能力很弱，甚至没有生产能力。当这些单一类型企业以自己的生产或销售优势与另一类单

① 雷诺汽车公司在 2010 年全球 500 家最大公司中排名第 163 位，年营业额 516.2 亿美元。

一类型企业的销售或生产优势组成国际战略联盟进行优势互补后，销售量将大增，市场将扩大，最终双方都从中获益，如美国施乐复印机公司①生产复印机的能力很强，但在日本市场上却因缺乏销售能力而不能占领日本市场，日本富士胶卷公司没有复印机的生产能力，但在日本市场上却有自己密布的销售网，这两家大企业认识到彼此组成国际战略联盟将会给双方带来好处，于是在 20 世纪 60 年代两家企业组成了国际战略联盟，此后，施乐公司的复印机大量进入并占领了日本市场，双方各自从生产和销售两个方面获得了巨大收益。

另一典型例子是中国的海尔集团，该集团在家电行业排名中为全国第一、全世界第五，也就是说海尔集团的家电生产能力很强，但该集团在世界各地的销售能力却很弱，这当然影响了该集团的市场扩大速度，日本三洋公司也是生产家电产品的大型国际企业，有较强的生产能力，在世界各地还有自己的销售网，而且销售能力过剩，于是两家企业于 21 世纪初结成了国际战略联盟，海尔发挥生产能力强的优势，三洋发挥销售能力强的优势，两种优势互补后，双方都获得了比未结成联盟前更大的收益。

15.3　建立国际战略联盟应遵守的原则

国际战略联盟是刚出现不久的新事物，具有很多优点，而且具有很大的发展前景，但由于其尚处于发展的初期阶段，还不十分成熟，因此并不是十全十美的。这可用两项统计数字加以证明：一项是在国际战略联盟企业颇多的西方发达国家，国际战略联盟的成功率也只有大约 50%；另一项就是全球各地的国际战略联盟中 60% 的联盟寿命不足 4 年，寿命超过 10 年的只占 14%。这两项统计数字说明，如何建立一个成功的国际战略联盟是所有有志于此的国际企业必须加以认真考虑的问题。学者们在总结了世界上一些成功与失败的国际战略联盟案例后，提出为了获得最大的成功，企业在建立国际战略联盟时应遵守下列原则：

1. 具有共同的战略目标

指参加联盟的企业自愿参加该联盟，而且所有参加成员的愿望相同，即有一个共同的战略目标，而且追求该战略目标的时间也要一致，即所有成员都是欲长期追求该目标，而不是短期追求。

2. 优势互补

指联盟的所有成员都能提供给联盟为实现共同战略目标而需要的某种不同的优势，同样所有成员的不同弱势都能从联盟其他成员提供的优势中得以补充。若是有的成员虽然向联盟提供了自己的优势，但自己的弱势却没有从联盟中得到补充，或者有的成员的弱势虽然从联盟中得到了补充，却没有向联盟提供有价值的优势，则违反了优势互补的原则。

3. 利益平衡

指联盟的任何一个成员所付出的优势与弱势所得到的补充应大体是平衡的，否则该

① 施乐复印机公司在 2010 年全球 500 家最大公司中排名第 448 位，年营业额为 216.3 亿美元。

成员就会觉得不偿失，长此下去该成员就会退出该联盟，从而最终导致联盟的破裂与失败。

4. 实力相当

指联盟中各成员的实力对比大体上相当，相差不悬殊。若是联盟中某个成员的实力特别强，就会出现该成员以其实力操纵联盟的现象，从而引起内部冲突，长此下去联盟会因此而破裂失败，甚至实力很小的成员被实力强大的成员并购。比如，通用汽车公司与宝马汽车公司、IBM 公司与西门子公司、施乐公司与富士公司组成联盟，每一对合作伙伴的实力都大体相当。

5. 灵活性

在国际战略联盟合作期限内，外部大环境特别是市场环境在不断变化，各成员企业内部条件也在不断变化，导致各成员最初的战略目标、资源条件和相互之间的实力对比也相应发生变化。为使联盟能够正常生存下去，当出现上述情况时，联盟要有一定的灵活性，即针对各种较大变化作出及时、适当的调整，否则联盟将不能适应新的变化，最终破裂失败。

联盟实现灵活性的一般做法是不断寻求新的共同战略目标以及各成员不断注入新的优势，不断形成新的利益平衡。这方面的典型例子就是美国施乐公司与日本富士公司结成的国际战略联盟。当初施乐公司发挥生产能力优势、富士公司发挥销售能力优势时的共同战略目标是扩大日本市场、增加销售量。在经过一段时间的合作后，联盟的这一战略目标实现了，即施乐复印机占领了日本市场，双方都获得了较大的收益。但双方并不想就此分手，而是想继续合作以获得更大的收益。于是双方对联盟的共同战略目标作了调整，即由施乐公司向富士公司转移自己的生产能力优势，以补充富士公司不能生产复印机的生产能力弱势，从而使富士公司成为施乐公司的一个重要生产基地，大大增加了施乐公司的复印机产量；另一方面，富士公司又将自己的产品质量管理和产品设计优势转移给施乐公司，以补充该公司在这一方面的弱势，从而整体提高了施乐公司复印机的质量和性能。由于这一灵活做法，施乐公司与富士公司结成的国际战略联盟十分成功，联盟维持的时间长达三十余年。

15.4 国际战略联盟的发展趋势

尽管目前国际战略联盟还不十分完善，但由于它具有前面所述的诸多优点，所以有很好的发展前景，有的学者断言 21 世纪企业界将掀起一场战略联盟革命，有的学者则断言当今企业界最大的变革就是战略联盟的兴起与采用。据调查，在全球电子计算机行业中，从技术开发到生产再到销售的所有环节都采用了国际战略联盟战略，其中技术开发占 1/3，产品生产和零件生产占 1/3，销售占 1/3。

国际战略联盟是 21 世纪的大趋势还表现在以下几个方面。首先，发达国家中开展国际战略联盟的企业有明显增多的趋势，甚至呈爆发式的增多，而且常常是一个企业参加多个联盟。据调查，大型国际企业平均每个企业参加三十多个国际战略联盟。比如，荷兰菲利浦公司与 IBM 公司、西门子公司、微软公司、松下公司、索尼公司等著名国际跨国公司组成了十几个国际战略联盟；美国 IBM 公司、美国惠普公司与世界各地的企业共签订了 400 多项国际战略联盟协议。其次，目前国际战略联盟合作的重点是在技术开发方面，其中较为突出的是电子计算机行业，当代全球 37% 的电子计算机企业在技术开发中采用国际战略联盟。最后，愈来愈多的国际企业采用国际战略联盟战略以提高企业的长期竞争力。国际战略联盟的成员可以通过这一战略进行优势互补，互补的最终结果是降低企业产品成本，提高质量，增加销售量，扩大市场，所有这些结果归结成一句话就是提高了企业的竞争力，而且提高的不是短期竞争力而是长期竞争力。

思考题

1. 初步分析中国国际企业界采用国际战略联盟战略的现状。
2. 初步分析中国国际企业界建立国际战略联盟的潜力。
3. 就中国某国际企业所建立的国际战略联盟现状进行初步分析。

案例借鉴一

菲利浦公司的辉煌成就由何而来？

荷兰菲利浦公司是世界著名的电子产品跨国公司，2010 年在全球 500 家最大公司中排名第 276 位，年产值达 336.7 亿美元。其产品的涵盖面颇广，而且还在不断推出领先于世界的先进电子产品。菲利浦公司之所以能不断推出领先于世界的新产品而且长期保持领先地位，其重要原因之一就是该公司充分采用了国际战略联盟战略，以自己在某种电子产品方面的某种优势与世界上其他实力强的企业在另外方面的优势进行互补，从而促成了新产品研制的成功，并在国际市场上保持领先地位。比如，该公司的激光光碟就是与日本索尼公司结成国际战略联盟后的成果；其尖端电话系统是与世界著名的美国电话电报公司结成国际战略联盟后的成果；其划时代的电子信用卡产品是与德国西门子公司、德国 Nixdarf Computer 公司、英国 ICL PLC 公司、法国 Compagnie des machines Bwll 公司、意大利 Olivetti 公司组成国际战略联盟的成果；其移动电话是与德国西门子公司、法国 CIL-Alcatel 公司、法国汤姆森公司结成国际战略联盟的成果；其微机新产品是与美国 Corons Data Systems 公司、德国西门子公司结成国际战略联盟的成果；其录像机新产品是与德国 Grundig 公司、日本胜利公司结成国际战略联盟的成果；其录像带软件系统是与意大利 Enidata 公司结成国际战略联盟的成果；其电子部件产品是与日本松下公司结成国际战略联盟的成果；其微存储系统则是与美国 Control Data 公司结成国际战略联盟的成果等。设想菲利浦公司不采用国际战略联盟与世界上众多实力强大的著名公司结成上述国际战略联盟，那么该公司在国际上能有如此辉煌的成就和地位吗？

案例借鉴二

东芝公司的成长壮大靠的是什么？

日本东芝公司是世界著名的电子产品公司，2010 年在全球500 家最大公司中排名第89 位，年产值达 747.1 亿美元，其竞争力在国际上颇为引人注目。东芝公司起初没有什么实力，其明智之举就是在世界上先于大多数国际企业采用了国际战略联盟战略，而且至今仍在采用此战略。东芝公司一直与国际上一些实力强大的著名企业结成国际战略联盟，从而获得了很多先进生产技术，最后成为生产电子产品实力颇强的企业。比如，该公司与美国摩托罗拉公司结成国际战略联盟后，东芝公司成为世界上最大的大容量记忆芯片生产企业；该公司与美国 IBM 公司结成国际战略联盟后成为生产彩色平面显示器的世界第二大企业；此外东芝公司还通过国际战略联盟战略使自己获得了核动力发电设备、计算机、传真机、复印机、半导体、充电电池、医疗设备、家用电器等产品的生产技术，并成为综合实力很强的电子产品生产企业，以其辉煌的成就和强大的实力名扬国际市场。

案例借鉴三

索尼公司的转变

著名的日本索尼公司在20 世纪70 年代研制成功电视台专用盒式录像带系统后，又马不停蹄地研制成功了 Betamax 家用录像机录像带系统，并独霸了当时的全球家用录像机录像带市场。

在索尼公司研制该系统时，日本其他的大公司如东芝公司、松下公司、JVC 公司、BCA 公司、泽尼斯公司等也在埋头研制家用录像带产品，但索尼公司以旧的市场竞争观念拒绝与上述公司合作，从而激怒了同行对手。一年后 JVC 公司研制成功了 VHS 系统，于是上述众多大公司共同向索尼公司发起进攻。松下公司更是凭借其雄厚的实力与索尼公司在国际市场上打起了惨烈的价格战，双方都以亏本的价格销售录像机和录像带，最终索尼公司被驱逐出录像机录像带国际市场。

惨痛的失败使索尼公司尝到了旧市场竞争观念的恶果，终于在其后开发激光唱盘新产品时放弃了旧观念，与竞争对手、著名的荷兰菲利浦公司结成国际战略联盟，顺利地研制成功了激光唱盘（CD），双方共同占领了该产品的国际市场。

案例借鉴四

通用汽车公司的灭顶之灾

大名鼎鼎的通用汽车公司（GM）是有着百年历史的巨型企业，2007 年之前在全球

500 家大公司中位列前 5 名之内，在 2010 年全球 500 家最大公司中位列第 20 位，在此之前该公司既是全世界最大的汽车制造企业，也是美国制造业中最大的企业，并曾连续盈利几十年，1962 年其产品（轿车）在美国市场上占有的份额超过 50%，大大超过竞争对手。但这些年通用汽车公司经营每况愈下，市场份额快速下滑至 19%，且亏损严重，至 2009 年上半年已欠债 270 亿美元，且无力偿还，在经过企业的苦苦挣扎和外部对该企业的多方救治后，这家在世界各国设有六十余家工厂、拥有员工六万余人、年产值超过 1 000 亿美元的大型跨国公司在 2009 年 6 月初不得不正式向政府申请破产保护，以求起死回生，最后政府注入巨额资金并接管了该公司，假若最后这一希望也破灭的话，那么该企业的破产将成为美国历史上最大的破产案。

造成通用汽车公司频临破产的主要原因（不是惟一原因）有两个：一是这家企业几十年以来我行我素，轻视了竞争对手特别是强劲的日本大型汽车制造企业的竞争，市场份额被对手一点一点地蚕食掉了；二是企业对该产品的市场需求或市场趋势——发展节油型小轿车不敏感，继续生产耗油大的小轿车，忽视了节油型小轿车的开发与生产。

其实通用汽车公司在前些年业绩开始下滑时已经初步认识到了上述两个主要原因，并主动与日本的丰田汽车公司讨论结成战略联盟的事宜，但由于对方的产品开发已进入成熟阶段，故对此持消极态度，通用汽车公司便放弃了。现在看来这一战略措施的半途而废实际是通用汽车公司对上述两个主要原因认识不足、危机感不大、决心不大所造成的，或者说是由于通用汽车公司还未摆脱旧的竞争方式所形成的习惯和惯性，而对新的战略联盟的必要性还认识不足所造成的。

政府接管该公司后，通用公司从 2010 年起开始大幅盈利，这虽然尚不能偿清所欠巨大债务，但破产的可能性因此而减小，渡过难关起死回生的可能性在增大。

第 4 篇

国际营销策略

企业在进行国际营销活动之前都事先制定出了明确的战略目标，然后动员整个企业的资源和力量向着战略目标努力。为了实现战略目标，企业就要采取一定的手段，这种手段在国际营销学中称作营销策略。国际营销策略有很多种，其中最主要的为产品（Product）策略、价格（Price）策略、分销渠道（Place）策略、促销（Promotion）策略 4 种，由于上述 4 种策略英文名称的第一个字母都是 P，所以称 4PS 策略，又称传统策略。

20 世纪 80 年代市场出现了“大市场营销策略”，即 6PS 策略和针对服务产品的 7PS 策略。前者在传统 4PS 策略之外增加了公共关系策略和权力策略，后者在传统 4PS 策略之外又增加了人员策略、有形展示策略和过程策略 3 种。

上述几种策略具有如下 4 个特点:

第一，所有策略都是可控的。即这些策略是企业自己可以控制的，可以在其中充分发挥企业的主观能动性，因而形成了企业“可控”这一特点。

第二，策略组合是一种动态的组合。策略组合虽然可控，但它不是一旦组合之后就一成不变，一劳永逸的，而是要不断加以调整变化。这是因为策略组合虽然可控，但受外部环境条件和企业内部条件两大方面的制约。既然外部环境条件和企业内部条件不是永远不变的，因此，随着上述两大方面条件的变化，策略组合也要适应这种变化，经常作出调整，甚至是大幅度的变化。

第三，策略组合由数个层次的次组合组成。上述所有策略之中的任何一种都包括许多小的因素或小的策略，也就是说每一种大策略都是由许多小策略组合而成的，因此由四个大策略所组成的策略组合也必然由许多层次的组合所组成。

第四，不管是4PS策略、6PS策略还是7PS策略都是一种有机组合。策略不是把互不相关的几个策略机械地叠加起来而组成的一个混合体，而是互相之间有联系、有影响、有促进、有抵消的有机整体。因此，如何使这几大策略形成最佳组合，获得总和大于局部之和的最佳整体效益，就成了国际营销领域企业家施展才华的一门艺术。有的企业领导人之所以被企业界称作企业家，原因之一就在于成功地运用了此种策略组合的艺术。

第 16 章

国际营销产品策略

所谓产品策略，就是企业究竟向国际市场提供什么产品的策略。也就是说，企业通过什么产品去满足国外消费者的需求，或者说企业通过什么产品作媒介去创造利润。产品策略是策略组合中所有策略的核心，其他策略都是建立在产品策略基础之上的。

16.1 产品的概念

16.1.1 产品的含义

市场经济下，能够进入市场、用以满足消费者或用户某种欲望或需求的所有有形和无形的事物皆称为产品。其中包括实物如汽车、面包等，服务如运输、通讯、出借（如房地产出租、发放贷款）、转卖（如商品批发、零售）等，技能如汽车驾驶、机器操作等，传授知识如教育、技能培训等，劳务如建筑施工、有偿家务劳动等，思想如广告创意等，动作如舞蹈的商业演出、职业拳击比赛等，声音如歌手的商业演出等。上述实物统称为有形产品，其他统称为无形产品、服务产品或劳务。

16.1.2 产品的分类

产品大体上分为以下 4 大类：

1. 物质消费品

包括日用消费品如食品、服装，以及非必需消费品如轿车、钢琴等。

2. 物质生产资料

包括工业生产资料如原材料、机器设备、能源等，农业生产资料如种子、农药、拖拉机等，服务业生产资料如运输设备、服务设施等。

3. 服务产品

包括以人为服务对象的服务产品如教育、医疗、旅游等，以及以物为服务对象的服务产品如货物运输、财产保险等。

4. 转让技术

包括受法律保护的转让技术如专利、商标等，以及不受法律保护的转让技术如技术诀窍、工程设计方案等。

16.1.3 整体产品概念

整体产品概念（Total Product Concept）是现代最新的产品概念，即产品是由下述3部分构成的一个整体，如图16－1所示。

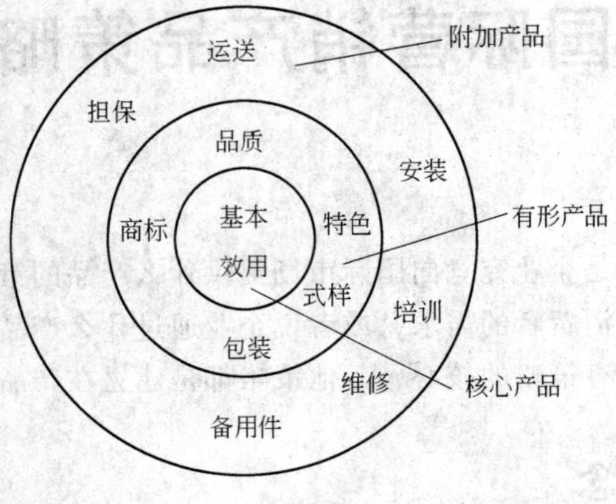

图16－1 整体产品概念

1. 核心产品

核心产品（Core Product）指产品为消费者提供的基本效用。如自行车为消费者提供的基本效用为代步，主食面包为消费者提供的基本效用是解除饥饿，衣服为消费者提供的基本效用是保暖。

2. 有形产品

有形产品（Tangible Product）指产品的实体，包括品质、式样、色彩、特色、包装、品牌商标等，即人们通过感官能够感觉到的部分。产品的基本效用和一部分其他效用（如消费者的心理满足）就是通过实体实现的。

3. 附加产品

附加产品（Augmented Product）指产品的交货运送、安装调试、培训使用、维修、提供备用件以及保证等。

16.1.4 整体产品概念的意义

过去狭义的产品概念仅将产品定义为有形产品，而忽略了核心产品和附加产品的重要性，从而给国际营销活动带来损失，例如，长时期以来发展中国家对产品概念的理解仅限于产品的有形实体，忽视了产品的核心部分和附加部分，因而产品在国际市场上的市场占有率和销售增长率明显低于采用整体产品概念的发达国家。同样，发达国家的企业如不采用整体产品概念，在营销中同样受到损失，比如，美国学者西奥多·莱维特对过去美国铁路产业的衰败作了分析，认为美国铁路产业的决策层没有理解铁路产业的核心产品是运输，因而造成了美国铁路产业的衰败。反之，发展中国家的企业若采用了整体产品概念同样能够获得成功，比如，中国上海自行车厂把供国内销售的自行车的核心产品理解为代步，而把供出口美国等西方国家的自行车的核心产品理解为健身，为此相应改变了出口自行车的有形部分，使其与核心部分适应，最终取得了成功。一些国际性大企业采用整体产品概念，在重视核心产品和有形产品的同时还重视附加产品，因而获得成功的例子更是不胜枚举，比如，美国 IBM 公司向世界各国用户提供的电子计算机，不仅重视电子计算机硬件本身，而且还十分重视提供软件服务、程序设计服务、维修服务及保证等附加产品；生产建筑机械的美国卡特皮勒公司向世界各国用户作出承诺，凡是该公司售出的建筑机械一旦发生故障，不论处于地球上的什么位置，24 小时之内即可得到公司满意的处理，由于有了这一附加产品，该公司的产品虽然比其他公司的产品价格高出 20% 左右，但仍然畅销全世界。归纳起来，整体产品概念对国际营销的意义如下：

1. 附加产品已成为市场上某些产品在竞争中取胜的决定性因素

目前国际市场上整体产品中的有形产品已愈来愈相似，因此，产品的竞争已愈来愈转移到附加产品上。当前不论国际企业在世界各国还是国内企业在国内各地，都大力开展售后服务工作。

2. 不同的消费者对相同的有形产品有不同的附加产品需求

企业在设计产品时要针对消费者的不同需求设计不同的附加产品，只有这样才能提高产品的适销性。

16.1.5　产品生命周期

产品生命周期（Product Life Cycle）是指一种产品从投入市场开始，到被市场淘汰为止在市场上所延续的时间，亦称市场寿命。它是由市场的新陈代谢作用所决定的。它与该产品的自然寿命或使用寿命完全不同。前者是指产品的物质形态存在的时间长短，后者是指产品的使用价值所维持的时间长短。典型的产品生命周期分为以下 4 个阶段，如图 16－2 所示。

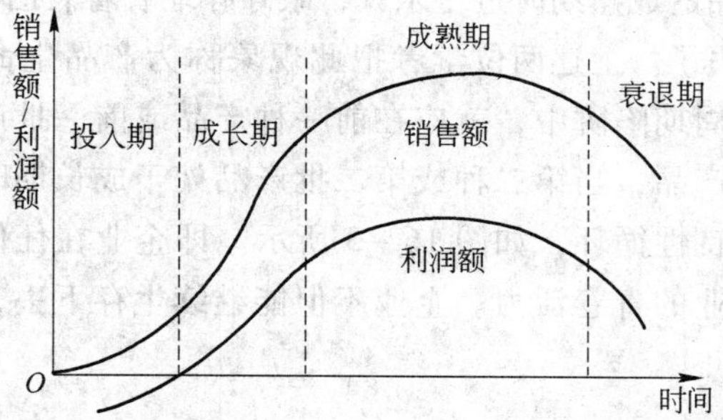

图 16－2　典型的产品生命周期

1. 投入期又称介绍期

此阶段产品刚进入市场，消费者对产品不了解、不熟悉，购买者少，所以销售额也少。另外，由于产品的产量达不到盈亏平衡点，还要花费大量广告费等促销费用，所以此阶段的利润额通常为负值。

2. 成长期

此阶段消费者已对产品有了一定的了解与认识，购买者迅速增加，因此销售额迅速上升，销售额增长率在4个阶段中是最大的。另外，由于已开始批量生产，成本开始下降。此阶段已有了盈利，而且利润额开始上升。

3. 成熟期

此阶段产品已为消费者完全了解与熟悉，市场需求量趋于饱和，同时市场上仿制品、代替品不断出现，因此此阶段销售额达到最高水平，利润额也达到最高水平，但两者的增长率都很小。

4. 衰退期

此阶段由于消费者需求的降低以及竞争产品的大量出现，销售额明显下降，利润额也明显下降，其最终结果是产品退出市场或被市场淘汰。

需要说明的是，以上仅是典型的产品生命周期，属于不同范围的产品其生命周期曲线并不相同，甚至有颇大的差异。

16.1.6 产品生命周期理论的应用

学者在研究了不同产品的生命周期后发现，不同的产品有不同的产品生命周期，而且即使同一种产品，在不同的市场上也有不同的生命周期。另外，一般来讲产品在经过了生命周期全过程后，最后都要退出市场或被市场所淘汰（也有例外情况）。上述发现虽然很简单，也容易被人理解和接受，但在国际营销现实中，有的企业往往忽视上述的生命周期规律，即当产品处于旺盛的成熟期时，企业不愿看到成熟期后跟随而来的必然是衰退期这一规律，不是盲目乐观就是视而不见，当衰退期终于到来时，通常束手无策，坐以待毙。美国学者罗杰·C·贝内特和罗伯特·G·库珀对20世纪美国的企业历史作了研究后发现，美国20世纪初的25家最大的公司大部分现在已经消失不存在了，其主要原因就是这些消失的公司在其产品的成熟期时过于乐观，眼睁睁地看着衰退期到来，随着衰退期的到来公司也从市场上消失了。上述两位学者把此现象称为产品生命周期陷阱。因此，企业为了不掉入产品生命周期陷阱中，就应在前一种产品或前一批产品尚处于成长期时就推出第二种或第二批新产品，当第二种或第二批产品处于成长期时，又推出第三种或第三批新产品，以此构成良性循环，如图16－3所示。即企业在任何时候都有新的产品进入成熟期，从而保证企业的青春活力。企业不但能继续生存下去，而且还能发展壮大。

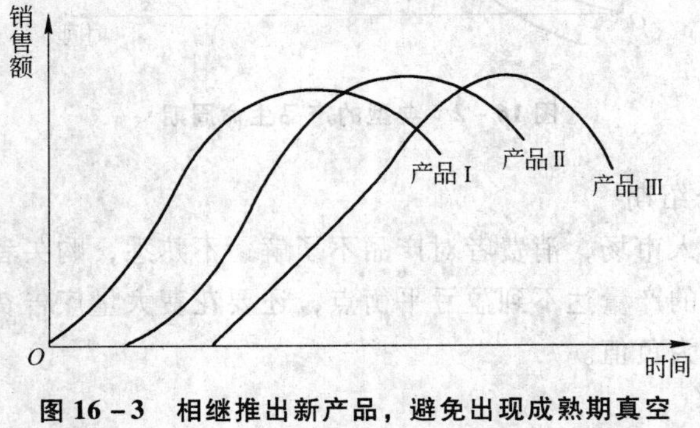

图16－3 相继推出新产品，避免出现成熟期真空

16.1.7　国际产品生命周期

这是美国哈佛大学教授雷蒙德·弗农（Roymond Vernon）提出来的一种新理论。如图 16-4 所示，同一种产品在国际市场上的生命周期分为新产品阶段（t_1-t_3）、成熟产品阶段（t_3-t_5）和标准化产品阶段（t_5 以后）3 个阶段，或同一种产品在 3 种不同类型的国家有 3 种不同的生命规律。

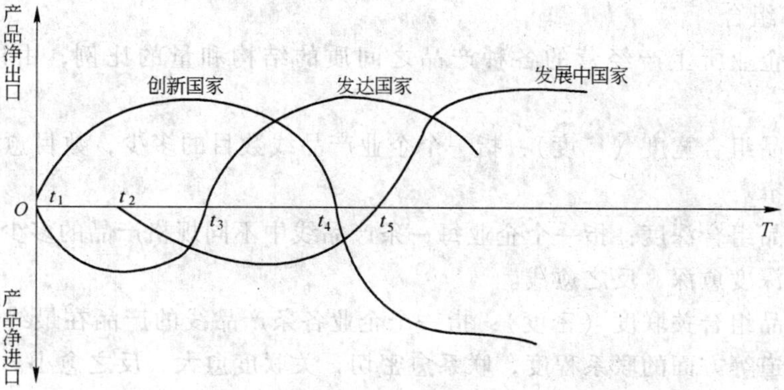

图 16-4　国际产品生命周期曲线

1. 创新国家

某种新产品的发明国（发明期）→该产品的出口国（出口期）→该产品的进口国（进口期）

2. 发达国家

上述新产品的进口国（进口期）→该产品的仿制国（仿制期）→该产品的出口国（出口期）

3. 发展中国家

上述新产品的进口国（进口期）→该产品的引进国（引进期）→该产品返销出口国（返销期）

弗农上述理论最典型的例子就是电视机。美国最初发明了电视机，并向世界出口，后来将电视机技术转移到国外，然后从国外进口电视机；其他发达国家如日本先是从美国进口电视机，随之仿制电视机，然后大量出口电视机；而"亚洲四小龙"的韩国、中国台湾最初是电视机的进口国家和地区，后来引进了电视机技术，最后又变成了出口国家和地区，把电视机出口返销到美国。此理论说明国际企业特别是发展中国家的国际企业，应瞅准时机积极从发达国家的企业引进先进技术，利用该先进技术生产先进的产品，然后出口返销到发达国家。

16.2　产品组合策略

16.2.1　产品组合的概念

由于产品生命周期陷阱的原因，除少数企业外，大多数企业都生产经营很多种产品，比如，著名的美国通用电气公司生产经营的产品多达25万种，因此，国际营销实践中就产生了产品组合问题，即一个企业如何组合自己的产品才能最大限度地发挥自身优势，并取得最大限度的效益。下面首先介绍有关产品组合的几个概念：

1. 产品线

产品线又称产品类别，指在生产技术上和产品结构上密切相关、能够满足消费者同一类需求但规格不同的一组产品，如小轿车产品线、旅游鞋产品线、方便面产品线等。

2. 产品组合

指一个企业所生产经营的各种产品之间质的结构和量的比例，由以下3个尺度表示：

（1）产品组合宽度（广度）：指一个企业产品线数目的多少，数目愈多，则宽度愈宽，反之愈窄。

（2）产品组合深度：指一个企业每一条产品线中不同规格产品的多少，产品不同规格愈多，则深度愈深，反之愈浅。

（3）产品组合关联度（密度）：指一个企业各条产品线的产品在最终用途、生产条件、分销渠道等方面的联系程度，联系愈密切，关联度愈大，反之愈小。比如，一家企业有面包和糖果两条产品线，另一家企业有服装和糖果两条产品线，则前一家企业产品组合的关联度大，而后一家企业产品组合的关联度小。

16.2.2 产品组合分类

1. 按照构成产品组合的因素划分

（1）水平型：产品在宽度上的组合。如一个企业既有小轿车产品，又有卡车产品，又有工程车辆产品。

（2）垂直型：产品在深度上的组合。如一个企业的卡车生产线中既有轻型卡车产品，又有中型卡车产品，又有重型卡车产品。

（3）综合型：在产品宽度和深度两个方面的组合。如一个企业既有轻型卡车产品，又有重型卡车产品；既有家用电冰箱多种规格的产品，又有饭店用电冰箱多种规格的产品；既有内服药多种剂型的产品，又有外用药多种剂型的产品；既有手机多种规格的产品，又有电话机多种规格的产品。

2. 按照产品本身因素划分

（1）性能组合：不同性能产品的组合。

（2）质量组合：不同质量产品的组合。

（3）档次组合：不同档次产品的组合。

（4）式样色彩组合：不同式样、不同色彩产品的组合。

（5）规格型号组合：不同规格、不同型号产品的组合。

（6）商标包装组合：不同商标、不同包装产品的组合。

（7）营销服务组合：提供不同服务产品的组合。

（8）全面组合：上述不同品种、质量、性能、档次、式样、色彩、规格、型号、商标、包装、服务产品的组合。

16.2.3　常用的产品组合策略

1. 标准化策略

标准化策略又称单纯性策略。即企业产品线的宽度很窄，只生产一个类别或少数几个类别的标准化产品。世界上 27 家大型跨国公司中有 17 家公司采用的是标准化策略，如可口可乐公司、雀巢公司、宝洁公司等。此策略的最大优点是可进行标准化的大规模生产，降低成本，达到规模经济效益；缺点是市场需求若有变化，特别是巨大变化时，可能对企业造成大的损失。

2. 多样化策略

多样化策略又称差异化策略。即企业产品线的宽度很宽，同时生产几种类别甚至几十种类别的产品。美国通用电气公司就采用此策略，该公司除生产一般家用电器类别的系列产品之外，还生产工业用发电设备类别的系列产品、飞机发动机类别的系列产品、通讯卫星类别的系列产品等。此策略的优点是针对消费者的不同需求，向不同的市场投放不同的产品，增加企业的总销售量，比较容易应付市场的不利变化；缺点是企业采用多样化策略后，每一种产品的生产批量都比较小，不能形成规模经济效益，提高了成本。

16.2.4　产品组合策略的选择

不论是标准化策略还是多样化策略都各有其优缺点，那么企业在国际营销实践中究竟采用什么策略？这个问题没有不变的答案，具体选择时应遵守的最大原则就是让企业的内部条件与外部环境处于最佳结合状态。为了达到这种最佳结合状态，企业一般是从企业实力、产品发展潜力和产品组合的盈利能力三个方面加以考虑。

16.2.5　产品组合调整策略

一个企业的产品组合需要随着企业内部条件和外部市场需求的变化而调整，此时就应对产品进行分析评价，常用的分析评价有以下两种方法：

1. 波士顿矩阵法

波士顿矩阵法又称 BCG 法，如图 16-5 所示。它是由著名的美国波士顿咨询公司创造的。矩阵图的纵轴表示产品的销售增长率，以 10% 为分界线分为高低两档；横轴表示产品的相对市场占有率（本企业产品与最大竞争对手产品市场占有率的比值），以 1 为分界线分为高低两档。上述纵轴的分界线大体上相当于产品生命周期中成长期与成熟期的分界线，横轴分界线实际上是本企业某产品在市场上处于主导地位还是从属地位的分界线。以上两分界线将整个矩阵分为 4 个方格，并命名为明星产品方格、成熟产品方格、风险产品方格和失败产品方格，然后将企业产品组合中的所有产品按上述两个指标分类后，分别填入相应的方格中，最后对处于不同方格的产品按以下策略分别对待：

（1）扶持策略

企业要在人力、物力、财力上对明星产品给予大力支持，以延长其明星期。

（2）巩固策略

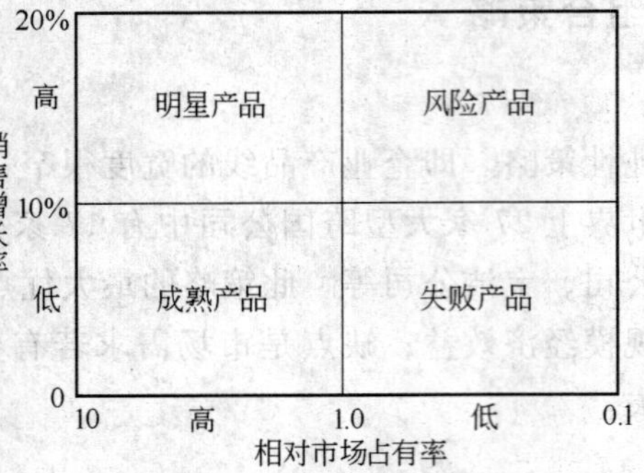

图 16－5　波士顿矩阵图

企业应巩固成熟产品的市场地位，并以此类产品所赚取的大量现金支持明星产品和风险产品的发展。

（3）观察策略

企业对风险产品经观察考虑后，若认为这类产品发展成明星产品的可能性较大，则集中力量予以扶持，使这类产品向明星产品方向转化；否则应果断淘汰。

（4）淘汰策略

企业对于已成为企业包袱的失败产品应果断淘汰。

2. 产品系列平衡法

产品系列平衡法又称 GE 法，如图 16－6 所示，是由美国通用电气公司创造的一种方法，也是对 BCG 法的一种改进。其优点是对产品的分析评价不仅从企业内部角度，即从本企业实力角度，如价格竞争力、产品质量、销售能力等方面静态地对产品进行分析评价，而且还从企业所处外部环境角度，如市场容量、竞争态势等方面动态地对产品进行分析评价。图中纵轴代表行业吸引力，主要包括销售增长率、市场容量、利润率、竞争激烈程度等因素，分为强、中、弱 3 个档次；横轴代表企业实力，主要包括相对市场占有率、价格竞争力、产品质量、销售力量等因素，也分为强、中、弱 3 个档次。

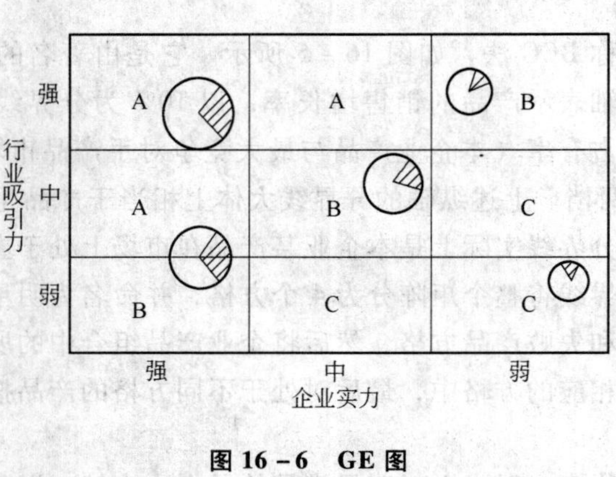

图 16－6　GE 图

以上两大指标将矩阵分为 9 个方格，将企业产品组合中的所有产品按以上两大指标分析评价后，分别填入相应的方格中，最后对落于每个方格中的产品按以下策略分别对待：

(1) 发展策略

对 A 区 3 个方格中的产品，其行业吸引力和企业实力的合力总体上处于较高水平，企业应采取增加投资的发展策略，以提高其市场占有率。

(2) 维持策略

对 B 区 3 个方格中的产品，其行业吸引力和企业实力的合力总体上处于中等水平，企业应采取维持策略，保持这些产品的现有市场占有率。

(3) 放弃策略

对 C 区 3 个方格中的产品，其行业吸引力和企业实力的合力总体上处于较低水平，企业应采取收缩和放弃的策略，使其逐步退出市场，然后将这些产品占用的企业资源（人力、物力、财力）转移到 A 区产品上去。

图 16－6 中圆圈大小代表产品所属产业的相对规模，圆圈中阴影表示本企业产品的市场占有率。

16.3　狭义的国际营销产品策略

国际企业可以采用以下 3 种策略将自己的产品推入国际市场：

16.3.1　延伸国内产品策略

延伸国内产品策略是指将国内销售的产品不加任何改变推入国际市场。此策略既简单又省时省力，一般适合于标准化的产品，如可口可乐饮料、派克金笔、日本索尼录音带等。

16.3.2　改造国内产品策略

改造国内产品策略是指国际企业根据消费国市场的环境因素，将国内销售的产品改造成适应消费国政治、经济、文化环境的产品，然后推入消费国市场。此策略是国际企业经常采用的一种策略，如日本丰田公司按照中国交通规则，将供国内销售的汽车的方向盘位置由右面改造到左面后便可销往中国市场；日本松下公司将其国内销售的彩色电视机改造成适合中国电视制式后便可销往中国市场；美国公司将其国内销售的牛仔裤改造成适合东方人的体型后销往中国和日本等市场。

国际企业在采用此策略时要考虑以下 3 种因素：

1. 国家与地区的特征

国家与地区的特征包括消费国内部不同地区不同民族的特征，即消费国的环境因素，包括政府法规、消费者的消费习惯与爱好、购买力、地理和气候等。国际企业要根据以上环境因素将国内销售的产品进行改造，例如，中国茶叶在国内销售是散装形式，要销往英国市场时，就要按照英国消费者的饮茶习惯改造成投入杯中后可慢慢渗出的小袋包装形式。

2. 产品特征

国内销售的产品其特征如商标、包装、风格、尺寸、颜色等若不适合于消费国市场，国际企业就要根据消费国市场的情况改造国内销售产品的上述产品特征，例如，用龙作商标的中国国内销售产品就要改变商标后才能销往美国市场，因为美国消费者对这种想像出来的张牙舞爪动物没有好感。

3. 企业因素

企业因素是指国际企业是否具备必要的人力、物力、财力等资源以对国内销售的产品进行改造，以及是否值得付出上述资源去对国内销售的产品进行改造。例如，一家日本企业要将积压在仓库中供国内销售的摩托车短期销往美国市场，但将摩托车改造成适合美国消费者体型的摩托车所付出的人力、物力、财力代价很大，是不值得的；相反，若该日本企业打算长期占领美国市场，那么该企业把国内销售的摩托车按美国人的体型重新设计，然后按新图纸生产再销往美国市场就是值得的。

16.3.3 开发新产品策略

开发新产品策略是指根据消费国市场的环境开发某种新产品推入该市场，它是人力、物力、财力代价很高的一种策略，因此多半是实力强的跨国公司才采用此策略。比如，20 世纪 90 年代初，美国克莱斯勒汽车公司研制成功 4 种新微型、轻型轿车和货车共花费 150 亿美元；20 世纪 90 年代初，美国通用汽车公司研制成功的土星牌微型轿车花掉了 50 亿美元的研制费；世界著名的欧洲空中客车公司于 2005 年 10 月宣布已与 9 家欧洲公司签署了协议，共同合作研制 A－350 型新型远程客机，计划投入的研制费为 43.5 亿欧元。

1. 新产品分类

国际营销学所指的新产品是站在企业角度所说的新产品，也就是企业过去没有生产经营过、现在要生产经营的一律称为新产品。具体又分为以下几类：

(1) 全新新产品；

(2) 换代新产品；

(3) 改进新产品；

(4) 仿制新产品。

2. 开发新产品的意义

一般来讲，产品特别是工业产品都有产品生命周期，迟早都要被市场所淘汰。企业若仅仅依靠一种产品或依靠处于生命周期同一阶段的一批产品来生存和发展，必然会掉入产品生命周期陷阱中。企业避免遭受此命运的办法就是不断地开发新产品，使企业在任何时期都有一批产品进入和处于成熟期阶段，只有这样，企业才能生存下去，才能有所发展。

美国著名的电话电报公司之所以由一个小公司发展成全球 500 家最大公司之一，靠的就是不断推出新产品，使企业具有旺盛的生命力。目前该公司平均每天推出一种专利新产品。

3. 开发新产品的程序

(1) 制定规划；

(2) 建立组织；

(3) 新产品构思；

(4) 构思的筛选；

(5) 商业分析；

(6) 新产品的研制；

(7) 新产品的试销；

(8) 新产品的商业化。

需要说明的是，上述程序不是每一个程序完成以后必须要进行下一个程序，而是每个程序完成后要进行分析判断，决定下一个程序是否进行。

4. 新产品开发的具体策略

(1) 创新策略

企业利用自己的科研力量或委托别的机构去创新新产品。前者适用于实力强大的大型国际企业，如美国电话电报公司、美国 IBM 公司、美国通用电气公司等；后者适用于中小企业，如中小企业委托大学或科研机构研制新产品，在美国不少工科大学都接受委托为企业研制新产品。

(2) 获取策略

通过企业以外的途径开发新产品，又分为 3 种策略。

① 兼并策略，即企业收购或控制拥有某种新产品的其他企业。例如，日本索尼公司以 34 亿美元兼并美国哥伦比亚电影公司后，很快就推出了自己的影视产品。

② 专利获取策略，即企业从发明者手中购买生产某种新产品的专利，然后以自己的名义推出该种新产品。例如，世界上第一家生产圆珠笔的美国企业就是从外国购买的圆珠笔生产技术专利；第二次世界大战后，日本企业采用专利获取策略推出了大量新产品，如日本富士彩色胶卷就是购买的美国柯达公司的专利。

③ 许可策略，即从国外某企业那里获得生产或销售某种产品的许可。比如，欧洲许多国家市场上销售的万宝路牌香烟就是当地企业通过购买美国公司的许可后生产出来的；世界上 110 多个国家的 700 多家企业生产的皮尔·卡丹服装就是当地企业购买了法国皮尔·卡丹的商标许可后生产出来的。

16.4 商标策略

16.4.1 商标的概念

1. 品牌与商标

所谓品牌（Brand）是指用于与其他同类产品区别开来的名称、图案与符号，或其综合组成，如奔驰牌汽车、柯达牌胶卷等。所谓商标（Trade Mark）是指在政府某机构注册、受法律保护的品牌，如可口可乐商标。

2. 商标的作用

(1) 商标使企业的产品特色受到法律的保护，可防止其他企业模仿或假冒，保护了企业的正当权益。

(2) 可帮助消费者辨认和识别产品。这是因为商标代表着该种产品的质量标准或质量水平。由于消费者对众多产品都属外行，因此按商标购买是消费者买到满意产品的方法之一。

(3) 商标可督促企业保证该产品的质量。因为商标代表着该产品的一定特色或质量，企业为了保持该产品已有的市场地位或消费者的信赖，必须兢兢业业始终一贯地保持该商标所代表的特色或质量水平。

(4) 商标可促进企业的销售。消费者一般喜欢购买已得到信赖的商标的产品，所以商标无声无息地起了促销作用，如名牌产品的销售量明显高于一般产品。

16.4.2 商标设计原则

1. 简明性

商标要便于记忆和传播，如美国的箭牌口香糖、日本的索尼牌电器等。

2. 独特性

避免与其他企业的商标雷同，既要避免发音相近、图形相近，又要避免意思相近，如三洋牌和三羊牌、大山牌和高山牌、金鹿牌与梅花鹿牌。

3. 提示性

通过商标给消费者某种提示，如永久牌自行车、万里牌皮鞋、精工牌手表等。

4. 适应性

商标要适应目标市场的风俗习惯，不能触犯当地的禁忌。比如，中国向英国出口的三羊牌闹钟，商标图案用的是3只山羊，而山羊在西方国家俚语中指色鬼，所以此闹钟在英国就不受欢迎；中国的金鹿牌自行车若出口巴西就不会成功，因为鹿在巴西是同性恋的俗称；中国出口美国市场的白象牌电池无人问津，因为在西方国家象等同于呆头呆脑，令人生厌；相反，美国可口可乐饮料公司的“Sprite”商标在英语中原义为“小妖精”，不为中国消费者接受，但进入中国市场后，该商标改名为“雪碧”，得到了中国消费者喜爱。

16.4.3 常用的商标策略

1. 无品牌策略

无品牌策略是指产品不使用商标或品牌。因为企业在市场上树立一个商标或品牌的信誉需要花费大量费用，企业为了节省这笔费用，有些产品企业可不使用商标或品牌。比如，有些产品不因生产经营者不同而形成不同特色，如电力、煤炭等；有些产品消费者习惯上不辨认商标或品牌，或者没必要选择产品的商标或品牌，如粮食、蔬菜等；某些没有一定技术标准、选择性不大的商品，如品种繁多的小商品等。

2. 采用谁的商标的策略

企业的产品既可以采用自己的商标，也可以采用经销商或中间商的商标。当企业打算长期占领市场，而且企业的实力特别是财力雄厚时，可以采用自己的商标，即制造商商标。当企业实力小，而且刚进入一个不熟悉的市场时，企业使用目标市场经销商的商标比较有利，即经销商商标。前者如美国通用汽车公司、德国奔驰汽车公司、日本松下电器公司；后者如一些外国企业和美国企业的产品在美国著名大百货公司——西尔斯百货公司销售时采用的是西尔斯公司的商标。实际上第二次世界大战后，实力小的日本电子企业刚涉足美国市场时，除索尼公司外，其余公司都使用了美国当地经销商的商标，直至这些企业的产品在美国站稳了脚跟，日本企业才逐渐亮出了自己的商标。

3. 采用哪类商标的策略

商标分为统一商标和个别商标两大类。前者指的是企业生产的所有产品都使用同一个商标；后者指的是企业根据自己不同产品的不同特点，使用不同的商标。当企业所有的产品具有同一水平的质量和属于同一档次时，宜采用统一商标，如荷兰菲利浦公司的所有产品都使用菲利浦（Philips）这个商标；著名的日本佳能公司[①]生产照像机、传真机、复印机 3 大类产品，但所有产品都使用统一的“Canon”商标。当企业生产的不同产品具有不同质量水平或属于不同档次时，宜采用个别商标，如美国通用汽车公司生产的普通大众型轿车采用雪佛兰商标（Chevrolet），而豪华型轿车则采用凯迪拉克商标（Cadillac）。

16.5 包装策略

16.5.1 包装的作用

1. 保护产品

产品从生产企业到消费者手中要经过多次运输和储存，因此产品会受到震动、挤压、碰撞、风吹、雨淋、污染等，产品有了包装后就可避免或减轻上述原因造成的损失。据统计，1980—1983 年，中国国内销售的产品因包装不良或没有包装而造成的损失达 100 亿元，其中仅玻璃一种产品一年的损失就达 100 万标准箱，相当于两个中型玻璃厂的年产量。

2. 提供方便

包装为运输、储存中的搬运、为消费者的携带和使用提供了方便，如经过包装的电视机、面粉、饮料、油漆、眼镜等。

3. 美化产品，促进销售

商品的包装给顾客以第一印象，因此起了无声推销员的作用，这一点在无人售货的超级市场尤为突出。

4. 增加盈利

产品经包装后在国际市场上身价提高，从而增加了盈利，比如，中国的特产人参出口时，过去用木箱包装，后来改用精美的小包装后价格提高了 30%。

---

① 佳能公司在 2010 年全球 500 家最大公司中列第 204 位，年营业额 422.5 亿美元。

16.5.2 常用的包装策略

1. 类似包装策略

一个企业所生产的不同产品，在包装上采用相同的图案、色彩或形状特征，以便于消费者辨认和记忆。此策略适用于同样质量水平的产品，对于品种、质量水平差异大的不同产品不能采用此策略。

2. 配套包装策略

按照消费者的使用习惯，将数种有关联的产品配套包装在一起，便于消费者购买、携带和使用，如家用餐具、工具箱等。

3. 再使用包装策略

包装内的产品使用完后，包装物可作他用，这种包装既可激起消费者的购买欲望，又可起到广告的作用，如罐头瓶作口杯用，酒瓶作花瓶用等。

16.6 服务策略

16.6.1 服务的概念

服务即指整体产品概念中的附加产品，一般来讲是某种形式的劳务。一般分为售前服务、售中服务和售后服务 3 大类。

16.6.2 常用的服务策略

1. 售前服务策略

主要是向消费者提供咨询，起到参谋的作用，包括以下 3 种内容：

(1) 介绍产品

指以文字或口头的形式向购买者介绍产品的质量、性能、规格、重量、体积、外观等。

(2) 提供信息

指向购买者提供有关企业本身的情况，如企业的历史，企业在同业中的地位、信誉，企业的经营管理情况，企业的交通运输条件、交货方式、对产品提供的售后服务等。

(3) 推荐产品

指向购买者介绍企业不同产品的特点，并将最适合购买者需求的产品重点推荐给购买者。

2. 售中服务策略

售中服务策略是在购买者购买过程中为其提供的服务，目的是为购买者的购买提供方便，包括以下 3 种内容：

(1) 服务方式

指为购买者提供方便的看货方式和取货方式。

（2）良好的服务态度

指认真解答购买者提出的问题，并教会购买者如何使用产品，而且自始至终态度和蔼，彬彬有礼。

（3）服务设施

指为购买者提供现场搬运、暂时储存的设施和器械。

3. 售后服务策略

售后服务是服务的重点，其策略包括以下 4 种内容：

（1）送货服务

即送货上门服务，这对一些大型、重型、贵重易损型产品来说是十分必要的。

（2）安装服务

主要指为购买者安装、调试所购产品，有时甚至还要为其培训操作人员，这对大型耐用消费品和工业品来说是十分必要的。

（3）修理服务

指对购买者在产品使用中出现的故障和质量问题企业及时派出人员给予修理，以恢复产品的使用价值。

这是消费者和工业品用户十分看重的附加产品，也是企业十分重视的一种售后服务。因此，不少企业特别是一些成功的企业对此种服务投入了大量资源，以兑现“顾客就是上帝”的承诺。比如中国家电业第一强的海尔集团在全国建立了售后服务网，其上门维修服务的及时性、满意度及电话回访制度已成为国内企业售后服务的典范，并广为其他企业学习仿效；著名的美国惠普公司[①]承诺，当用户使用的惠普电脑出现故障时，若距离公司在 100 公里以内，公司人员会在 4 小时之内到达现场进行维修，若美国全国各地的用户使用的惠普电脑出现故障时，会在当天收到需要更换的元部件；著名的美国 IBM 公司承诺，对用户提出的任何意见或要求保证在 24 小时之内给予答复，还承诺不管用户处在世界的哪个地方，保证在 48 小时之内把用户需要更换的元件或零部件送到用户手中。

（4）退货服务

指对于那些不符合企业承诺的产品或购买者事后不满意的产品，企业给予更换或退货服务，这是对消费者负责和保持企业信誉的重要措施，企业要认真执行。

16.7　转让技术的产品策略

第二次世界大战后，全球出现了新一轮科学技术革命高潮，革命性发明创造不断涌现，如电子计算机、半导体、集成电路、人造卫星、激光技术、机器人、微处理机（个人计算机）、生物基因技术、宇航技术等。据统计，仅从 1968 年至 1978 年的 10 年间，全球科学技术的重大发明发现件数就超过了过去 2000 年的总和。同时随着市场经济及世界经济一体化的发展，技术已成为当今国际市场上的一种重要商品，并在全世界

---

① 惠普公司在 2010 年全球 500 家最大公司排名中列第 28 位，年营业额 1 260.3 亿美元。

各国之间进行转移和贸易，而且交易额增长迅速。据统计，1965 年世界技术贸易额仅为 25 亿美元，2000 年这一数字则达到了 5 000 亿美元，35 年中增长了 200 倍，增长速度惊人，大大超过了其他有形或无形商品交易额的增长速度，也就是说技术这种特殊商品已成为当代国际市场上的重要商品，而且今后的重要性将愈来愈大。因此，有必要将转让技术的一些独有产品策略单独加以论述。

1. 转让技术的含义

转让技术又称技术商品，即可以在技术市场上有偿转让给购买者的技术。

2. 转让技术的生命周期

与广义产品的市场生命周期相同，转让技术的生命周期分为创新期、成长期、成熟期、衰退期 4 个时期，其生命周期曲线也基本相同。

3. 转让技术的作用

（1）节约社会资源，加快全球生产力的发展

技术的国际转移可避免不同国家国际企业的重复研制开发，从而节约整个人类社会的资源，并为技术落后国家迅速获得先进技术、提高生产力提供了极好的机会，从总体上提高了全球的生产力。比如，中国在 20 世纪 80 年代购买了日本等国的电视技术后，节约了中国自行研制电视技术的人力、物力、财力资源，并迅速提高了中国电视机工业的生产力。

（2）可促使产业空白地域或国家形成新的产业部门20 世纪六七十年代在“亚洲四小龙”地域新出现的电子产业、信息产业、汽车产业就是欧、美、日国家的转让技术向这一地域转移的结果，这样做有利于该地域的产业升级。

（3）有利于交易双方企业

购买转让技术的企业在拥有和掌握了购买的新技术后，可迅速提高市场竞争力和本企业的市场地位，而出售技术商品的企业则可利用获得的收入进行新的技术研发，使本企业的实力特别是技术实力更加雄厚，在技术上继续领先。

4. 转让技术的分类

（1）受法律保护的技术

包括发明专利、实用新型专利、外观设计专利、版权、商标使用权等。

（2）不受法律保护的技术

包括专有技术或技术诀窍，如设计方案、图纸、技术说明书、技术指导等。

（3）针对转让技术的专门服务

包括技术咨询、技术信息提供、技术管理服务等。

5. 转让技术交易的特点

（1）仅转让使用权：技术转让中转让的仅是使用权而非所有权。

（2）可多次转让：因为技术转让中没有转让所有权，所以技术拥有者可多次转让使用权。

（3）转让双方通常是同行：只有具有这一特点时买方才有能力或有条件使用和掌握购买来的技术，利用其使用价值。

（4）转让双方通常需要进行长期的合作：这是因为买方若要使用购买来的技术形成

生产力，需要一个较长的时间过程，需要得到卖方长期的指导与帮助，如咨询、设计、培训、指导等，因此，双方通常要进行长期合作。

(5) 双方不会重复同一交易：这是因为买方一旦掌握了转让技术，形成了生产力，再向卖方购买同一技术就完全失去了意义。

6. 技术转让形式

转让形式包括许可贸易、技术咨询服务、合作生产、补偿贸易、交钥匙工程承包、国际特许专营等。这些形式已在前面的有关章节中作了论述。

7. 技术转让策略

当技术处于不同生命周期时应采用下述不同的转让策略：

(1) 创新期策略

此时期内由于技术商品尚不成熟，需要加以完善后才能具有应有的使用价值，故购买者兴趣不大，但该技术一旦加以完善后其使用价值将大幅度提高，甚至是若干倍的提高。因此，在该期拥有该技术所有权的企业一般应对该技术采用不转让策略。比如，当前世界各国的生物克隆技术都处于创新期，尚不成熟，但一旦成熟完善后，其使用价值不可估量，因此各国的企业在此时期都不转让该技术。

(2) 成长期策略

此时期技术基本成熟，已开始大量应用，经济效益也大幅增长。在此期间，企业可根据自身不同情况采取下述3种策略：

① 垄断策略

垄断策略是指企业不转让成长期的技术，而是进行垄断，也就是企业利用该技术进行独家生产，以便产品在国际市场上居于垄断地位，从而获得高额的垄断性收益。这是实力雄厚的大型企业应采用的策略。如高清晰度数字电视机生产技术目前在世界上处于成长期，对该技术拥有所有权的几家欧洲和日本的大型跨国公司就采用垄断策略，垄断了该技术进行独家生产，以获得垄断性收益。

② 不完全转让策略

不完全转让策略是指企业尽可能多地转让处于该期的技术使用权，而保留对该技术的所有权，甚至也利用该技术自己生产产品占领市场。这是实力一般的企业应采用的策略。比如，德国利勃海尔公司一面将其电冰箱专利技术的使用权转让给中国的海尔公司，一面利用该技术自己生产电冰箱在国际市场上销售。

③ 完全转让策略

完全转让策略是企业将处于成长期的技术的使用权和所有权一起转让出去的策略。实力小的小型企业一般应采用此策略，以免技术泄密后企业连研究开发费都收不回来。比如，可口可乐饮料的核心技术是其饮料的配方，该配方是19世纪末美国一家只有几名员工的小药店研制成功的，但该技术属于不受法律保护的专有技术，很容易泄密，而且该小药店没有实力应用该技术大量生产饮料占领市场，因此，该小企业采用了完全转让策略将该技术转让给了现在的可口可乐公司。

(3) 成熟期策略

处于成熟期的技术使用价值最大，可为使用者带来丰厚的收益，因此，购买者对处于此期的技术最感兴趣，需求迫切。企业在此期转让该技术不但可以收回研究开发成本，而且还可取得额外收益，相反，度过此期进入衰退期的技术不但使用价值大幅下降，购买者的购买兴趣也将大大下降，因此，在此期不论实力雄厚的大型企业，还是实力一般的企业都应采用转让策略，以求最大的收益，但这不等于拥有技术所有权的企业停止利用该技术生产产品继续占领市场并取得收益。比如，20 世纪 80 年代，模拟彩色电视机的生产技术已处于成熟期，对此技术拥有所有权的日本松下、三洋等大型企业一面利用该技术继续生产产品占领市场获得收益，一面向中国企业转让该技术，两者相加获得了最大的收益。

(4) 衰退期策略

处于衰退期的技术即将被市场淘汰，使用价值大幅度下降。企业应以积极态度采用完全转让策略或采用不完全转让策略将处于此期的技术转让出去，以便收回一部分研究开发费用，连同前几期的一部分收益合并在一起用于新技术的研究开发，形成良性循环。比如，20 世纪 70 年代，黑白电视机生产技术进入了衰退期，即将退出市场，此时日本松下、日立、三洋等公司采用转让策略迅速将黑白电视机的生产技术转让给了中国企业，从而获得了较高的经济收益。

8. 技术转让对象的选择

虽然技术转让对象的选择与广义产品目标市场的选择大同小异，但两者也有不同之处，特别是与实体产品的目标市场选择有较大的不同之处。因此，有必要对其不同之处单独加以论述。

(1) 技术转让对象国籍的选择

国际技术转让是跨越国界的国际营销活动。当今世界各国政府对本国技术输出国外和外国技术输入国内都有一整套明确的法规。一般原则是限制本国先进技术输出国外，特别是输出到政治上不友好国家，而吸引外国先进技术或适用技术输入国内。因此，技术转让企业在选择技术转让对象的国籍时，首先要考虑该转让技术是否能通过国界这一关口，其次要考虑输入方国家的法律对该转让技术的法律保护是否完善，以免输出方企业遭受不应有的损失。

(2) 技术转让具体对象的选择

企业选择了技术转让对象的国籍后就可进入下一程序，即选择具体的技术转让对象。这是一个两难的选择，企业在实现主要目标的同时必须忍痛割让自己的某些利益或接受某些损失。造成这一两难处境的原因是企业要求技术转让对象是同行业或相关行业的企业，否则对方对该转让技术没有兴趣或客观上没有能力应用该转让技术；另外还要求技术转让对象在技术水平和实力上有一定的吸收能力和适应能力，以便接受转让技术后能够获得成功。但具备上述两方面条件的企业应用了该转让技术后，其产品在市场上就对本企业的产品构成了威胁，从而培养了一个竞争对手，所以说选择具体的技术转让对象是一件两难的事情。比如，20 世纪下半叶，在国际彩色胶卷市场上处于垄断地位的美国著名跨国公司柯达公司，将其先进的彩色胶卷生产专利技术转让给了日本富士公司，后者掌握了该技术后很快就成为柯达公司强有力的竞争对手，在国际市场上给柯达公司造成了颇大的威胁；2004 年，中国从德国西门子公司以及法国、加拿大、日本等 4

家公司购买了高速铁路专利技术，然后经过消化、吸收、创新形成了自己的专利技术，从2009年起向拉美的委内瑞拉、亚洲的泰国转让这些专利技术，成为上述4家公司强有力的竞争对手。

为了把企业在技术转让中的损失降到最低水平，企业在选择具体技术转让对象时应考虑以下几个因素：

① 技术转让对象的基础条件要好；

② 技术转让对象不足以对本企业构成较大威胁；

③ 技术转让对象能与本企业形成优势互补；

④ 对技术转让对象加以某种限制。

指企业在签订的技术转让合同中对购买方企业应用该转让技术的范围，如产品的品种、档次和销售地区等加以限制，使之与本企业在市场上不发生直接竞争，或在合同条款中加进技术互助条款，以便当购买方企业利用该转让技术获得新的技术突破时，双方能共享该新技术。

16.8　服务产品的产品策略

当今世界上发达国家工农业产值的绝对值虽然在持续增长，但在国民生产总值中所占比重却在持续下降，总趋势是继续下降，而这些国家服务业产值的绝对值不但在持续增长，而且在国民生产总值中所占比重也在持续增长。最能说明这一特点的例子有两个：一是发达国家服务业的从业人数已大大超过制造业和农业的从业人数，目前美国的服务业从业人数已占总就业人数的3/4，日本也占到了2/3；二是从开始统计全球500家最大公司到现在的几十年中，制造业企业一直占据着前几名的宝座，但从2001年起，服务业中的美国沃尔玛百货有限公司连续4年坐上了全球500家最大公司中的第一把交椅，而制造业企业却屈居其后。这说明服务已成为一种重要产品，而且愈来愈重要。因此，有必要将服务产品有别于一般产品，特别是实物产品，对其独有的一些产品策略单独加以论述。

16.8.1　服务产品的含义

服务产品是指进入市场用以满足消费者或用户需求、欲望和利益的活动。如旅馆的住宿服务满足了旅客的住宿需求；医院的医疗服务满足了病人解除病痛的需求；学校的教育服务满足了学生求知的需求；股票交易所的股票交易服务满足了客户利用股票交易赢利的需求；保险公司的保险服务满足了被保险人财产不受损失的需求；仓储公司的保管服务满足了货主的货物不受损失的需求等。

由于服务可以满足消费者或用户的需求，而且采取了市场交易这种方式，因而从市场营销学的角度来看也是一种产品，但却是一种无形产品，称作服务产品，简称服务。所谓国际服务产品，即国际企业跨越国界向国际市场提供的上述活动。服务产品本质上是一种脑力劳动或体力劳动，因此，又将其称为劳务。

服务产品不同于整体产品概念中附加产品中的服务。它是一种完整的不依附于核心产品的单独产品。

从广义上讲，16.1 节所论述的产品也包括服务产品，也就是说服务产品是广义产品中的一大类别，因此，除下面将要论述的服务产品的一些单独策略外，本书中所论述的广义产品策略皆可应用于服务产品，如产品策略、价格策略、渠道策略、促销策略等。

16.8.2 服务产品的整体产品概念

就如同广义产品一样，服务产品由以下 3 个层次组成：

1. 核心服务

核心服务又称本质服务或主服务，是服务企业提供给消费者或用户以满足其最本质最重要需求的活动。比如，航空公司的核心服务是将乘客由一地运送到另一地；医院的核心服务是解除病人的病痛。

2. 便利服务

便利服务是指服务企业为了使消费者或用户能够消费或使用其核心服务而向消费者或用户提供的前提条件性质的服务。比如航空公司的售票服务、医院的挂号服务等。

3. 辅助服务

辅助服务并非核心服务，而是服务企业提供给消费者或用户后能增加其满足感的那些服务。比如，航空公司在客机上向乘客提供的餐饮服务，医院向卧床住院病人提供的喂饭、洗澡服务等。

16.8.3 服务产品的生命周期

广义产品的生命周期理论同样也适用于服务产品，即服务产品的生命周期同样有投入期、成长期、成熟期、衰退期 4 个时期，也有相同的生命周期曲线。另外与实物产品一样，由于产品的定义范围不同，其生命周期的长短亦不同：服务行业的生命周期最长；服务型式的生命周期居中，而且生命周期曲线最典型；服务品牌的生命周期最短并且生命周期曲线多有变形。比如，旅游行业这一大类服务产品的生命周期很长，在可以预见的将来不会从市场上消失；民俗旅游这一形式的服务产品生命周期较前者短；而澳大利亚土著地区民俗旅游这一品牌的服务产品与前两者相比，其生命周期最短。

16.8.4 服务产品的分类

从不同角度可以对服务产品进行不同的分类，现代常用的分类角度有以下两种：

1. 按本质分类

可分为以下两大类 4 小类：

(1) 以人为服务对象的服务产品

① 有形服务产品：如旅游公司对游客的旅游服务产品。

② 无形服务产品：如学校对学生传授知识的教育服务产品。

(2) 以物为服务对象的服务产品

① 有形服务产品：如轮船公司对货物的货运服务产品。

② 无形服务产品：如保险公司对桥梁的保险服务产品。

2. 按产业分类

这是世界贸易组织的前身关贸总协定于 1948 年对服务产业所作的分类，共有下述 14 个类别：

(1) 商业性服务；

(2) 通信服务业；

(3) 建筑服务业；

(4) 销售服务；

(5) 教育；

(6) 金融服务；

(7) 保健服务；

(8) 旅馆和饭店服务业；

(9) 保险服务；

(10) 个人服务；

(11) 文化和娱乐服务；

(12) 动产的销售；

(13) 交通运输；

(14) 其他。

16.8.5　服务产品的特点

1. 无形性

服务本身是无形的，消费者对服务本身既看不到也触摸不到，只能感知到服务产品使用的工具和最终的效果。如乘客对航空公司的客运服务本身既看不到也触摸不到，乘客所能感知到的仅仅是客运服务所使用的工具——飞机和最终效果——乘客从出发地到达了目的地。服务产品的无形性仅指服务产品本身是无形的，实际上大多数服务产品都使用了有形的实物作为工具。比如，运输服务产品使用了飞机、轮船、火车、汽车作为工具；通讯服务产品使用了通讯卫星、电话机、手机作为工具等。

2. 同时性

服务企业生产服务产品的过程和消费者消费服务产品的过程是同时进行的，不能分别进行。比如，航空公司使用客机运输乘客的生产过程与乘客乘坐客机飞往目的地的消费过程是同时进行不可分离的。

3. 不可储存性

这一特点是前一特点的延伸，即企业不能预先生产出某一服务产品储存起来，以备消费者前来购买。比如，医院不可能在没有病人的情况下预先完成心脏手术后将此手术储存起来，以备心脏病人前来购买此现成手术。

4. 两权分离性

对于有形产品，消费者对所购买的有形产品不但拥有使用权，同时也拥有所有权，比如，消费者购买了一辆摩托车，则对该摩托车不但拥有使用权，也拥有所有权，而消费者或用户对于所购买的服务产品仅仅拥有使用权，没有所有权，即两权分别属于消费者和生产者所拥有，比如，乘客购买了航空公司客运服务产品的使用权，但客运服务产品的所有权仍然属于航空公司。

16.8.6 服务产品的质量策略

由于服务企业服务产品质量的高低可以在市场上与竞争对手形成差别，进而决定服务企业是否具有竞争优势，因而服务质量已成为服务企业竞争取胜的关键因素。

1. 服务产品质量的含义

实物产品的质量一般可以用客观的标准去测量，从而比较准确客观地评价其质量，但消费者对服务产品质量的评价往往是一种主观感受，而不是客观测定，带有相当大的主观成分，因此，所谓服务产品的质量乃是消费者对服务产品的期望质量和实际感受质量的对比，后者若大于前者，消费者则认为该服务产品的质量高，反之，则认为该服务产品的质量低。期望质量一般受营销沟通、企业形象、顾客口碑和消费者需求等因素的影响。

2. 服务产品质量的组成

服务产品质量由以下两大部分组成：

（1）技术质量

技术质量是指消费者从服务过程中所得到的东西，该质量一般可以客观测量，比如，航空公司的客运服务是否让乘客准时到达了目的地。

（2）职能质量

职能质量是指消费者在消费服务产品过程中从服务人员那里得到的感受，这一部分质量一般无法客观准确地测量，属于一种主观感受，如服务人员的态度、行为、仪表、衣着等。

3. 服务产品质量的评价

美国学者柏瑞、柏拉苏拉曼、西斯姆莱3人经研究后提出了对服务产品质量进行评价的以下5个标准：可感知性，即服务设施、设备、服务人员的外表是否可让消费者感知到；可靠性，即企业是否准确无误地实现了向消费者作出的承诺；反应性，即企业对消费者的要求是否及时而充分地给予了服务；保证性，即企业服务人员是否具有胜任工作的能力；移情性，即尽管消费者没有提出要求，但企业从真诚关心消费者的角度出发主动满足消费者的实际需求，使服务具有人情味。

柏瑞等3位学者在提出以上5项评价标准后还进一步提出了评价服务产品质量的方法和计算公式。这种服务质量评价方法实际上是对消费者的一种问卷调查方法。调查者将以上5个评价标准中的每一个标准具体化为4~5个问题，让被调查者对每一个具体问题的期望质量和实际感受质量给出分数，然后计算出所有问卷的感受质量和期望质量的平均分数，二者之差就是服务产品质量的分数。公式如下：

$$服务产品质量平均分数 = 实际感受质量平均分数 - 期望质量平均分数$$

4. 提高服务产品质量的策略

服务企业要提高服务产品的质量不能仅仅着眼于某一环节、某一部门和某一时间，而应着眼于整个服务产品的生产过程，包括生产过程的设计与运作。以下是常用的一些策略或方法：

（1）标准跟进

企业将自己的服务产品与市场竞争中占优势的竞争对手的服务产品进行对比，向对手学习，逐步提高自己。

（2）服务生产过程分析

又称蓝图技巧，即首先从生产过程分析中找出消费者与服务人员的接触点，进而以这些接触点为重点提高服务产品的质量。

（3）减小服务产品质量风险

由于服务产品具有不可感知性，消费者在购买服务产品之前对其质量没有把握，因而产生了购买此服务产品具有某种风险的惧怕心理，这对企业出售该服务产品是十分不利的，为此企业可用以下策略减小服务产品质量风险：

① 全面强调服务产品质量；

② 加强员工培训；

③ 利用广告；

④ 利用口碑。

16.8.7　服务产品的商标策略

广义产品的商标策略原则上也适用于服务产品，但服务产品的商标策略更强调企业名称的选择和品牌效果的设计。分述如下：

1. 企业名称的选择

服务企业的名称是商标策略的核心，选择一个好的企业名称就等于预先选择了一个好的品牌，因此，选择企业名称就成为服务产品商标策略的首要任务。在选择企业名称时一般应遵守下列原则：

（1）独特性；

（2）恰当性；

（3）可记忆性；

（4）灵活性。

2. 服务品牌效果设计与策略

（1）服务品牌效果设计

服务品牌效果设计是指设计一组相互协调、相互促进、形成合力的品牌要素。这些要素包括企业名称的文字、标记、颜色、广告标识语等。只有这些要素达到上述效果后，才真正成功地塑造企业的品牌。

（2）一致性策略

一致性策略是指服务企业在塑造品牌的漫长过程中，要自始至终地将品牌上述要素及可见的其他要素如设施、设备、服装等加以展示，使其形象前后一致，并在世界各地统一。这一原则对分散性的服务企业如连锁店、银行、航空公司等尤为重要。

16.8.8 服务产品的有形展示策略

1. 含义

所谓服务产品的有形展示，即企业为克服服务产品的不可感知性而采取的一种对策。企业根据这一对策将一切可以显示服务产品特点和优点的有形组成部分展示给消费者，以向消费者提供一种对本企业的服务产品有所认识与了解的途径。

2. 作用

(1) 让消费者对本企业的服务产品形成良好的第一印象；

(2) 帮助消费者产生信任感；

(3) 引导消费者产生合理的期望；

(4) 在消费者心目中建立企业及其服务产品的形象。

3. 有形展示策略的种类

(1) 有形化策略

只要有可能，企业就尽量努力将服务产品本身的内容附着在某些实物上。比如，通讯服务附着在IC卡上，银行服务附着在信用卡上，俱乐部服务附着在会员卡上等。

(2) 心理策略

① 将消费者感兴趣和容易接受的物体展示给消费者。

② 建立和维持与消费者的良好关系。

(3) 环境策略

① 适当的地点；

② 高标准的卫生条件；

③ 高雅温馨的气氛；

④ 优美的美学感受。

16.8.9 服务产品的人员策略

许多服务企业的服务产品是由那些生产服务和递送服务的人员在服务现场完成的。如医院的医生护士、学校的教师、咨询公司的咨询人员、客机上的飞行员和空中小姐、饭店的厨师和招待员等，他们在服务现场与消费者进行面对面的直接接触，在消费者眼中他们就是服务产品的一部分，因此服务企业要对组成服务产品的生产人员和服务人员进行挑选、训练、激励和控制，以提高服务产品的质量。企业所进行的上述工作就构成了企业的人员策略。

16.8.10 服务产品的过程策略

消费者购买实体产品时，企业可以在瞬间将实体产品转移到消费者手中；但消费者购买服务产品时不能瞬时购买到服务产品，而需要一段较长的时间过程，如医生为病人诊断、治疗、做手术，教师为学生讲课，律师在法庭为当事人辩护，乘客乘坐飞机，轮船运输货物，旅客在旅馆住宿等。过程中的所有程序或所有服务活动都会影响到消费者对服务产品整体质量的满意程度。因此，企业要对整个服务产品的生产过程进行管理，以提高服务产品的质量，最终使消费者对购买的服务产品整体感到满意。企业为整个服务体系运作而制定的原则和程序、方法及消费者参与服务过程的规定与程度等一整套策略便构成了服务产品营销的过程策略。

思考题

1. 举例说明市场上哪些产品采用的是整体产品概念。

2. 举例说明目前市场上哪个品牌的产品正处于成熟期，哪个品牌的产品正处于衰退期。

3. 举例说明国外企业在中国市场销售的产品中，哪些采用延伸国内产品策略，哪些采用改造国内产品策略，哪些采用开发新产品策略。

4. 从消费者对日常生活某方面的抱怨构思一种新产品。

案例借鉴一

美国波音公司从重视产品质量和不断推出新产品中得到快速发展

波音公司是美国也是全世界最大的民用飞机制造公司。该公司成功的秘诀就是不断地先于其他企业推出自己的新产品。比如，20世纪30年代，著名的飞剪号民航客机是波音公司首先推向市场的新产品；20世纪50年代，世界上第一架喷气式客机也是波音公司研制的；20世纪70年代，该公司推向市场的波音747喷气式客机是民航史上第一架宽机身远程喷气式客机，进行洲际航行时不需中途加油；20世纪80年代初，该公司推向市场的波音757、波音767两种型号的喷气式客机是民航史上最省油、最经济、最安全、最容易驾驶的喷气式客机；直到20世纪末，这两种型号的波音飞机仍牢牢地占据着市场。波音公司能够取得一个又一个的辉煌成就，能够长时间占据着全世界民航飞机市场霸主的宝座，主要是长期重视产品策略的结果，即波音公司长期致力于抢先推出新产品，而且十分重视产品质量，用其董事长威尔森的话说："从长远看，惟一经久不衰的价值标准是质量本身。"另外该公司还十分重视为顾客服务，即重视整体产品概念。波音公司有许多为顾客"雪中送炭"的故事已传遍航空运输界。

案例借鉴二

贵在持久

第二次世界大战之后，日本丰田公司的丰田牌（TOYOTA）小轿车以质优、价廉、节油的特点首先打入美国市场，然后又打入世界各国市场，迄今为止已在世界上享誉达半个世纪之久，成为日本产品的骄子，实现了丰田公司“有路必有丰田车”的豪言壮语，丰田公司因此获得了丰厚的利润，也使该公司迅速发展壮大，最终挤入全球500家最大公司的前十名之列。但该公司近年来却被其辉煌业绩冲昏了头脑，其产品质量明显下降，从2009年10月至2010年10月的短短一年中，该公司就从世界各国召回了存在质量问题及安全隐患的车辆超过一千万辆，使该公司昔日的产品形象大受影响，这引起美国消费者的不满，从而导致美国政府为维护消费者的利益对该公司在美国的子公司进行惩罚，于是总公司董事长紧急赶往美国亲自向消费者道歉并作出保证。这一事态是否就此结束取决于该公司解决上述产品质量问题的决心和恒心以及辅助的公关策略。

案例借鉴三

美国麦当劳公司对
产品概念的全面接受与执行

美国麦当劳连锁店是世界最大的快餐店。1997年在全世界66个国家共拥有连锁店23 500家，是美国企业中能够保持40余年持续发展不停滞的大公司之一，也是全球500家最大公司之一。

麦当劳经营的其实是一种十分简单的产品——汉堡包。任何其他食品公司也能生产该产品，事实上国际市场上也有众多的食品公司生产这种简单的产品与其竞争。麦当劳连锁店久盛不衰日益发展的原因十分简单，就是麦当劳公司始终完整而严格地贯彻整体产品概念，在产品的3个层次上一丝不苟。

案例借鉴四

新产品接替老产品

由于任何一种工业产品在生命周期结束后都要退出市场或被市场所淘汰，所以任何国际企业要生存下去或进一步发展，都不能只依赖已占领市场的老产品，而是要不断地向市场推出新产品以接替老产品的退出。著名的美国三大汽车公司就是比较典型的成功案例。

长期以来通用汽车公司是全美国也是全世界最大的汽车公司。20世纪80年代中期该公司在美国市场所占的份额曾达44%，但由于其主导产品大众型雪佛兰牌轿车红火了几十年后已进入产品生命周期的衰退期，而新型号轿车又没有研制出来，因此20世纪90年代初通用汽车公司在美国市场上的份额大幅度下降到33%，而且在1991年出现75亿美元的亏损。此时公司总裁罗杰·史密斯横下心投入50亿美元，于20世纪90年代初研制成功了土星牌新型微型轿车，并立即投入市场，获得了很大成功，市场需求旺盛，出现了供不应求的局面，产量在一年半中猛增了33倍。新产品的这一巨大成功为通用汽车公司渡过生存危机立下了汗马功劳。

福特汽车公司在 1907 年研制成功了 T 型大众型轿车，该型轿车曾风靡全美国乃至全世界，并使福特汽车公司由一家不起眼的小公司一举成为当时全世界最大的汽车公司，公司总经理福特也因此被全世界公认为汽车大王。但 T 型轿车风行世界近 20 年后已进入产品生命周期的衰退期，而福特汽车公司又迟迟推不出新型号的轿车，从而导致其在 1927 年不得不辞退 6 万名员工并停产一年。后来福特汽车公司研制了 A 型新轿车，而且投放市场后十分成功，才使福特汽车公司恢复了元气。20 世纪 60 年代福特汽车公司又进一步向市场推出新产品野马牌轿车，也大获成功。福特汽车公司最初预计该新型轿车第一年可销出 7.5 万辆，实际上销出去了 40 万辆，仅此一种新产品两年中就创造了 11 亿美元的利润。以上两种新产品成功推向市场为福特汽车公司的生存与发展立下了大功。

克莱斯勒公司是美国第三大汽车公司。从 20 世纪 70 年代开始因其汽车样式陈旧，又迟迟拿不出令市场满意的新产品，销售量一直在下降，而且从 1978 年起连续 3 年出现亏损，累计亏损额达 30 亿美元，公司已濒临破产的边缘。此时，公司聘请后来闻名世界的艾柯卡为公司新总裁，艾柯卡上任后，公司全力以赴研制成功了 K 型新轿车，投入市场后大获成功，两年后该产品就使公司扭亏为盈，至第 3 年时该新产品又使公司的利润总额创造了历史最高记录，使公司从此彻底摆脱了破产的威胁。公司尝到新产品的甜头后不满足于现状，在 K 型轿车投放市场 10 年即将进入衰退期时，从 1992 年到 1994 年又累计投资 150 亿美元，接连向市场成功地推出了微型轿车、轻型轿车、越野车、轻型货车 4 种新型汽车。这些新型汽车的利润都很高，从而使公司进一步发展壮大，公司股票也随之大涨，由 1991 年的每股 14 美元猛涨至 1993 年的每股 40 美元，成为美国工业界的奇迹。

案例借鉴五

英特尔公司在商标策略上的重大失误

2010 年全球 500 家最大公司中排名第 195 位、年营业额达 436.2 亿美元的美国英特尔公司是世界著名的芯片生产商，在该领域中居领袖地位。其产品在技术上的一次次突破为世界信息产业的发展，特别是 PC 机突飞猛进的发展作出了突出贡献，为世人所敬佩。

但该公司在全力以赴进行技术突破并取得辉煌成就的同时，忽视了商标策略的重要性，为此吃了大苦头。即该公司的产品在长达二十余年的漫长时期内，只有以一组数目字表示的品牌，却没有注册的商标。这一组数目字的前几位数字表示设计指导思想的编号，后几位数字表示产品的序号，如 4004、80286、80386 等。这一策略的弊病在该公司成长初期并不明显，但当公司及其产品在市场上的美誉度大大提高，公司在市场上处于领袖地位后其弊病就突显出来了。1989 年，80486 芯片以突出的性能畅销世界市场成为大名鼎鼎的明星产品后，公司的几个主要竞争对手也向市场推出了仿制的 80486 芯片，当英特尔公司研制出更先进的80586芯片推向市场时，竞争对手随后也向市场推出了仿制的80586芯片。由于商标法中规定数目字不能作为商标注册，因此英特尔公司处于两难处境：自己研制的产品不能注册，其知识产权不能得到法律的保护；若继续使用数目字品牌，就不能甩掉竞争对手仿制的黑手，自己的市场将被竞争对手蚕食，甚至夺走，若放弃数目字品牌，就等于放弃了二十余年苦心经营所占领的市场。十分恼火的公司领导人在此两难处境下毅然作出了一个风险大、代价高的战略决策，即停止生产最先进的80586芯片，全力以赴研制第五代芯片。

果然，在公司孤注一掷的决心下，1993年该公司研制成功了将310万只晶体管集成在一只芯片上、性能极其先进的第五代芯片，并立即以“Pentium”进行了商标注册，该商标的中文译名即中国人十分熟悉的“奔腾”商标。

英特尔公司在研制成功“奔腾”第五代芯片后，于2006年又研制成功了商标为“酷睿”（Core）的性能更突出的双核和四核芯片，使该公司在市场上的领袖地位更加巩固，该公司目前已成为市场的霸主，在世界市场上的份额高达80%，是目前任何竞争对手望尘莫及的。

英特尔公司在世界市场上取得如此显赫的地位和业绩，其原因除了该公司非凡的技术创新实力外，还与该公司运用正确的商标策略有关，这为全世界众多的企业提供了很好的案例。

第 17 章

国际营销价格策略

价格是影响企业经济效益的直接因素，一直受到国际企业的重视。价格又是一个复杂的问题，受多种不确定因素的影响，因此，国际企业把价格策略作为一个很重要的策略加以研究。

17.1 价格的基本概念

17.1.1 价格的两种理论

1. 马克思主义的价格理论

马克思主义经济学认为，价格的基础是价值。产品的价值表现在货币上就是产品的价格，价格是价值的货币表现。但在实际中，市场上产品价格与价值一致的情况是非常少见的。

2. 资本主义的价格理论

资本主义经济学认为，决定产品价格的主要因素是市场上当时的供求关系。由于市场的供求关系在不断变化，所以产品的价格也随之不断升降。

上述两种理论在国际市场上同时存在，但由于在国际市场上大多数国家实行的是市场经济，因此后一种理论在国际市场上应用得更广泛一些。

17.1.2 影响价格的因素

1. 成本因素

成本因素既包括生产成本因素，又包括销售成本因素。国际营销中由于销售成本受多种因素的影响，故而这部分成本占的比重相当大，生产成本所占比重反而较小，比如，中国市场上进口化妆品的销售成本大于生产成本。

2. 市场供求因素

当供大于求时，出售者竞相压价以求得产品售出，导致产品价格下跌；当求大于供时，购买者竞相提价以求购入产品，产品的价格上升；当供求平衡时，产品价格稳定。实际上，国际市场上影响产品价格最积极的因素就是供求因素，为此，国际企业极为重视且不断了解国际市场上的供求平衡状态。

3. 市场竞争因素

市场经济的特点之一就是普遍存在着竞争，而价格竞争又是国际市场竞争的主要手段，即产品价格随市场竞争的激烈程度而变化。竞争又分直接竞争和间接竞争两种：前者指的是相同或类似产品之间的竞争，如不同品牌自行车之间的竞争；后者指的是完全不同、但可以互相替代的产品之间的竞争，如自行车与摩托车之间的竞争。

4. 政府干预和集团管制因素

（1）政府干预

政府干预是指政府出于公众的利益而对某种产品的价格进行干预。此种干预可以是直接的，也可以是间接的：前者如政府垄断、规定毛利、限定最高价、冻结物价等；后者如调整关税、税率、汇率、利息、竞争规则等。

（2）集团管制

集团管制是生产或经营某种产品的国际集团，如卡特尔、康采恩、同业公会等组织对成员的产品价格进行规定或限制。比如石油输出国组织——欧佩克组织在 20 世纪 70 年代采取一致行动大幅度提高了世界石油价格，使成员国企业每年因此获得的额外收入达 1 000 亿美元。

17.1.3 需求弹性

国际市场上，有的产品价格变化后，市场销售量也随之变化，有的产品价格变化后，市场销售量变化不明显，这种销售量对价格的敏感程度称之为需求弹性。需求弹性系数 E 为市场销售量的变化率与产品价格的变化率之比值。

$$E = -\frac{\text{市场销售量变化率}}{\text{产品价格变化率}}$$

（1）$E>1$

说明该产品的需求弹性大，即产品价格稍有变化，就会显著影响其销售量，也就是说销售量对价格很敏感。

（2）$E=1$

即产品价格变化多大幅度，销售量也随着变化多大幅度。

（3）$E<1$

意味着产品的价格有较大幅度变化时，市场的销售量只有小幅度变化，即销售量对价格不敏感，弹性小。

17.2 国际营销产品定价目标与程序

17.2.1 国际营销产品的定价目标

1. 利润目标

利润目标是指把利润最大化作为定价目标，但利润最大化并不是指短期内利润最大化，也不仅指某一种产品的利润最大化，而是指企业长期的利润最大化和企业所有产品的综合总利润最大化。前者如大多数企业在其产品刚进入市场处于产品生命周期的投入期阶段时，往往将价格定得低于成本，以求得尽快进入成长期阶段和成熟期阶段，日本的精工牌手表就是如此；后者如美国柯达照相器材公司将照相机的价格定得较低，而将胶卷的价格定得较高，以求得企业总利润的最大化。

2. 市场占有率目标

市场占有率目标是指把争取最大的市场占有率作为企业的定价目标。这意味着两个效果：其一是市场占有率愈大，企业在市场上的地位愈强，竞争力愈强；其二是市场占有率愈大，销售量愈大，企业就可以达到规模经济效益，减少成本，增加利润。

3. 竞争地位目标

国际企业在国际市场上总是处于激烈的市场竞争之中，为了增强自己的竞争地位，或为了不被别的企业挤垮，就要随时关注自己企业和竞争对手企业在市场上的地位和实力，即力图增强本企业的地位和实力，削弱竞争对手的地位和实力，并以此作为定价目标。比如，有的企业稳定本企业产品的价格，以便保持本企业在市场上已取得的地位；有的企业降低本企业产品的价格，甚至短时间降到低于成本的价格，以挤垮竞争对手或阻止竞争对手进入市场。

17.2.2　国际营销产品的定价程序

1. 确定定价目标

企业首先要确定定价所要达到的目标是什么，即确定上述 3 大目标中的哪一种为定价目标。

2. 估计市场的需求量

企业产品的价格不同时，市场会有不同的需求量。因此，企业要估计出几组不同价格下的市场需求量，并从中确定一个需求量。在估计需求量时，既要考虑成本和消费者的预期价格，把价格定在成本之上和消费者预期价格之下，又要考虑该产品需求弹性系数的大小。一般情况下，需求弹性大的商品其价格应定得低一些，需求弹性小的商品其价格应定得高一些。

3. 预测竞争者的反应

企业产品投入市场后可能在两个方面存在竞争：一是同类产品的竞争，这时就要根据本企业产品与竞争对手产品的质量对比或差异来定价；二是不同类替代产品的竞争，这时就要根据本企业产品与不同类产品的比价是否合理来定价。

4. 选择定价方法和定价策略

定价方法不同制定出的价格也不同；定价策略不同制定出的价格也不同。因此，要按照企业的总目标、定价目标及市场的情况选择合适的定价方法和定价策略。

5. 确定最后价格

确定最后价格要考虑诸如当地政府价格政策和规定、中间商的意见、竞争对手的反应、消费者的反应等其他情况。最后价格不是永远不变的价格，还要根据企业内部条件的变化（如成本的变化）和外部环境的变化（如市场竞争的变化）随时进行调整。

17.3 国际营销产品定价方法

17.3.1 成本导向定价法

1. 总成本加成定价法

指按照产品的总成本加上一定百分比的加成（利润）来制定产品的价格。此方法简单易行，一般只用于出口产品。缺点是忽视了市场需求和竞争，而这两个因素恰恰是实际定价时必须考虑的因素。

2. 变动成本加成定价法

又称边际成本定价法或边际贡献定价法，即不考虑产品的固定成本，只在变动成本上加成一定百分比而形成产品的价格。该种方法适用于开工不足的企业或处于产品生命周期投入期阶段的产品。缺点是不能用于所有情况，而且只能短期使用，长期使用必然造成企业的亏损。

17.3.2 市场需求导向定价法

1. 理解价值定价法

理解价值定价法是指企业根据消费者对本企业产品的理解价值或认可价值定价，而不是根据该产品的制造成本定价。具体定价时，企业要通过市场营销调研确定该产品在顾客心目中所形成的价值，然后将产品价格定得低于该价值，最后核算在此价格下能否获得满意的利润，以决定取舍。

2. 需求差异定价法

不同的消费者对同一产品的需求有差异，而且同一消费者在不同时间和不同地点对同一产品的需求强度也往往不同，因此，企业可根据上述需求差异制定不同的价格。下面就是几种不同的定价方法：

（1）以顾客为基础的差异定价

当顾客不同时，企业制定的产品价格也不同。例如，美国电力企业供给工业用户的电力价格低，而供给居民的电力价格高，因为如果供给工业用户的电力价格高，工业用户就会自置发电设备自行供电，而居民则没有这种可能性，即前者的需求弹性大，而后者的需求弹性小。

（2）以产品为基础的差异定价

企业对不同款式、不同色彩的同一产品制定不同的价格，而且价格与产品的差异程度不成比例。例如，一件带有手工绣花小图案的衣服与不带绣花图案的相同衣服定不同的价格，而且相差很大，不成比例。

（3）以时间为基础的差异定价

企业对处于不同时间的同一产品制定不同的价格。例如，同一件时装，在流行季节和非流行季节制定不同的价格；长途电话夜间收费比白天收费低。

17.3.3 竞争导向定价法

若企业给产品定价时主要着眼点是对付竞争者，那么这种定价方法就是竞争导向定价法。可分为以下几种：

1. 通行价格定价法

通行价格定价法是指把本企业产品的价格定得与本行业竞争产品的平均价格一致，即随行就市。此定价方法适用于匀质产品，如粮食、原料、木材、钢材等，即不论哪个企业所生产的产品，只要规格相同，产品的质量是相似的。此方法既适合于完全竞争市场，也适合于垄断竞争市场，如国际市场上咖啡、糖、石油等。非匀质产品定价时则要与同行价格保持一定的差距。

2. 竞争价格定价法

当企业实力雄厚，而且其产品具有某种特色时，可采用此种定价方法。比如，瑞士手表具有自己的显著特色，因此，瑞士钟表企业就可采用竞争价格定价法，把产品的价格定得远远高于其他企业同类产品的价格。

3. 投标定价法

这种方法适用于国际大型建筑承包工程、大型成套设备订货等，即众多承包商或供应商，互相竞价报出较低价，然后以最低价成交。这是在完全竞争条件下进行的，因此也是一种竞争导向定价法，现流行于国际市场。

17.4 国际营销常用的产品定价策略

1. 产品生命周期定价策略

(1) 投入期的定价策略

总的策略思想是缩短投入期，更快地转入成长期。

① 高价撇脂定价策略

指在新产品刚投放市场时，利用部分消费者追求时髦、猎奇求新的心理，把产品价格定得尽可能的高，同时以大量的促销费用加以支持。这是一种短期策略，可迅速收回成本，适用于产品具有独特特色、需求弹性小的产品。例如，美国 IBM 公司当初推出的电子计算机就采用了此策略。缺点是价高利大，容易召来竞争者加入市场，也可能打不开销路。

② 渗透定价策略

指在产品刚进入市场时，其价格低于同类产品以吸引消费者购买，待产品进入成长期或成熟期已为广大消费者所接受时，再逐步提高价格，最终高于或等于同类产品的价格。此策略适用于市场容量大、需求弹性也大的产品。此策略的优点是可迅速打开市场，也容易阻止竞争者进入市场，缺点是产品的价格需要较长一段时间才能逐步到位，投资回收较慢。

(2) 成长期的定价策略

这一时期总的策略思想是尽快扩大市场，保持旺盛的销售量增长势头，因此总的原则仍然是以低价销售为宜。

(3) 成熟期的定价策略

这一时期产品的销售量已达最高水平，但增长率很小或停止增长。此时期的最大特点是市场竞争加剧，许多企业都进入到市场中来。此时竞争的主要形式是价格竞争，因此应努力降低各种费用以保持价格上的竞争力。

(4) 衰退期的定价策略

这一时期消费者已开始疏远或抛弃该产品，因此应减少各种费用特别是促销宣传费用，以较低的价格吸引消费者。

2. 心理定价策略

由于国际市场社会文化环境的差异，特别是价值观的不同，不同购买者对同一价格的心理感受不同，由此产生了心理定价策略。具体分为如下几种：

(1) 尾数定价策略

指企业给产品定的价格不是整数，而带有尾数，并且尾数最好是奇数。消费心理学认为这一策略可使消费者产生价格低的感觉，因此喜欢购买。如著名的美国戴尔牌笔记本电脑 2006 年 6 月份在中国市场上的人民币标价，按不同型号分别标为 9 999 元、6 999 元、5 999 元、4 999 元、3 999 元。

(2) 整数定价策略

与尾数定价法相反，企业在定价时采用较大的整数，如项链不定 3 240 元，而定为 5 000 元，手表不定 7 100 元而定为 10 000 元。这样会给消费者一种产品档次高、价值大的心理感觉，从而满足了某些消费者显示身份的心理需求。

(3) 声望定价策略

这是企业的产品已在消费者中树立了很高声誉时采取的一种定价策略。名牌产品或著名企业的产品往往把价格定得很高，如皮尔·卡丹服装定价大大高于其他同类服装的价格。它的优点是可以获得很高的额外利润，缺点是只有那些在消费者中确已树立了很高声誉的产品才可使用。

(4) 招徕定价策略

招徕定价策略是大型零售商所采用的一种策略，指零售商故意将所经营的少数几种产品的价格定得很低，甚至低于成本，并大肆宣传，使大批消费者前往该店购买这些低价商品，在顾客顺便游览商店时可能购买大量其他非低价产品，即零售商以少数产品的薄利或无利经销促进其他产品的销售，从而总体获利。

3. 差异定价策略

同一产品销售给不同顾客时定价不同；在不同时间销售时定价不同；在不同地点销售时定价不同。详见市场需求导向定价法。

4. 折扣和折让定价策略

(1) 现金折扣

指在购买者当场付清货款时给予一定折扣优惠，或在约定期限之前提前付款时给予购买者一定折扣优惠，这是国际企业经常采用的一种定价策略。

(2) 数量折扣

指当购买者一次购买产品达到一定数量或多次购买产品累计达到某一数量时，给予折扣优惠。

(3) 季节折扣

指当企业的产品已过了销售旺季时，给购买者一定的折扣优惠。

(4) 贸易折扣

贸易折扣又称同业折扣，指企业对国外的中间商特别是批发商和零售商所给予的折扣优惠。这是流通领域的惯例。

(5) 促销折让

经销商经销企业的产品一般都要进行一些促销活动，以利于产品的销售，但促销活动是要花费费用的，这对经销商来说是一种经济负担，降低了该经销商的积极性，因此，企业往往在产品定价时给予一定的折让，以弥补经销商在促销活动上的支出。

5. 调价策略

企业的产品定价后，不论是企业内部条件还是外部环境都在不断地变化，当初的定价可能不适应新的情况，如原料涨价、市场竞争加剧等，这时企业就要对过去的定价进行调整。此时可采用下述两种策略：

(1) 主动调价策略

在产品出现下述情况时，应调低价格：市场上产品供大于求；企业的产品成本有所下降；产品进入衰退期。

在产品出现下述情况时，应调高价格：企业的产品成本增加；市场上产品供不应求；产品的质量和市场信誉不断提高；产品的需求弹性变小。

(2) 被动调价策略

指竞争者的同类产品价格有了变化，市场形势逼迫本企业在产品价格上也要作出反应时的一种调价。被动调价的幅度和时机要根据市场竞争程度和本企业的实力灵活决定。

6. 对付价格升级的策略

国际市场上经常会看到这样的现象，某种外国产品在消费国的价格远远高于该种产品在生产国的国内价格，有时甚至高出数倍。比如，20 世纪 90 年代，美国生产的心脏起搏器在美国国内市场的售价为 2 100 美元，但产品出口到日本时，在日本市场的售价上升到 4 000 美元。这种现象在国际营销中称为价格升级。其原因是该种产品在出口国外时附加了多种额外费用，这些额外费用包括长途运输费、关税、国外分销渠道中众多中间商的费用（税金、管理费、利润）及汇率变动等。

对于制造商和最终消费者来说，价格升级是一件坏事，它严重影响了最终消费者的购买欲望和购买行为，从而影响制造商的销售数量。为了将产品的价格升级降到最低程度，甚至完全避免产品的价格升级，制造商可采取以下一些策略：

(1) 降低产品在国外市场上的价格

这样做的目的是减少关税和运费，从而降低最终消费者的购买价格，但这种降价要以保证制造商的必要利润和不致被进口国政府采取反倾销措施为限度。

(2) 将产品的组件装运到销售国组装成成品销售

这样做可大大降低关税及劳动力成本。目前很多跨国公司都采用此策略降低甚至避免了价格升级，从而较容易地占领了国外市场，如日本丰田公司在美国组装轿车，荷兰菲利浦公司和日本松下公司在中国组装彩电、音响等。

(3) 在国外投资设厂生产

这种策略对避免价格升级十分有效，可大大提高制造商在国际市场上的竞争能力。世界上不论是实力雄厚的大跨国公司还是稍有实力的小型国际企业，都喜欢采用此种策略。比如，美国巨型跨国公司福特公司在英国和法国投资设厂生产轿车，美国著名的耐克公司和德国著名的阿迪达斯公司在中国投资设厂生产运动鞋和体育用品，瑞士著名的雀巢公司在中国投资设厂生产食品等。

(4) 缩短分销渠道

这样做可减少产品经过分销渠道时的纳税次数和累计税金，以及中间商的累计利润，从而降低了价格升级的幅度。目前国际市场上为数颇多的独家经销商和专卖店就是运用此种策略的产物。

(5) 取消产品的昂贵装潢或某几种功能

这也是降低价格升级切实可用的一种策略。这种策略特别适合于发达国家出口到发展中国家的产品。

7. 国际转移定价策略

国际转移定价策略实际就是国际企业内部定价策略。国际企业为了追求利润最大化或实现整体效益大于各子公司局部效益之和的效果，往往采取偏离国际市场正常价格、人为抬高或降低内部转移定价的手段进行各子公司之间的内部贸易，即运用内部转移定价这种手段促使原料、中间产品、最终产品和劳务在各子公司之间进行合理流动，从而达到整体利润最大化的目的。具体策略如下：

(1) 少缴关税的策略

当企业的产品由关税较低的甲国子公司转移到关税较高的乙国子公司，而且乙国实行的是从价税时，可将转移价格定得很低，这样乙国子公司就可缴纳较少的关税，从而提高国际企业的整体效益。

(2) 少缴所得税的策略

当企业的产品由所得税较低的甲国子公司转移到所得税较高的乙国子公司时，可将转移价格定得很高，即该产品在乙国赚取的利润很低，这样乙国子公司缴纳的所得税就少，从而提高国际企业的整体效益。

(3) 减少外汇管制影响的策略

当企业的产品从没有外汇管制的甲国子公司转移到对外汇实行管制的乙国子公司时，可将转移价格定得很高，还可将从乙国子公司转移到丙国子公司的产品转移价格定得很低，以便人为地使乙国子公司的利润减少，甚至没有利润，使乙国子公司的正常利润以隐蔽的形式汇出，从而减少国际企业的整体效益所受的不利影响。

(4) 减小通货膨胀率影响的策略

当某子公司所在国出现较高的通货膨胀率时，为了避免资金在该国子公司大量积聚，减少通货膨胀带来的资金损失，母公司在向该国子公司转移产品时，应将转移价格定得高一些，同时该子公司向其他国家子公司转移产品时，应将转移价格定得低一些，从而以隐蔽的形式将该国子公司的资金抽走，从而减少国际企业整体效益损失。

据美国权威媒体《商业周刊》在 2004 年所作的估计，改革开放以来跨国公司在中国投资开办的企业，由于使用了价格转移这一策略而少交纳的税款大约在 300 亿元左右，中国政府对此基本上无可奈何。同样，中国的国际企业在外国投资开办的企业，由于使用了价格转移这一策略也少交纳了很多税款，外国政府对此基本上也是无可奈何。

8. 转让技术的定价策略

（1）转让技术价格的构成

① 直接转让费用

直接转让费用是指在转让过程中技术输出方所开支的费用，如复制图纸和技术资料的工本费、编制技术说明书和施工方案的费用、输出方派人到输入方考察的费用、咨询服务费用以及法律事务费用等。

② 研究开发费用

此费用有很大的不确定性，因为研究开发和必要的基础研究的界限很难划分清楚。

③ 市场机会补偿价值

转让出去的技术当然要被输入方用来生产产品然后进入市场，被技术输入方占领的市场实际上也就是技术输出方失去的市场，因此，转让技术价格中就要包括输出方失去的这部分市场机会的补偿价值。

④ 技术转让税金

技术转让时输入方的政府、有时甚至输出方的政府要征收一定的税金，因此在转让技术价格中要将此税金包括进去。

（2）转让技术价格策略

① 统包价格策略

指不考虑技术输入方购买技术后使用的效果如何，而由技术输入方将全部技术转让费一次或数次付清。此策略对技术输出方十分有利，但除非该转让技术相当成熟，而且不需要技术输出方太多的售后服务，另外技术输入方也有足够的资金支付能力，否则技术输入方不接受此种价格策略。

② 提成价格策略

指由双方达成协议，从技术输入方利用该技术取得的收益中按一定比例提成支付给技术输出方。具体的提成比例可依据产量、净销售额或利润额确定。

③ 两者结合的价格策略

在这种策略下，技术转让费由两大部分组成：一部分为固定价格，此价格一般为直接转让费用，又称入门费；另一部分为变动价格，即上述的提成价格。一般情况下第一部分占总价格的 10%～20%，第二部分占总价格的 80%～90%。

9. 服务产品的定价策略

前面论述的广义产品的定价策略同样也适用于服务产品，但服务产品更多地采用以下几种定价策略：

（1）差别定价策略

差别定价策略又称弹性定价策略，与广义产品的差别定价策略基本相同。企业可按时间的不同、顾客的不同、地理位置的不同制定差别价格。

(2) 个别定价策略

指当个别消费者或消费集团长期大量消费本企业的服务产品时，由双方商定价格的一种定价策略，如集体伙食承包价格、企业设备维修承包价格等。

(3) 折扣定价策略

这是服务产品在市场上经常采用的一种定价策略，也是服务企业为减少服务产品不可储存性所带来的损失而采用的一种定价策略，如航空公司、旅游公司、旅馆等服务企业在业务淡季可采用此定价策略，以减少损失。另外服务企业也可利用此定价策略提高经纪人或代办企业的业务积极性。

(4) 偏向定价策略

指服务企业有意识地将其一种或某几种服务产品的价格定得偏低，给消费者一种"低价"的印象以吸引消费者，但其他相关服务产品却制定较高的价格，使消费者在低价的诱惑下自觉不自觉地也消费了较高价格的其他服务产品，如汽车维修企业将修补轮胎等常规服务制定较低的价格以吸引消费者，而将发动机检修、电路检修等其他相关服务产品的价格制定得较高。

(5) 保证定价策略

指当消费者确实得到了实实在在的服务效果后再付款的一种定价策略。当消费者对服务产品的效用普遍有一种不确定的看法，因而不敢大胆消费此产品时可采用此定价策略，这样可以消除消费者的担心，从而使消费者大胆购买该服务产品，如商标注册代办公司规定，企业可以在拿到了商标注册证书后再付款。

(6) 高价位定价策略

这是与偏向定价策略刚好相反的一种定价策略，即服务企业有意识地将服务产品的价格定得较高，甚至很高，从而给高消费水平顾客提供显示身份的机会，以满足其某种心理需求，如五星级宾馆有意识地将总统套房的价格定得很高，以满足某些收入水平很高但社会地位并不很高的"非总统"人物的某种心理需求。

(7) 牺牲定价策略

此策略类似于广义产品的招徕定价策略，即企业对顾客第一次消费或第一个合同的定价较低，甚至很低，以后就恢复正常价格，以吸引对方长期购买此服务产品，如刚开业的娱乐服务企业，在开业头 3 天的服务价格大大低于成本，3 天后则恢复正常价格。

(8) 系列价格定价策略

指企业对同一服务产品根据其质量、数量和服务水平的不同，制定出几个档次或一系列的价格，以适应不同需求的消费者，比如，医院对住院病人的住院费制定出家属自己护理、医院普通护理、医院专职人员高级护理 3 个档次的价格。

企业应用此定价策略时应注意，服务产品的质量、数量和服务水平的差别要能很容易被消费者感受到，或很容易被其理解，否则不宜采用此策略。

思考题

1. 指出目前中国市场上，哪几种产品的需求弹性大，哪几种产品的需求弹性小。

2. 指出目前中国市场上，哪几种品牌的产品采用的是通行价格定价法，哪几种品牌产品采用的是竞争价格定价法。

3. 轿车跨国公司在中国采用哪几种转移定价策略才能达到利润最大化的目的？

4. 针对中国市场上某外国产品的市场价格，分析该产品的价格策略。

案例借鉴一

日本 YKK 公司的价格策略

日本吉田兴业会社又简称 YKK，是日本也是世界最大的拉链制造公司。其生产的拉链在日本国内的市场占有率为 90%，在世界市场上的市场占有率为 35%。该公司在全世界 37 个国家设有工厂，拥有员工 23 万人，年销售额达 20 亿美元，与松下电器、丰田汽车一样，YKK 拉链也成了日本产品在世界上的象征。YKK 公司之所以会取得如此巨大的成功，除了其产品的质量和创新外，在价格方面所采取的独特策略也是成功的原因之一。该公司创办人吉田忠雄的经营哲学或价格策略是“办企业要赚钱，多多益善，但利润不可独吞。公司利润要分成 3 部分，1/3 以低价的方式交给消费者大众，1/3 交给销售公司产品的经销商及代理人，1/3 用在自己的工厂。只有这样才能实现多方受益，企业才会步入良性循环之中”。也就是说，低价策略帮助 YKK 公司取得了巨大成功。

案例借鉴二

失败的价格策略导致企业倒闭

Genentech 公司是美国一家生物高科技公司，也是迅速发展的上市公司，它所生产的药品属于高科技产品。20 世纪 80 年代末，该公司投入两亿美元研制开发出了治疗心脏病的良药 TPA，于 1987 年以单价 2 200 美元的高价推入市场，而竞争对手疗效较差的同类产品的市场价格仅为 200 美元。该公司之所以将自己的新产品定价如此之高理由有两个：一是该新药的有效率比竞争对手的同类产品高出 50%；二是美国有 150 万心脏病人，其中约有一半人须使用该药进行治疗。对这部分心脏病人来说，重要的是用金钱买不到的生命，而药品的价格并不重要，这部分病人对该药品的需求是没有弹性的，是必须使用的。因此，该公司将该药品定在高价位上。

该新药刚投入市场时销售形势不错，但不长时间后销售额迅速下降，但企业仍坚持上述定价理由不降价，最后导致企业因亏损而被其他企业收购。导致上述结局的根本原因是该公司对此药品错误的定价分析。实际情况是患者看到该新药价格是竞争对手的 11 倍，认为太不合理而拒绝购买。

第18章

国际营销分销渠道策略

现代市场经济中，企业所生产的产品必须经过一定的途径或环节才能到达消费者手中，此种途径或环节就称为分销渠道，简称渠道。企业运用这些分销渠道高效率地将产品送到消费者手中，所采用的手段就是渠道策略。

18.1 国际营销分销渠道

18.1.1 国际营销分销渠道的概念

分销渠道是连接生产者与消费者的桥梁，也是独立于生产和消费之外的一种流通环节。对于分销渠道，企业要给予单独的对待与研究。在研究分销渠道时，人们习惯将生产企业称作生产商或制造商，而把渠道中所有独立组织称作中间商。

18.1.2 中间商的分类

1. 按所有权分类

(1) 经销商

指从上一个渠道环节购入产品，然后再将产品销售给下一个渠道环节的中间商，此中间商在购入之后、售出之前对产品拥有所有权。

(2) 代理商

指与上一个渠道环节的产品出售者和下一个渠道环节的产品购入者进行联络，并为促成双方达成交易进行服务（如办理交易手续等）的中间商。此中间商对产品没有所有权，产品的所有权在成交之前属于渠道的上一个环节，在成交之后跳过该中间商属于下一个环节。

2. 按销售对象分类

(1) 批发商

批发商是从生产商那里或从上一个渠道环节那里大批量购入产品，再把产品小批量销售给零售商或下一个渠道环节的中间商。

(2) 零售商

零售商是把产品直接销售给消费者的中间商，包括百货公司、专业商店、连锁店、超级市场、邮购商店、摊贩等。

3. 按跨越国境的方向分类

(1) 出口商

出口商是把国内产品销售到国外的中间商。

(2) 进口商

进口商是把国外产品销售到国内的中间商。

18.1.3 分销渠道类型

1. 生活消费品渠道类型

生活消费品渠道类型如图 18－1 所示：

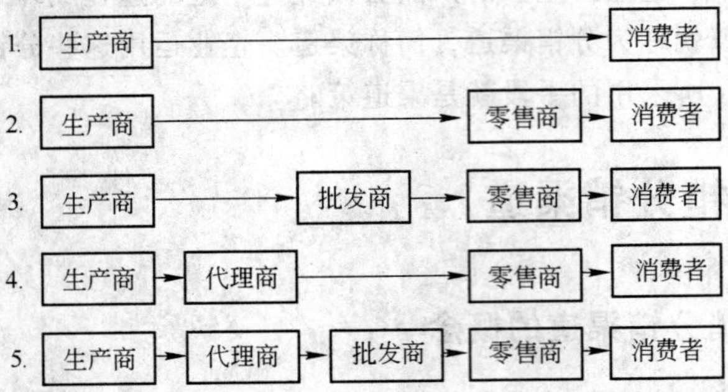

图 18－1 生活消费品渠道类型

第一种渠道类型处是最短最简单的渠道，产品的流通速度既快效率又高，而且费用最低，即产品不经过任何中间商直接将有形产品或无形产品销售给最终消费者。当代国外早已盛行，中国尚处于起步阶段的邮购、电视购物以及网络直销和上门推销就属于此种渠道类型。如著名的跨国公司戴尔公司将笔记本电脑通过网络直接销售给最终用户；著名的美国雅芳（AVON）公司采用上门推销方式将化妆品直接销售给最终消费者；饭店在餐厅中将饭菜直接销售给顾客；律师在法庭上将服务产品直接销售给当事人；教师在课堂上直接将知识传授给学生等。

第二种渠道类型也是一种短渠道，流通速度快，效率高，费用低。大型百货公司、大型超级市场、大型连锁店直接从国内外生产商购进商品，然后在自己的营业场所将商品销售给最终消费者就属此种渠道类型，如著名的跨国公司美国沃尔玛连锁零售公司。

第三种渠道类型是一种中等长度的渠道，其流通速度、效率、费用也属于中等。当目标市场国的市场容量大，企业生产的产品又是大规模生产的大众化产品时，可采用此类型，如著名跨国公司可口可乐公司将生产的饮料通过批发商销售给零售商，再由零售商销售给最终消费者。

第四种渠道类型是中小国际企业或大型国际企业对容量小的目标市场常使用的一种渠道类型。这是因为代理商对目标市场的有关方面掌握着专门的知识和信息，它们可以帮助生产商顺利地进入该目标市场。某些市场容量不大、消费者也不是频繁购买的非生活必需品，如特效药品、钢琴、乐器、高级手表、高档艺术品、金银饰品等宜使用此类型的渠道。

第五种渠道类型是一种最长的渠道类型，商品流通速度慢、效率低、费用高，却是国际营销中传统的类型，也是主要的类型。这是因为该类型渠道的最大优点是产品能够最大限度地扩大目标市场的覆盖面和提高产品在目标市场的占有率。因此，大多数国际企业特别是中小型国际企业和大多数产品，特别是大众化生活必需品经常使用这种渠道类型。

2. 生产资料渠道类型

生产资料渠道类型如图 18－2 所示：

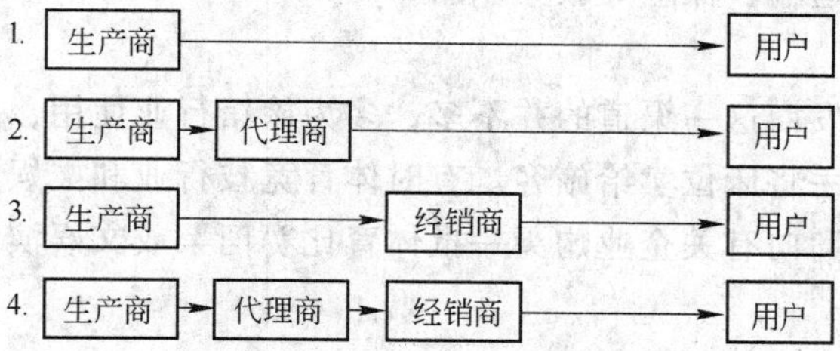

图 18－2　生产资料渠道类型

第一种渠道类型是最短渠道类型，大型机器设备、大型交通工具、价值高的高科技产品以及大型建设项目经常使用这种渠道类型，如 20 世纪 80 年代日本企业销售给上海宝钢公司的成套炼钢设备，20 世纪 90 年代法国企业销售给中国的核电站设备，IBM 公司销售的大型电子计算机，波音公司销售的波音飞机，中国出口的万吨油轮，通用电器公司销售的通讯卫星以及中国企业在非洲发展中国家承建的纺织厂、公路等。

第二种渠道类型也是一种短渠道类型，多用于大批量原料性初级产品的销售，如铁矿石、稀有金属矿石等。

第三种渠道类型适合于标准化的通用小型工业品、零件、部件、元件等的销售，如小型农业机械、小型水泵、手电钻、自来水管、照明电线、通讯电缆、轴承、电子元件、螺钉螺母、轮胎、硫酸、烧碱等。此种渠道类型虽然长一些，流通慢一些，但市场覆盖面广是其最大优点。

第四种渠道类型与上一渠道类型基本相同，区别在于增加了代理商。另一区别在于上一渠道类型适用于已为广大用户熟悉的通用产品生产资料，而此渠道类型多用于新产品生产资料，在企业对该市场不熟悉或用户对该企业产品不熟悉的情况下，使用具有专门知识的代理商可使企业的新产品生产资料在目标市场的覆盖面大一些，市场占有率高一些。

3. 服务产品渠道类型

总的看来，服务产品所使用的渠道要比有形产品所使用的渠道短而简单。通常使用以下渠道：

（1）直接渠道

这是服务产品最普遍使用的渠道，即消费者在服务企业生产服务产品的场所直接进行消费，如律师事务所、会计师事务所、咨询公司、医院、学校、航空公司、酒吧、舞厅、网吧等。此类渠道的优点有三个：一是可由服务企业直接控制服务产品，从而保证了服务产品的质量；二是可通过个人化服务创造具有本企业特色的服务产品；三是服务企业可直接获得消费者的反馈信息，以利于改进服务产品以及创造新的服务产品。

(2) 间接渠道

指服务产品的生产者与销售者分离，服务企业生产的服务产品由中间商进行销售。中间商又分为以下几种：

① 代理商

代理商主要作用是收集订单，然后转交给服务产品的生产企业。此种渠道一般适用于观光旅游、旅馆、运输、保险等服务产品。

② 批发商

服务企业使用批发商这一渠道的并不多，多为旅馆行业使用，即由批发商向旅馆购买一批床位，然后转手将床位卖给旅客。有时体育竞技行业和文娱演出行业也使用此种渠道，比如，由批发商向有关企业购买一批体育比赛门票或文娱演出门票，然后转卖给观众。

③ 零售商

零售商不生产服务产品，而仅仅销售服务产品的使用权，如书报亭或文具店销售电话磁卡。

④ 代销商

这是在服务产品的生产者与消费者之间独立经营的中间商，即以特许权方式销售某种品牌的服务产品，比如，以肯德基、麦当劳、希尔顿等店名特许权进行经营的众多炸鸡店、汉堡包店、旅馆等。

⑤ 经纪

指仅在服务产品生产者和消费者之间进行介绍、联络、中介的中间商或个人。股票业和广告业多使用此类渠道。

4. 几个名词的含义

(1) 分销渠道的层次

指产品在分销渠道转移过程中所经过的环节，每一个环节称作一个层次。

(2) 分销渠道长度

指产品在分销渠道转移过程中所经过的层次数。所经过层次愈多，销售渠道就愈长，反之就愈短。

(3) 分销渠道宽度

指企业的同一种产品同时平行使用不同类型渠道的种类数。现代国际营销中，同一个企业的不同产品，甚至同一个产品，可同时平行采用不同类型的渠道。

(4) 分销渠道深度

指同一个企业的产品在分销渠道的每一个层次上所使用的中间商数量。对许多产品，特别是生活消费品，企业往往使用深度较大的分销渠道。

18.1.4　分销渠道的作用

1. 集中与分散作用

中间商将各个国家不同企业生产的不同用途、质量、性能、型号、特色、商标的产品从世界各地集中到同一个市场中，同时又将某国某一企业所生产的产品分散到世界各国市场上，这是分销渠道最基本、最重要的作用。例如，美国的大型百货公司一般集中 25 万种以上的产品销售给消费者；美国通用汽车公司通过 1.8 万家独立的经销商将产品分散销往全世界各地。

2. 可减少生产商的交易次数

假若没有分销渠道，而由生产商将产品直接出售给最终消费者，那么交易次数将多得难以想像，如美国通用 3 大汽车公司 2011 年的汽车年产量为九百余万辆、如此巨量的汽车若是完全由企业自己直接销售给最终消费者，会使企业不堪重负，不能集中力量用于生产。有了分销渠道，生产商就可用批发的形式，一次将很大数量的产品销售出去，从而大大减少了生产商的交易次数。

3. 沟通市场信息

市场信息是生产商的眼睛和耳朵，企业只有掌握了充分而准确的市场信息，其生产才能有的放矢。销售渠道中的各种中间商在其经销过程中都会有意无意地从消费者那里收集到一些市场信息，这些市场信息转达给生产商后，对生产商的国际营销会大有裨益。

18.1.5　分销渠道的发展趋势

1. 减少长度，增加深度

产品在分销渠道中每增加一个环节，就要延长一些时间和增加一笔销售费用，从而造成产品销售效率的降低、成本的提高及价格的上升，这不利于销售。因此，分销渠道总的趋势是减少环节，增加中间商数量，即减少长度，增加深度。

2. 横纵联合

为了提高产品销售效率，降低成本，产品分销渠道有联合的趋势，分为以下两种联合：

(1) 纵向联合

指分销渠道一体化，既包括生产商和中间商的联合，也包括不同层次经销商的联合。

(2) 横向联合

指分销渠道同一层次上的两个或两个以上经销商的联合。连锁店便是最典型的联合经营，如著名的麦当劳快餐店就是由全世界 66 个国家的 23 500 余家独立小店联合而成的。

3. 综合服务，突出专业

近几十年来全世界各地的批发商向着综合服务和突出专业两个方向发展。前者指批发商为零售商提供愈来愈多的服务，如储存、运输、发放信贷等；后者指批发商所经营的产品愈来愈向着单一化、专业化发展，如粮食批发商、木材批发商、钢材批发商、药品批发商等。

4. 大规模，国际化

第二次世界大战后，零售商的发展总趋势是按照美国零售商的发展模式发展。

(1) 零售商规模愈来愈大型化

如美、欧、日的大型百货公司所经营的产品品种都在25万种以上，其他如超级市场、连锁店等零售店也有此趋势。

(2) 零售业愈来愈国际化

第二次世界大战后，美国、英国、法国、日本的大零售商，如美国的西尔斯百货公司、英国的哈罗兹百货公司、日本的大荣百货公司、法国的家乐福国际零售集团、美国的沃尔玛百货有限公司等都在国外设有子公司，而且这种趋势仍在继续。

(3) 直销方式愈来愈重要

所谓直销方式就是邮购、电话推销、网络直销和上门推销的方式，这种方式可将生产商的产品直接出售给最终消费者。第二次世界大战后上述方式发展得很快，如全美国1975年的直销营业额为600亿美元，1985年则达到1 500亿美元，翻了一番还多，世界其他国家如英国、法国、德国、日本等也有此特点。

18.2 国际营销常用的分销渠道策略

18.2.1 渠道长度策略

所谓长渠道，是指企业采用两个或更多个中间环节把产品销售给最终用户。所谓短渠道，是指企业用较少中间环节或仅用一个，甚至一个也不用，完全由自己将产品销售给用户。

1. 长渠道策略

长渠道策略是指企业在市场上利用长渠道将企业的同一种产品销售出去。长渠道的优点在于企业可把全部销售工作交给中间商，自己集中力量生产和开发新产品，而中间商则利用自己具有的资金、专业知识、经验等优势，集中力量搞好产品销售工作，并为生产企业收集有关市场信息。缺点是渠道愈长，环节或层次就愈多，产品在渠道上停留的时间就愈长，损耗就愈大。另外，产品每经过一个层次，就要增加一次流通费用，到达最终消费者手中时价格必然较高，从而影响该产品的销售量和市场占有率。

2. 短渠道策略

短渠道策略是指企业在市场上利用短渠道将企业的同一种产品销售出去。短渠道的优点是减少了渠道层次，缩短了时间，减少了流通费用，提高了渠道效率，有利于企业将产品又快又省地送到消费者手中，也可减少流通中的损耗，还有利于企业开展销售服务工作，提高企业信誉。缺点是企业承担的商业职能较多，牵扯了企业一部分力量，不利于企业集中力量搞好生产和开发新产品。

3. 渠道长度策略的选择

(1) 根据产品因素选择

不同的产品有不同的特点，因而就要选择不同的渠道长度策略。

① 产品的价格

价格高者如珠宝首饰等宜采用短渠道策略，价格低者如文具等宜采用长渠道策略。

② 产品的理化性能

易腐、易毁、易污染变质者宜采用短渠道策略，如蔬菜、水果、鲜牛奶、玻璃制品等，反之宜采用长渠道策略。

③ 产品的体积与重量

体积大或重量大的产品搬运、储存都不方便，应采用短渠道策略，如电冰箱、机器设备等，反之应采用长渠道策略。

④ 产品的式样

式样多变者为了不错过销售季节应采用短渠道策略，如时装、新玩具等，反之应采用长渠道策略。

⑤ 产品的复杂性与技术性

产品愈复杂或技术含量愈高者应采用短渠道策略，如电子计算机、大型客机等，反之可采用长渠道策略。

⑥ 新产品

新产品刚进入市场，因营销风险较大，许多中间商不愿意经销，因此应尽可能采用短渠道策略。

(2) 根据市场因素选择

① 市场的规模

规模大者，需求量就大，因此应采用长渠道策略，如香皂市场。市场规模小者，需求量就小，宜采用短渠道策略，如钢琴市场。

② 市场的分布

市场分布集中者，可采用短渠道策略，如美国的轮胎市场集中于汽车城底特律，采用的就是短渠道策略；市场分布分散者宜采用长渠道策略，如食盐市场分布于全世界各个国家的各个地区，应采用长渠道策略。

③ 消费者的购买习惯

如果消费者的购买习惯是频繁购买，则宜采用长渠道策略，如肥皂；反之宜采用短渠道策略，如电冰箱。

④ 竞争者的渠道

企业应尽量避免与竞争者使用同一分销渠道，以免加剧竞争。

(3) 根据企业本身因素选择

① 企业产品线的宽度与深度

如果企业的产品线又宽又深，即有多系列、多规格的产品，则可采用短渠道策略；反之，若企业的产品线又窄又浅，宜采用长渠道策略。

② 企业的实力

企业实力大，可采用短渠道策略，甚至可以完全由企业自己销售，如美国 IBM 公司在全世界各大洲和大部分国家建立了自己的销售网；反之，企业实力薄弱者应采用长渠道策略。

③ 服务能力

企业若有较强的售后服务能力，如维修、安装、调试等，宜采用短渠道策略，反之宜采用长渠道策略。

18.2.2 渠道宽度策略

1. 宽渠道策略

宽渠道策略是指企业在同一市场上利用多种不同类型的分销渠道，同时为本企业的同一种产品进行销售工作。此种策略适用于大路产品，特别是生活消费品。其优点是产品的市场面广，产品可到达不同国家、不同地区和不同市场；缺点是不同类型分销渠道的中间商在销售本企业同一产品的过程中容易产生矛盾，甚至在同一市场上出现不同的价格和服务，因此不利于企业的信誉。

2. 窄渠道策略

窄渠道策略是指在同一市场上企业只利用一种类型的分销渠道，为本企业的同一种产品进行销售工作。此策略适用于高价值产品，特别是生活耐用品和工业品。其优点是产品在市场上不易出现矛盾，价格、服务等比较一致，有利于企业建立信誉；缺点是市场面很窄。

18.2.3 渠道深度策略

所谓渠道深度策略就是企业的产品在同一市场上的同一环节或同一层次中，采用的中间商数量多少的策略。可分为以下 3 种：

1. 广泛性分销策略

广泛性分销策略又称密集性分销策略，即在渠道的每一个环节或每一个层次中尽可能多地使用中间商。其优点是可使销售网点广泛分布于国际市场的各个角落，使外国消费者有更多的机会更方便地购买到本企业的产品。在国际市场上，一般消费品和生产资料中标准化通用化高的产品多采用这种分销策略，比如，美国可口可乐公司的饮料以及螺丝钉、螺丝帽等。其缺点是要付出较多的广告费等促销费用，使成本上升；另外，中间商太多，企业难以控制产品的分布、价格等，使产品失去控制。

2. 选择性分销策略

选择性分销策略是在渠道的每一个层次只挑选一部分中间商来销售本企业的产品，这是企业使用得较为普遍的一种策略。它适用于所有的产品，但比较起来更适合于消费品中的选购品、特殊品和生产资料中的标准产品。此策略的优点是企业通过对中间商的挑选保留了效率最高、合作态度最好的合格中间商，因此企业对产品的控制能力增强；另外，广告等促销费用也可降低。总之，此策略可使整个渠道的效率提高。

3. 独家分销策略

独家分销策略又称专营性分销策略，即企业在某个市场中仅选择一家中间商销售本企业的产品。高档消费品特别是名牌消费品，以及多数生产资料多采用这一策略，如皮尔·卡丹服装和大部分机器设备。此策略的特点是企业一旦选定了某家中间商为其独家销售产品，企业就不能把同一产品交给同一市场的其他中间商销售，另外，独家分销中间商也不能销售与该企业产品相竞争的其他企业的同类产品。此策略的优点是企业可有效地控制中间商和产品，中间商的销售积极性也高；缺点是风险颇大，即一旦选错了中间商，或中间商出现倒闭破产等情况，企业便完全失去了该市场。

18.3　国际营销分销渠道的管理

18.3.1　整体渠道概念

在过去相当长的时间里，国际营销企业和国际贸易企业普遍有一种认识，即在国外投资建厂生产出来的产品销售出去之后，或在国内生产的产品出口到国外之后，企业的营销工作就到此为止了。这是一种十分错误的认识。现代国际营销学认为，国际企业应对产品从离开企业起，直到到达最终消费者手中为止，所经过的整个渠道给予关心和注意，甚至按照企业的有关策略加以控制，这便是现代国际营销中的整体渠道概念。这一概念是由现代营销观念引伸出来的。现代营销观念把企业的中心任务规定为满足消费者的需求，或企业的营销活动以满足消费者的需求为中心。企业把产品转移到分销渠道中后就不再对其关心的做法显然不能保证最终消费者一定会满意。因为，产品在销售渠道中可能因渠道效率太低而受阻，也可能因渠道某层次中间商服务质量不好而使消费者得不到满意的服务。因此，从整体产品概念来看，消费者没有得到满意的产品，企业的营销观念——满足消费者的需求就不能实现，企业的信誉就要受到影响，长此下去，企业的整个营销活动就会出现困难，企业的战略目标就很难实现。因此，按照现代营销观念的整体渠道概念，国际企业要对整个分销渠道给予关心，甚至加以控制。有鉴于此，世界上很多有条件的大型国际企业都建立了自己的销售网。

18.3.2　国际营销分销渠道成员的选择

一般来讲，国际企业产品所采用的分销渠道既有一定的长度，又有一定的宽度，还有一定的深度，也就是说，整个渠道中有很多中间商。企业对这些中间商的要求是效率既要高，服务又要好，而且还要与企业的有关策略配合好。但并不是国际市场上的所有中间商都能达到上述要求，因此，企业在选择渠道类型的同时也要选择渠道的中间商。一般按以下标准进行选择：

1. 服务对象

指中间商的服务对象要与企业要求达到的市场面相一致。

2. 地理位置

指中间商应位于国际市场的适当位置上，以利于产品的实体分配。

3. 企业规模与经营能力

指中间商的资产总额、营业额、利润额、职工人数、职工素质、设备、仓储、运输等条件。应选择企业规模大、经营能力强的中间商。

4. 企业声誉

指中间商信誉和公共关系的好坏，应选择企业声誉好的中间商。

5. 合作态度

指中间商与本企业的合作诚意要大，积极性要高。

6. 提供信息的能力

信息特别是市场信息是生产企业不可缺少的资源，其来源一部分应由中间商提供，因此，中间商向本企业提供信息的能力也应作为选择中间商的标准之一。

企业在实际选择渠道成员时，能否选择到合格的中间商很大程度上取决于生产企业的产品对中间商吸引力的大小。吸引力大者容易挑选到满意的中间商，吸引力小者就不容易挑选到满意的中间商。因此，在实际挑选中间商时，上述标准很难全部达到，这种情况下能够达到某几项主要标准即可。

18.3.3 国际营销分销渠道成员的激励

企业选定了分销渠道成员之后，还要经常给予激励，以调动其积极性，加强其责任心。常用措施如下：

1. 提供适销对路的产品

指向中间商提供价廉物美适销对路的产品，这是中间商最希望得到的产品，得到之后中间商自然就提高了销售的积极性。

2. 合理分配利润

指企业可依据自己的定价策略，根据中间商的进货数量、信誉等不同情况，给予不同的折扣或回扣，以鼓励其经销积极性。

3. 给中间商以独家经销权

目的是让中间商在市场上排除竞争对手，使其可以控制市场，从而提高中间商的积极性。

4. 向中间商提供信贷援助和允许延期付款

目的是帮助中间商解决财务上的困难，从而调动其积极性。

5. 广告方面的支持

产品要销售出去就要做必要的广告，但广告费用不论对生产企业还是对中间商都是一个负担，若生产企业能独自出资在市场上做广告，或与中间商合资在市场上做广告，也能提高中间商的积极性。

6. 为中间商培训推销人员和维修服务人员

这也是为中间商提供帮助和支持的一种方式。

7. 互购

指企业既向中间商推销自己的产品，又从中间商那里购买产品，这自然对中间商有利。

企业对中间商的激励是一项持续不断的工作，不能仅进行一次或两次，这实际上也是对分销渠道进行管理的一部分。

18.3.4　国际营销分销渠道的调整

1. 增减分销渠道中的个别中间商

当分销渠道的个别成员不能完成企业交给它的销售任务，或不能很好贯彻企业的有关营销策略意图时，就有必要对其进行调整。但在国际市场上更换中间商绝非易事，必须慎重从事。因为当企业剔除某一中间商时，很可能引起其他中间商的恐慌；另外，被剔除的中间商也可能被竞争对手拉去，增加了对方的市场占有率。当企业增加某一中间商时，很可能引起其他中间商的抵触情绪，进而影响其合作态度。因此，增减个别中间商要反复考虑后才能进行。

2. 增减某一类型的分销渠道

当某一类型分销渠道本身出现了较严重问题，或客观市场出现了某种重大变化时，就要调整这一类型的渠道。这当然要比增减渠道中的个别成员更慎重，因为这将给企业带来较大的风险。

3. 调整整个分销渠道

指产品由企业自销改为商业部门经销，或由商业部门经销改为企业自销。这是大的调整，也是企业作出的重大决策，这样的决策一般由企业最高决策层作出。其原因可能是企业本身条件发生了重大变化，也可能是客观市场情况发生了重大变化。但不论哪种变化，企业在作出决策前要进行大量的调查研究、分析和对比，只有在此基础上的决策才可能是正确的决策。

思考题

1. 分析中国市场上百货公司的发展前景。
2. 分析中国市场上连锁店的发展前景。
3. 分析中国市场上超级市场的发展前景。
4. 举例说明国际企业在中国市场上采用广泛性分销策略、选择性分销策略、独家分销策略成功的例子。

案例借鉴

福特公司在分销渠道上的教训

福特汽车公司于 20 世纪 50 年代研制成功了爱迪塞尔牌中档轿车，于 1957 年投放市场时为了使用最短的分销渠道把该新产品销售到消费者手中，特花费了巨大的人力、物力、财力在全美国为该新产品建立了一个拥有 1 200 家经销商的销售网。该销售网中的经销商只销售爱迪塞尔牌轿车，即福特汽车公司在全美国建立了 1 200 家类似于专卖店的经销店，这当然加大了该新产品的成本。因此，该新产品的最终失败，除市场原因外，分销渠道过短加大了新产品成本也是失败的原因之一。

第 19 章

国际营销促销策略

由于现代科学技术的突飞猛进，当代整个世界的生产力有了极大发展，产品极其丰富。据统计，第二次世界大战后全世界所生产的产品品种总数相当于第二次世界大战之前人类有史以来所生产产品品种的总和，如此巨量的产品摆在全世界消费者面前，使消费者眼花缭乱无所适从，不知购买哪种产品好，或者只是选择那些比较熟悉的产品进行购买，这是买方市场的特点。这对企业来说当然是不利的，因此国际企业要想方设法让外国消费者认识和熟悉本企业的产品，进而产生购买欲望，最后产生购买行为。国际企业所进行的上述活动统称为促销活动，所采用的策略统称为促销策略。

19.1 国际营销中促销的作用与促销策略的分类

19.1.1 促销的含义

促销指企业运用各种方式方法向消费者传递产品或服务的信息，从而激发消费者的购买欲望，最后促使消费者产生购买行为的活动。

促销活动的实质是采用某种方式影响消费者的心理活动，使其产生购买行为。在促销过程中，消费者的完整心理活动分为以下 3 个阶段：

1. 认识阶段

指消费者对企业或企业的产品由认识到了解的阶段。

2. 动情阶段

指消费者对企业或企业的产品开始产生兴趣，并且逐步信任的阶段。

3. 行为阶段

指消费者进行购买的阶段。

19.1.2 促销的作用

1. 提供信息

企业向消费者提供企业产品的质量、性能、特点、用途、用法等信息，从而使消费者认识产品。

2. 诱导需求

心理学认为，消费者的购买行为通常具有可诱导性。因此，促销活动可针对消费者的上述心理特点进行诱导，以引起消费者对产品的兴趣与好感。

3. 突出特点

购买具有特点且与众不同的产品也是消费者心理特点之一。而促销活动的任务之一就是突出本企业产品在质量、价格、性能、特点、用途、用法、服务等方面的特点，这些特点是同类产品所没有的，强调本企业产品能给消费者带来特殊利益。

4. 提高声誉

在激烈的市场竞争中，企业在消费者心目中的形象如何也是影响消费者后两个心理活动阶段的主要因素，而促销活动恰恰能够起到建立和提高企业及其产品在消费者心目中形象的作用。

19.1.3 促销策略的分类

1. “推”式策略

此策略指企业将产品推销给分销渠道第一个层次的中间商，再由第一个层次的中间商推销给第二个层次的中间商，以此类推，由最后一个层次的中间商将产品推销给最终消费者，即产品由企业逐级推向最终消费者。“推”式策略主要使用人员推销策略，适用于具有很强推销队伍的大企业。优点是方式直接，缺点是费用较高，企业要具有一定的经济实力。适合于“推”式策略的产品一般是价格较高的生活日用品和生产资料产品，如家具、拖拉机等。

2. “拉”式策略

此策略指企业直接针对最终消费者进行促销，最终消费者被刺激产生购买欲望后，就向零售商求购，零售商随之向渠道上一层次的中间商求购，以此类推，由最上一层次的中间商向企业求购。“拉”式策略多使用广告策略。此策略适用于推销队伍不足的中小型企业。优点是触及面广，传播速度快，形式活泼，形象生动；缺点是针对性不强，不能立即促成交易。适合于“拉”式策略的产品一般是价格低的日用消费品或方便产品，如香皂、牙膏等。

对于日用消费品或生产资料产品的促销，企业除了采用广告策略或人员推销策略外，还要同时辅以公共关系策略和营业推广策略，其中的公共关系策略将在第20章加以专门论述。

实际促销活动中常常是“推”式策略和“拉”式策略并用，又称为促销策略组合。因为两种策略中每一种策略又有多种不同层次的小策略，因此策略组合多种多样。

19.1.4 促销策略的选择

企业在制定或选择促销策略时，要考虑以下几个因素：

1. 产品性质

不同类型的产品应采用不同的促销策略。一般是日用消费品以广告策略为主，其他策略为辅；生产资料则以人员推销策略为主，其他策略为辅。如图19－1所示。

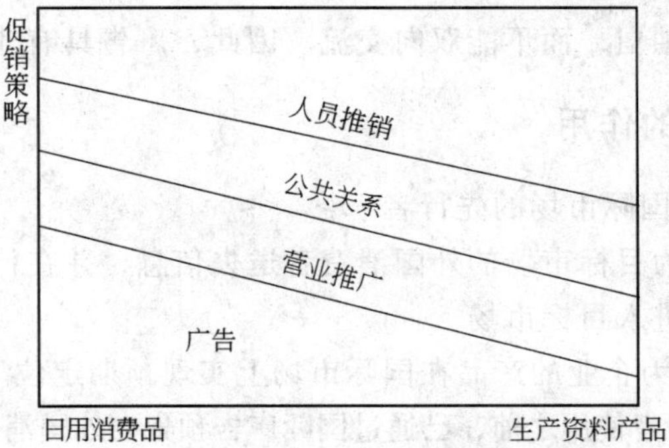

图 19－1　产品的促销策略组合

2. 产品所处的生命周期阶段

产品处在生命周期的不同阶段应采用不同的促销策略或不同的促销策略组合。例如，投入期阶段应以广告策略为主，营业推广策略配合；成长期阶段，仍以广告策略为主，但开始采用人员推销策略；成熟期阶段应适当减少促销费用，集中力量做好提醒性广告；衰退期阶段应停止大规模的广告促销，而以营业推广策略为主，辅以广告策略。

3. 市场特性

对具有不同特性的市场应采用不同的促销策略。例如，规模大而分散、人数又多的目标市场应以广告策略为主，其他策略为辅；反之，小而集中的目标市场则应以人员推销策略为主，辅以营业推广策略。

4. 促销费用预算

不同行业用在促销方面的费用支出相差悬殊。如在美国，化妆品行业的促销费用高达营业额的 30%～50%，而机械行业则为 15%～20%。2002 年通用汽车公司花在每辆汽车上的促销费用平均高达 2 431 美元。可见产品的促销费用是企业的一笔大的支出，因此企业要按照自己财务能力和促销的需要事前作出促销费用预算，然后根据预算选择不同的促销策略。

19.2　国际营销广告策略

19.2.1　国际广告的特点

1. 公众性

广告是一种高度大众化的信息传递方式，可面对广大公众。

2. 渗透性

广告可多次或长时间重复同一信息，使信息逐渐渗透到消费者的脑海中。

3. 表现性

广告可采用文字、语言、声音、动作、图形、色彩等表现信息，表现力很强。

4. 非人格性

广告只能对公众独白，而不能双向交流。因此，广告具有非人格性。

19.2.2 国际广告的作用

1. 国际企业进入国际市场的先行者

指国际广告首先为目标市场的外国消费者送去信息，并在他们脑海中树立形象，然后国际企业的产品才进入目标市场。

2. 国际广告能够为企业的产品在国际市场上实现预期定位

指产品还未被消费者使用之前，已通过国际广告预先在外国消费者脑海中进行了定位。

3. 成功的广告是国际企业取得经济效益的重要手段

美国可口可乐公司将其营销活动的成功归纳为一句话："成功在于广告。"正因为广告具有上述重要作用，所以当今国际市场上国际企业用在广告费方面的支出已高得惊人。如1988年美国企业用在广告方面的支出已达1 200亿美元，占GDP的2.52%，平均每个国民近500美元，大大超过许多非洲国家的人均GDP。又如，日本松下电器公司的广告费占到总销售额的9.1%，东芝电器公司也达到了6.7%。但在世界不同国家广告的重要性也不同，如美国一国的广告费就占去了全世界广告费的近一半，而一些非洲国家甚至没有广告费支出。

19.2.3 国际广告的分类

1. 根据广告内容分类

(1) 开拓性广告

主要是介绍新产品的有关信息，以使新产品尽快进入国际市场。

(2) 劝导性广告

也称竞争性广告，主要内容是劝导外国消费者在众多同类产品中选择本企业的产品，以便使企业在竞争中取得优势，此类广告一般用于老产品。

(3) 提醒性广告

在老产品已处于成熟期后期时使用，即不时地提醒外国消费者该产品还在继续供应市场，但对该产品的具体特点则不再介绍，如目前美国可口可乐公司在世界各地老市场中所做的广告。

2. 根据广告目的分类

(1) 产品广告

即传递产品的信息，如质量、性能、特点、用途等。

(2) 企业广告

即传递企业的信息，如企业的历史、成就、经营范围、现状等。

19.2.4 常用的广告策略

1. 广告设计策略

(1) 一贯性策略

指在长期的广告信息传播中，广告的内容、风格、口号一直保持不变。这可使消费者在接受广告的长期过程中形成牢固的印象，有利于企业产品的销售。比如，美国万宝路香烟的广告从 20 世纪 50 年代起一直使用牛仔这一形象。

(2) 挑战性策略

这是针对竞争对手的一种挑战性策略。在广告中突出竞争对手企业产品不具有、但本企业产品具有的特色或企业的经营实力。例如，针对可口可乐饮料中含有咖啡因成分，美国另一企业的名牌产品“七喜”牌饮料的广告词是“从来不含咖啡因，也永远不含咖啡因”。

(3) 柔软性策略

指广告不采用硬性说教的形式直接宣扬本企业的产品特点，而是采用间接迂回的方式，使消费者在看广告或听广告词的过程中无意地接受了广告所要表达的内容。比如，美国宝洁公司在中国电视上所做的洗发水广告，呈现在观众眼前的是年轻漂亮姑娘飘来飘去的长发形象，而不是连篇的赞美词。

(4) 标准化策略

指企业的同一种产品在国际市场上不同国家所做的广告，其内容与形式完全相同，或基本相同。这是国际广告的一种趋势，也是当代国与国之间的经济联系、文化联系、交通通信联系愈来愈密切的结果。其优点是节约广告成本，同时使产品在全世界消费者中建立一致印象；缺点是适用的产品不多，适用的国家地区不广。

(5) 地方化（差异化）策略

指企业的同一种产品根据世界各国经济发展水平不同、文化背景不同、宗教信仰不同、价值观不同，而在不同国家的市场上采用不同的广告内容和形式，这是当前国际企业较多采用的一种策略。这是由世界各国的经济、文化、价值观存在着较大差别这一因素所决定的。此策略的优点是广告较好地适应了各国消费者的文化背景与价值观，因而广告效果较好；缺点是广告成本高，企业的同一产品在不同国家的消费者中建立的印象不一致。

2. 广告媒体策略

(1) 名人式媒体策略

指利用社会名流对产品的评价、介绍或使用来提高该产品的知名度和可信度，如美国耐克公司聘请著名篮球明星穿着耐克牌运动鞋进行公开篮球比赛。

(2) 借题发挥式媒体策略

指利用千载难逢的社会事件，借题发挥大肆宣传，以提高企业和产品的知名度与声誉。比如，20 世纪 80 年代上海某居民家中发生火灾，在清理现场时发现，现场中金星牌电视机外壳已严重烧毁，但接上电源打开一试还照常显示出清晰的图像。此事被生产该电视机的生产企业获悉后，专门为此制作了电视广告，突出该产品质量过硬，从而大大提高了该企业和产品的声誉。

(3) 现身说法式媒体策略

指让使用本企业产品的消费者在电视、广播、报纸等媒体上现身说法，亲身展示使用该产品的效果与好处，以使消费者信服，从而提高该产品或该企业的声誉。中国的电视、广播、报纸等媒体上经常出现某种药品或化妆美容产品的现身说法广告。

3. 广告时间策略

广告时间策略分为集中时间传播、连续时间传播和间歇时间传播3种策略。

4. 广告预算策略

（1）量力支出策略

指根据企业财务的支出能力确定广告费用预算。此策略简单易行，但很难达到预期的广告效果。

（2）销售额百分比策略

指按照企业销售额的一定百分比来确定广告费预算，目前大多数国际企业都采用此策略。优点是广告费预算有一定的保证；缺点是当销售额下降或利润下降而需要增强促销强度增加广告费预算时，广告费反而下降了，起不到广告应起的作用，即此策略颠倒了广告支出与销售收入的因果关系。另外，当市场出现了有利于企业的机会，企业需要增强促销强度、增加广告费预算时，广告费却被百分比限制住不能增加，有可能使企业失去市场机会。

（3）竞争对手策略

指按照竞争对手广告费用的实际水平来确定本企业的广告费预算。此策略适用于企业刚进入一个不太熟悉的新市场或市场竞争十分激烈的情况。由于本企业与竞争对手的具体条件，如企业资源、机会、目标、信誉等不一定相同，因而此策略的缺点是这样作出的广告费预算不一定合理。

（4）目标任务策略

指按照要达到的营销目标和任务的实际需要来确定企业的广告费预算，这是一种比较科学的策略。美国通用电气公司等企业就是采用此策略。但此策略也有缺点，即确定预算时仍有一定的主观性。

19.2.5 广告媒体及其选择

1. 报纸

这是国际广告中使用最多的一种广告媒体。它的优点是时效性强，传播面广，针对性强，可信度较高，费用低廉，制作简单，手续方便等；缺点是广告是静态的，不易引起注意，形式较单调。此媒体适用于大多数生活消费品和少数工业品。

2. 杂志

杂志的优点是针对性强，接近专业消费者，易保存，转借率高；缺点是时效性差，影响范围不广。此媒体特别适用于专业性很强的工业品。

3. 广播

这是传递信息最快、覆盖面最广的广告媒体，比如，在美国平均每个家庭有6台收音机。优点是传播速度快，传播面广且不受交通、气候等自然条件的影响，制作容易，价格低廉，一般只有电视广告费用的1/10。缺点是印象不深，感染力差。此媒体适用于大多数生活消费品和少数工业品。

4. 电视

这是集声、形、色于一体的、全方位向观众传递信息的广告媒体，也是发展最快的一种媒体和企业使用最普遍的媒体之一。它在国际广告中的使用率位于报纸之后，居第 2 位。其优点是分布面广，声、形、色兼备，形象真实，给观众以深刻的印象；表现手法灵活多样，易被观众所接受，并具有强烈的感染力。缺点是费用很高，以美国为例，电视广告费平均每 30 秒达 2 000 美元；另一缺点为短时期内记不住，遗忘率高。此媒体适用于消费人群很广的消费品和服务。

5. 户外广告牌

户外广告牌是集文字、图形、色彩于一体的媒体，也可视为移到户外并放大了的报纸广告。优点是大众化，持续时间长，成本低且可进行地理选择；缺点是传播的信息量少，而且在一些国家受到法律的限制和公众的反对。

19.2.6　广告效果评价

1. 销售效果的评价

以企业销售额增加额与广告费用增加额的比率来评价广告效果，比率愈大，效果愈好。其公式如下：

$$广告销售效果=\frac{销售额增加额}{广告费用增加额}\times 100\%$$

用上述公式计算出来的广告销售效果仅是一个参考数字。这是因为除了广告这一因素外，产品的质量、价格、包装、服务等因素都在同时对销售额的增减起作用，很难将广告的促销效果单独分离出来。另外，广告的促销效果往往有滞后性。

2. 传播效果的评价

（1）直接评价法

该方法是邀请部分顾客或专家，对广告的吸引力、表现手法、印象程度等逐项给予评定，然后评价该广告的总体效果。

（2）回忆测验法

该方法是要求被测试的消费者回忆广告的细节，根据其记忆程度来确定广告的效果。

19.3　国际营销人员推销策略

19.3.1　人员推销的含义

指国际企业派出推销人员与顾客或潜在顾客面对面地接触并介绍和宣传产品，以期促进产品的销售。

人员推销是一种最直接、最古老、最有效的促销方式，在各种促销方式中占有重要地位。据统计，1981 年美国企业用于人员推销方面的费用高达 1 500 亿美元，而同年用在广告方面的费用仅为610亿美元，在美国有640多万人从事人员推销工作。

人员推销方式多用于工业品的销售，这是因为工业品的购买者往往少而集中，而且产品的技术性强，销售时需要专门的内行人员对用户进行介绍；人员推销也用于价格较高或技术含量较高的耐用消费品的促销。

人员推销的缺点是促销活动面窄，而且费用高昂，是企业一笔颇大的开支。比如，美国企业人员推销费用通常占到企业总销售额的8%～15%，而广告费用仅占总销售额的1%～3%；另一缺点是人员推销对推销人员的要求高，不易找到合格的推销人员。

19.3.2 人员推销的特点

1. 灵活性

推销人员可根据现场顾客的情况，随时调整改变自己的推销策略与方法，以适应不同顾客的行为和需要，利于最后达成交易。

2. 针对性

人员推销不像广告那样是单向独白，而是双向沟通，因此推销人员可根据顾客的具体要求、疑问及时给予解释或解决，有利于促成交易。

3. 完整性

推销人员负责从宣传介绍产品到签订合同成交、再到安装维修的整个销售工作，方便了顾客，有利于促成交易。

4. 功能性

推销人员在推销过程中，除进行促成交易的全部工作外，还负责市场调查、预测、信息反馈、与顾客建立友谊、为企业树立形象等工作。

19.3.3 常用的人员推销策略

1. 诱导性策略

诱导性策略是指当顾客对本企业的产品不了解而没有需求时，推销人员采用一步步诱导的方法，使顾客逐渐对本企业产品有所了解，随之产生需求，最后达成交易。此种策略是推销人员站在顾客的角度上，为其当参谋，考虑其利益，诱导其需求。

2. 试探性策略

试探性策略是指采用事先准备好的几个谈话方案，逐项刺激顾客，试探其需求，然后针对顾客的反应决定采用某一个谈话方案。此策略在对顾客的需求不甚了解的情况下使用。

3. 针对性策略

当推销人员事先已了解顾客的需求时，可使用此策略，即推销人员根据事先已准备好的谈话内容，有针对性地对顾客介绍本企业的产品，有的放矢。

19.3.4 人员推销的程序

最经常用的是“公式化推销”理论，即按照下述公式化程序进行促销活动，如图

19－2 所示。

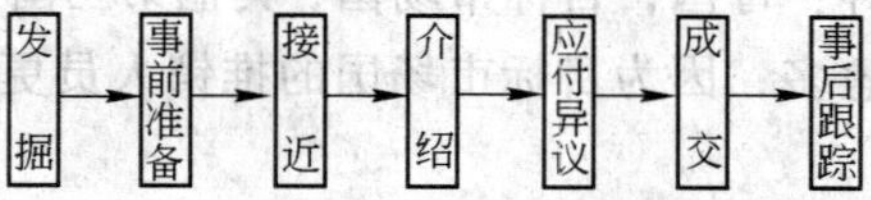

图 19－2　人员推销的程序

1. 发掘

是指找出潜在顾客，可以通过各种目录（企业目录、电话目录、纳税目录等）、企业的连锁介绍以及社团联络寻找，还可通过开展销会寻找。

2. 事前准备

指在与顾客见面前进行必要的事前准备，包括熟悉了解本企业的产品知识，掌握顾客个人情况和所在企业情况，了解熟悉竞争对手的产品特点、竞争能力、竞争地位等。

3. 接近

指根据顾客不同的性格类型，采取不同的对策与其交谈。推销人员在顾客面前无论是仪容外表，还是谈吐等内在素质都应给顾客留下好的第一印象，即推销人员在推销产品前首先要推销自己，为今后保持联系打下一个良好的基础，否则在这一程序上就会失败，被人轰出门，以后的程序就无法进行，整个推销活动失败。

4. 介绍

这是推销过程的中心内容，即推销人员把企业产品的有关信息准确而有效地传播给顾客，其中包括利用各种资料，如小册子说明书、图片、录音带、录像带等，通过视觉和听觉给顾客以深刻的印象。介绍中要强调本企业的产品能给顾客带来哪些利益和好处。

5. 应付异议

在介绍之后，顾客一般会提出一些疑问或否定的意见，此时推销人员应给以圆满而周到的答复，以消除顾客的疑虑，使推销活动向下一步发展。

6. 成交

在上述几个程序进行完毕后，或在上述任何一个程序中，若顾客有了购买的表示，此时推销人员应抓住时机达成交易，签订购销合同。推销人员在此阶段还可为顾客提供一些优惠条件，以便促成交易。

7. 事后跟踪

指成交之后，推销人员应认真履行合同或督促本企业有关部门认真履行合同，并负责做好诸如安装调试、培训人员、维修等售后服务工作，使买主对本企业的产品感到满意，以有利于今后的重复购买。

19.3.5　人员推销管理

1. 招聘

国际企业往往把推销人员看成是企业最重要的财富。在发达国家一般要求具有大学文化程度的人担任此项工作，而且对他们有较高的素质要求，推销人员必须具备两个基本素质：一是善于从顾客的角度考虑问题，即对顾客有同情感；二是有完成任务的强烈欲望和信心，即具有自我推动力。

推销人员的来源有3种：母国；目标市场国；其他第三国。目前第一种来源用得愈来愈少，第二种用得愈来愈多，因为目标市场国的推销人员更能适应本国文化。

2. 培训

通过培训让推销人员了解自己的职责，熟悉企业的有关情况，掌握产品知识、市场知识（既包括市场本身的知识，又包括市场国的文化环境知识）、业务知识（推销策略和技巧及签订合同、付款等业务知识）等。

3. 激励

企业要经常对推销人员给以业务指导和提供各种帮助，以提高他们的推销水平，另外，还要及时地给予包括物质奖励在内的各种形式的奖励。

4. 评价

国际推销人员都是远离母国在目标市场国家独自进行工作，容易放任自流，因此，企业应按时对其工作进行评价，以督导其工作。一般是建立按时汇报制度，由推销人员按时向企业汇报自己的工作，汇报内容如下：推销计划的安排；工作任务完成情况；销售收入和费用支出情况；市场开拓情况；有关信息的收集情况。

企业在听取推销人员汇报的基础上，还要按时对推销人员的工作进行考核，考核时一般采用以下指标：销售收入；销售毛利润；推销费用；拜访次数；新顾客增加数和老顾客丢失数。

19.4 国际营销营业推广策略

19.4.1 营业推广的含义

营业推广是指企业以强刺激（多半是物质刺激）作手段，在短时间内形成销售高潮，以促进消费者购买本企业产品的活动。

营业推广见效快，方式多种多样，规模可大可小，投资可多可少，是大中小型企业都可使用的一种促销方式。在国际市场上企业用于营业推广的费用已愈来愈多，在美国已与广告费用相当，而且有超越之势。

19.4.2 营业推广的方式

1. 对消费者的营业推广方式

常用的有如下几种：

(1) 赠送样品

指赠送产品或产品的样品给消费者试用，如化妆品、食品等。赠送的场所可在零售店，也可挨户散发，也可在文娱表演、体育比赛场所的入口处。

(2) 减价优惠

指把产品的价格降低，以刺激消费者购买。可应用于大多数产品，但一般多用于积压产品或企业调整产品结构时调整下来的产品。只要降价幅度足够大，促销效果十分显著。

(3) 附赠商品

附赠商品又称“买一赠一”，即消费者在购买产品时，可免费得到一份相关的其他产品，如买手表时，可免费得到表链。

(4) 赠送印花

指消费者购买产品时，企业按产品的价格赠送给消费者一定比例的印花，消费者手中的印花积累到一定价值后，可代替货币到该企业免费获得该产品或其他产品。

(5) 有奖购货

指消费者在购买产品时，企业发给一定数量的兑奖券，当企业销售的该产品总金额达到一定数额时，企业组织公开抽奖。当奖金数额足够大时，此方式也有很好的促销效果。

(6) 价格折扣

指对大批量购买的用户企业给予一定比例的价格折扣，此方式经常用于生产资料的促销。

(7) 保值销售

指企业对购买者作出承诺，若购买后该产品价格下跌，企业给购买者以相应的补偿。此方式是在市场不景气、各种产品的价格普遍下跌时采用的一种有效促销方式。

(8) 以旧换新

指企业在销售某些产品（如手表、洗衣机等）时，可折价回收消费者手中的相应旧产品。

2. 对中间商的营业推广方式

(1) 购买折扣

这是最有代表性的一种方式，即购买数量愈多折扣愈大，目的是鼓励中间商多进货。

(2) 推广津贴

指给中间商一定津贴以补偿其做广告或橱窗陈列的支出。

19.4.3 常用的营业推广策略

1. 目标策略

一般来说，对消费者的营业推广目标应是鼓励其重复购买，对中间商的营业推广目标应是鼓励其大量购买，而对推销人员的营业推广目标则是鼓励其开拓市场。

2. 强度策略

营业推广的强度并非愈大愈好，一般规律是随着营业推广强度的提高，其效果的提高幅度递减，有时过分刺激甚至会产生相反效果。因此，一般以营业推广所产生的效益与花费的费用之比为最大的原则来确定刺激强度。

3. 时间策略

营业推广时间太短或太长都不好，太短可能使许多顾客失去参与的机会，太长可能会自贬身价，使消费者产生企业在处理积压物资的心理。一般认为能够将 95% 的推销商品售完的时间是最合适的时间。

营业推广的时机一般选在产品消费期之前比较合适。

4. 预算策略

有两种策略可以采用，具体如下：

(1) 综合分析法策略

即分别计算出营业推广各个环节需要的费用，然后计算出其总和，即为营业推广预算。

(2) 促销预算百分比法策略

即根据企业制定的促销组合中各种促销方式所占的比率，计算营业推广所分配的预算，所得结果就是营业推广的预算。这是企业常用的策略。

19.4.4 营业推广效果的评价

1. 阶段比较法

阶段比较法是一种最经常使用的方法，将营业推广前、营业推广中、营业推广后3个阶段的营业销售额加以比较，以确定推广效果的方法。

2. 消费者调查法

消费者调查法包括3个方面：营业推广期间对顾客的动态调查，调查内容包括顾客人数、购买量、重复购买率等；对顾客构成进行调查，调查内容包括新老顾客的比例和不同年龄层次的顾客比例等；对顾客的意见进行调查，调查内容包括顾客的动机、建议、要求、评价等。

3. 实验法

实验法是指在正式营业推广之前，选择代表性地区的代表性顾客进行营业推广试点。在实验中通过改变营业推广的强度、水平、媒介、持续时间等了解不同顾客的反应，然后分析比较不同营业推广条件下的效果，以选择效果最佳的条件作为正式营业推广的条件。

总地看来，企业使用营业推广策略的短期促销效果明显，但长期促销效果一般不太大，而且不宜频繁使用，特别是名牌产品更应谨慎使用，否则容易产生自贬身价的副作用。

19.5 国际营销体验促销策略

这是近些年在国际市场中开始流行的一种新促销策略。此种策略可让顾客以消费者的身份亲身感受产品、体验产品，从而消除对该产品的某些疑虑，增加对该产品的可信度。因此，此策略颇受消费者喜爱，应用此策略的企业愈来愈多。

企业借用相关大商场或商店的一角，或由企业投资设立专门的体验中心，让顾客在该商场一角或该中心以消费者的身份免费体验该产品的功能和质量，从而对该产品产生感性认识和可信度，然后产生购买欲望，最终购买该产品。

此策略适用于价值高的耐用品，如轿车、游艇、家庭影院、组合音响、个人电脑、钢琴、跑步机等。这些产品价格高、使用寿命长，消费者在购买前一般需要经过一个充分收集有关信息、反复比较考虑的过程，最后才能作出购买的决策，而体验促销刚好可使消费者掌握必要的信息，对产品有较充分的认识，可促使其比较早比较快地作出购买决策。

此种促销策略在国际市场营销中已愈来愈受到企业的重视。如日本索尼公司在世界各地的重点市场投资设立了大型产品体验中心，美国通用汽车公司在中国沿海大城市开展了顶级轿车的试驾活动，口号是“将让所有喜爱凯迪拉克的人充分了解这款百年名车”；世界著名跨国公司诺基亚公司在中国上海建立了全球最大的手机体验中心，潜在顾客可以在该中心免费体验各种款式手机的功能与特性。

19.6 国际营销会员制促销策略

企业争取一名新顾客所支出的营销费用是保持一名老顾客所支出营销费用的 5 倍，因此最大限度地留住老顾客成为企业促销策略中的重要策略，在此背景下“会员制”这一特殊促销策略应运而生，即企业鼓励顾客办理一份“会员卡”成为本企业的会员，今后顾客到该企业购买商品或消费时，就可凭会员身份享受一定的折扣优惠，或获得一定的奖金、赠品。

此策略常用于消费者经常消费的产品和服务的促销中，如百货公司、超级市场、美容院、健身房、体育俱乐部等。德国跨国公司麦德隆在中国开办的超级市场连锁店就采用了这一促销策略。

其实传统的中国商业哲学中也有类似的思想，即商家应努力争取使每一位顾客都成为“回头客”。

思考题

1. 举例分析某国际企业在中国市场促销成功的原因。

2. 举例分析某跨国公司在中国市场上所做的广告给消费者印象最深或最好的关键原因。

3. 举例说明跨国公司在中国市场上的广告哪些属于开拓性广告、劝导性广告及提醒性广告。

4. 举例说明跨国公司在中国市场上做的广告哪些采用的是名人式媒体策略、借题发挥式媒体策略及现身说法式媒体策略。

5. 为中国生产的英雄牌金笔进入东南亚市场设计一份广告词。

6. 举例说明某跨国公司在中国市场上所采用的营业推广促销策略对消费者产生了较大吸引力的关键原因。

案例借鉴一

成功的促销策略

虎飞自行车公司是美国最大的自行车制造公司，其自行车产品在国内市场的占有率为40%左右。但该公司在市场上的形象并不好，大部分消费者认为该公司的自行车是廉价车，是供身份低下的人骑用的，骑上该公司的自行车令人难堪不好意思。为了改变这种形象，公司采取了一系列措施。首先，公司高薪聘用了一大批科技精英研制推出了新产品，然后将这批精工制作的新产品赠送给美国自行车运动员参加1984年世界奥林匹克运动会，结果自1972年以来从未在奥运会上得过自行车项目奖牌的美国运动员出人意料地得到9块奖牌。从此该公司生产的自行车名声大振，洗刷了过去不好的市场形象，并在市场上畅销。

案例借鉴二

一次大伤元气的促销活动

Maytag公司是美国一家具有百年历史的大型家电企业，在美国家电行业中排名第4位。该公司以生产洗衣机著称，其设在英国的子公司Hoover公司则以生产吸尘器而闻名。

1992年该公司在英国开展了一场促销活动，向顾客承诺：凡在某日期之前购买该公司指定产品超过100英镑者，公司免费赠送去欧洲某地的往返飞机票一张，超过250英镑者，公司免费赠送去美国纽约的往返飞机票一张。英国的消费者不用费脑子就看出往返机票的票价明显超过了上述100英镑或250英镑。因此，全英格兰有50万顾客踊跃购买了该指定产品，其中20万顾客符合公司的上述规定，这一数字大大超过了该公司当初的预料，但为了避免因失约而被顾客告上法庭，该公司只好忍痛付出母公司全年销售额的1/10，即5 000万美元的巨资兑现承诺，由于这一促销活动的失误，Maytag公司大伤元气。

第 20 章

国际营销大市场营销策略

为了实现企业的战略目标，企业在市场营销活动中需要采用一定的手段，为此前面介绍了 4 种传统手段，即 4PS 策略。但当代国际著名市场营销理论家美国学者菲利普·科特勒（Philp Kotler）认为，企业在当代市场营销活动中仅采用这 4 种传统手段还不能满足市场营销活动的要求，还需要增加新的手段，为此他于 1986 年提出了“大市场营销”观点，即企业在市场营销活动中除传统的 4PS 策略之外还应增加公共关系（Public Relations）策略和权力（Power）策略，从而形成 6PS 策略。科特勒的观点已为颇多的先进企业特别是跨国公司所接受，并将其应用于国际市场营销活动实践中，而且取得了良好的效果，证明了此观点的正确性。

近些年随着经济全球化的快速发展，国际市场的竞争日益激烈，包括发达国家和发展中国家在内的贸易保护主义又开始抬头，而且各国的贸易保护政策和措施五花八门，令外国企业十分头痛难以对付，致使外国企业要进入这些国家市场的难度愈来愈大。在此形势下国际企业仅使用传统的 4PS 策略已很难奏效或代价很高，公共关系策略和权力策略则能较好的解决这一难题。总的来说，新策略就是国际企业借用外部的政治权力破解目标市场国政府运用政治权力所建立的贸易保护主义障碍，同时国际企业用公共关系策略树立的企业良好社会形象和产品形象吸引消费者，双管齐下最终使国际企业以较低的代价较顺利地进入这些国家的市场。

20.1 企业公共关系概述

所谓公共关系策略是指站在企业的角度，从公共关系学科中吸取对市场营销活动有用的理论后形成的一种市场营销手段或策略。此策略在传统的 4PS 策略中属于促销策略中的一种小策略，但科特勒的大市场营销观点认为应提升其重要性和地位，将其从促销策略中独立出来，视为与其他策略平行的一种策略。

20.1.1 公众的分类

公众是指在某项利益上与企业发生关系的人或群体。企业常用横向分类法对公众作如下分类：

1. 内部公众
2. 政府公众
3. 消费者公众
4. 供应者公众
5. 社会公众
6. 媒体公众
7. 同行公众
8. 事件公众

20.1.2 公共关系的含义

据统计，国外对公共关系所作的定义不下几百种，本书只从市场营销的角度对其加以认识。

所谓公共关系是企业或社会组织为了与其各类公众建立一种有利于双方的关系，而按计划主动去进行的各种社会活动，其目的是为企业本身的生存与发展创造一个有利的公众关系环境。

20.1.3 公共关系科学的产生

公共关系作为一门科学起源于美国。20 世纪初美国许多企业只顾获取高额利润而不重视和改善与公众的关系，因而受到社会舆论的严厉谴责和抨击，很多企业因此而名誉扫地，失去人心。20 世纪初大名鼎鼎的美国石油大王洛克菲勒的石油公司只顾赚取最大利润，增加个人财富，不顾社会公众利益和员工利益，因而激起了社会公众的强烈不满，他们给洛克菲勒本人戴上了“强盗大王”的帽子，员工则以罢工相抗争。在此内外交困的严峻形势下，洛克菲勒只好向出生于牧师家庭的著名记者艾维·李开办的咨询公司求教。艾维·李给他开出了 3 个药方：一是劝洛克菲勒派人认真而客观地调查罢工的真正原因并公布于众，然后邀请工人领袖协商解决劳资纠纷，最后给工人提高工资和福利；二是派人了解社会公众的利益是什么，并维护其利益，最后提高其利益；三是建议洛克菲勒本人从其财富中拿出一部分来资助社会公益事业，如建学校、医院、孤儿院、养老院等。洛克菲勒本人完全接受了这 3 个建议，并付诸行动，如洛克菲勒拿出巨资成立了当时世界上最大的慈善机构——洛克菲勒基金会，为美国社会公众和世界公众做善事，其中包括捐资兴建了美国著名的芝加哥大学和参与开办了当时中国最先进的医院——北京协和医院。自此之后洛克菲勒本人及其所拥有的石油公司与社会公众和内部公众的关系逐渐好转，最后走出了困境，最终成为当今世界上最大的石油公司之一。

此后，艾维·李还给美国一些著名大企业如美国电话电报公司、美国铁路公司等开出了类似的药方，使这些企业与社会公众改善了关系，企业本身也得到了很大发展。

与艾维·李同时代并可相提并论的美国学者伯内斯（Edward Bernays）受聘于著名的美国福特汽车公司，担任公共关系部经理。他在此职位上制定了一系列提高内部员工福利的计划和兴办庞大社会慈善事业的计划，并加以实施，大大提高了福特公司在内部雇员和社会公众中的声誉，从而为福特公司以后的大发展创造了良好的社会公共关系。

在上述历史背景下，公共关系这门科学顺势而生。艾维·李被后人尊称为公共关系之父，伯内斯被后人称为公共关系的先驱。

以上这段简史说明，历史上先是产生了初期的企业公共关系策略，然后催生了公共关系科学，最后又将公共关系科学的有关理论移植到市场营销学中，形成了当代完整的市场营销的公共关系策略。

20.1.4 企业公共关系策略的使命

公共关系策略在企业的市场营销活动中有以下两大使命：

1. 树立形象

当代世界上大部分国家的市场已成为供大于求的买方市场，也就是说消费者在这些市场上购买产品时，可以在众多企业的众多产品中挑选，按自己的意愿选择产品。消费者按自己的意愿选择产品并不是毫无根据的主观臆断，在大多数情况下该意愿是受消费者自身消费经历、众人口碑、广告信息等因素所左右的。上述诸因素对消费者长期影响后，使消费者对某一企业或某一品牌形成某种或好或坏的印象，此印象将直接影响消费者对该产品作出购买或拒绝购买的决策。

消费者脑海中这种相对固定的印象在市场营销学中称为企业形象或产品形象。

公共关系学认为企业形象和产品形象是社会公众对企业内在气质如理念、价值观、道德观、行为准则，以及外在行为表现如产品质量、价格、市场地位、待人接物、服务态度等的综合评价。在公共关系学中通常用知名度和美誉度两个指标的乘积对其加以度量。

根据上述两项指标的相互关系，本书将企业形象分为以下几种类型：

(1) 狼型

这种类型的企业其知名度虽为正值，但美誉度为负值，两项乘积为负值，表明企业在社会公众中为坏的形象，就如同嚎叫的狼，令人厌恶、生畏而远离。宗旨不正确的企业其形象多属此类型。此类型企业的生命不会太长，企业被社会所淘汰只是时间迟早的问题。

(2) 蝉型

这种类型的企业知名度颇高，但美誉度微小或为零，两项乘积微小或为零，表明企业在社会公众中没有形象，就如同鸣蝉，尽管叫得很响，而且不停地叫，但毫无意义、令人心烦。企业宗旨华而不实的泡沫企业的形象多属于此类型。此类型企业的生命也不会太长，泡沫一旦破裂，企业的生命也就结束了。如国际和中国市场上一些显赫一时，但不久就从市场上消失无踪的企业形象就属此种类型。

(3) 蚂蚁型

这种类型的企业知名度和美誉度都很微小或为零，两指标乘积也很微小或为零，即企业默默无闻，既无好的形象也无坏的形象，就如同蚂蚁一样，虽然忙忙碌碌却不为人所知，因此公众对该企业也不感兴趣。大多数自生自灭、生命短暂的小型和微型企业如小菜店、小杂货店、小饭店、小理发店等的形象就属此类型。

(4) 毛驴型

这种类型的企业两指标皆大于零，但知名度数值大大超过美誉度数值，表明企业的形象含有较大水分，就如同毛驴一样，还没有开始干活或干了一点活就大叫不止，令人不喜欢。那些在媒体上自吹自擂、广告内容含水分极大的生产减肥、美容、增高、健脑、补钙保健品和药品的企业其形象就属于此种类型。

(5) 老母鸡型

这种类型的企业知名度和美誉度两项指标都为正值，而且两项数值大体相等，其乘积则为最大正值，表明企业在社会公众中的形象较好，这是所有企业努力追求的理想形象。该企业形象就如同老母鸡一样，只是在下了蛋作出成绩后才啼叫，而且叫得优美动听，音调适中不高不低，时间适中不长不短。那些主要依靠社会公众的口碑、偶尔才在媒体上做一两次广告而且广告内容不含水分的企业，比如，生产波音飞机的美国波音公司、生产高科技产品的美国通用电气公司、生产奔驰牌轿车的德国－戴姆勒公司的企业形象就属于此种类型。

(6) 老黄牛型

这种类型的企业知名度小而美誉度高，两项乘积比老母鸡型的要小，这也是一种好的企业形象。该企业形象就如同老黄牛一样，干了很多活，但很少大叫，令人佩服。现已开展国际市场营销并且名扬中外的北京全聚德烤鸭店和北京同仁堂中药（集团）有限责任公司的形象就属于此类型。

2. 协调平衡

公共关系理论认为，包括企业在内的所有社会组织只要存在一天就要与社会上各种各样的组织和群体及个人发生联系或关系，而这种联系或关系的发生是基于双方的利益。比如，消费者之所以购买某企业的产品是基于物有所值，而且可以满足其某种需求，企业之所以将产品销售给消费者是因为可以从中获得利润，实现企业的经济目标。再如，企业之所以找媒体做广告，是因为媒体可以帮助企业推销产品，而媒体则可以从中获得广告费，增加收益。上述两例是双方利益达到平衡，即双方都对自己获得的利益感到满意的条件下发生的。但在很多情况下，双方的利益达不到平衡，这时双方就必然发生摩擦。比如，消费者花高价买了一套商品房后，发现物非所值设施不全，便向房产开发公司提出免费增添设施的要求，企业认为不能给予满足，双方就必然发生摩擦。公共关系理论认为，包括企业在内的任何一个社会组织与其他社会组织或公众发生的关系，其本质是一种利益关系，因此双方产生不同程度的矛盾与摩擦是必然的，也是正常的。公共关系的任务就是对双方发生的关系进行协调，消除或减少摩擦，最后使双方利益达到平衡，双方都对自己获得的利益感到基本满意，这便是企业公共关系策略的另一个使命。

20.1.5 企业宗旨

一个企业公共关系的好坏受很多因素影响，其中起决定作用的因素是企业宗旨。可以这样说，企业有什么样的宗旨，就会产生什么样的公共关系。既然如此，就有必要对企业宗旨有一个初步的认识。

企业宗旨是企业的人生观，它决定了企业一生的所作所为。因此，制定企业宗旨是企业在为自身选择一生的方向和道路之前必须要做的根本大事，当然企业应该选择一种崇高的企业宗旨。

根据系统论的理论，任何企业都是人类社会这个大系统中的一个分支小系统，或者说是人类社会这个大机体中的一个细胞。因此，企业生存和继续发展的前提条件是企业要服从人类社会这个大系统的需要，或者企业要为人类社会这个大系统做贡献。否则，企业就要被人类社会这个大系统所淘汰。也就是说，企业的宗旨和行为只有适应了人类社会的需要，企业才能生存和发展。

崇高的企业宗旨的核心思想是“服务于社会，回报社会，为社会添砖加瓦”。企业执行了这样的宗旨后，与社会公众之间就会从根本上形成和谐关系，就会为企业的生存与发展提供一种可靠的前提条件。比如，美国通用电气公司的企业宗旨是其创始人、美国著名发明家爱迪生亲自制定的，即“以科学技术上的发明创造来满足人们的生活需要”；日本丰田汽车公司的企业宗旨是“丰田人的使命是通过汽车去献身社会造福人类”；瑞士雀巢公司①的企业宗旨是“雀巢，世界食品公司，肩负着为您的一生提供最好食品的光荣使命”。这 3 家跨国公司言行一致地实践了自身的企业宗旨，从而被全世界的消费者所认可，其产品也得到了全世界消费者的喜爱，在消费者的支持下，这 3 家公司理所当然地发展成为社会效益和经济效益双丰收的巨型企业，在 2010 年全球 500 家最大公司中的排名分别为第 16 位、第 8 位和第 42 位。还有其他一些著名的跨国公司，它们之所以能够快速成长发展为世界巨型企业，并且备受消费者和社会称赞，其根本原因就在于这些企业制定并认真执行了其崇高的企业宗旨。与崇高的企业宗旨相反，“唯利是图，见利忘义，挖社会墙脚”是极其错误的企业宗旨。抱有这样企业宗旨的企业与社会公众之间不会有根本性的和谐关系，并且要为此付出高昂的代价，甚至最终毁掉自己。比如，中国生产经营假冒伪劣产品的大批企业被政府查封或倒闭；第二次世界大战结束后，为不义战争服务的大批企业最终从国内外市场上消失。

20.1.6 先驱们的信条

先驱们在建立了公共关系这门科学后，从其真知灼见中总结提炼出了下述的信条，用以指导包括企业在内的社会组织的公共关系活动。

1. 说真话

这是公共关系之父艾维·李从公共关系科学中提炼出来的核心信条。他要求包括企业在内的所有社会组织在进行公共关系活动时，在有利或不利的情况下自始至终都要坚持这一信条。企业若是反其道而行，就算树立了良好的企业形象或与公众的关系达到协调平衡也是暂时的，就如同建立在沙滩上的大厦一样，不长时间就会倾覆。世界上这样的例子不胜枚举，下面 3 家巨型企业的下场为公共关系之父的这一信条做了反面教材。

2001 年在全球 500 家最大公司中排名第 6 位的巨型能源企业美国安然公司（ENRON）、世界第三大零售企业荷兰的阿霍尔德公司（Ahold）以及美国第二大通信巨型企业世界通信公司（Worldcom），在 2001 年皆因编造假账虚报利润欺骗股民而

---

① 雀巢公司在 2010 年全球 500 家最大公司中排名第 42 位，年营业额为 1052.7 亿美元。

声誉扫地，导致这3家公司的股价暴跌，有的企业一天之内跌幅达2/3，安然公司和世界通信公司因此而破产，另一家公司也因此而濒临破产，3家公司的领导人和主管人员被有关机构起诉，其中世界通信公司的首席执行官已于2005年7月被判处25年重刑。

当然，对企业有利的事物，企业向公众说真话毫无困难，但对企业不利的事物，企业对公众说真话不是雪上加霜吗？短期看也许是这样，但若换一种思维方式，将不利的真话作为一种改变企业不利处境的强大压力，促使不利事物向好的方向变化，未必不是一种更高境界解决问题的办法。比如，20世纪70年代，美国第三大汽车公司克莱斯勒公司面临破产的危险，这时公司领导人艾柯卡向十几万内部公众说真话后，激发出了内部公众同舟共济齐心协力改变处境的决心，公司最终不但渡过了危机，而且出现了该公司历史上从未有过的大发展，从而证明了公共关系之父这一信条的普遍真理性和适用性。

2. 公众需要了解与他们利益有关的情况

这是艾维·李的第二个信条。这一信条实际上就是承认公众对企业的有关情况有知情权，也就是说公众出于自身利益的考虑，对企业的产品或其营销活动进行了解，以便作出购买决策或判断自身的利益是否受到了侵害，这一要求是合情合理的，企业应该积极主动地提供有关信息以满足公众的这一要求。比如，瑞士一家化工生产企业为了消除社会公众对其是否污染了环境的疑虑，定期邀请社会公众和社区公众参观巡视企业生产的各个环节，让公众眼见为实，相信企业的生产没有污染环境，从而使这家企业与社会公众之间形成了和谐的关系。

相反，如果一种新饮料或一种新药品在其产品标签上或说明书上不标明原料成分或毒副作用，只强调口味好或疗效好，消费者是不敢问津的，甚至有的情况下企业还要承担法律责任。比如，某品牌的感冒药在说明书中没有注明服后有嗜睡的副作用，某司机服用该药后驾驶汽车，在路上因出现嗜睡现象而发生了交通事故，这时法院就会判决生产该药品的企业承担交通事故的责任。

3. 凡是企业作出的有利于公众的举措最终必将有利于企业

这是艾维·李的第三个信条。美国石油大王洛克菲勒听从了艾维·李的建议后，为职工提高了工资，增加了福利，并拿出巨资成立了慈善机构，长年不断地从事社会公益事业，公司因此渡过了难关；福特汽车公司请伯内斯专职从事内部职工福利工作和社会公众慈善工作，公司因此得到了大发展。这两个案例说明了此信条的真理性，只有目光短浅的企业才认为上述举措是多余的，是于企业无益的单方向付出。

4. 企业只有获得公众的谅解与合作才能得到稳定而又持续的发展

这是公共关系先驱伯内斯提出的信条。一般来说，不管是企业生产的产品，还是企业的生产经营活动都会不同程度地影响公众的利益。比如，公众生活中天天都离不开的酱油、醋、面包、方便面、罐头、加工牛奶等食品都含有致癌的防腐剂，药品则有影响人体健康的副作用，自来水含有对人体有害的消毒剂，电视机和计算机能产生伤害人体的辐射线，摩托车、轿车排放的尾气污染大气环境；企业的生产活动也不例外，化工企业生产过程中产生的“三废”严重污染环境，机械工厂和建筑工地的噪声也影响环境，医院的医疗废弃物可能传染疾病等。以上这一切都不同程度地甚至严重地影响或损害了公众的利益，至于企业的工作失误和事故给公众造成的利益损失就更严重了，如化工企业的毒气泄漏、爆炸、医院的手术事故等都是公众无法接受的严重利益损失。公众若是抓住这些利益损失不放，寸步不让与企业对抗到底，企业就无法正常进行营销活动，甚至无法生存下去，这是绝大多数企业都要面对的一个严峻的现实问题。企业当然希望妥善解决这一问题，但仅靠经济赔偿这一手段不能将公众的利益恢复到原样，因此，企业除了进行经济赔偿之外，最好的办法就是进行公共关系活动，通过公共关系活动取得公众最大程度的谅解，以缓和双方的敌对紧张关系，协调双方的利益，使其达到平衡。

另外，从理论上讲，所有企业的所有产品不可能都是全国第一或世界第一。事实上，第一只能有一个，但公众的消费心理却是要消费最好的产品。那么企业如何才能使公众接受本企业并非第一甚至远远不是第一的产品呢？最好的办法仍然是利用公共关系策略，通过公共关系活动协调双方的利益，取得公众的合作，从而使其购买本企业的产品，使企业的营销活动可以正常进行下去。

以上说明只有获得了公众的谅解与合作，企业才能正常地进行营销活动，才能持续而稳定地发展。

20.1.7　企业公共关系策略应遵守的原则

1. 事实在先原则

这是程序方面的一个原则，也是社会上进行任何活动或解决任何问题时都应遵守的一个普遍原则，企业制定公共关系策略时亦不能例外。

2. 公众在先原则

伯内斯提出的信条是要企业在公共关系活动中取得公众的谅解与合作，更确切地说企业要生存下去，要持续稳定发展，就要依赖公众的谅解与合作，而不是公众有求于企业什么。既然如此，企业在公共关系活动中若不把公众利益放在企业本身利益的前面，即先满足公众的利益再满足本企业的利益，而是反之，那么企业所希望的公众对企业的谅解与合作就不可能实现。因此，企业在考虑和平衡双方利益时应首先考虑和满足公众的利益，然后才是企业本身的利益，否则公众不会把谅解与合作免费送给企业，这也是企业制定公共关系策略的一条根本原则。

3. 互利原则

公共关系实质上是企业与公众之间的一种利益关系，只有当双方的利益达到基本平衡时，双方才能产生和谐的关系。当一方要求得到的利益大于对方要求的利益时，不会达到平衡；当一方要求得到的利益损害了对方要求的利益时，更不会达到平衡。只有当一方从企业公共关系的协调活动中获得了某种利益后没有损害对方的利益，而且对方也得到了想要的利益，并且双方的利益在价值上大体相等时才能达到平衡，双方的关系才能和谐。这就是说，企业在制定公共关系策略时要坚持对企业及公众双方都有利的原则。

4. 平等原则

尽管企业是法人并具有一定的规模和经济实力，而公众是自然人或法人且在各方面的实力都较小，但两者在法律上是平等的。按照法律的规定，公众的利益是受法律保护的，公众的人格也是受到法律保护的。也就是说，企业在制定公共关系策略时，不能有以大压小、以强欺弱的行为，也不能以居高临下的态度对待公众，否则企业与公众间的关系会搞得一团糟，最后受损失的不是公众而是企业自己。

5. 主动原则

企业的公共关系是企业与公众之间的关系，那么就存在哪一方主动的问题，很显然企业既然要获得公众的谅解与合作，就应主动进行公共关系活动，以有求于公众。现实中也是如此，当企业的形象十分不好时，公众不会主动改变自己对企业的看法与评价，只能由企业主动进行一些公共关系活动以改善自己在公众中的形象；同样当公众认为购买本企业的产品所获得的利益达不到平衡时，就会去购买能够使自己的利益达到平衡的其他企业的产品，不会主动与前一家企业寻求利益平衡，这时只能由企业主动去找公众以平衡利益，然后才能产生双方的和谐关系，因此，主动性也是企业制定公共关系策略的一条重要原则。

6. 角色互换原则

很多企业在制定公共关系策略时，把企业与公众关系的冲突与矛盾一概归到公众身上，认为企业自身的营销活动无可指摘。实际上企业持有这种看法是错误的，问题就出在企业只站在自我利益的立场看问题，而没有站在公众的立场看问题，也就是说没有真正遵守公众在先的原则和互利原则。解决这一问题的有效方法就是企业放弃自己的立场，然后站到公众的立场去观察思考问题，这时就会认识到公众要求的合理性，就会意识到公众没有得到应得的利益或者公众的利益受到某种损害，企业应给予满足或保护。

7. 情感相随原则

一个社会组织如企业、剧团、研究所等，若内部成员之间情感冷漠，那么这个组织的整体运转就不会太好；相反，内部成员之间若是情感融洽亲密无间，那么这个组织的整体运转就会比较好。这其中的原因是情感是一个社会组织运转的润滑剂，也是社会上人际关系的黏合剂。日本的一些企业，特别是像松下公司这样的一些著名大企业提出了一种企业管理理念，即企业是由职工组成的大家庭，成员之间应以家庭成员相待，企业中职工与领导人的关系不是雇员与老板的关系，而是家庭成员与家长的关系，职工之间的关系不是互不相干的路人关系，而是兄弟姊妹的关系，日本企业实行了这一理念后，企业内部之间的关系融洽而亲密，同舟共济齐心协力形成了极大的凝聚力。这一理念不但体现在企业内部的公共关系上，同时也体现在企业与社会外部公众的关系上，从而使日本企业在内外公众公共关系上都以融洽和谐闻名世界，被世界各国企业争相学习。

企业公共关系的对象是公众，企业公共关系活动在本质上是与人发生关系，因此，上述心理学的结论也适用于企业的公共关系活动。也就是说，企业在制定公共关系策略时，要始终利用情感的手段与公众建立和保持一种融洽亲密的关系，然后在此基础上开展公共关系活动，这样做可以收到事半功倍的良好效果。

8. 柔性原则

企业在公共关系活动中协调企业与公众的关系时，不能采取命令的方式强制公众服从，而只能采取信息沟通对话的方式互相交换信息，最后达到理解、谅解、平衡。企业采用这种柔性方式的道理很简单，即企业与公众在法律上是平等的，既然是平等的就不能使用命令的方式，只能使用协商沟通的方式。另外，前面所介绍的信条和原则中也提到，企业希望公众对其持谅解与合作的态度，就要遵守公众在先的原则和互利的原则，而命令强制的方式恰恰与这些信条或原则背道而驰，因此只有沟通协商方式才符合上述信条或原则。这一沟通协商的柔性方式就是后面要加以论述的大众传播方式。

9. 谅解原则

前面已论述过，既然企业的产品及企业的营销活动都要不同程度地影响公众的利益，企业希望公众给予谅解，那么这种态度就不应当是单向的而应该是双向的，即企业要时时处处对公众抱谅解的态度，不要与公众斤斤计较，出现矛盾后也不要寸步不让。另外，谅解这一原则也是企业树立和保持良好的企业形象所要求的，否则企业形象必受损失。

10. 补偿原则

企业的产品和营销活动长期大量地影响了公众的利益，尽管有些影响是难免的甚至是合法的，如自来水含有一定比例对人体有害的消毒剂就是合法的，但公众并不认为这是天经地义的，公众要求的是自己的利益丝毫不受损害，即公众自己的利益没有任何理由遭到企业的损害。在此情况下，企业除了不断改进自己的产品和营销活动外，对难以避免或已对公众利益造成的损害应给予经济和精神补偿，只有这样企业才能得到公众的谅解与合作，否则企业的形象将受到严重损失。当代许多企业特别是发达国家的跨国公司长期大量地向公益事业捐款，特别是向环境保护公益事业捐款，其根本出发点也是出于补偿原则。如美国通用汽车公司在20世纪最后8年中共向国际性的大自然保护协会捐款1 600万美元，就是因为该企业认识到，它在半个多世纪中向全世界销售的累计达几亿辆的汽车所排出的尾气，给世界造成的环境污染是严重的、大范围的，也是无法补救的，因此该企业借助向大自然保护协会长期捐款这一行动部分补偿对公众利益的损害。这一做法颇得人心，所以全世界的公众和消费者对通用汽车公司给予了谅解与合作，通用汽车公司也因此在全世界公众中保持着颇好的企业形象。

11. 长期性原则

企业的公共关系活动，即企业开展树立企业形象的活动和企业与公众关系的协调平衡活动必须要长期坚持下去，因为树立一个好的企业形象，绝不是一蹴而就的。回顾世界上形象好的企业，如通用汽车公司、IBM公司、雀巢公司、丰田汽车公司、松下电器公司、菲利浦电子公司、西门子公司等都是经过半个多世纪的不懈努力才逐渐树立起来良好的企业形象。同样，一家企业与公众的关系是一个不断产生、不断消失的动态过程，不断有新的公众与企业发生关系，不断有老的公众离去。因此，企业的公共关系活动要不停地与新的公众进行协调平衡并在他们中间树立企业形象，所以说企业制定公共关系策略要坚持长期性原则，不能有大功告成就此偃旗息鼓的想法。

现代国际企业的公共关系活动应从企业诞生那一刻起直到企业生命结束那一刻为止一直不停地进行着。比如，一家银行开业第一天就要通过媒体做广告庆祝开业，并且邀请社会各界人士参加开业剪彩活动，这就说明随着企业的诞生企业的公共关系活动也开始了。另一例子是日本著名的山一证券公司，该公司因亚洲金融危机而巨额债务缠身，于20世纪90年代末破产，在宣布破产的新闻发布会上，公司领导人带领其他高层领导面对媒体记者和摄影机镜头鞠躬谢罪后内疚地说，山一证券公司的破产责任完全在公司最高领导人身上，与全体职工无关，山一公司的6 000名员工都是优秀的，希望社会各界帮助他们就业。上述表态经媒体传播后成了日本社会关注的问题，结果这6 000名员工很快就被其他大公司聘用。这说明，一个负责任的现代企业就是到了生命的最后时刻仍需要进行公共关系活动。

12. 综合性原则

企业进行公共关系活动的方式多种多样，每一种方式都有优点和缺点，都有其适用情况，这将在后面章节中加以论述。在这里要强调的是，企业在进行公共关系活动时不能仅仅采用某一种或某几种方式，而是要综合利用，互相配合，发挥其最大组合效果。

20.1.8 企业形象管理方法

企业形象的好与坏直接影响企业的生存与发展，为此，稍具规模的现代企业特别是大型国际企业都对其进行专门管理，即企业形象管理。20世纪70年代开始，国际企业界将企业的形象管理看作是一个系统工程，进行整体管理，并且使用CIS企业形象识别系统对企业形象加以管理。CIS企业形象识别系统包括以下3个分系统：

1. 理念管理系统（MI）

该分系统包括对企业内在的理念与观念进行系统管理。具体又包括以下几个方面：

（1）组织使命

指企业的宗旨，即为什么要创办本企业或本企业生存的意义是什么，如美国IBM公司[①]的企业宗旨是“IBM就是最佳服务”。

（2）经营哲学

指企业的价值观，如当代企业普遍奉行的“质量就是生命”、“时间就是金钱”就是好的企业价值观。

（3）组织精神

组织精神包括职业道德在内的企业精神面貌，如有的企业提出了“我为人人”这一口号，反映了一种高尚的精神境界。

（4）行为准则

指企业内部所有成员进行工作时必须遵守的基本准则，如美国IBM公司把“尊重顾客就是尊重自己，伤害顾客就是伤害自己”作为公司上上下下所有员工必须遵守的一条行为准则。

2. 行为管理系统（BI）

行为管理系统对企业在经营活动中的行为表现进行系统管理。这就要求对企业的所有生产经营活动建立一整套行为规范，如岗位责任制、服务规范、奖惩制度、职工培训制度、监督检查制度等。

---

① IBM公司在2010年全球500家最大公司中排名第52位，年产值998.7亿美元。

3. 视觉管理系统（VI）

视觉管理系统将企业理念管理系统的内容，如企业理念、价值观、组织精神等用一整套视觉可以辨认的事或物系统地、形象地显示出来，让公众一目了然，公众可以通过这些事或物从众多企业中迅速识别出本企业，并产生一种认同感。这一管理系统由以下两个分系统组成：

（1）基础分系统

基础分系统规定企业名称和产品品牌、组织标志和产品商标、企业名称和品牌的专用字体、企业使用的标准颜色等。比如，IBM 公司的名称是“国际商用机器公司”，标志和商标都是“IBM”3 个字母，字体为英文大写印刷体，形状为横向条纹，在企业中不管是产品包装还是办公用品，使用的标准颜色都是蓝色。

（2）应用分系统

企业在诸如办公用品、接待用品、产品包装、广告传播、建筑环境与造型、运输系统与车辆、职工服装款式等方面都由应用分系统具体规定出固定的视觉形态要求，并应用到实践中。

由于美国 IBM 公司制定和执行的 CIS 企业识别系统十分优秀，因此该公司的形象管理被国际企业界公认为企业的典范，并在全世界的公众中赢得了“蓝色巨人”的美誉。

20.2 企业公共关系策略

常用的企业公共关系策略有以下几种：

1. 树立企业形象策略

随着企业的诞生与成长，其形象一般分为 3 个时期，每个时期应采用以下不同的策略：

（1）塑造期策略

这是企业创办初期的策略，该时期内公众对企业是陌生的，企业在公众心目中是一种空白或模糊的形象。此时期的策略应该是“公众认可的策略”，即借助大众传媒将企业的形象主动介绍给社会各类公众，以求得公众的了解与认识，同时建立并扩大知名度与美誉度。

（2）巩固期策略

这一时期应采用“满意策略”，即通过情感手段和利益手段两种手段同时并用，以取得相关公众的好感。双方建立较为稳定的和谐关系以达到公众满意的效果。

（3）维系期策略

这是企业的长期策略，这一时期企业应采用“偏爱策略”，即通过各种手段让公众对本企业的形象产生一种偏爱，以提高公众对本企业形象的肯定程度。

2. 协调平衡策略

企业与公众的关系一般会有 3 种状态，企业针对 3 种不同状态应采取下述不同的策略。

（1）和谐状态时

企业经过公共关系活动的协调平衡与公众形成了和谐关系后，这种和谐关系不会自动保持下去，企业应继续努力采用“强化策略”使和谐关系继续保持下去而且更加巩固。其办法就是将企业不断取得的业绩通过各种形式的纪念活动和庆祝活动传播给公众。如美国可口可乐公司①问世一百周年纪念日时举行了一次巨大的纪念活动，参加的公众达几百万，纪念活动地区从美国的亚特兰大经南美的里约热内卢、亚洲的东京、大洋洲的悉尼、非洲的内罗毕直达欧洲的伦敦，跨越了半个地球，形式有游行、彩车、音乐演奏、颂歌、多米诺骨牌游戏等，通过卫星电视让全世界的公众都看到了这一盛况空前、令人难忘的活动，从而使可口可乐公司与全世界公众的和谐关系得到了强化。

(2) 不和谐状态时

当与公众的关系处于此状态时，企业应采取“反省和自责策略”。企业应首先且主动地从自身找原因，然后再找客观原因，最后以自责的态度加以补救，切忌既不自省更不自责，而是将责任推给公众，甚至与公众对抗。若是发现确系公众误解或他人恶意陷害，也应反省企业造成上述误解的漏洞在哪里，然后向公众作必要的解释，或对恶意陷害的他人加以揭露，但也不要得理不让人，否则企业的形象将受到负面影响。下面的反面例子给所有的企业以借鉴。

美国大陆航空公司是美国第五大航空公司，该公司在从20世纪80年代初到90年代初不到十年的时间内两次向政府申请破产保护，这在美国还是第一家。出现这一危机的根本原因是该公司在激烈的市场竞争中处于不利地位，但该公司不是从经营管理上采取措施加以改变，而是采取硬性解雇员工的措施，导致劳资关系紧张，员工以罢工相抗争，此时公司又错上加错采取了极端措施与员工对抗，即到社会上招聘新员工以代替罢工员工，而不是采用公共关系手段与员工代表谈判沟通以求协调平衡双方的利益，从而连新聘用的员工也对公司抱有敌意，因而工作积极性不高，这又进一步降低了公司的竞争力，恶化了竞争中的不利局面。因此，该公司在不到十年的时间内两次向政府申请破产保护。

(3) 不明状态时

当与公众的关系处于此状态时，企业应采取“善意策略”，以善意的态度主动向公众表达企业的主张和双方的利益关系，改变公众的戒备态度，以便为今后双方关系的建立和发展打下良好的基础。

3. 危机处理策略

当与公众的关系出现危机时，企业应采用“积极化解矛盾策略”。

企业在进行营销活动的漫长岁月中，内部条件和外部环境不可能始终一帆风顺，一旦出现危机，企业若采取正确策略则可转危为安，甚至能将危机转为一种好的机遇。

策略中的“积极”两字意味着处理危机在时间上要及时，要争分夺秒不能延误；在态度上要重视和主动，秉着善意和合作的态度，坚持人道主义，不得敷衍应付，更不能强词夺理坚决对抗；在行动上要充分有力，不得流于形式，有头无尾不见实效。

策略中的“化解矛盾”意味着企业要安抚受害公众，缓和公众的对抗情绪，并联络媒体发布真实的消息以抵消社会上捕风捉影的传闻，然后与政府和其他社会权威组织

① 可口可乐公司在2010年全球500家最大公司中排名第255位，年营业额为351.2亿美元。

进行沟通并争取它们的介入，最后是有效的行动，只有如此企业才能将危机造成的矛盾化解掉，并使企业转危为安。下面是企业化解危机的经典案例。

美国强生医药公司是世界著名的公司，声誉良好。在2010年全球500家最大公司中排名第123位，年营业额达615.4亿美元。该公司的专利产品Tylenol止痛片在美国的市场占有率达35.3%，位居第一，是该公司赚取利润的主力产品，但1982年9月的某一周内，芝加哥地区先后有7人服用该药片后突然死亡，此事件经新闻媒体曝光后传遍全美国，致使人人视该药片为剧毒药，无人敢购买。危机发生后，该公司立即制定了以下公共关系紧急计划并严格执行，最后化解了矛盾，渡过了危机：

（1）公司积极主动地配合新闻媒体及时而真实地将内部调查结果和外部调查结果传播给全国公众，即该公司在生产过程中无任何有毒物质进入该药片，政府有关部门认定在零售过程中有人故意将剧毒药掺入药片中。

（2）公司不惜花费1亿美元巨资将进入市场的所有该药片收回并销毁。

（3）公司设计了一种特殊安全新包装防止流通环节的人为污染破坏，并在包装上注明"如果安全封条被破坏请勿使用"字样。

该公司将上述所有措施和信息经媒体传播给全国公众后，其富有道德心和责任心的行动得到了社会公众的谅解与合作，至9月底该产品的市场占有率又重新恢复到了原来的水平。这次危机的消除在同行看来简直是一个奇迹。

4. 员工关系策略

由于任何企业的战略目标、策略及营销活动都是通过员工去完成的，因此企业与员工关系的好坏直接影响到企业的生死存亡，前面列举的几个典型例子就是最好的证据。

员工关系策略应是增加员工凝聚力和创造融洽和谐人际关系的策略。具体可采用以下几种手段：

（1）尊重员工的人格和个人价值。

（2）在企业领导层与基层群众之间建立正规而畅通的联系渠道。

（3）建立员工培训制度，开发员工的潜能。

（4）组织各种形式的业余文体活动，如文艺演出、舞会、体育活动、旅游活动等调节员工的精神和情绪；为员工的生活福利多做一些实事，如建宿舍、托儿所、俱乐部、健身房等。

5. 股东关系策略

正确的策略应是保证股东应有的权利。

股东是企业的投资者，对企业拥有所有权及获得经济回报的权利。因此，企业应充分尊重和保证他们的权利，为此可采取以下手段：

（1）企业的重大运营情况和发展应向股东通报。

（2）及时向股东发放股金红利。

（3）鼓励股东参加企业的经营活动。

6. 政府关系策略

这也是企业的一种重要公共关系，正确的策略应是"遵纪守法策略"。

政府与企业的关系是管理与被管理的服从关系，这是法律所规定的，不能打折扣。

因此，企业应积极接受政府的管理，遵纪守法。具体说来就是企业在制定战略目标、短期目标以及在日常营销活动中的各个方面都要符合政府的政策和法令法规，不能与其违背，如不能污染环境、保护员工的安全健康等，也不能逃避政府规定的义务，如按时纳税等。

7. 消费者关系策略

这是关系到企业生死存亡的重要外部关系。企业对此重大关系应采取的策略是“满足消费者需求策略”。企业可采用以下几种手段去实现该策略：

（1）在企业所生产经营产品的各个方面，如性能、质量、价格、售后服务等方面，都努力满足消费者的需求。

（2）保证消费者应有的权利得到实现，如消费者的知情权，消费者的安全、健康受保护权等。

（3）通过沟通协调、平衡等手段在企业与消费者之间建立和保持长期的和谐关系。

8. 中间商关系策略

中间商是企业营销活动中不可缺少的外部因素，企业要给予充分的重视。企业一般通过文字介绍材料、参观访问企业、中间商会议等公共关系活动形式做好中间商的以下工作：

（1）加强中间商对企业的了解，如了解企业的历史、组织、人事、资金、原料来源、经营方针、生产情况、产品特点等。

（2）向中间商传授有关产品或服务的知识，如产品的性能、使用、维修等知识，服务的范围、项目和程序等知识。

（3）了解中间商的态度、观点和存在的问题、建议等，并加以妥善处理。

9. 媒体关系策略

企业与媒体的公共关系应采用“尊重策略”。企业沟通、协调、平衡的重大使命主要通过大众媒体的传播渠道进行，此渠道若有堵塞或不畅，企业的上述使命就不能完成或完成得不好。因此，企业与媒体关系紧张是企业公共关系的大忌，后果难以预料。企业避免出现此情况的正确策略就是尊重媒体，对媒体有关本企业的有利报道应谦虚冷静，而不是忘乎所以；对媒体有关本企业的不利报道应给予正视，加以改进，而不是抵触或敌视。

下面的例子显示了具有百年历史的美国可口可乐公司在对待与媒体的关系上一次颇大的错误，该错误被美国商业界人士称为20世纪下半世纪美国最大的商业失败，具体情况如下。可口可乐公司在饮料市场上独霸几十年后，于20世纪80年代初期面临与竞争对手百事可乐公司平分市场的局面，前景颇为严峻，于是可口可乐公司也仿效对手的做法研制出了甜味饮料新产品。在投放市场之前为慎重起见，该公司历时两年调查了20万消费者，调查结果显示消费者对该新产品持肯定态度，因而该公司于1985年4月郑重向全美国公众宣布停止可口可乐老饮料的生产，而向市场推出甜味新可乐饮料。此饮料上市初期市场反应还不错，但不久之后新闻传媒批评将老可口可乐饮料停产是放弃了美国的象征和精神，甚至将此提升到爱国主义的高度加以批评，在传媒的影响下消费者纷纷改变态度，拒绝饮用新可乐，之后又很快发展到消费者组成“老可乐饮用者”

社会组织，并在全国发起抵制新可乐的群众抗议运动。在此风云突变的严峻形势下，该公司领导人不得不在宣布停产老饮料三个月后通过传媒公开向美国消费者道歉，并立即恢复了老可乐的生产，这才渡过了危机，但该公司为此付出的代价是经济和声誉的双重损失。究其原因，很大程度上是该公司忽视了大众传媒的重要性，在推出新产品时没有取得大众传媒的支持。

10. 社区关系策略

企业与社区的公共关系应采用“做社区好成员策略”，只有这样企业才能搞好与左邻右舍的关系，企业的日常营销活动才能正常进行下去。企业具体可采用以下手段实现该策略：

（1）减少或避免企业对社区的不利影响，如三废治理、减少噪声等。

（2）以企业的人力、物力、财力去满足和支援社区的需要，如修桥补路，将企业的文化福利设施如健身房、俱乐部等向社区开放等。

11. 竞争对手关系策略

企业与竞争对手的公共关系应采取双重策略，即“既是伙伴关系又是竞争关系“策略”。同行企业共同面临着许多相同的问题，如原材料供应问题、新技术新产品开发问题、市场开发问题、信息收集问题、设备更新问题等，同行企业若能互相协作、互相支援、互相交流这些问题就会解决得比较快、比较好，大家共同受益；反之都受其害。因此，现在一些大型企业特别是国际企业相互关系的趋势是互相协作配合，共同将蛋糕（市场）做大，使每家企业分得的那一份蛋糕都要比未做大前的那一份要大。这一观点和案例已在前面的章节中作了详细的论述。

企业与同行企业首先是伙伴关系，然后才是竞争关系，但企业所采用的竞争手段应是光明正大的，不能违反职业道德和社会公德。

20.3 当代企业公共关系策略的新趋势

无论进行国内营销还是国际营销，企业在社会公众中形象的好坏已成为该企业营销成功与否的重要因素之一。因此，当代企业都不惜耗费人力、物力、财力进行公共关系活动。企业在进行公共关系活动时除了在上述各个方面进行努力外，近一二十年以来还重点在以下两方面进行努力。

一是企业主动在社会公众中树立良好的企业形象，即开展形象工程。企业在开展形象工程时所采用的手段多为不惜耗费巨资进行各种形式的赞助。如可口可乐公司、柯达公司、洛克菲勒集团、通用汽车公司、微软公司董事长等耗巨资赞助体育比赛、文娱演出，成立基金会等慈善机构对社会公益事业进行各种赞助等。不光大企业这样做，世界各地的中小企业也步大企业的后尘，在较小的社会层面捐款赞助较小的社会公益项目，如残疾人事业、教育事业、自然灾害救助事业、社会福利事业等。目前中国的企业也开始跟随此新趋势。比如，中国最大的民族国际企业、世界知名的海尔集团对社会慈善事业的认识与态度是“海尔集团的发展离不开社会的发展与支持……海尔集国一直把关注社会进步、回报社会、帮助弱势群体作为必须承担的社会责任和义务”。海尔集团的这一认识与态度已与世界企业界的主流认识与态度接轨，也与卡内基的观点十分接近，在这方面海尔集团已走在了中国企业界的前头。长期以来海尔集团已制定并实施了多项计划，至2008年8月为止累计已向社会慈善事业捐献达5亿元，其中包括建立一百所希望小学的长期计划、中国运动员在2008年北京奥动会上“一枚金牌，一所希望小学”的短期计划以及为四川汶川大地震灾区人民实施“重建家园”的紧急计划。海尔集团的高度社会责任心得到了社会公众的普遍好评，也为海尔集团树立了良好的社会形象。

另一个新趋势是企业努力在环保方面主动适应和迎合社会各界公众日益提高的环境保护意识，进行绿色营销。即企业不但向消费者提供在消费或使用时不损伤人体健康和污染环境的绿色产品，而且企业在生产和经营销售过程中也要做到不污染环境。如西方发达国家的汽车生产厂家一直在不遗余力地研制和推出各种减少汽车尾气污染的新型汽车，诸如太阳能轿车、以酒精做燃料的轿车、以氢做燃料的轿车等；农业企业和食品企业不断推出没有污染的无公害绿色蔬菜和绿色食品；家电企业则在不断地推出放射线少的新型绿色彩色电视机；纺织企业也在研制和推出不需要染色、不污染环境、具有天然颜色的绿色纺织品；在生产过程中污染环境的企业如冶金企业、化工企业、造纸企业等，更是不断花大力气进行“三废”处理工程，争取摘掉污染环境大户的帽子，以取得社会公众的好感。

20.4 国际营销权力策略

近些年以来国际营销环境又有了一些新变化：一是国际市场竞争加剧，二是各国的贸易保护主义再度抬头，三是各国政府对市场的干预力度加大。后两者实际上是政治权力因素在对国际营销活动施加压力，这种政府干预对企业的国际营销活动是不利的。但菲利普·科特勒认为国际企业对于政治权力这个不可控环境因素不能消极地被动顺从和适应，而是应该积极主动地去影响这一环境因素，使之变得对企业的国际营销活动有利。其手段就是利用东道国各个层次的领导人、各个层次的立法机构和执法机构及有影响力的社会人物手中的权力及影响力为国际企业的国际营销活动服务。其采用的策略称为权力策略，常用形式如下：

1. 跟随访问

跟随访问是指国际企业领导人跟随母国政府领导人或有影响力的重量级人物如总统、议长、前总统、前议长等一同访问东道国，利用母国上述人物的影响力与东道国政府领导人或有影响力的重量级人物结识交朋友，在此基础上再与本企业有关的地方政府或企业洽谈投资、销售、采购等国际营销业务。比如，20世纪末的最后几年，美国总统克林顿访问中国时，除率领政府官员外，还率领了数十人的庞大的企业家代表团；2003年6月印度总理瓦杰帕伊访问中国时率领的企业家代表团人数达40人；同年10月爱尔兰总理访问中国时率领的企业家代表团人数达150人；2006年3月底俄罗斯总统普京率代表团正式访问中国，更是创下了代表团人数之最和经济协议之最。这些代表团中的企业家在北京与中国领导人结识之后，就带着中国领导人的信件，甚至同中国领导人派出的陪同人员一起奔赴中国各地，与有关地方的当地政府领导人或官员及有关企业领导人洽谈国际营销业务，这样做效率既高，收获又大。

上述形式也适用于母国地方政府领导人访问东道国有关地方政府领导人的情况，如友好城市政府领导人互访等。

除上述形式外，在关键时候，企业甚至可请重量级的政府官员出面代为企业谈判，利用其影响力为企业谋取利益，或当企业的谈判陷入僵局时，请其出面进行调解。本章中的案例借鉴五就是一个很好的例子。

2. 游说立法机构和政府机构

西方国家的立法机构议会在制定某项立法之前以及政府在制定某项政策法令之前，一般都要举行公开的听证会，倾听社会各界对该项立法或政策法令的意见与建议，然后再由议会讨论付诸表决，或由政府作出决策。因此，当议会或政府对某项与国际企业国际营销活动有关的立法或政策法令举行公开听证会时，大型国际企业特别是跨国公司若在该东道国设有具有法人资格的分支机构，就可聘请具有东道国国籍的当地社会活动家代表企业参加此种听证会，通过会上发言和会后的后续活动如提供资料、个别拜访等促使有利于本企业和本行业的立法或政策法令得以通过，或阻碍不利于本企业和本行业的立法或政策法令通过，或对其进行有利于本企业和本行业的修改。此种活动在西方国家较为普遍，亦称为院外活动。

3. 其他形式

现在世界上有众多的标准化国际机构，它们负责制定和修订各行各业各种产品的国际标准。这些标准覆盖范围的大小、标准水平的高低等对任何一家国际企业都非常重要。因此，国际企业要力争参与与本企业产品有关的国际标准的制定或修改工作，以便为本企业争取最大利益。比如，激光光盘的国际标准参照日本的行业标准制定，这对日本企业十分有利。又如，20 世纪 90 年代数字移动通讯电话尚处于初期开发阶段，还没有全世界统一的通讯标准时，欧洲、美国、日本的手机生产商都各自全力以赴地按自己制定的通讯标准研制移动通讯使用的手机，竞争十分激烈。其中著名的跨国公司诺基亚公司自己制定并使用的 GSM 标准被同行业国际组织认定为 2G 通讯领域中的国际统一标准，于是其他生产商不得不放弃自己制定的通讯标准，按照 GSM 标准重新研制手机，诺基亚则趁机将早已按 GSM 标准研制成功的手机快速推向市场，市场份额很快达到了 25%成为市场领先者。诺基亚公司总裁后来总结该公司的成功经验时认为，该公司自己制定的 GSM 标准被国际组织认定为国际标准是该公司在众多竞争对手中胜出的关键原因。

另外，世界上还有众多的国际同业公会或协会负责制定全世界本行业的规范和政策，国际企业也应积极参与上述工作，以争取所制定的规范和政策反映本企业的利益，从而为本企业谋取最大利益。

国际营销权力策略是一种新理论，目前该策略还在继续探索与完善中。

思考题

1. 综合分析中国某国际企业公共关系策略的成功与不足之处。
2. 对某国际企业对内部公众的某种公共关系策略进行较深入的分析。

3. 对某国际企业对外部公众的某种公共关系策略进行较深入的分析。

4. 分析某外国企业在中国成功树立企业形象的具体策略。

5. 对案例借鉴五进行初步分析与总结。

案例借鉴一

美国杜邦公司的崇高企业宗旨

美国杜邦公司是世界著名的大公司，该公司掌握着化学工业的大量先进技术。它的企业宗旨是“科学为人类的正义和幸福服务”。在此宗旨下，杜邦公司在历史上完成了一项虽为同行十分不理解，却为社会十分敬佩的伟大事业。第二次世界大战还在紧张进行的时候，美国政府为了战胜德国和日本，决心赶在德国之前研制成功原子弹，并为此实施了极其秘密的“曼哈顿计划”。当时美国政府找到了在科研方面颇有实力的杜邦公司寻求支持，杜邦公司充分认识到原子弹的研制成功对美国人民和整个人类所具有的重大积极意义，也认识到参加该项研制工作是杜邦公司为人类的正义与幸福做出的贡献。因此，杜邦公司在 1942 年与政府签订了协议，协议规定杜邦公司以自己的人力、物力、财力全力以赴协助政府研制原子弹。协议书还明确规定，原子弹研制成功后杜邦公司仅要求政府付给 1 美元的总利润。为了这项崇高的事业，杜邦公司将全公司 6 万多名职工秘密迁移到 4 000 公里之外的某地参加研制工作，并最后取得成功。在上述崇高的企业宗旨下，杜邦公司还先后研制成功了合成橡胶、尼龙、的确良、乙烯、塑料新产品等一系列对发展世界经济、提高人类生活水平具有重大意义的化工新产品。当然整个人类社会也给了杜邦公司应有的回报，即杜邦公司依靠上述划时代的新产品获得了巨额利润，同时也壮大了自己。杜邦公司早已成为进入全球 500 家最大公司的巨型企业，2010 年在其中排名第 284 位，年产值 327.3 亿美元，并在 1990 年被评为全美国最令人佩服的十大公司之一。

案例借鉴二

不同的公共关系策略造成了
截然不同的企业形象和后果

第二次世界大战后，美国可口可乐公司占领了印度这个人口众多、消费量巨大的市场。但由于该公司只顾将赚到的利润，即被印度政府和公众看来十分宝贵的外汇大批汇出印度，从而遭到印度舆论和政府的强烈不满和反对，但可口可乐公司认为这样做完全合法无可非议，因此不予理睬，造成双方关系紧张，最终导致该公司于 1978 年被迫全部退出印度市场。在这之后可口可乐公司的竞争对手美国百事可乐公司[①]从可口可乐公司的做法中吸取了教训，该公司根据公共关系策略中的角色互换原则站在印度公众和政府的立场上看问题，认识到印度公众和政府的反对有其合理性，是完全可以理解的。即当时的印度是一个刚独立不久的发展中国家，经济十分落后，急需用大量外汇进口机器设备和先进技术进行经济建设，以提高公众的生活水平，但宝贵的外汇却被可口可乐公司拿走了，这是不能容忍的。百事可乐公司进行了上述换位思考后，从印度公众的利益出发，采用了相应的公共关系策略，即在未进入印度市场之前，拿出人力、物力、财力帮助印度政府出口农产品以换取印度紧缺的外汇，并且取得了较大成绩，受到了印度舆论和政府的赞扬与肯定。然后在双方已形成了融洽关系的基础上，百事可乐公司的饮料成功地进入并占领了印度市场。从这一典型事例中可以看出，百事可乐公司成功占领印度市场的关键原因是在公共关系活动中遵守了角色互换原则。

案例借鉴三

摩托罗拉公司在中国的公关活动

摩托罗拉（中国）公司是著名跨国公司美国摩托罗拉公司[②]在中国的子公司，也是美国在中国投资最大的公司，至 21 世纪初累计投资已超过 25 亿美元，雇员超过一万人，近二十年来产值每年以两位数增长，企业年产值已增加了十几倍，是在中国投资最成功的外资企业之一，也是第二个最受中国政府和公众称赞的外资企业。为此，中国政府已多次对该公司进行表彰和奖励，而且授予公司总裁赖炳荣以永久居留资格，这是中国政府给予外国公民的最高规格待遇。

该公司在中国取得如此辉煌的成就与荣誉，其原因除了该公司采用了正确的国际营销战略、策略外，其在中国所实施的公共关系策略也起到了非常重要的作用。

该策略的指导思想是要配合中国“科技兴国”国策为中国的发展做贡献，策略的重点是为中国培养优秀人才。为此，至 2001 年为止，该公司累计捐赠了 2 100 万元在中国西藏、新疆、湖南等 15 个省市建立了 38 所希望小学，使一万名儿童免于失学。另外捐赠了 1 100 万元作为奖学金使清华大学、北京大学、南开大学等十余所名牌大学的 6 600 名大学生受益，此外每年还捐资 100 万元奖励清华大学等八所高校的优秀教师，同时公司总裁赖炳荣个人还收养了三十余个中国穷困的孩子，负担他们直到读完大学的全部费用。更令人敬佩的是，赖炳荣每年都亲自率领由公司高层管理人员组成的代表团到中国边远山区和西部边陲看望穷困的孩子们，将真诚的爱亲自送到孩子们手中，这实在让一些与这些穷困孩子同是骨肉同胞但却只知一心追逐利润的中国企业家们汗颜。

除此之外，该公司还为 1998 年中国特大洪灾捐资 2 800 万元，同时在中国的环境保护、孤儿救济等方面慷慨捐款。

---

① 百事可乐公司在 2010 年全球 500 家最大公司中排名第 137 位，年营业额为 578. 4 亿美元。

② 摩托罗拉公司在 2010 年全球 500 家最大公司排名中排名第 426 位，年产值达 228. 2 亿美元。

上述这一切使该公司在中国政府和公众中获得广泛称赞并家喻户晓，该公司在中国的国际营销活动也因此获得巨大成功。

案例借鉴四

不能越过道德底线

由于历史、民族、地区、社会环境、文化等的不同，世界各国的价值观也不相同，其中由价值观而决定的道德观世界各国也不完全相同。尽管如此，全人类在不约而同地遵守着同一条道德底线，如不能欺骗、不能加害于人、不能损人利己等。若任一国家、任一民族、任一个人的言语和行为越过了这一底线，将受到受害人甚至社会法律的谴责和强行制止，人与人之间的关系要遵守这一道德底线，国际企业作为法人在进行国际营销活动时，同样也要遵守这一底线，绝对不能越过这一底线，否则将会自食其果。下面的例子对于国际企业来说具有警示性。

英国《世界新闻报》是一家具有一百八十余年历史、发行量居英国第2位的著名报纸，该报以独家新闻多、常有轰动新闻报导著称于世。但该报社于2011年7月中旬以“我们抱歉”告别信的形式突然宣布报纸停刊，报社关闭。造成这一致命后果的直接原因就是该报越过了人类的道德底线，最终自食其恶果。

该报停刊的导火线是过去曾在该报社任职的某记者，出于良心发现，在媒体上揭露其曾受命以窃听手段获得某足球明星的个人隐私，该报独家报导后成为轰动新闻，报纸因此而受益，而该足球明星的有关家人却因此受到不应有的伤害。该记者还揭露该报在多年之前就以同样窃听手段获得了许多社会名人和普通百姓的个人隐私，作为轰动新闻加以报导。此揭露立即引起英国公众的关注和义愤，继而成为社会舆论的焦点，引起英国下议院议员的关注，为此在议会中专门对此进行了讨论，在此急转直下的形势下，该报社才以上述抱歉信的形式突然宣布报纸停刊，报社关闭。但公众的义愤并未因此而平息，下议院仍在继续讨论此事，并以英国议会的名义传唤该报社的母公司，即庞大的世界著名新闻集团①的董事长澳大利亚人默多克出席听证会接受质询。这位赫赫有名的大亨及其副手不得不遵命专程从美国飞往伦敦接受议会质询，并屈尊亲自到受害人家中向其家人道歉，在此严峻形势下包括欧洲总负责人在内该集团的多名高级领导人或被英国政府逮捕或自动辞职。鉴于问题的严重性和公众的义愤，英国首相已下令成立由高官组成的委员会对该事件进行为期1年的专门深入调查，然后由政府作相应的决策。与此同时，美国的国会议员也开始讨论该集团在美国的媒体是否有窃听个人隐私等越过道德底线的行为，美国司法部为此展开了调查。《世界新闻报》丑闻已在英美两国引起了一连串连锁反应，并威胁到该集团的整体前途，因此，该集团一直在弃车保帅，穷于应付，甚至发展到已将默多克的儿子推出来作替罪羊的地步。

① 新闻集团是澳大利亚人默多克家族控股的一家大型跨国公司，在2010年全球500家最大公司中排名第283位，年营业额327.8亿美元。

案例借鉴五

中国国际企业运用权力策略的案例

在下面介绍的中国企业运用权力策略的案例中，不但双方企业、双方政府的高级领导人予以极大的重视并亲自参予解决，而且也引起了世界经济界的关注，双方运用权力策略进行了长达十年的反复谈判，最后双方都作出了让步，达到了双赢的结果，可以说是一次成功的国际营销活动。

1999 年俄国石油业巨头尤科斯石油公司（现为俄罗斯石油公司①）向中国石油业巨头中国石油天然气集团公司②建议修建一条从俄罗斯西伯利亚油田的安加尔斯克起至中国大庆的输油管道（简称安大线），然后利用此管道向中国出口石油。此建议得到了中方的积极响应，次年俄罗斯石油管道运输公司表示欲承担此管道的修建和管理任务。2001 年，3 家公司签署了上述内容的原则协议。该协议原则上规定 2003 年开工修建输油管道，2005 年完成第一期工程并开始向中方输油，并规定此后 25 年内俄方将向中方出口原油 7 亿吨，总交易额约为 1 500 亿美元，这一数字相当于中国当年 GDP 的 1/6，可见这是一项规模巨大的国际营销活动，直接关系到 3 家企业的巨大商业利益，也间接关系到中俄两国的国家利益。因此，三方都十分重视也全力以赴地进行艰巨的谈判，以争取本企业和本国的最大利益，但谈判并不是一帆风顺，协议一直难产。在此情况下三方都认识到有必要采用国际营销权力策略，即利用本国的政治权力或政府权力向对方施加影响，以便为己方的国际营销活动谋取利益，于是除了三方企业高级领导人的频繁接触和谈判外，双方还多次请两国政府的经贸部长、总理和国家元首出面会谈此项目。

2002 年 12 月，俄罗斯总统普京访华时就此项目与中国国家主席进行了讨论，讨论结果似乎修建安大线已成定局。但仅过了一个月，日本的石油企业利用日本首相小泉纯一郎访问俄罗斯的机会，向俄方提出了一项建议，即修建从安加尔斯克到俄罗斯远东海港纳霍德卡的输油管道（简称安纳线），以便向日本出口石油，并答应向俄方提供 58 亿美元的贷款。此后俄方修建安大线的决心发生动摇，2003 年 4 月，俄方提出了修建安大线和安纳线两条管道分别向中国和日本出口石油的折中方案，即先修建安大线后修建安纳线，2003 年 6 月，日本外务大臣川口顺子专程赴莫斯科向俄罗斯政府游说，即日本愿提供 75 亿美元贷款以换取先修建安纳线。至此中俄修建安大线的石油项目变得复杂化，并对中方有些不利，为此中方多次在低层次上与俄方谈判，并应允也向俄方提供贷款，但也未能扭转俄方的变化方向。有鉴于此，中国总理温家宝亲自出马于 2004 年 9 月赴莫斯科与俄罗斯总理弗拉德科夫举行会谈，但俄罗斯政府于 2004 年 10 月底作出正式决定，即修建从远东的泰舍特至远东海港纳霍德卡 4 000 公里长的输油管道（简称泰纳线），以向包括日本在内的太平洋国家出口石油，而早先已与中方签署原则协议的安大线则因远东油田储量不足而搁置。

---

① 俄罗斯石油公司在 2010 年全球 500 家最大公司中排名第 179 位，年营业额为 463.0 亿美元。

② 中国石油天然气公司在 2010 年全球 500 家最大公司中排名第 6 位，年营业额为 2 401.9 亿美元。

但是这项举世瞩目的国际营销活动到此并没有结束。当俄罗斯政府作出修建泰纳线的最终决定后不久，俄方发现日本政府在竞争得胜后并不急于兑现其贷款承诺，俄罗斯政府于是在2005年4月毅然作出决定，即在泰纳线中点附近修建一条通往中国的支线，并先向中国供油，弄巧成拙的日本政府不得不忍痛提出向俄方提供90亿美元经济援助的计划，以此换取俄方先向日本供油，但俄方对此并不满意，并宣布打算自筹资金修建到达中国支线的前一半管道，余下的另一半到达远东海港的管道要等条件成熟后再修建，对此日本政府又一次忍痛提出欲向俄方无偿提供7亿美元用于输油管道线路的勘察。

此后围绕首先向中国供油还是首先向日本供油问题，中俄日三国进行了长时间的频繁谈判。最终在2007年11月中国总理温家宝赴莫斯科与俄罗斯总理祖布科夫举行例行会晤时，双方终于达成原则协议，即确保中俄输油管道支线在2008年年底前建成并投入运营，届时根据过去早已签署的原则协议，支线运营后的25年内俄方共向中方供油7亿吨。

但上述协议仅是框架协议，为了执行该协议双方又开始了细节谈判。在谈判过程中国际油价大幅度上涨，同时中国能源紧缺问题日益严重，对此有利形势，俄方在谈判中进一步与中方讨价还价，从而使谈判时间一拖再拖。但到2008年年底，这时上述客观形势又有了新的变化，即国际市场上油价大幅度回落，另外，受2008年世界金融危机的影响，俄国经济出现了较大困难，另外中国的能源紧缺问题也没有根本解决，在此大形势下双方认识到任何一方都没有绝对优势，而且双方都存在着不易解决的弱势，为了己方的最大利益，双方必须作出让步和妥协。有了这一共识后，2008年11月两国总理再次会晤进行商谈，双方原则上同意以“贷款换石油”的方式解决这一问题，然后根据此方式再次进行细节谈判，终于在2009年4月签署了正式协议，协议规定中国向俄方发放250亿美元低息贷款，以换取俄方从2011年起至2030年止以国际市场油价向中方出售3亿顿石油。至此，经过10年漫长的艰苦谈判，正式协议终于达成，并于2011年1月1日起正式执行，俄方开始按协议向中方供应石油。

但这一最后协议与10年前签署的初步协议相比已大不相同：首先供油数量大大减少；其次供油时间大大向后推迟；供油运输距离也加长了；最后供油附加了较高的交换条件。

以国际营销学的角度看，备受国际经济界瞩目的这一特大国际营销交易可简单总结如下：

1. 双方都运用了权力策略是这项交易成功的关键。

2. 最终的协议要体现双赢。

3. 谈判中要时时考虑国际形势的变化和对方、己方实力的变化与对比，并据此对最终目标作出适时适势的灵活调整。

4. 要有坚强的毅力。

第5篇

国际营销管理

本书前面各篇所论述的国际营销环境分析、国际营销方法的使用、国际营销战略、国际营销策略等内容，都属于一种复杂的营销活动。国际企业在上述营销活动进行之前、进行之中、进行之后都需要按照一定的程序和手段协调这些活动，使其互相配合，有机地联系在一起。这样做不但保证营销活动的顺利进行，而且使整体效益大于局部效益之和。为此，国际企业要对上述所有营销活动加以综合性的管理和协调，具体包括国际营销企业的组织结构、国际营销计划管理、国际营销财务管理、国际营销物流管理等工作。本篇即对此加以专门论述。

第 21 章

国际营销企业的组织结构

21.1 国际营销企业组织结构的不同形式

一个国际企业仅制定战略和策略是不够的，还需要有一定的组织结构去加以实施。由于国际营销活动在企业内部所处的地位不同，国际企业可以有多种组织结构。一般来说，随着国际营销活动在国际企业内部地位的提高，国际企业组织结构的形式也愈来愈复杂、愈来愈高级，即随着国际企业处于不同的发展阶段，其组织结构也有不同的结构形式，具体如下：

1. 出口部组织结构形式

当国际企业采取出口产品方式，而且仅仅采用这一种方式，没有采用其他市场进入方式时，企业为了将国际营销管理从国内营销管理中分离出来单独管理，往往设立出口部这一组织形式，如图 21－1 所示。这时的国际企业处于国际化初期阶段，但这个阶段的国际企业基本上仍属于国内企业。

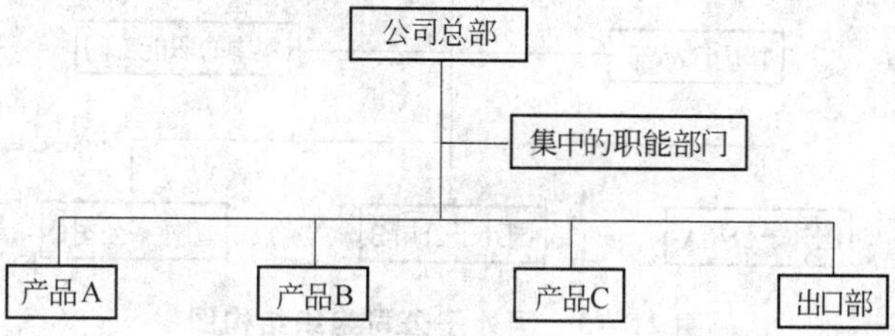

图 21－1　出口部组织结构图

2. 国际部组织结构形式

当国际企业进入国际市场的方式除了直接出口外，还有诸如技术转让、许可证贸易，甚至合资经营等方式时，单纯依靠出口部这一组织结构形式已经不能承担如此复杂而繁重的管理任务，而应采用国际部这一组织结构形式，如图 21－2 所示。国际部的优点是可以将国际企业所有的国际营销活动集中于一个部门，进行统一协调和统一管理，即能够克服分散经营、分散力量、降低效率的弊病；缺点是国际部的管理工作在很大程度上要依赖负责国内营销管理的部门，特别在生产技术上更是如此。因此，这种组织结构形式使得国际部不能充分得到所需要的内部资源，有时甚至会出现互相争夺企业内部资源的现象。另外，国际部仅能对海外机构进行协调工作，而不能对诸如海外分公司等机构进行决策。

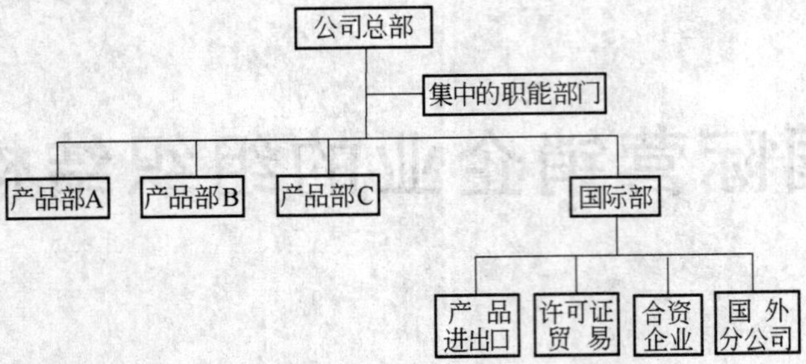

图 21－2 国际部组织结构图

3. 国外子公司组织结构形式

当国际企业的国际营销活动进一步深化，需要在国外建立独立机构进行独立的国际营销活动时，国际部的组织形式就不能承担此项任务了，这时的组织结构形式应是国外子公司形式，如图 21－3 所示。国外子公司是独立的法人，拥有自已的董事会和章程，因此具有独立的自主经营权，但仍需遵守母公司的一些要求，并向母公司汇报或请示工作。此种组织结构形式的优点是子公司可根据国外环境和市场变化迅速调整自已的营销策略，即可在经营管理方面发挥独创性；缺点是子公司在作出决策时往往只考虑自身利益，而不大考虑母公司的整体利益。

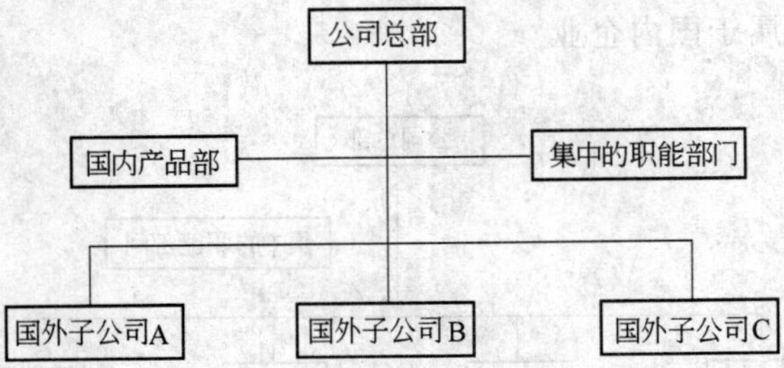

图 21－3 国外子公司组织结构图

4. 全球结构组织结构形式

当国际企业的国际营销活动地位在企业内部已达到或超过国内营销活动的地位时，国内营销活动成为国际企业全部营销活动中的一小部分，发展到这种最高阶段的国际企业的组织结构形式就应是全球结构形式，如图 21－4 所示。在此种组织结构形式下，国外各独立营销单位一概向母公司的总经理报告工作，而不向母公司的职能部门报告工作。世界上众多巨型跨国公司一般皆采用此种组织结构形式，如美国埃克森—美孚石油公司、英荷壳牌石油公司、美国通用汽车公司、美国 IBM 公司、美国摩托罗拉公司、芬兰诺基亚公司、德国西门子公司、荷兰菲利浦公司等。此种组织结构形式与国外子公司组织结构形式的区别就在于，全球结构形式的国际企业把国际营销活动放在主导地位来看待，而国外子公司组织结构形式的国际企业则把国内营销活动放在主导地位来看待。此种形式的优点是国际企业可把内部资源集中到最有利的市场上。

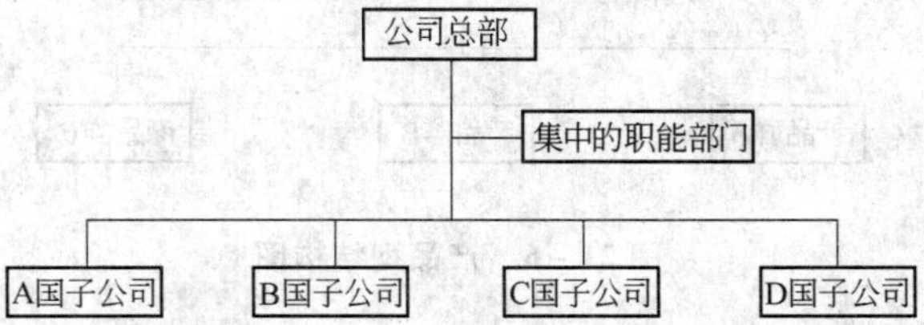

图 21－4　全球结构组织结构图

21.2　国际营销企业组织结构的类型

1. 职能型结构

当国际企业对其国际营销活动进行管理时，需要诸如生产、计划、财务、营销调研、研究与开发等的专门知识和能力，国际企业按照这些不同的专门知识和能力单独成立部门，然后这些职能部门分别对国际企业某一方面的营销活动进行管理，此种组织结构就是职能型结构，如图 21－5 所示。此种结构类型适合于产品系列比较少或产品比较标准化，而且市场营销比较稳定的国际企业。其优点是可以使企业管理的侧重点放在内部功能上，专业人员各适其所，节省人力；缺点是不适合于产品系列多及产品在世界各国营销有较大差别的国际企业。因此，世界上使用此种结构类型的国际企业较少。

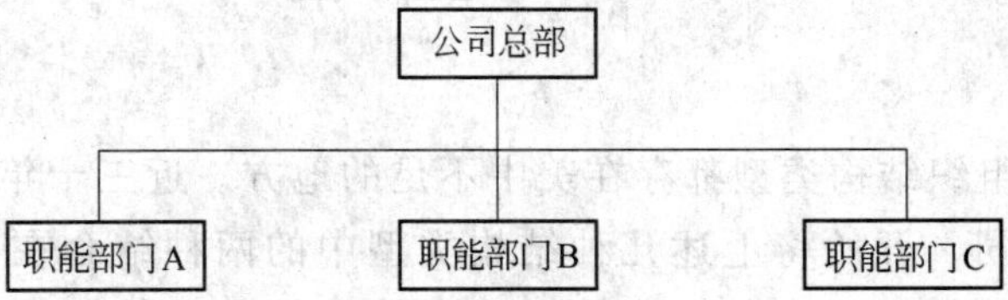

图 21－5　职能型结构图

2. 产品型结构

产品型结构又称事业部型结构，如图 21－6 所示。这种结构类型是将国际企业的众多产品分为若干个产品群，每个产品群组成一个部门，自行管理其营销活动。此种类型结构特别适合于那些产品线很多，并且在世界各国的营销情况差别也较大的国际企业。此类型的优点是发挥了或强调了国际企业的生产职能，倾向于高度分散管理；缺点是母公司总部协调各产品群之间的工作十分困难，往往导致国际企业机构重叠、人员和资源浪费，也容易在消费者中造成混乱。

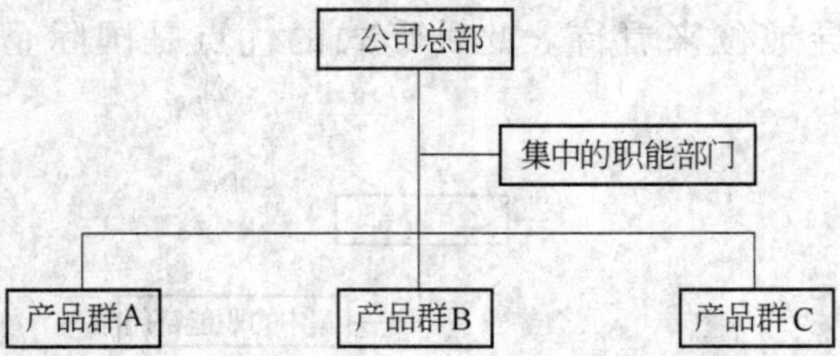

图 21－6　产品型结构图

3. 地区型结构

如图 21－7 所示，这种结构类型是将国际企业的整个营销活动分为若干个地区，各地区自己组成一个集团或部门，管理本地区内的所有营销活动。此种类型结构适合于那些产品系列比较少，并且各地区之间营销差别较大的国际企业。比如，世界各国的大型跨国石油企业多采用此类型的结构。其优点为可将企业在某一地区的资源集中在一起，发挥规模经济优势；缺点是各地区的管理机构可能重复，造成人员和资源浪费，而且也容易使各地区组织仅仅从本地区的利益考虑问题，而不从母公司的整体利益全盘考虑问题。

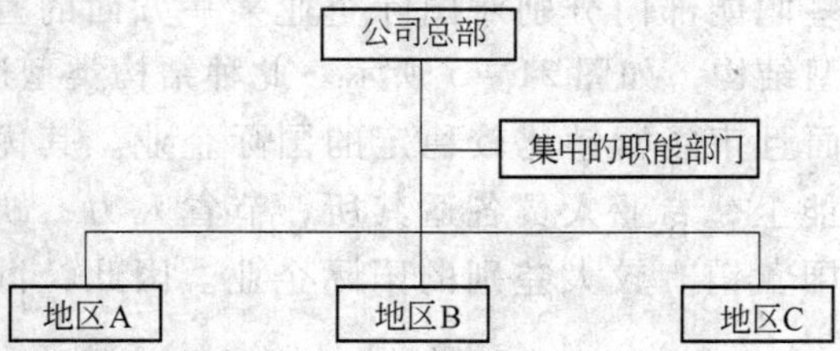

图 21－7　地区型结构图

4. 矩阵型结构

上述任何一种组织结构类型都存在美中不足的地方。近三十年来，国际企业特别是一些大型跨国公司，开始将上述几种结构类型中的两种结合在一起使用，择其优点，弃其缺点，这便是目前流行的矩阵型组织结构类型。其中最流行的是将产品型结构与地区型结构结合在一起的地区—产品型矩阵组织结构类型，如图 21－8 所示。矩阵型结构适合于那些产品高度多样化，而且各地区的营销差别也大的国际企业。其优点是能够应付复杂的营销环境和综合处理多种环境因素，应变能力强，还可以避免上述每一种结构类型单独使用时的缺点；但矩阵型结构也有缺点，即国际企业的每一个基层部门都要接受两个上级的领导，容易引起混乱。

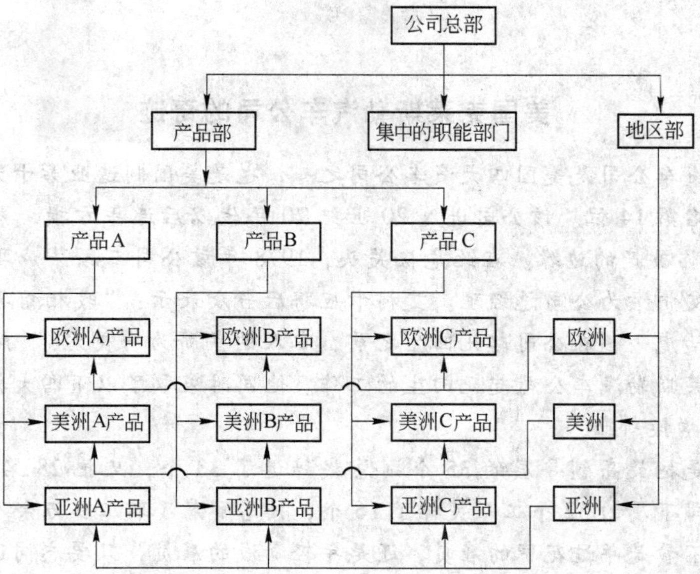

图 21－8　矩阵型结构图

21.3　国际营销企业组织结构的选择

影响国际企业选择组织结构类型的因素有很多，如企业的战略、经营规模、经营时间、企业资源、产品和国外市场的复杂程度等，但主要还是从以下两大方面进行考虑：

1. 按国际营销所占比重选择

即国际企业是以国内营销为主，还是以国际营销为主。若属于前种情况，那么国际企业就应在出口部、国际部、国外子公司等组织结构形式中进行选择，国内营销比重愈大，愈应选择前面几种形式；反之，就应选择全球结构组织结构形式，并在职能型、产品型、地区型、矩阵型结构中进行选择，而且国际营销的比重愈大，愈应选择后面几种类型的结构。

2. 按产品和地区的多样化程度选择

当国际企业产品多样化程度和地区营销差别都小时，宜采用职能型结构；当产品多样化程度高，而各地区营销差别不大时，宜采用产品型结构；当地区营销差别大，而各产品之间差别不大时，宜采用地区型结构；当产品和地区数量既多差别又大时，宜采用地区—产品型矩阵结构。

思考题

1. 以实际例子对不同国际企业所采用的组织结构进行分析比较。

2. 以实例为中国刚刚开始国际营销活动的国际企业选择组织结构形式。

案例借鉴

美国克莱斯勒汽车公司的奇迹

克莱斯勒汽车公司是美国四大汽车公司之一，也是美国制造业第十大企业，在全世界制造业中排名第14位。该公司进入20世纪70年代以后连年亏损，累计亏损总额达48亿美元，濒临破产的边缘。在此危机关头，1978年该公司三顾茅庐聘请了原福特汽车公司总经理艾柯卡为公司总经理。艾柯卡应聘后当众表示："我相信再过几年，克莱斯勒就会生龙活虎……在公司起死回生之前，本人的年薪为一美元。"然后艾柯卡开始了艰巨的让克莱斯勒汽车公司起死回生的工作。他同时采取了以下四大措施：

1. 精简机构换新血

艾柯卡先是把最高领导层的35个副总裁辞退了33个，又把28名经理撤掉了24个，然后将公司下属的52个工厂关掉了16个，接着解雇了职工9万余人，占职工总数的一半，最后不管是年过花甲的雇员，还是年轻资浅的雇员，只要志同道合就破格提拔委以重任，从而建立了精干高效的企业组织结构，为公司的起死回生创造了重要条件。

2. 开源节流降低成本

艾柯卡在动员领导层成员将工资自动减薪10%后，又动员工会帮他渡过难关，工会同意工人普遍减薪13%。然后又从运输费用、仓库库存量、汽车的通用零件等方面进行精打细算，节约了大量费用。

3. 研制新产品

艾柯卡加强了市场调研部门，并对市场动态、消费趋向、顾客需求特点与偏好进行了大量调查研究，然后在此基础上作出决策——研制K型汽车。此种型号的汽车推向市场几年后就成为畅销产品，使公司扭亏为盈。

4. 在广告上舍得投资

公司拿出巨资请第一流的广告公司为其做广告，而且艾柯卡亲自审定了如下广告词："买我们的车可以试用30天，不管什么原因，30天内退货，货款照退。"

艾柯卡对克莱斯勒汽车公司采取了上述四大措施后，克莱斯勒公司果然起死回生，重新恢复了美国汽车工业的霸主地位。

第22章

国际营销计划管理

22.1 国际营销计划

22.1.1 国际营销计划的概念

所谓国际营销计划，就是国际企业在将来一定时期内所要达到的营销目标和实现这些营销目标所要采用的方法与手段。现代国际企业特别是大型国际企业，要想正常而高效率地运转是离不开营销计划的，也就是说，国际营销计划是保证国际企业的国际营销活动正常而高效运转所必不可少的。

22.1.2 国际营销计划的分类

不同的国际企业，由于其产品不同、市场不同、营销活动的先后次序和侧重点不同，因此营销计划也不同。一般来说有以下几种：

1. 短期计划

短期计划又称年度计划。包括年度营销目标、地区营销目标、产品营销目标以及实现上述目标的方法与手段。短期计划主要由国际企业的高层和中层管理人员及计划部门制定，其执行者与控制者一般也是上述人员或部门。

2. 长期计划

长期计划又称战略计划。可分为5年计划、7年计划、10年计划，甚至还有20年计划。长期计划包括长期营销目标、成长计划、竞争计划等，以及实现这些目标或计划的方法与手段。长期计划一般由高层管理人员和计划部门制定。其执行者与控制者一般也是上述人员或部门。

3. 产品营销计划

指产品所要达到的目标、产品策略、产品预算等。

4. 投资计划

投资计划包括新产品开发计划、建立新企业计划、购买企业计划等。

5. 执行方案计划

主要指上述各种计划的执行时间表，较详细地描述了实现计划的方法与手段。

22.1.3 国际营销计划的内容

不同的国际企业有不同的营销计划内容，主要包括以下内容：

1. 摘要

将计划的各种主要目标和采用的主要方法与手段简明扼要地加以概述。

2. 当前营销状况分析

当前营销状况分析又分以下几个方面：

（1）市场状况：过去几年或过去一段时期内国际企业的市场规模与成长情况，一般以销售额表示。

（2）产品状况：过去几年或过去一段时期内几种主要产品的销售额、价格、利润等情况。

（3）分销情况：过去几年或过去一段时期内各种分销渠道的效率、绩效与变化，一般也是以销售额表示。另外还应包括为激励分销渠道成员积极性所采取的措施，即价格和贸易条件。

（4）竞争状况：找出竞争对手是谁，分析其目标、规模、市场份额、营销战略和其他特征，以便弄清楚他们的意图与行动。

（5）环境状况：目标市场国家和全球政治、经济、文化、技术、社会等宏观环境的变化趋势，以及对企业和企业的产品会产生哪些影响。

3. 机会与问题分析

（1）机会分析：分析国际企业面临哪些影响企业前途的外部因素，即国际企业存在哪些机会和风险。

（2）优劣势分析：分析国际企业内部存在哪些能促使企业获得成功或导致失败的因素。

（3）问题分析：国际企业完成风险与劣势分析后，本企业所存在的问题也就暴露出来了。国际企业对存在的问题给予充分的分析与讨论，以便为下一步确定国际企业的营销目标和战略、策略打下基础。

4. 营销目标

指根据国际企业综合考虑所面对的机会与风险、具有的优势与劣势及存在的问题后制定出的国际企业营销目标。

5. 营销战略

营销战略包括以下各个方面：

（1）目标市场：选择哪一个或哪几个国家作为企业要进入的市场。

（2）产品定位：突出产品的某一个或某几个特征。

（3）产品线：确定产品线的宽度与深度。

（4）价格：给产品定价。

（5）分销商：采用哪种类型的分销渠道和选择哪些中间商。

（6）服务：确定附加产品的具体内容。

（7）广告：确定促销手段和选择媒体。

（8）研究与开发：确定研究开发方向、具体产品以及开发预算。

（9）营销调研：确定要进行的营销调研题目与内容，以确保营销计划中有关内容的实现。

6. 行动方案

指国际企业为实现上述营销战略而制定的时间表。时间表内容应包括什么时间做、做什么、谁去做。

7. 预算平衡表

预算平衡表指整个计划期内，国际企业国际营销活动的预计总收入、预计总支出及预计利润。前者与后两者应形成平衡关系。

8. 控制

指规定出监督营销计划进程的方式与方法，以使营销计划始终在控制下进行。通常由上一级管理部门按月或按季检查监督下一级部门的营销计划执行情况。

22.1.4　编制营销计划的程序

前面已指出，不同的企业制定不同种类的营销计划，不同的营销计划有不同的内容，因此，制定不同营销计划的程序也不相同。下面介绍的仅是制定营销计划的一般程序，如图22－1所示。

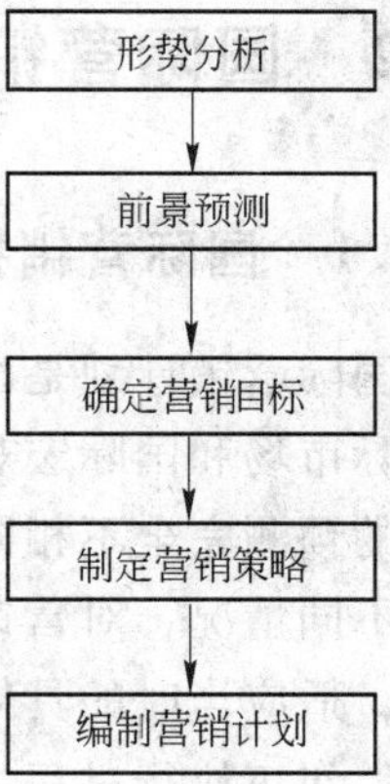

图22－1　制定营销计划的程序

1. 形势分析

一般是分析前期计划执行情况和目前的现状。目前的现状指国际企业目前的资源情况、市场需求情况、竞争对手现状、本企业的市场份额、本企业的优势劣势分析、当前的机会与风险及存在的问题等。

2. 前景预测

指对本企业资源的变化趋势，市场需求的变化趋势世界经济、技术、贸易和竞争大环境的变化趋势以及本企业销售前景的预测。

3. 确定营销目标

指确定本企业应向哪些产业发展、应进入哪些新国家、应退出哪些国家、应发展哪些新技术新产品以及销售额增长目标、市场占有率目标、投资收益率目标等。

4. 制定营销策略

指制定出实现上述营销目标的手段，即制定出产品策略、价格策略、渠道策略、促销策略、公共关系策略、权力策略的策略组合。

5. 编制营销计划

指将上述营销目标和所采用的策略组合分解后分配到计划期内的每个阶段和每个部门中，规定检查监督实现这些营销目标和策略组合的方法与方式，并列出总时间表。

22.1.5　编制营销计划的方式

国际企业的性质不同、领导体制不同，编制营销计划的方式也不同。大体上有以下

3 种方式：

1. 下达式

指由国际企业总部独立编制完成营销计划后，下达给下属企业或子公司执行，并加以监督。

2. 汇总式

指由国际企业的下属企业或子公司分别独立编制本下属企业或本子公司的营销计划，然后由国际企业总部汇总成总营销计划，监督下属企业或子公司执行。

3. 合作式

指由国际企业总部提出下属企业或子公司编制营销计划的指导原则，然后由下属企业或子公司根据此指导原则编制出营销计划草案，报企业总部批准后成为该下属企业或子公司的正式营销计划，然后由下属企业或子公司予以执行，国际企业总部则监督该营销计划的执行。

22.2 国际营销控制

22.2.1 国际营销控制的必要性

国际营销计划是国际企业主观上对将来某段时期内营销活动的打算与安排，但将来的国际市场和国际宏观环境不一定完全按国际企业所预测的那样发展，很可能跟营销计划中的预测完全不相同或有一定差距。因此，国际企业要根据在执行营销计划过程中出现的不同情况，对营销计划加以不断修正与控制，使营销计划在不放弃战略总目标的前提下，适应当时的具体情况得以执行。国际营销控制就是对国际营销计划执行过程进行监督，纠正执行过程中出现的偏差，为适应客观环境或主观条件的变化而作某些调整，其最终目的是保证既定营销目标的实现。

22.2.2 国际营销控制的分类及内容

1. 按营销控制的先后次序分类

(1) 运行条件控制

指对国际营销活动得以正常运行的客观先决条件(如物质资源、资金、人力、信息等)加以检查和控制，使其始终处于最佳条件下，当条件发生变化时采取调整措施，以保证国际营销活动的顺利进行。

(2) 运行状态控制

指对整个国际营销活动的状态进行不断检查和监视，当运行状态一旦偏离营销目标时，及时加以调整，使营销活动始终朝着既定目标进行。

(3) 运行结果控制

指对国际企业每个运行小阶段的运行结果和国际企业每个部门或下属企业的运行结果加以控制和检查，对不良的结果采取纠正措施，以保证整体阶段和整体企业营销目标的顺利实现。

国际企业在对营销活动的实际控制中，并不是单纯采用上述某一种类型进行控制，而是 3 种控制同时采用，因为三者之间存在着密切联系。

2. 按对国际营销的影响分类

（1）年度计划控制

一般将年度计划要达到的营销目标分解成季度和月份目标，然后按月、按季控制营销计划的运行情况，遇有脱离营销计划的情况则采取措施及时加以纠正。年度计划的控制内容主要包括以下几个方面：

① 销售分析

主要分析造成本企业销售没有按计划完成的具体时间、具体原因和具体产品与地区。一般从 3 个方面进行分析：一是对比分析，即分析实际销售额或销售量与销售计划的差距；二是差距原因分析，即分析影响销售计划实现的各种因素；三是销售分类分析，即分析是哪种产品和哪个地区没有实现销售计划。

② 市场占有率分析

产品的市场占有率可用下式表示：

$$市场占有率=\frac{本企业产品的市场销售额}{同类产品的市场销售总额}\times 100\%$$

所谓市场占有率分析就是分析本企业在市场上竞争地位的变化，并找出其原因，即了解和检查本企业在市场上的竞争能力有哪些变化及造成这种变化的原因。

③ 销售费用率分析

销售费用指发生在销售环节上的费用，包括促销费用、营销调研费用、销售管理费用。销售费用率分析指分析本企业发生在销售环节上的费用与总销售额的比率是否处在合理范围内，检查其变化情况并找出原因，然后针对原因采取措施。

④ 消费者态度分析

指从企业外部，亦即从消费者对本企业产品态度的变化上寻找影响营销计划完成的原因。这是因为消费者对本企业产品态度的变化往往是导致产品销售情况发生变化的直接原因之一。当国际企业通过分析发现消费者的态度发生了有利于企业的变化时，企业应及时加以引导，使其更有利于企业，当发现消费者的态度发生了不利于企业的变化时，则应及时采取措施加以改正或控制。

（2）盈利能力控制

指分析本企业各类产品、各个销售地区、各种不同分销渠道的盈利实绩与营销计划的差别情况，从中发现盈利能力或盈利实绩下降的产品、地区和渠道，然后分析找出其原因，最后针对原因采取措施，以确保本企业盈利目标的完成。

（3）策略控制

指经常不断地分析本企业的外部环境变化及其对本企业营销计划造成的影响，以便根据变化后的客观环境调整或修正本企业的营销目标和营销计划，或采取某些措施以适应变化后的客观环境，从而保证原营销目标或原营销计划的顺利实施。

22.2.3 国际营销控制的程序

一般分为以下几个步骤：

1. 确定控制标准

确定评价或判断营销计划完成得好与坏的标准是什么，而且要事先让营销计划执行者了解这些标准，以便于执行者随时随地根据标准对执行过程加以控制。除此之外，控制标准也是上一级部门检查监督下一级部门或人员的计划执行情况，以及判断其是否完成了营销计划的标准。一般来说控制标准在国际企业制定营销计划时就包括在计划之内了，一般不需另外制定标准。

2. 绩效评估

将实际执行结果与营销计划中所规定的期望结果相比较。

3. 寻找问题

找出问题发生在哪个环节、哪个部位。

4. 分析原因

找出产生问题的原因是什么。

5. 纠正偏差

针对产生问题的原因采取相应措施加以纠正，从而保证营销目标和营销计划的实现。

22.2.4 国际营销控制的方法

一般有以下6种方法可供采用：

1. 跟踪控制法

指对国际营销某项活动的全过程实施不间断的控制，随时掌握营销活动的进展情况。国际企业对外部环境和市场的变化以及对战略决策的实施和新产品开发进展的控制多采用此种方法。

2. 幅度控制法

指国际企业对某些控制对象预先制定一条基准线和允许的变化幅度，营销计划的执行实绩只要在此允许变化幅度以内，就被认为是完成了营销计划，即国际企业始终将营销计划执行实绩控制在此幅度范围之内，否则应及时采取措施。国际企业的生产计划、销售计划、质量计划（合格率等）一般多采用此法进行控制。

3. 事后控制法

国际营销计划中有些营销目标只能事先努力去做，但不能事先控制其结果，因此只能事后将执行结果与营销计划中的预期目标进行比较，即事后控制，如市场占有率、投资收益率等的控制便属于此种方法。

4. 集中控制法

指当国际营销计划在执行过程中出现了需要作出重大决策和调整的情况时，统一集中由国际企业的最高决策层作出决策，然后由执行部门据此对营销计划作出调整。发达国家某些实行集权制的大型跨国公司所采用的控制方法就属于此种方法。

5. 分散控制法

指当营销计划在执行中出现重大情况需要调整时，由下属企业或子公司自己作出决策，然后进行调整，最高决策层不加干预，仅仅为各下属企业或子公司进行协调。

6. 对比控制法

这是将国际企业的营销活动结果与某项指标对比以进行控制的方法。比如，与计划指标进行对比、与上期指标进行对比、与历史最高水平进行对比、与同行业最高水平进行对比等。

思考题

1. 为某国际企业粗略制定一份某方面的年度计划。
2. 利用某种评估法，对某国际企业进行某方面的评估。

案例借鉴一

福特公司重复犯错误

美国人福特在年轻时就对刚问世不久的汽车产生了浓厚的兴趣，并两次开办汽车制造公司，但都因不了解行业而失败了。后来他聘请了汽车专家库兹恩斯任总经理，第 3 次开办汽车制造公司终于成功了。该公司生产的福特牌小轿车名扬世界，福特本人也因此戴上了“汽车大王”的桂冠。就在福特公司处于顶峰的 20 世纪 20 年代，福特毫无正当理由地辞退了对福特公司的发展做出了突出贡献的库兹恩斯，自任总经理，并在公司实行个人独裁，全公司大小事情全由他一人说了算。公司的管理因此混乱不堪，至 20 世纪 40 年代开始亏损并濒临破产边缘。此时福特才意识到问题出在他个人的独断专行上，于是自动引退，将公司大权交给了他的孙子福特二世。福特二世接受了老福特的教训，“三顾茅庐”聘请了通用汽车公司副总经理布里奇担任公司经理，并从社会上招聘了 10 余名年轻有为的人担任公司领导层成员。福特二世的这一招贤措施果然很有效，福特公司当年就扭亏为盈，5 年后年利润达到 2.6 亿美元，重新登上顶峰。但这时的福特二世被胜利冲昏了头脑，又重走老福特之路，在此后 20 年时间里他先后毫无理由地辞退了为福特公司做出丰功伟绩的 3 届总经理，实行个人独裁，导致福特公司 3 年内就累计亏损 30 亿美元，再次面临破产的威胁。在公司处于山穷水尽的危难时刻，福特二世在股东的压力下宣布退休，将公司大权交给了福特家族之外的能人，在能人的领导下福特公司才慢慢恢复了元气。

这一失败的例子说明，即便是有着辉煌历史和成就的巨型国际企业，若在营销管理方面出现错误，也照样会导致企业出现严重的生存危机。

案例借鉴二

导致王安公司破产的惨痛教训

20世纪30年代毕业于上海交通大学的著名美籍华人科学家王安博士，在电子计算机领域是一位奇才。他发明的电子计算机记忆芯片解决了体积笨重的老一代电子计算机小型化、微型化的关键技术，被公认为是划时代的科技发明，他因此而获得了一大笔专利费。20世纪50年代，他在美国用这笔专利费创办了自己的公司——王安计算机公司，自任公司总裁。公司成立后他又研制成功了高科技的办公室用计算机，这一划时代的新型计算机促成了西方工业化国家办公自动化的实现。因此，他被美国人看成是与贝尔、爱迪生齐名的美国科学家。其公司的业务也蒸蒸日上，到20世纪80年代初公司业务共增长了20倍，公司年营业额达30亿美元，公司雇员达3.1万人，成为当时美国第二大电子计算机公司，他本人则成为当时美国第五大富翁。因此，有人预言数年后他的公司可能超过著名的美国IBM公司，成为全世界电子计算机行业最大的公司。

但这位具有现代尖端科学头脑的科学家毕竟还是一位受过中国几千年封建思想熏陶的华人，在他的思想深处仍有家业代代相传的旧思想。因此，在公司全盛时期的1986年，他委任儿子王列为他的接班人，担任公司的总裁。但王列是一位资质平庸的人，没有能力领导这家处于尖端科学前沿的巨型企业。王安的这一“传子”举措引起了众部下的不满，首先气走了跟随王安二十余年的销售专家，跟着又有数位老部下也辞职离开了公司，使公司元气大伤。在王列的掌管下，公司很快开始了衰败并亏损，仅两年亏损额就达4.2亿美元，负债达10亿美元。王安这时才认识到一味“传子”带来的严重后果，为了挽救危局他不得不亲自出面向社会公开宣布儿子王列辞职，并聘任家族之外的文耀立、米勒为公司领导人。但宣布儿子辞职这一重大举措也未能制止公司形势的继续恶化，1990年公司不得不向政府申请破产保护，王安本人也于同年因病逝世，1992年公司宣布正式破产。正式破产后公司虽然在较短的时间内又死而复生，但过去辉煌的雄风再也未出现过，至今仍在缓慢恢复中。

从这个极为典型的例子中可以看出，现代企业采用家族式管理一味“传子”有时失败是必然的。企业老创办人的子女或亲属虽具有忠实、可靠、努力捍卫前辈财富的可贵精神，但这些可贵精神对现代企业来讲并不是管理好企业的灵丹妙药。现代企业由于代表了当代最先进的生产力，所以对企业管理最大最根本的要求就是科学性、高效率及决策能力，而这一切都不是老创办人的子女或亲属天生就具有的，也不是经人稍加指点后就能掌握的。

案例借鉴三

美国沃尔玛公司①的独特管理哲学

美国人山姆·沃尔顿是当代最令人敬佩的商业家。1962 年他在美国南方一座小城镇开设了一家小折扣百货店，在他的苦心经营下，小折扣店迅速发展成为沃尔玛百货有限公司，1976 年他的连锁店又扩展到南方 4 个州的大小城镇进行营销，这时沃尔玛公司已成为拥有 125 家连锁店、7 500 位员工，年销售额达 3.4 亿美元、利润达 1 150 万美元的大型零售企业。此后该公司的发展一日千里，到 1990 年已拥有连锁店 1 573 家，年销售额达 326 亿美元，一举超过了独霸美国百货零售业霸主地位几十年的著名公司西尔斯百货公司和有折扣连锁店王之称的卡马特公司，而成为美国零售业巨头，沃尔顿本人也因此于 1992 年由美国总统布什授予自由勋章。但沃尔玛的成就并非到此为止，沃尔玛公司已被美国《财富》杂志从 2001 年起连续 4 年评为全球 500 家最大公司的第一名，近代全球 500 家最大公司的前几名都是工业企业，而商业企业夺取全球 500 家最大公司第一名，这在近代历史上还是第一次。

沃尔顿取得上述巨大成就的原因，除了他在业务上勤奋精明以及把业务扎根于小城镇这一竞争真空地带之外，更重要的是他独特的管理哲学，即他不把企业的员工看作是雇员，而是看作伙伴与合伙人，该公司的口号是“员工是合伙人”。由于他对员工的看法与态度和一般企业主有着质的不同，所以他在企业管理工作中强调的不是如何监视和控制员工，而是如何激发员工的自主性和积极性。因此，他在员工中努力营造出了一种友善的“家庭式”气氛，他把这种气氛形象地描述为“一边工作，一边吹口哨”。由于沃尔顿在数十万人的员工队伍中成功地创造出了这种“家庭式”气氛，因此该公司的售货员始终和蔼可亲、积极主动地工作，从而让上帝——顾客得到了极大的满足，最后也使沃尔玛公司本身有了快速而巨大的发展。这一例子说明了国际营销管理在企业成长壮大中的巨大作用。

---

① 美国沃尔玛公司在 2010 年全球 500 家最大公司中排名第 1 位，年营业额 4 218.5 亿美元。

第 23 章

国际营销财务管理

国际营销的财务管理在国际企业的经营管理工作中占有十分重要的位置。所谓国际营销财务管理，即对国际企业的资金运动进行计划、组织、指挥、协调、控制的一系列活动。其主要内容包括国际资金筹集、国际资金运用、外汇资金管理 3 方面。国际营销财务管理与国内营销财务管理在基本原理和方法上大体是相同的，但由于国际营销财务所面临的是国际理财环境，这种环境要比国内理财环境更为复杂多变，难以控制和预测，另外相对于国内营销财务管理来说，它还存在外汇风险、政治风险、变化多、难度高等特点。因此，国际营销财务管理要比国内营销财务管理更为复杂。

23.1　国际营销的资金筹集

就国际营销来说，无论是企业的日常运营、扩大生产经营规模，还是新建国外子公司，都需要一定数额的资金支持。国际企业在进行国际营销时获取这些所需资金的来源十分广泛，筹集资金的方式也多种多样。

23.1.1　资金筹集方式的分类

1. 短期融资

短期融资指期限在 1 年以内的融资方式，包括以下几种方式：

（1）商业信用融资

指国际企业与其他企业在经济往来和结算事项中所发生的债务，如应付账款、预收款、应付费用、应付票据等。企业凭商业信用取得的这些资金都可以利用，从而成为国际营销的一种资金来源。

（2）短期贷款

一般由商业银行或金融机构提供，可分为以下两种：

① 无担保银行贷款：凭国际企业的信用，无须担保从银行短期贷款。

② 有担保银行贷款：国际企业提交给银行一定的抵押品或担保品，如提单、仓单、房契、地契等，以此为条件从银行取得短期贷款。

2. 中期融资

中期融资指期限在 1 年以上、7 年以内的融资方式，包括以下几种方式：

(1) 中期贷款

一般由商业银行、金融公司和保险公司提供，多用于增添国际企业的固定资产及弥补运营资金的长期不足。

(2) 出口信贷

常用于大型机械或成套设备的交易中，分为以下几种：

① 卖方信贷

指出口国银行给出口商的信贷。出口商取得此项贷款后即用来购买原材料进行生产，与此同时出口商给予外国进口商延期付款的便利。具体做法是进口商在签订买卖合同后先支付货款金额的10%～15%作定金，在分批交货时再分期支付10%～15%的货款，余下的70%～80%货款在货物全部交齐后的若干年内分期偿还，并一并偿付延期付款期间的利息。

② 买方信贷

由出口国银行直接贷款给外国进口商，外国进口商将此贷款采用即期付款方式付给出口商，然后外国进口商采用分期付款方式偿还出口国银行的贷款及利息。

③ 买卖双方银行之间的信贷

出口国银行贷款给进口国银行，进口国银行再将此贷款贷给进口商。进口商以此贷款一次付清出口商的货款，然后按贷款协议付清进口国银行贷款，进口国银行进而按贷款协议付清出口国银行贷款。

(3) 国际租赁融资

常用于大型机器设备如建筑机械、船舶、飞机、商业设备、科技设备等的租赁使用。租赁公司按租赁用户的要求将机器设备购进，然后租赁给使用企业，并按期收取租赁费。租赁合同期满后，承租企业可按合同将机器设备退还给租赁公司，也可以象征性的价格把租赁的机器设备购买下来，称为融资性租赁。机器设备也可以由制造厂商按上述租赁方式直接租赁给用户，此方式称之为经营性租赁。除此之外还有服务性租赁、杠杆性租赁、回租性租赁和综合性租赁等方式，这些方式基本大同小异。

各种租赁方式的租金一般由租赁物原售价、出租人利润、出租人向金融机构借款利息，以及税款、保险、运输、维修、保养、培训等费用构成。

3. 长期融资

指期限在7年以上的融资方式，可分为以下几种：

(1) 发行股票方式

股份公司一般在创建时或扩大企业业务时发行股票筹集资金。此种方式是国际企业，特别是大型跨国公司最常采用的一种长期融资方式，以此方式，国际企业不使用自有资金就可从社会上筹集到大笔所需资金。世界著名的美国微软公司就是采用公开发行股票这种融资方式从社会上筹集到了大笔资金，支持了公司业务的飞速发展。

发行股票集资方式又分为公开发行和私人销售两种形式。前者指国际企业在社会上公开将股票售给大众投资者；后者指国际企业将股票售给少数特定的投资者，如股份公司的发起人，保险公司、银行等团体投资者，以及企业的原有股东、企业的职工和企业产品的用户等。

（2）发行公司债券方式

债券是企业按法定程序售给购买人的一种凭证。此凭证证明发行企业与购买人之间存在某种借贷关系。发行企业要在凭证约定期满时，付给购买人本金和利息。债券是一种利息较低、筹集范围广、规模灵活的长期融资方式。

（3）长期借款方式

这是国际企业筹集巨额长期贷款所使用的一种方式，即由某银行牵头，其他几国的多家银行参加组成联合贷款银团，然后向某国际企业发放贷款。此外，国际企业也可由国际企业所在国的政府担保向世界银行贷款。

（4）内部融资方式

内部融资方式指国际企业内部单位之间的融资方式，也是一种重要的长期贷款方式。可分为以下 3 种：

① 内部商业交易信用：子公司从母公司购入的商品采用延期付款的方式，或子公司售给母公司的商品由母公司提前预付货款。

② 母公司贷款：又分为有固定利率和固定偿付期的正式贷款和没有固定利率也没有固定偿付期的非正式贷款两种形式。

③ 股权资本融资：母公司以现金、固定资产或无形资产作为投资购买子公司的股票。

23.1.2　资金筹集方式的选择

上述各种期限、各种形式的资金筹集方式各有利弊。国际企业要在权衡各种方式和形式的利弊后选择使用，在权衡利弊时主要考虑以下两种情况：

1. 筹集资金的成本

筹集资金所需的成本分为筹集费和使用费两种。前者指筹集资金过程中支付的各种费用，如向银行借款时的手续费，发行股票或债券时向代理机构支付的注册费、代办费等；后者是指向资金提供者支付的各种报酬，如股息、红利、利息、租金等。

国际企业在考虑资金成本时，应力求使资金成本降到最低水平。资金成本率的计算公式为：

$$K=\frac{D}{P-F}$$

式中：K——资金成本率；

D——使用费；

P——筹集资金总额；

F——筹集费。

2. 企业财力结构

指国际企业自有资金与借入资金的比例关系。一般来说，借入资金愈多，自有资金的利润率也就愈高；但借入资金愈多，财务风险也愈大。因此，国际企业应根据企业的具体情况使自有资金与借入资金保持一种适当的比例关系。

23.2 国际营销的资金管理

国际营销活动是在国际企业母国之外的国家进行的，而每个国家都有自己的一整套政治经济法规，如税法、银行利率等。这就要求国际企业的财务部门对分布在各国子公司的资金流向、流量进行合理的管理，以使得整个国际企业的流动资金报酬率提高，税后利润增加。国际企业对短期资金的管理内容如下：

1. 现金管理

现金包括纸币、硬币、活期存款、定期存单、可兑换市场证券等。现金管理一般分集中管理和分散管理两种形式。集中管理形式是指由国际企业总部将所有子公司的现金集中于国际企业在母国或其他国家设置的中央现金库进行管理，以便进行统一调度和集中使用。此种形式具有多种优点，当今世界上许多国际企业，特别是欧美国家的跨国公司多采用此种管理形式。它的优点如下：国际企业能以较少量资金开展经营活动，从而提高单位资金的盈利能力；有利于国际企业从整体利益出发使用资金，增加了企业的整体效益。分散管理形式是由各子公司保留和管理各自的现金，现金仅供自己使用。

国际企业现金管理的首要工作就是根据国际企业的经营规模，经营状况，企业对利率、汇率风险的态度和融资能力以及企业与银行的信贷关系等因素来确定企业的现金最佳持有量；其次国际企业总部还要为各子公司规定一个持有东道国当地货币现金余额的限度，以减少因东道国通货膨胀引致当地货币贬值而给企业造成的损失，子公司将超过现金余额限度的现金汇往国际企业的中央现金库，接受国际企业总部的统一管理。

2. 净额结算管理

国际企业内部各单位之间，即分布在世界各国的子公司之间，经常会发生一些内部商业交易，为此各子公司之间必然会发生频繁的财务结算。此时在国际企业总部财务部门的统一管理下，各子公司之间的交易不需要频繁地进行现金转移，而只需将互相交易金额的净余额进行结算即可，这样可有效地避免各国政府对企业外汇和资金的管制，并节省服务费和交易费用。

3. 应收账款管理

国际营销中经常使用赊销的形式，所以延期付款就成为国际营销的正常现象。因此，及时而足额地收回应收账款对国际企业来说具有重要意义，否则就会损失资金的利息，甚至会危及资金本身的安全。为此，国际企业在进行交易时，可采取国家出口信贷担保、合同条款、远期市场、期权市场、期货市场、代理收款等方式，以减少应收账款的风险和损失。另外，国际企业在交易中更多使用的办法是对用户进行信用评价，即采用“信用5C”理论综合评价客户的品德、还款能力、资本、抵押品、外部影响条件5个方面，然后根据评价结果对资信好的客户给予优惠，并建立长期交易关系；对资信不佳的客户采取不予赊销或控制赊销额度、分批供货、分批付款、在产品销价中加入风险金额和利息等措施；对已到期而未付款的赊销客户则派专人催收，并及时采取诸如停止供货甚至诉诸法律的措施。

应收账款事前当然应选择硬通货，但迫于对方具体情况，有时也不得不使用对方国家的当地货币。该货币若为软货币而有贬值趋势时，则应将延期付款时间尽量缩短，同时在销价中加入外汇风险的可能损失；反之，则可适当延长付款期限。

4. 应付账款管理

国际企业对应付账款的态度与应收账款的态度刚好相反，即尽量延缓付款时间，在利率很高的情况下更应如此。持这种态度的好处是显而易见的，即减少了筹资的利息或增加了自有资金的利息。

23.3 国际营销的外汇资金管理

国际营销活动是国际企业在母国之外的国家进行，必然会使用多种货币。因此，国际企业对外国货币或外汇的管理就成为财务管理中的重要内容。

23.3.1 外汇风险的类型

1. 交易风险

这是在外币交易活动中产生的风险，即从交易开始到交易实际财务结算这段时间内，由于外币汇率的变动而导致的国际企业财务损益变化。

2. 会计换算风险

国际企业在国外不同国家子公司的资产、负债、收入、成本、费用等会计项目都是用东道国货币表示的。这些会计项目在一定的会计时间内需要换算成母国货币，以汇总编制整个企业的会计报告。当外汇汇率发生变化时，此汇总会计报告所使用的换算汇率随之发生变化，从而使整个企业的财务损益也发生变化。因为此种变化是由会计汇率换算而发生的，所以称为会计换算风险。

3. 经济风险

这是一种更为严重的风险，是指外汇汇率的变动对国际企业产品的销售数量、价格、生产经营成本造成影响，从而使国际企业的总收益产生变化的风险，是外汇汇率对国际企业营销全局产生的一种风险。

23.3.2 外汇风险的管理

1. 经营多元化

指国际企业将其原材料和生产设施分散在全世界不同的国家采购，同时将生产活动和销售活动也分散在全世界不同的国家进行，这样即使某一国家的外汇汇率发生变动，也不会对整个企业的效益产生全局性影响，此办法是回避外汇经济风险最明智的办法。

2. 筹资多元化

国际企业在实际筹资时将筹资来源多元化、筹资形式多元化、筹资地点多元化，这样做可使外汇风险对企业全局的影响减少到最低程度。

3. 外汇远期市场交易

外汇交易双方在远期市场上约定，在未来某一日期，按事先约定的确定汇率和外汇数量进行两种货币的外汇交易，届时双方都不考虑未来那一日期的实际汇率是高于还是低于原先约定的确定汇率。国际企业采用此方式进行外汇交易可将外汇汇率产生的风险限制在某一范围之内。

4. 外汇期权交易

外汇期权交易是20世纪80年代才出现的一种防止外汇风险的新方式。它与上述外汇远期市场交易基本相同，所不同的是外汇交易的一方要向另一方付出一定数额的保障金，以换取一种权力。此权力许诺该方在约定的时期内，以约定的确定汇率购买或出售给对方约定数量的外汇，当约定时期内的实际汇率出现了有利于该方的变动后，该方可放弃该种权力，但保障金不能索回。此种交易方式的优点是灵活性大，有可能使汇率风险造成的损失降至保障金以内。

5. 资产负债平衡法

当国际企业的某项资产负债存在外汇风险时，国际企业就及时借入一笔同币种同数额的外汇负债进行平衡，这样就可使该项资产负债出现的外汇风险随时得到抵消。

思考题

1. 举例说明某国际企业所采用的资金筹集方式。
2. 举例说明某国际企业采用不同长期融资方式取得成功的例子。

案例借鉴一

现金管理的典范

美国国际企业十分重视资金管理以追求企业投资总效益的最大化，而且在此方面达到了很高的管理水平，也取得了很大的成绩。比如，日本整个制造业企业的总投资周转率平均每年周转1次，而美国整个制造业企业的总投资周转率平均为每年1.5次。美国企业对资金的管理运用能达到如此高的水平，获得如此大的成就，得益于美国企业有一整套完善的财务管理制度和现金管理制度。其具体做法就是企业编制十分详细的资金预算，一切按计划执行，不允许无计划开支。美国国际企业一般都把海外子公司的现金集中到总部加以统筹管理使用，所以资金的使用效益明显高于日本等国家的国际企业。因此，美国一些大型国际企业经常可以用较少甚至很少的现金做很大的交易。如福特汽车公司在20世纪的一次交易中仅使用了7 000万美元就做成了50亿美元的大生意，具体做法就是早在4个月前，财务部门就将这4个月所有资金需求按天作出了预测，并据此将使用现金的时间衔接得十分精确，使现金使用既没有冲突也没有闲置，然后再在每周五晚上拟定出下周每一天更为详细具体的现金收支预算，并按预算使用现金，若届时有特殊情况发生，则逐日对预算进行修正，因而该公司的现金利用率始终保持在较高水平。

案例借鉴二

财务管理的奇迹

澳大利亚企业家卢帕特·默多克是世界知名的报业企业家，他所掌控的新闻集团包括一百多家新闻出版公司，其中包括著名的英国《泰晤士报》出版公司。这位企业家在 1990 年因商业信用下降而突然出现了 2.4 亿美元的债务危机，直接威胁其报业王国的生存。在焦头烂额无法应付的情势下，默多克求救于美国花旗银行帮忙渡过危机。该银行接收求助后派出一组专家逐一对其每家公司的财务情况进行了调查、分析、评估，然后针对每一家公司的具体财务问题逐一提出了应对方案，并付诸实施，最终使默多克渡过了债务危机转危为安。

从此例可以看出财务管理不善会使跨国公司濒临破产边缘，而出色的财务管理则可使企业转危为安，创造良好的经济效益。

案例借鉴三

财务管理模式的转变使企业受益匪浅

SUN MICROSYSTEM 公司是美国硅谷第二大公司，在世界各国设有 25 家子公司，该公司最初采用分权式财务管理模式，但出现了资金分散和内部争资金的弊端，给公司的经济效益带来了负面影响。为此，1998 年该公司在美洲、欧洲、亚洲各设立了一个财务管理中心，实行区域内财务集中管理，以减少资金分散和内部争资金的弊端。2000 年该公司又撤消 3 个中心将财务管理权全部集中到旧金山总部，从而提高了资金的集中管理效益，而模式的转变使公司节省 5.5 亿美元。

第 24 章

国际营销企业物流管理

当代企业特别是国际企业的规模已愈来愈大，雇员达几万人甚至十几万人、几十万人，产品数量极多，所需要的原料、零部件等物资的数量也极多。企业需要将这极多的产品按时、按量转移到世界各地的消费者或经销商手中；同时，企业也要将所需要的极多原料和零部件，从世界各地按时、按量转移到企业中来。比如，美国通用汽车公司2011 年年产各种型号的汽车 900 余万辆，平均每天要将 2.7 万余辆不同型号的汽车定时、定量运到世界各地，同时企业平均每天要将需要的数万吨钢材、汽车零部件等从世界各地定时、定量运送到企业中来。这些从企业转移出去或输送进来的物资数量极多，重量极大，而且门类、规格、型号十分复杂，是一项工作量巨大、仅靠少数人不能完成的营销活动，而且要求高度准确，不允许有差错。因此，企业对此项工作需要有一整套科学而严密的管理办法，否则整个企业的营销活动就无法正常进行。本章所要论述的就是国际企业如何按照科学的方法对企业的产品和所需要的原料、零部件等物资形成的物流及这些物资在企业内部生产过程中所形成的物流进行管理。

24.1 物流概述

1. 物流概念的产生与发展

物流这一概念最初于 20 世纪 30 年代产生于美国。此后第二次世界大战中美国军队创立了后勤（Logistics）理论，第二次世界大战结束后此理论推广应用于美国国民经济的各个方面。20 世纪 50 年代日本企业从美国引进这一理论后，将该理论加以发展，之后欧洲的英、法、德等发达国家又在日本的基础上对该理论进一步加以完善，终于使其成为一门较为成熟的理论。

物流概念最初在美国有两种名称，其一为“实物分配”（Physical Distribution），另一为“后勤”。从 20 世纪 80 年代起美国多使用“后勤”这一名称。日本从美国引进这一概念初期使用“实物分配”这一名称，后来结合日本的传统认识将其改为“物的流动”这一名称。中国于 20 世纪 70 年代末从日本引进这一概念后，按照日本的名称将其简称为“物流”。

2. 企业物流管理的意义

自从百余年前的产业革命以来，企业的利润有两大来源：其一是原料来源，企业通过降低原料消耗或采用代用原料降低成本从而获得利润；其二是人力来源，企业通过改革劳动组织或采用新技术提高人的劳动生产率，以降低成本获得利润。现代企业发现对企业的物流进行科学管理，提高物流速度、缩短总的生产周期也能降低成本获得利润。因此，当代企业把物流管理作为企业利润的第三来源，事实也证明了此观点的正确性。以下是两个典型事例。

20 世纪 70 年代发生了世界性的石油危机，石油价格猛涨了数倍，致使所有企业特别是发达国家中以石油作为能源的企业的生存与发展受到了极大威胁。当时有些企业家和经济学家对石油危机给企业带来的威胁持悲观态度，认为石油危机将长期阻碍经济和企业的发展。但当时发达国家的企业另辟蹊径，大力从物流管理上挖掘利润潜力，使整个发达国家的大多数企业在较短的时间内就渡过了石油危机并继续发展下去。

20 世纪末亚洲发生了金融危机，致使亚洲一些国家的经济受到严重损失，但靠近金融危机中心地区的新加坡和香港所受的损失相对来说要小得多，其主要原因之一就是物流产业是这个国家或地区经济的重要支柱，当时这一支柱产业大挖利润潜力，因此抵消和缓和了金融危机所造成的破坏作用。

作为新的利润来源，企业物流管理是通过以下几个方面获得利润的：

（1）提高物流速度

以制造业企业为例，企业内部在产品生产的一个完整周期内，物料流动所占用的时间大大多于物料实际加工的时间。据统计，前者大约占总周期 90%～95%，后者只占 5%～10%。因此，企业通过零库存、精益生产等先进物流管理方法可使物流速度加快，最后使企业内部的生产总周期和交货期大大缩短，当然也就创造了利润。

（2）缩短物流地理距离

国际企业的大部分产品和所需原料及零部件等往往向地球的不同地点流动或从地球的不同地点向企业流动，流动所经过的地理路线常有曲折迂回，甚至出现倒流现象，而企业采用物流管理的线型规划模型方法后，可选择最短最合理的地理路线，从而缩短了运输路线，既节约了运输成本又缩短了物流周期，当然也就创造了利润。

（3）减少劳动力占用

据统计在制造业中，物料在企业中要进行频繁的搬运和储存，其占用的工作人员占全部工人人数的 15%～20%，但采用物流管理对企业内部物流系统进行合理布置，可大大减少搬运次数和占用的人力，从而降低了生产成本增加了利润。

（4）减少流动资金占用

企业实行物流管理可使企业实现零库存，各工序之间半成品物流的衔接十分精确紧凑，大大减少了各工序之间等待加工的半成品数量，从而大大减少了流动资金的占用，进而降低了企业的总成本提高了总利润。

（5）提高产品合格率

现代的生产技术可以使企业的产品合格率达到很高甚至极高的水平，但漫长的运输和频繁的搬运会对产品造成不同程度的损伤，从而使到达消费者手中的产品的合格率明显下降，造成对企业的索赔或返修。但当企业采用物流管理的有关技术后，到达消费者手中的产品可基本上保持出厂时的合格率，从而提高了企业的经济效益。

3. 企业物流系统

国际企业物流实际上是一个复杂的系统，称之为物流系统。它由以下几个子系统构成：

（1）物资子系统：包括产品、原料，零部件等；

（2）运输子系统：包括铁路运输、水上运输等；

（3）仓库储存子系统：包括仓库、配送中心等；

（4）信息子系统：包括运输速度、仓库储存量等信息；

（5）控制技术子系统：包括条形码、自动识别装置、自动装卸装置等；

（6）管理子系统：包括物流管理组织、人员、规章制度等。

4. 企业物流管理合理化应遵守的原则

（1）近距离原则

指在条件允许的前提下，要求每一件具体物料的运输距离最短，还要求物流总体流动距离最短。

（2）优先原则

是指在物流设施的布置规划设计时，应优先考虑让物流量大的设施之间的距离靠得近一些。

（3）避免迂回和倒流原则

是指尽可能地使物流中的迂回和倒流现象减少到最低程度，否则将严重影响生产效率和经济效益。

（4）库存量最小原则

企业在生产过程中需要有一定数量的原料和在制品储存，但应将其数量降低到最小，以便尽可能地减少流动资金的占用。

（5）集装化和标准化搬运原则

企业尽可能将物料集中在一起装入一个容器中，如集装箱，或集中放置在一个托盘上，而且这些容器和托盘要尽可能标准化。

（6）减少搬运环节和简化搬运作业原则

企业加强物流管理，尽量减少搬运环节，并且应用科学的方法与设备简化搬运作业。

（7）提高搬运机械化水平原则

指尽可能使用如吊车、起重机等机械搬运设备，以便大大提高搬运效率。

（8）提高自动化原则

搬运自动化是物流发展趋势之一，其中的关键是电子计算机的应用，因此企业应尽可能地应用电子计算机以实现搬运自动化。

（9）生产柔性化原则

工业生产要求当生产结构不同、生产规模不同、工艺条件不同时与其对应的物流系统也要有不同的结构，即当企业的生产结构、规模、工艺条件变化后，与之对应的物流系统的结构也要随之变化。这是一项十分费时费力且成本很高的工程。为避免此情况的出现，企业原则上应采用当代工业生产中已成熟的柔性化生产模式，即企业厂房与生产设备的设计及规划应十分有利于企业生产结构、规模、工艺条件的变化，当出现上述变化时企业仅需作少许调整就可适应新的变化。

5. 实现企业物流合理化的途径

企业可通过以下几种主要途径实现企业物流的合理化：

(1) 合理选址

企业物流的合理布局为其物流合理化创造了前提条件。这一前提条件一般是通过工厂合理选址、企业内部工艺流程与设备的合理布局以及物流设施和储存中心、配送中心的合理选址这几个途径实现的。

(2) 合理设计

对企业的整体布局及其内部各种生产设备的配置进行合理设计，从而减少企业内部物流的迂回、交叉与倒流，提高物流效率；对物流所使用的机械设备和其他设施的选择及布局进行合理设计，从而提高物流效率。

(3) 合理的生产管理

企业在生产上要做到均衡生产，以便为物流供应的准时化创造条件；企业要尽量减少各种物料、半成品和成品的库存，最好实现零库存，从而为减少流动资金的占用创造条件；另外企业要尽量减少内部物料的搬运次数、距离和运输量。

(4) 合理的销售管理

这意味着企业要合理地配置物流中心、批发中心、配送中心；尽量增加工厂的直接发货比重；提高车辆的满载率，减少运送次数；选择合理的运输方式并开展联合运输，以便综合利用各种运输方式的优点。

24.2 国际企业物流的主要环节

传统的企业物流仅指产品的物流过程，或者还包括原料等进厂前的物流过程；现代企业物流则包括进厂前原料等物资的物流过程、企业内部物流过程及产品出厂后的物流过程。具体流程如下：

1. 需求预测

指由企业决策层和计划部门预测市场对本企业产品的需求，然后由企业的物流部门结合企业仓库中成品、在制品、原料等的库存情况以及供应市场的供求形势对企业所需原材料、零部件的数量作出预测，最后确定原材料、零部件的采购数量和规格型号。

这是一个十分重要的环节，因为最后确定的采购数量合理与否直接关系到企业整个营销活动能否正常进行以及企业整体经济效益的高低。确定的采购量大于企业的真实需求量将造成仓库积压，占用企业的流动资金，最后降低企业的经济效益；相反，确定的采购量小于企业的真实需求量将造成企业的供应脱节、生产中断，最后降低企业的经济效益。

2. 物资采购

这也是企业物流管理中的一个重要环节，因为采购物资的实际结算价格直接影响产品成本的高低，其品质则直接影响产品的质量及生产加工工艺技术的难易程度；采购物资过早进厂会造成仓库积压和流动资金的占用，而过迟进厂则造成供应中断，进而造成生产中断，严重影响生产的正常进行。

3. 包装

企业采用一定的技术和包装使采购的物资和出厂的产品在运输和储存环节中不受外界不良因素的影响，并方便储运、促进销售。

4. 运输

企业采用合理的地理路线和优化的运输方式，以最快的速度、最低的运输成本将原料、零部件、产品等运送到企业仓库中以及将产品运送到消费者或用户或经销商手中。

5. 装卸搬运

指在一个很小的空间内将物料从一个物流环节装卸搬运到另一个物流环节中，如从运输车辆上搬运到仓库中。

6. 储存

企业将进厂的原料、零部件和加工完成的产品集中到仓库中进行必要的储存，然后将其分散分配给企业的有关部门、生产车间、消费者或经销商手中。

7. 流通加工

指企业根据用户的要求改变或部分改变产品的形态或包装形式，以利于消费者消费或用户使用，如企业将散装化肥分装成袋装化肥。

8. 配送

指企业将产品或物资从仓库或配送中心送交收货人的活动。这是提高企业售后服务水平和顾客满意度的重要环节，也是企业向分支机构分配物资的重要环节。

9. 通关

世界上绝大多数国家都有法律规定，不允许本国货物任意运出国境，也不允许外国货物任意运入国内。为此，政府在边境设立了海关进行检查阻挡。国际企业的物流为了运出或运入该国，必须按照该国规定办理一定的手续，并缴纳一定的关税，之后货物才被允许出入该国海关，此项活动就称为通关。这是国际企业物流活动中的一个独特环节。

24.3　运输选择

据统计，运输环节的成本约占物流活动总成本的 1/3 ~ 1/2，或者说约占产品价格的 4% ~ 10%，即运输成本在物流成本中占的比重最大。因此，对运输环节的管理就成为物流管理的重点，主要包括以下几个方面：

24.3.1　运输方式的选择

现代运输方式主要有铁路运输、公路运输、水路运输、航空运输和管道运输 5 种方式。

1. 各种运输方式的特点

(1) 铁路运输

在所有运输方式中铁路运输方式的速度居中，一般为 80 ~ 160 千米/小时。因此，该种运输方式的货物在途时间也居中，载重量也居中，约为3 000吨，运输成本也居中。此种运输方式的特点是当托运量大、运输里程远时，运输费用明显下降，因此大宗散装货物如煤、矿物、农林产品等的中长途运输多采用铁路运输方式。

（2）公路运输

这种运输方式的速度稍慢于铁路运输，一般为80～120千米/小时，载重量很小，通常为5～10吨。但该种运输方式的突出特点是在时间和空间上具有极大的灵活性，即运输不受时间和空间的限制，而且可以实现"门对门"运输，十分方便快捷，因此适合于运输量小的短途运输和门到门运输。若综合考虑运输中的搬运、装卸费后，公路运输方式的综合成本与铁路运输方式大体相当。公路运输方式的最大缺点是，与铁路运输相反，当运输量增加和运输里程延长后，运输成本下降不明显。另外，在所有的运输方式中公路运输方式对环境的污染最大。

（3）水路运输

这种运输方式的速度最慢，仅为8～40千米/小时，因此托运货物的在途时间最长，这是其严重缺点。此运输方式的最大优点是载重量很大，可达数千吨甚至数万吨。另外，在所有运输方式中水路运输的运输成本最低，对环境的污染也最小。因此，重量大、体积大、运输距离远的货物和大宗货物的中长途运输以及国际货物的运输大多采用水路运输方式。

（4）航空运输

这种运输方式速度最快，一般为900～1 000千米/小时，货物在途时间极短，当天就可到达地球的任何城市，但运输成本很高。因此，此运输方式适合于价值高重量轻的货物，如金银首饰、精密仪器以及保鲜货物如鲜花、鲜鱼等的中长途运输。

（5）管道运输

这种运输方式非常适合于石油和天然气的运输，其特点是安全且运输成本低，其成本仅稍高于水路运输的成本，另外运输量大，对环境污染小。缺点是需要大量投资购买管道等设备及进行土方施工。

2. 运输时间的确定

货物使用速度慢的运输方式运输可以降低运输费用，但所需运输时间延长，导致货物进入市场的时间推迟，从而损失了销售机会，造成了经济损失，抵消了一部分甚至全部运输费用降低带来的经济效益。因此，确定一个最佳运输时间，使两者的综合效益最大或总成本最低，便是企业选择运输方式的主要依据。如图24－1所示，当企业使用不同运输方式时，运输成本曲线由左向右逐渐降低，但运输时间却逐渐延长，与此同时销售损失的机会成本曲线由左向右逐渐增大，两者综合后的总成本曲线呈V字形，通过总成本曲线最低点作垂线与横轴相交的R点即为所求的最佳运输时间。

3. 运输批量与运输费用的关系

如图24－2所示，当托运货物的批量一定时，载重量愈大的运输方式其运输成本愈低，企业应当根据托运货物批量的大小选择合适的运输方式。

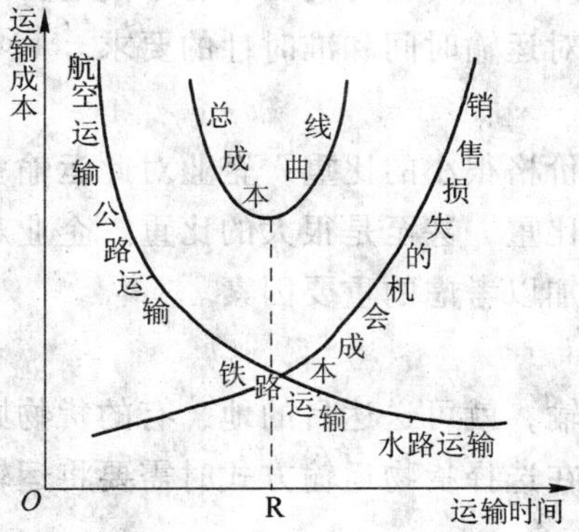

图 24-1 总成本曲线图

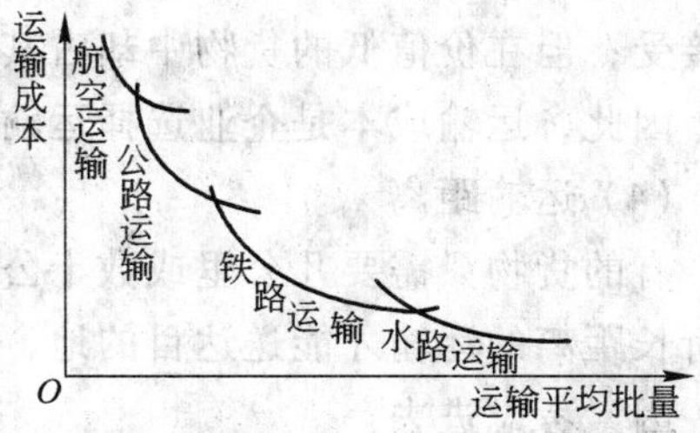

图 24-2 运输批量与运输费用关系图

4. 选择运输方式时应遵守的原则

由于不同的运输方式有不同的优点和缺点，而且不同品种、不同特性的货物对运输的要求也大不相同，因此无法制定一个适合所有情况的运输方式选择标准，但以下几条原则可普遍适用于企业物流对运输方式的选择：

(1) 安全性高

这是选择运输方式的首要原则，该安全性包括人身安全、运输设备安全和货物安全。若选择的运输方式不能保证上述几个方面的安全，企业的物流活动将受到重大损失。在具体选择时，企业应结合被运输货物的特征如重量、体积、价值、物理特性、化学特性等选择安全可靠的运输方式。

(2) 运输在途时间短、准时率高

这一原则的两个方面决定了货物周转的快慢及企业的生产能否正常进行和企业经济效益的大小。因此，企业应以运输在途时间最短和准时率高这一原则来选择运输方式。

(3) 运输费用低

这里所指的运输费用包括与运输有关的综合费用，即不但包括运输方式本身的直接费用，而且还包括搬运、装卸、暂存及由于对库存数量的影响而带来的费用等所有相关费用。比如，水路运输方式虽然本身的直接费用最低，但企业在采用这种方式时还要利用汽车进行门对门的运输，因此要增加汽车运输的装卸搬运费用，还因货物在途时间长而增加企业的库存数量，从而增加了流动资金的占用和仓库管理费。因此，总的运输费用比单独的水路运输费用高了很多。企业要根据各种运输方式的综合费用最低这一原则选择运输方式。

5. 选择运输方式时应考虑的因素

(1) 货物的品种

不同品种的货物其物理特性如重量、体积、结构和化学特性如易燃、易腐蚀、易变质，以及价值不同，因此需要的运输方式也不同，如巨型机器设备、精密仪器和易燃易爆炸的石油这 3 种货物因品种不同就要采用不同的运输方式。

(2) 运输时间和准时性

由于不同的运输时间形成的总成本不同，另外同一货物对交货期有不同的要求，所以企业就要考虑利用不同的运输方式以满足货物对运输时间和准时性的要求。

(3) 运输成本

相同的运输费用，在价值高的货物中仅占其价格很小的比重，企业对此运输费用容易接受；但在价值低的货物中却占其价格较大的比重，甚至是很大的比重，企业难于接受。因此，运输成本是企业选择运输方式时必须加以考虑的重要因素。

(4) 运输距离

有的货物只需要几公里或数十公里的短途运输，就可送达目的地，有的货物则需要进行长距离的运输才能送达目的地，因此，企业在选择货物运输方式时需要将运输距离这一因素考虑进去。

(5) 运输批量

企业要运输的货物有的批量很大，达数千吨或数万吨，而有的运输批量不大，只有数吨、数百公斤，甚至数公斤。因此，企业在选择运输方式时需要将此因素考虑进去，选择与其运输批量相适应的运输方式。

6. 企业对运输方式的通常选择

一般情况下企业的物流通常按以下简单原则选择运输方式：300 公里距离以内选择汽车运输方式；300 ~500 公里的距离选择铁路运输方式；500 公里距离以上选择船舶运输方式。

24.3.2 运输服务商的选择

企业一般从以下几个方面对运输服务商进行选择：

1. 运输质量

指运输服务商能否将托运货物及时准确地发运、转运、卸载，能否保证不会出现货物的灭失、错卸、短卸和溢卸及错误交付等现象。企业在评价运输服务商的运输质量时，一般从其运输工具的先进程度和新旧程度、货物装卸质量、雇员的经验及工作责任心、运输控制流程是否严格合理等方面进行评价。

2. 服务理念

指运输服务商运输准班率的高低、发船发车密度、单证的准确率、客户查询信息的方便程度、货运纠纷处理的满意程度等。

3. 运输价格

这是选择运输服务商时需要考虑的重要条件。

4. 其他条件

指运输服务商的信誉、经济实力、服务网点多少等。这些方面也是企业选择运输服务商时要考虑的重要条件。

24.4 物流网点的布局与选址

为了实现企业物流过程最短、效率最高、经济效益最好的总目标，企业需要对物流网点进行合理的布局，并选择具体的网点地址。

24.4.1　物流网点的布局

企业特别是国际企业，当与目标市场的地理距离较远或很远，而且在目标市场的销售量又较大或很大时，企业向目标市场运送产品所花费的运输费用就会较高，需要的运输时间也会较长，从而使产品的成本增加、企业的经济效益下降。为解决此问题，企业可在目标市场所处区域建立诸如区域工厂、仓库、物流中心等物流网点。具体来说，可建立如下网点：

1. 租用仓库

如图 24－3 所示，当企业在较长时间内频繁将一小批量货物单独向某一区域运送且货物总数量超过 B 点时，企业应在该区域租用仓库，以提高货物的运送效率并减少总费用。

2. 自建仓库

如图 24－4 所示，企业在某区域租用仓库储存货物，当存货天数大于 B 点时，企业就应在该区域建立自己的仓库。

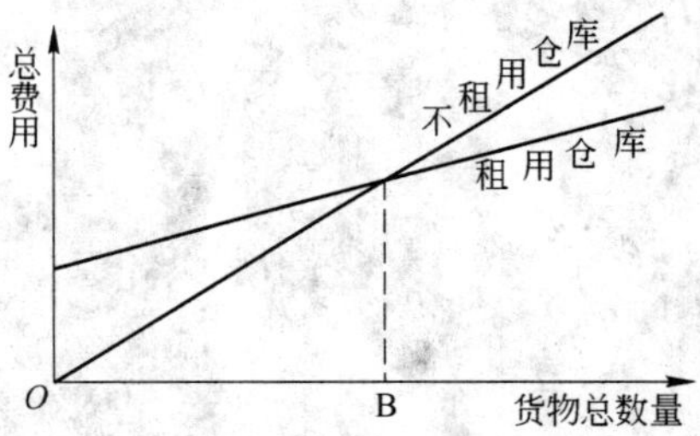

图 24－3　租用仓库比较图

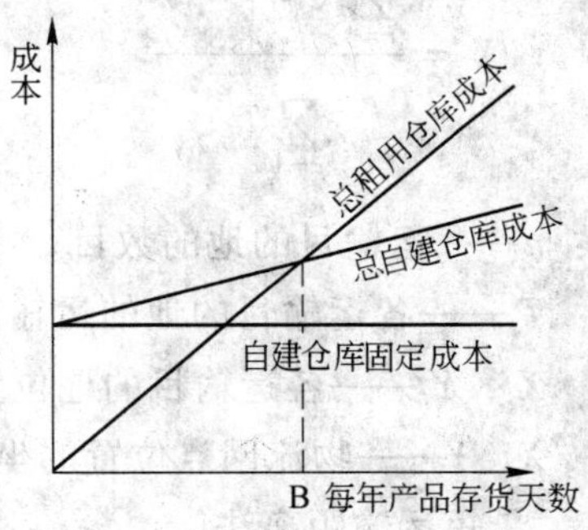

图 24－4　自建仓库比较图

3. 建立装配厂

当企业在一定时期内将零部件运送到目标市场所在的某区域，然后组装成成品的总费用小于将成品从企业运送至该区域自建仓库的总费用时，企业就应在该区域建立装配厂。

4. 新建地区性制造厂

当企业将已形成规模产量的单一工厂的产品运送到较远或很远的目标市场时，企业会因运输里程远、运输时间长而增加单位产品分销成本。当此成本的增加幅度部分甚至全部抵消了单一工厂因产量增加而出现的单位产品生产成本下降幅度时，如图 24－5 所示，当单一工

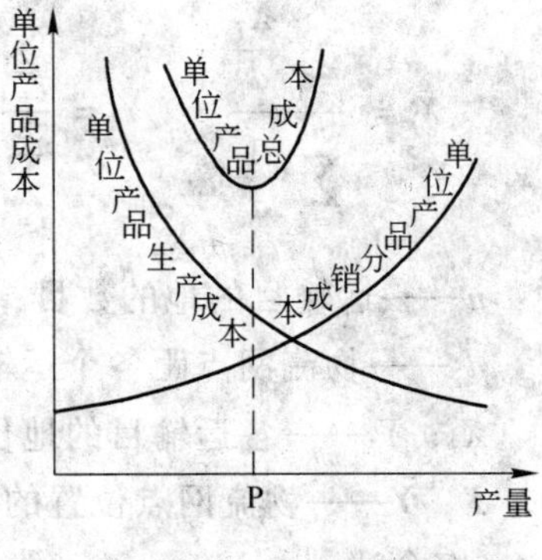

图 24－5　单一工厂单位产品的总成本曲线

厂的产量达到P点时，企业应在目标市场所在区域建立地区性制造厂，以保持单位产品的总成本处在曲线的最低点。

22.4.2 物流网点选址

以下是企业对上述物流网点具体位置进行选择时常用的几种方法：

1. 因素评分法

这是应用很广的一种方法。此方法的步骤如下：将影响网点位置合理性的所有因素一一列出，如土地成本、建设成本、交通便利程度、商业服务设施与水平、运输费用水平、经济繁荣程度、当地政府的有关政策等；按每一因素的重要性规定出分数范围；对备选的每一个场址都按上述因素一一评出应得的分数，并将每一场址的所有应得分数相加得出总分数；将各个场址的总分数进行比较，选择分数最高者为所选场址。

2. 最小运输量法

最小运输量法又称重心法。此法中网点选址的目标是使总运输量最小，可用以下公式求出网点位置的坐标：

$$X=\frac{\sum_{i=1}^{n}(X_i\cdot T_i)}{\sum_{i=1}^{n}T_i}\qquad Y=\frac{\sum_{i=1}^{n}(Y_i\cdot T_i)}{\sum_{i=1}^{n}T_i}$$

式中：n——运输目的地的数目；

T_i——各运输目的地的运输量；

X_i，Y_i——各运输目的地位置的坐标；

X，Y——物流网点位置的坐标。

3. 最短运输距离法

最短运输距离法又称最小运距法。此法选址的目标是使运输总距离最短，可利用以下公式求出网点位置的坐标：

$$X=\frac{\sum_{i=1}^{n}\frac{X_i}{d_i}}{\sum_{i=1}^{n}\frac{1}{d_i}}\qquad Y=\frac{\sum_{i=1}^{n}\frac{Y_i}{d_i}}{\sum_{i=1}^{n}\frac{1}{d_i}}$$

式中：n——运输目的地的数目；

d_i——物流网点距各个运输目的地的直线距离；

X_i，Y_i——各运输目的地位置的坐标；

X，Y——物流网点位置的坐标。

4. 综合法

综合法又称最小运费法。此法选址的目标是综合考虑了货物运输量、运输距离、单位货物运费后力求总运输费用最少。为此可利用以下公式求出网点位置的坐标：

$$X = \frac{\sum_{i=1}^{n} \frac{C_i X_i T_i}{d_i}}{\sum_{i=1}^{n} \frac{C_i T_i}{d_i}} \qquad Y = \frac{\sum_{i=1}^{n} \frac{C_i Y_i T_i}{d_i}}{\sum_{i=1}^{n} \frac{C_i T_i}{d_i}}$$

式中：n——运输目的地的数目；

C_i——物流网点到各运输目的地的单位货物运费；

T_i——各运输目的地货物的运输量；

d_i——物流网点距各个运输目的地的直线距离；

X_i，Y_i——各运输目的地位置的坐标；

X，Y——物流网点位置的坐标。

有必要说明的是，上述几种方法特别是后 3 种方法有明显的缺点，即没有考虑市场营销环境今后可能的变化。比如，市场规模的变化、交通运输条件的改善、各运输目的地分销数目的增减和规模的变化等。

24.5　库存控制、精益物流控制与物流自动控制技术

24.5.1　库存控制

一般情况下，企业为了避免停工待料影响营销活动的正常进行，都要使原材料、半成品、成品在物流的各个环节和生产流程的各个环节保持一定的库存量，这是理所当然的做法。但这种做法也有其不利的一面，即不管上述库存量是多还是少，都要占用相应的流动资金，还要消耗一定的资源，企业须付出诸如折旧费、保险费、损耗费、能源费、人力费、场地费等费用，这些费用的总和即物资储存费约占该物资价值的 20% ~ 40%。对企业来说，这是一笔相当高的支出或成本。库存给企业带来一定经济效益的同时也给企业带来一定的经济损失，于是寻求合理的库存数量，对库存进行控制就成为企业物流管理的重要内容之一。

企业寻求合理的库存数量，实质就是要解决以下两个问题：一是企业每种物资的库存数量降到何种剩余量时就再次订购；二是再次订购的数量是多少。前者称为再订货点的确定，后者称为订货量的确定。

1. 再订货点公式

$$R = d \cdot F + SS$$

式中：R——某物资再订货点或剩余库存数量；

d——某物资平均日需要量；

F——某物资订货所需天数，即订货完成周期；

SS——某物资安全储备数量。

2. 某物资经济订购量公式

$$Q=\sqrt{\frac{2DC}{IU}}$$

式中：Q——某物资再订货时的经济订购量；

D——某物资每年的需要量；

C——某物资每次订货所发生的费用；

I——某物资的单位成本；

U——某物资年度单位存货库存成本占单位存货价值的百分比。

24.5.2 企业物流自动控制技术

现代企业物流离不开自动控制技术，或者说物流自动控制技术支撑着现代企业物流的存在与发展。现代物流自动控制技术有以下几种：

1. 物料自动识别技术

指利用电子光学手段从物料上自动获取条形码的信息，然后输入计算机网络进行处理，从而完成了对物料的自动识别和跟踪，也就是为物料自动控制提供了原始信息。

2. 数据库技术

数据库技术指将与物流有关的信息由电子计算机网络处理后储存起来的自动技术。

3. 电子订货技术

电子订货技术是企业利用电子计算机自动对订购物资进行全面管理的技术。

4. 电子数据交换技术（EDI）

这是企业按照事先与其他有关企业商定的协议，将物流文件标准化、格式化后通过电子计算机网络在企业之间进行数据交换和自动处理的技术，该技术可大大节省参与该协议企业的人力，并缩短传递时间。

5. 自动作业技术

自动作业技术包括以下几种技术：

（1）立体仓库：通过电子计算机网络进行人工控制的无人自动立体仓库。它可以通过有关自动设备将物料自动放置在货位上，还可通过平衡吊车自动将物料从货位上放置在运输车辆上。

（2）堆垛机：用于物料自动从仓库货架上的存取与传送。

（3）平衡吊车：用于物料自动出入仓库和平台。

（4）自动引导车（AGV）：是生产车间的自动运送车辆，具有自动定位功能，用于托盘的自动交换。

24.6 国际企业的国际物流

世界经济一体化或经济全球化促成了国际贸易大发展和跨国公司的跨国经营大发展，这两者又促成了国际物流的大发展。由于国际物流跨越不同国家，跨越海洋和大陆，因而运输距离长，运输方式多样，运输成本高，复杂性和风险性都大。因此，它不同于国内物流，比国内物流更复杂，难度更大。

1. 国际物流特有的报关活动

（1）报关的含义

指由货物的收、发货人或其代理人按照进出口国家海关的规定填报报关单和交付其他有关单证，然后向海关申请货物进入或离开该国国境的活动。

（2）程序

申请报关→交验货物→缴纳税费→凭单取货

（3）报关应交付的有关单证

报关单、进出口货物许可证、提货单、装货单、运单、发票、装箱单、减免税证明、免验证明、商品检验证明等。

（4）报关期限

发货人应在装船前 24 小时向海关申请，收货人应在船舶申报进境之日起的前 14 天内向海关申报。

2. 建立企业国际物流系统网络应注意的问题

企业在网络内建立仓库时，其数目、规模、分布应服从于产品销售计划和物资供应计划并互相衔接。对各个仓库的供应范围、供应数量和收购数量进行全面考虑，要求各个仓库互相衔接有机联系。企业在规划物流网点时要考虑现代物流技术的发展趋势，为将来的网点扩建留有余地。

3. 国际物流运输方式

前面所论述的物流运输方式国际物流都可以应用，但因其运输距离长，所以实践中有 80% 的国际物流是利用海运方式。当企业在选择运输方式时应综合考虑以下几个方面：

（1）运输成本

这是企业在选择运输方式时首先要考虑的因素。这是因为在国际物流成本中运输费用有时可占货物价格的 30%～70%。

（2）运行速度

由于国际物流运输距离长，所以为了尽量缩短运输时间，运行速度就成了企业在选择运输方式时必须考虑的第二大因素。

（3）物流性质与特点

企业在选择运输方式时要考虑所要运输的物资是一般货物还是易燃易爆的危险货物，是特重货物还是体积特大的货物，即企业所选择的运输方式要与物流的性质与特点相适应。

（4）货物数量

企业要运输的货物若批量很大，则可选择载重量大的船舶运输方式，反之就应选择汽车或飞机运输方式。

（5）物流基础设施

企业在选择运输方式时还要考虑目的地港口的大小及设施的完善条件。

4. 国际海上运输

这是国际物流应用最广的一种运输方式，其优点如下：由于海上运输方式的航线通过海洋，其航线可到达世界上大多数国家或地区，即运输目的地基本上不受航线的限制；海运方式的运载力可达几万吨，甚至十几万吨，远远超过公路运输方式和铁路运输方式的运载能力；海运方式是所有运输方式中运费最低的一种方式。

海运方式的明显缺点是运输速度慢，时间长，并且易受气候和自然条件的影响，风险较大。

5. 大陆桥运输

指利用公路或铁路横穿大陆的运输系统，主要用于以集装箱为运输单位的货物运输，其优点如下：

(1) 简化了作业手续

货主将要运输的货物委托给运输代理人后，一切有关手续与作业均由代理人全部负责，由代理人进行运输全过程的服务，并可采用门到门的运输方式将货物由发货人的仓库横跨大陆后送到收货人的仓库。

(2) 物流速度快

汽车或火车行驶速度比船舶快，同时运输线路直接，因此物流速度快，货物运输时间大大缩短。

(3) 物流风险小

铁路运输方式和公路运输方式相对于海上运输方式来说，受气候等自然条件的影响小，所以风险也小。

(4) 资金周转快，成本低

因为物流速度快、结汇速度快，所以使资金周转加快，运输成本降低约3%~5%。

(5) 运输质量好

因为货物的运输单位是集装箱，在搬运、装卸过程中箱内的货物不易损伤，并可简化包装节省费用。

6. 国际多式联运

指货物以集装箱作包装并综合利用公路、铁路、海运、航空等运输方式，进行国际间不间断运输的一种运输方式。此种方式的最大优点是运输快捷、安全、手续简化、运输成本低、质量高并可实现门到门的运输。若利用该种运输方式应具备以下条件：必须是国际间的货物运输；至少是两种不同运输方式的连贯运输；必须签署联运合同，即托运人与联运经营人之间必须签订一份具有法律效力的联运合同；必须使用多式联运单据，这是一种规范化的单据，它证明联运经营人已收到了托运的货物及有关单据；必须由一个联运经营人对货物的全程运输承担全部责任；必须采用单一运费，即不管运输全程使用了哪些运输方式，不管每种运输方式的单独运费有多大差别，联运一概采用单一运费，并由发货人一次性交纳。

思考题

1. 初步分析某国际企业的物流现状。
2. 针对某国际企业的物流现状作出初步改进设想。

案例借鉴

物流管理为企业敲响了警钟

卡马特连锁零售公司和沃尔玛百货有限公司是美国两家最大的零售企业，前者是一家百年老店，在1990年之前其实力和业绩一直超过后者。1987年前者的销售额为后者的两倍，但1990年后两公司的差距迅速缩小，至2000年年初卡马特公司濒临破产，并向政府申请了破产保护，而沃尔玛公司在2001年登上了全球500家最大公司之首的宝座。造成这一极大反差的原因有多个，其中最大的原因是两家公司的物流管理水平差距太大。卡马特公司虽然早在破产前7年就发现了这一差距，并采取了一系列措施以提高其物流管理水平，甚至在7年内更换了5名信息技术副总裁，但始终追赶不上沃尔玛的先进物流管理水平，因而最终失败了。相反，沃尔玛公司从1990年开始投入很多资源，以提高物流管理水平，使其物流管理达到了世界先进水平，为该公司的快速成长壮大做出了关键性的贡献。

沃尔玛公司提高其物流管理水平的主要措施是建立了世界一流的物流管理信息系统。

沃尔玛公司于20世纪90年代投资9亿美元购置了专用卫星、大型电子计算机、闭路电视调度系统等先进设备，建立了世界一流的物流信息系统。该系统拥有专业人员1 200人，每年运行费用达5亿美元，该系统将公司总部与分布在世界各地的四千余家大型超市、三十多个大型物流配送中心（每个中心占地面积相当于20个足球场）、五千多辆运输车辆和世界各地的数万家供应商联接成一体，使公司总部随时对世界各地的每一家超市、每一个物流中心、每一辆运输车辆所经营、保管、运输的八万多种商品的销售、库存、运输情况以及每一辆运输车辆在路途上的具体位置了如指掌。当某一超市或某一个物流中心的某一种商品的存货减少到订货点时，系统就会自动发现并自动通过电子数据交换系统向有关配送中心或有关供应商订货。

供应商及时按照电子订货单要求的货物型号、规格、数量、交货时间等准备好货物，然后通过上述系统通知沃尔玛公司，公司总部即通过卫星定位系统和电视调度系统命令距该供应商最近的运输车辆前往该供应地点取货，随后该运输车辆或直接将货物运送到订货的连锁店，或将货物运送到附近的配送中心中，由该配送中心将需要运送到该订货连锁店的货物集中在一起运送到该连锁店，并由电子数据交换系统自动结账。另外，世界各地的供应商还与沃尔玛公司的信息系统联网，通过信息系统随时了解所供应商品在沃尔玛公司的销售和存货情况，当沃尔玛公司的存货减少到某一水平时，供应商就提前安排生产，完成生产的时间恰好与沃尔玛公司要求的供货时间吻合，从而作到了零库存生产，降低了生产成本，提高了经济效益。可见沃尔玛公司的物流管理，特别是供货管理效率极高，因而大大降低了物流成本以及商品的总成本，从而提高了竞争力，并最终战胜了竞争对手卡马特公司。

参考文献

[1] 凯特奥拉. 国际市场营销学 [M]. 周祖成，译. 北京：机械工业出版社，2003.
[2] 约翰斯顿. 国际市场营销学教程 [M]. 姜冰，译. 北京：机械工业出版社，1999.
[3] 贝内特，布莱斯. 国际营销 [M]. 刘勃，译. 北京：华夏出版社，2005.
[4] 鲁特. 国际市场进入战略 [M]. 古玲香，译. 北京：中国人民大学出版社，2005.
[5] SMITH P G，REINERTSEN D G. 产品开发新法则 [M]. 吴海棠，译. 北京：清华大学出版社，2005.
[6] 哈特. 新产品开发经典读物 [M]. 闵丛民，译. 北京：机械工业出版社，2003.
[7] 方伟翰，维泽. 市场竞争中的企业策略 [M]. 罗敏，译. 上海：上海社会科学院出版社，2000.
[8] 弗特勒尔. 销售 ABC [M]. 殷戬弘，王锁川，译. 北京：企业管理出版社，2005.
[9] 门罗. 定价 [M]. 孙忠，译. 北京：中国财政经济出版社，2005.
[10] 迈尔斯. 市场细分与定位 [M]. 王祎，译. 北京：电子工业出版社，2005.
[11] 门泽尔，贝恩斯多克. 销售预测 [M]. 罗玉波，译. 北京：人民邮电出版社，2004.
[12] 奥科诺，戈尔文，伊万斯. 电子化营销 [M]. 史达主，译. 大连：东北财经大学出版社，2005.
[13] 泽丝曼尔，比特纳. 服务营销 [M]. 张金成，白长虹，译. 北京：机械工业出版社，2002.
[14] 伦德朗. 共赢 [M]. 郑忠静，覃云，译. 北京：企业管理出版社，2004.
[15] 李尔华. 国际营销实务 [M]. 北京：中国人民大学出版社，2004.
[16] 邢伟，胡德华. 国际市场营销 [M]. 杭州：浙江大学出版社，2004.
[17] 沈铖. 全球营销学 [M]. 武汉：武汉大学出版社，2004.
[18] 蔡新春，何永琪. 国际市场营销学 [M]. 广州：暨南大学出版社，2004.
[19] 何永琪. 基础市场营销学 [M]. 广州：暨南大学出版社，2004.
[20] 戴贤礼. 市场营销原理 [M]. 北京：北京大学出版社，2006.
[21] 方青云，袁蔚，孙慧. 现代市场营销学 [M]. 上海：复旦大学出版社，2005.
[22] 李农勤. 市场营销学 [M]. 北京：清华大学出版社，2006.
[23] 马杰，王杰，李淑霞. 跨国公司经营战略学 [M]. 哈尔滨：哈尔滨工业大学出版社，2002.
[24] 崔日明，徐春祥. 跨国公司经营与管理 [M]. 北京：机械工业出版社，2005.

[25] 于斌. 跨国管理 [M]. 天津：南开大学出版社，2004.
[26] 马春光. 国际企业管理 [M]. 北京：对外经济贸易大学出版社，2005.
[27] 蒋景楠，刘龙宫. 现代企业管理 [M]. 上海：华东理工大学出版社，2003.
[28] 刘善华，仇华忠，朴宙. 现代企业管理学教程 [M]. 广州：暨南大学出版社，2006.
[29] 邱国栋. 公司发展战略 [M]. 北京：人民出版社，2005.
[30] 周三多. 战略管理新思维 [M]. 南京：南京大学出版社，2002.
[31] 孟祥瑞. 网络营销 [M]. 上海：华东理工大学出版社，2005.
[32] 王世君，逯宇铎，张亦舜. 国际电子商务 [M]. 北京：机械工业出版社，2006.
[33] 胡运机. 管理信息系统 [M]. 北京：北京交通大学出版社，2005.
[34] 杜栋，蒋亚东. 企业信息资源管理 [M]. 北京：北京交通大学出版社，2006.
[35] 冯丽云. 服务营销 [M]. 北京：经济管理出版社，2002.
[36] 居延安. 公共关系学 [M]. 上海：复旦大学出版社，2001.
[37] 张海东. 世界贸易组织概论 [M]. 上海：上海财经大学出版社，2006.
[38] 徐勇谋. 国际物流 [M]. 上海：上海财经大学出版社，2005.
[39] 逯宇铎，侯铁珊，邢金有. 国际物流管理 [M]. 北京：机械工业出版社，2006.
[40] 傅学良，恒黎莉. 当代世界经济与政治 [M]. 上海：上海交通大学出版社，2005.
[41] 国际货币基金组织. 世界经济展望（2007）[M]. 北京. 中国金融出版社，2007.
[42] 钟昌标. 世界经济 [M]. 西安：西安交通大学出版社，2007.
[43] 冯特君. 当代世界经济与政治 [M]. 北京：经济管理出版社，2005.
[44] 周水根. 全球经济新版图 [M]. 北京：中国商业出版社，2002.
[45] 王逸舟. 全球化与新经济 [M]. 北京：中国发展出版社，2002.
[46] 冯雪鸣，范徽. 跨国公司管理 [M]. 北京：北京大学出版社. 中国林业出版社,2008.
[47] 郭焱，周富，郭彬. 跨国公司管理理论与案例分析 [M]. 北京：中国经济出版社,2007.
[48] 李尔华. 跨国公司经营与管理 [M]. 北京：首都经济贸易大学出版社，2006.
[49] 秦辉. 跨国经营与跨国公司 [M]. 杭州：浙江人民出版社，2005.
[50] 杜奇华，白小伟. 跨国公司与跨国经营 [M]. 北京：电子工业出版社，2008.
[51] 李华政. 国际物流学 [M]. 广州：中山大学出版社，2007.
[52] 周哲，申雅君. 国际物流 [M]. 北京：清华大学出版社，2007.
[53] 左贵军. 市场调查与预测 [M]. 北京：北京大学出版社，2007.
[54] 世界银行. 2009 年世界发展报告 [M]. 北京：清华大学出版社，2009.